Anonymus

Unterricht für ein junges Frauenzimmer,

das Küche und Haushaltung selbst besorgen will

Anonymus

Unterricht für ein junges Frauenzimmer,
das Küche und Haushaltung selbst besorgen will

ISBN/EAN: 9783743303997

Hergestellt in Europa, USA, Kanada, Australien, Japan

Cover: Foto ©Lupo / pixelio.de

Manufactured and distributed by brebook publishing software
(www.brebook.com)

Anonymus

Unterricht für ein junges Frauenzimmer,

Unterricht
für ein
junges Frauenzimmer,
das
Küche
und
Haushaltung
selbst besorgen will,
aus
eigner Erfahrung ertheilt
von
einer Hausmutter.

Neue von der Verfasserin verbesserte und sehr
vermehrte Auflage.

Frankfurt und Leipzig,
1785.

Meiner

jungen Freundin Emilie*

gewidmet.

Liebe Emilie!

Du zweifelst an der Erfüllung meines Versprechens, und glaubst, daß meine Geschäfte mich abhalten würden, Dir die versprochne Unterweisung in der Wirthschaft zu geben. Du thust mir Unrecht. Ich liebe Dich zu sehr, als daß ich mein Versprechen nicht erfüllen sollte; zumal da Du bey dem frühen Tode Deiner Mutter keine Gelegenheit gehabt hast, gründlichen Unterricht in Wirthschaftssachen zu erhalten, und es doch eine wichtige Pflicht eines Mädchens ist, eine gute Wirthin zu seyn, weil sie dadurch im Stande ist, sich und ihren künftigen Gefährten des Lebens ruhige und vergnügte Tage zu verschaffen. Wie viel kann eine gute Wirthin ersparen! Wie manches unschuldiges Vergnügen kann eine kluge Hausmutter ihrem Manne durch Reinlichkeit und Ordnung machen! Welche Abwechslung kann sie in Speisen durch ihre Geschicklichkeit ohne viele Kosten veranstalten! Wie gutthätig kann sie durch ihre Sparsamkeit in der Wirthschaft gegen Arme seyn, und welche süsse Zufriedenheit muß bey Ordnung und Fleiß dieselbe beständig begleiten! Sey selbst Wirthin, Emilie! und versäume keine Pflicht, die Du in der Haushaltung zu beobachten schuldig bist. Theile deine Einnahme, welche Du zur Wirthschaft hast, jährlich so ein, daß Du den vierten Theil davon übrig behälist, damit Du jederzeit mit Deinem Wirthschaftsgelde in Vorrath bist. Kaufe jedes Bedürfniß zur rechten Zeit, und suche immer von jeder Sache so viel im Hause zu haben, als Du gebrauchst, damit Dein Gesinde nicht unnöthig die Zeit versäume, welche sehr genau benutzt und hoch gehalten werden muß, wenn Deine Leute die gehörige Arbeit verrichten sollen. Schliesse alle Abend die Rechnung mit Deiner Köchin, und bestelle die Küche auf den folgenden Tag, damit das Essen zur gehörigen Zeit zum Feuer komme. Ordnung und Reinlichkeit laß dir eine Hauptregel seyn Rechne alle Monate Deine Ausgaben zusammen, und halte sie gegen die Einnahme.

Siehe

Siehe auf gottesfürchtiges, arbeitsames, redliches und geschicktes Gesinde. Sey in Ansehung der Arbeit und Ordnung strenge gegen Deine Leute; in Ansehung des Essens aber wohlthätig und liebreich im Betragen gegen dieselben. Bedenke, daß Dein Gesinde saure Arbeit thun muß, oft Vater- und Mutterlos ist, und keine Stütze hat, als Dich. Mache Deinen Leuten nicht durch unnöthiges Schelten und Schmälen das Leben zur Last. Sey in gesunden Tagen ihre Mutter und in Krankheiten ihre Verpflegerin. Verlaß die nicht im Krankenlager, die Dir bey gesunden Tagen treu gedient haben. Hast Du Leute die Deinem Befehl zuwieder handeln, so stelle ihnen ihre Pflichten mit Liebe vor. Hilft dieses aber nicht, so schaffe sie ab. Eine Frau, die ihr Gesinde durch niedrige Scheltworte strafen will, würdigt sich unter dasselbe herab. Bessre mehr durch weise Befehle und durch Dein lehrreiches Beyspiel, als durch viele Worte. Steh früh auf und gewöhne auch Deine Leute zur Ordnung und zum Früh aufstehen. Der Tag ist lang, wenn man sich von der frühen Morgensonne wecken

 läßt,

läßt, und er wird nur alsdann kurz, wenn man den schönen Morgen verträumt. Sieh nach allem selbst. Verschliesse jedes Schloß selbst und gieb alles zur gehörigen Zeit heraus. Verrichte alles selbst mit Deinen Leuten, so wirst Du Dir viele Unlust und viel Geld ersparen. Untersuche jede Sache selbst, ob sie Dir Vortheil bringe. Scheint etwas Dir vortheilhaft zu seyn, und ist es nicht wirklich, so laß Dich durch den Schein nicht blenden, sondern prüfe die Sache genau. Ich schicke Dir hier die Unterweisung im Kochen, welche ich Dir versprochen habe. Jede Sache habe ich Dir so auf= und vorgeschrieben, wie ich sie selbst gemacht habe, und Du kannst Dich auf meine Erfahrung verlassen. Jede Kleinigkeit habe ich bemerkt, weil oft ein kleines Versehen verursacht, daß eine Sache nicht gerathen kann. Sey fleißig und anhaltend in Deinen Geschäften, und ziehe so viel Nutzen aus Deinem Fleisse, daß Du andern zum Beyspiel dienst. Ich bin Deine

Freundin.

Vorbe=

Vorbericht
zur ersten Auflage.

Dieses Werkchen über die Haushaltung hatte ich Anfangs bloß zu meinem eignen Gebrauch aufgesetzt; nachhero aber gab ich selbiges, aus Liebe einer jungen Freundin, welche meiner Vorsorge besonders anvertraut war, zu ihrem Gebrauch. Sie zeigte solches andern Freundinnen, welche es mit Vergnügen lasen und Abschriften davon sich wünschten, um sich ebenfalls daraus belehren zu können. Da es nun sehr mühsam gewesen wäre, dergleichen Abschriften machen zu lassen; so habe ich lieber das ganze Werkchen dem Druck übergeben, in der Hofnung, daß dasselbe vielleicht mehrern Personen nicht mißfallen oder unnützlich seyn werde.

Ich rede bey meinen Vorschriften nicht bloß andern auf ihr Wort nach; sondern jedes

jedes Gericht, welches in diesem Buche vorschriftlich angegeben wird, jeden Vortheil in der Haushaltung, den ich darin nahmhaft gemacht, habe ich seit vielen Jahren selbst versucht und bewährt befunden. Aus meiner eignen Erfahrung weiß ich, wie unangenehm es ist, durch viel versprechende Vorschriften in manchen Kochbüchern hintergangen zu werden. Sogar von Schriften, die den größten Ruf haben, bin ich oft durch falsche Angaben einen unrechten Weg geführt worden, und meine Mühe und Ausgaben sind umsonst gewesen. Damit nun nicht manche andere junge Frauenzimmer gleiches Schicksal treffe, so mache ich ihnen meine eignen Versuche bekannt, und hoffe ihnen damit einen Gefallen zu erzeigen.

Ich schliesse mit dem Wunsche, daß jedes junge Frauenzimmer, welches dies Buch lieset, wahren und ersprießlichen Nutzen davon haben möge.

Vorbe-

Vorbericht
zur neuen Auflage.

Der Beyfall, mit welchem die vorige Auflage dieses Haushaltungsbuchs von vielen meines Geschlechts aufgenommen, und wodurch dieselbe vergriffen worden, hat die gegenwärtige neue Auflage veranlasset. Da nun einige hiesige und auswärtige Freundinnen öfters gewünscht haben, dieses Buch durch verschiedene Zusätze vermehrt zu haben; so habe ich diese Wünsche einigermassen gern befriedigen wollen. Ich habe dahero nicht allein die Regeln des vorigen Drucks nochmals durchgesehen und verschiedene derselben da, wo es nöthig war, mehr berichtigt, sondern auch viele neue Regeln, die mir seit der Zeit bekannt geworden sind, hinzugefügt, wobey sich auch einige Speisen und Regeln zur Pflege für Kranke befinden. Ueber die Anfertigung neuer Betten habe ich eine Berechnung, wie auch eine Anweisung gegeben, wie Betten, die durch Länge der Zeit

oder

oder andere Zufälle ihre sonstige Güte verlohren, wieder in recht guten Stand gebracht werden können. Und zum Beschluß habe ich noch eine Anweisung zur Verfertigung guter Butter und Käse, wie auch eines guten Kesselbiers angehängt, für Frauenzimmer, welche aufs Land verheirathet werden, und für die dieses nützlich seyn dürfte.

Es enthält diese neue Auflage überhaupt 870 Regeln. Die, welche zusammen gehören, findet man gröstentheils bey einander. Der hier folgende Innhalt giebt einen flüchtigen Blick durch das ganze Buch; das hintenangefügte Register aber giebt eine zwiefache und specielle Nachweisung.

Ob und in wie fern nun, bey den von mir gemachten Zusätzen, der gute Endzweck, welchen ich mir dabey vorgesetzt habe, werde erreicht werden, muß von der Zukunft erwarten

Die Verfasserin.

Innhalt.

Innhalt.

Unter=

Unterricht

für

ein junges Frauenzimmer,

das

Küche und Haushaltung

selbst besorgen will.

Erste Abtheilung.

Von der Zubereitung der Suppen, Potagen, Breye und Kaltschalen.

1. Rindfleischsuppe mit eingegossenem Ey.

Nimm Brühe von Rindfleisch (wie du dieses kochst, ist Nr. 94. beschrieben) und koche selbige mit Zuckerwurzeln und anderm Wurzelwerk. Wenn du anrichten willst, so nimm auf 1 Maaß Brühe 3 ganze Eyer, quirle selbige mit Weizenmehl so dick wie ein Eyerkuchen, gieß dies in die kochende Brühe und laß es aufsteigen; dann richte an.

2. Rindfleischsuppe mit abgestochenem Ey.

Nimm auf 1 Nössel gute kalte Rindfleischbrühe 12 Eyer, quirle selbige in die Brühe, nebst ein wenig gestossenen Muskatenblumen, etwas Salz und einen halben Löffel voll Mehl. das Töpschen decke mit einem Deckel zu und setze es in einen Kessel mit kochendem Wasser, worin es 1 Stunde kochen muß. Das Töpfchen beschwere aber mit einem Stückchen Eisen, oder sonst etwas schwerem, damit dasselbe im Kessel nicht schwimme; auch mußt du das Töpfchen nicht ganz voll mit Masse füllen, dabey es auch so in den Kessel setzen, daß das Wasser im Kessel nur so hoch gehe, als die Eyermasse im Töpfchen ist, und daß kein Wasser in dasselbe laufen kann. Alsdann lege, wenn es 1 Stunde gekocht hat, mit einem Löffel die Eyermasse stückweise in den Suppennapf und gieß die Fleischbrühe, in welcher du etwas Wurzelwerk mitgekocht hast, drüber.

3. Zerfahrne Suppe.

Nimm auf 1 Maaß Brühe 2 ganze Eyer und eine geriebne harte Semmel. Quirle solches und gieß es in die Brühe, so ist sie gut; siehe aber zu, daß sie gehörig dicke werde.

4. Abgequirlte Suppe.

Nimm auf 1 Maaß Brühe 3 Eyerdotter, quirle dieselben in einem Töpfchen, nebst ein wenig kaltem Wasser und einer guten Messerspitze voll Mehl recht untereinander, gieß die kochende Fleischbrühe dazu, quirle alles noch einmal recht untereinander, und laß es nur ankochen. Alsdann lege geröstete Semmelscheiben hinein, und streue auch wohl etwas gestossene Muskatenblumen drüber.

5. Griessuppe mit Fleischbrühe.

Nimm 4 Loth Gries, quirle ihn in ein Maaß kochende Fleischbrühe, schneide Wurzel-

werk

werk daran, und laß es eine halbe Stunde kochen. Ist es Kalbfleisch- oder Hammelfleischbrühe, so mußt du etwas Butter dran thun und solche mitkochen lassen.

6. Griessuppe mit Wein.

Ein halb Maaß Breyhan wird mit Zucker und Zitrone ans Feuer gesetzt; wenn es kocht; so wird der Gries eingequirlt und gekocht, bis er gar ist, dann wird ein halb Maaß weisser Wein hinzugegossen und die Suppe noch einmal angekocht. Alsdann wird die Suppe mit Zucker und Zimmt bestreut. Mit Schwaden kann man es auch so machen, man kann auch blos Breyhan nehmen.

7. Suppe mit Fadennudeln.

Man thut die Fadennudeln in kochende Fleischbrühe mit etwas Wurzelwerk, und läßt es eine Viertelstunde kochen. Auf ein Maaß Brühe rechnet man 1/2 Viertelpfund Fadennudeln. Man legt sie zerbrochen, doch nicht zu klein, in die Brühe.

8. Suppe mit gemachten Nudeln.

Man nimmt 1 Ey, macht davon mit Mehl einen recht vesten Teig, mangelt ihn ganz dünne, schneidet solchen in kleine Streifen, und läßt sie mit Fleischbrühe und Wurzelwerk eine Viertelstunde kochen.

9. Suppe mit Gerstengraupen.

Man verlist und wäscht die Graupen recht rein und thut sie in einen Topf; alsdann gießt man kochende Fleischbrühe dran, und, wenn es Kalbfleischbrühe ist, thut man etwas Butter dazu, und läßt die Graupen 2 Stunden kochen. Eine halbe Stunde zuvor, ehe man anrichten will, thut man noch Sellerie in Scheiben geschnitten darzu.

10. Suppe mit geriebenen Graupen.

Man macht den Teig, wie zu den Nudeln, (s. Nr. 8.) nimmt aber etwas geriebene Zitronschale darunter, reibt den Teig auf der Reibe, thut ihn alsdann in kochende Fleischbrühe und läßt ihn eine Stunde mit Wurzelwerk kochen.

11. Graupensuppe mit Breyhan.

Nimm auf 4 Loth Graupen 1 Maaß Breyhan, der nicht zu alt ist, sonst braucht man viel Zucker, aber auch nicht zu jung, sonst schmeckt die Suppe schlecht. Dieses wird kalt aufgesetzt; wenn es kocht, so werden Zitronschalen, Zitronscheiben und Zucker dazu gethan. Wenn die Graupen weich gekocht sind; so wird die Suppe mit Zucker und Zimmt bestreut. Etwas Wein kann man ganz zuletzt angiessen; so schmeckt die Suppe noch besser.

12. Reissuppe mit Fleischbrühe.

Man nimmt auf ein Maaß Brühe 1/2 Vierspfund Reis, brüht ihn zuerst mit kaltem, her-

hernach mit lauwarmen, zuletzt mit kochendem Wasser, läßt jedes Wasser ein Weilchen darauf stehen, rührt ihn behutsam um, damit er nicht zerbrocke, gießt das Wasser ab und zuletzt die kochende Fleischbrühe drauf; läßt ihn mit Wurzelwerk eine Stunde kochen, so ist die Suppe gut. Die Zuckerwurzeln dürfen nur eine Viertelstunde kochen, Sellerie aber muß länger kochen.

13. Reissuppe mit Wein.

Wasche 1/4 Pfund Reis recht rein, setze ihn mit Breyhan und Wein auf, thue geschnittene Zitronschale, auch wohl ganzen Zimmt dran. Wenn er weich gekocht ist, so schlage ihn durch einen Durchschlag und quirle die Suppe mit 6 Eydottern ab und bestreue die Suppe mit Zucker und Zimmt. Man kann auch von dem Eyweiß Schnee (s. Nr. 519.) draufmachen. Auf 1/4 Pfund rechnet man 2 Maaß Breyhan. Auch kann man den Schleim von dem in Breyhan weich gekochtem Reis nehmen und länglicht geschnittene Zitronschale dran thun, ihn mit etwas Wein aufkochen lassen, mit Eydottern abquirlen und die Suppe mit Zucker und Zimmt bestreun.

14. Sagosuppe mit Fleischbrühe.

Den Sago verliest und wäscht man; alsdann gießt man Rindfleischbrühe dran, thut auch etwas Wurzelwerk dazu, und läßt die

Suppe wohl noch anderthalb bis zwey Stunden kochen, so ist sie gut. In Ermangelung der Fleischbrühe kann man den Sago wohl eine Stunde mit Wasser kochen, und hernach die Fleischbrühe angiessen.

15. Sagosuppe mit rothem Wein.

Man läßt den Sago, nachdem er etlichemal gewaschen, mit Wasser eine Stunde kochen, wenn man von einer Zitrone die Schale und ein Stück ganzen Zimmt dran gethan hat. Wenn es zur Hälfte eingekocht ist; so gießt man den Topf voll rothen Wein, thut etliche Zitronscheiben und feinen Zucker nach Belieben dazu und läßt dies zusammen gar kochen. Beym Anrichten kann man Schnee (wie Nr. 519.) drauf machen und die Suppe stark mit Zucker und Zimmt bestreun.

16. Sagosuppe mit Pflaumengelee.

Man nimmt zu 3 Nössel Wasser 12 Loth Sago. Den Sago wäscht man etlichemal recht rein, setzt ihn mit klarem Wasser auf, thut von einer Zitrone die Schale, etliche Scheiben und ein Stück ganzen Zimmt dazu. Der Sago muß zwo Stunden kochen; alsdann gießt man etwas rothen und etwas weissen Wein dran und thut 4 Löffel voll Gelee von eingemachten Pflaumen dazu; so wird die Suppe schön roth und schmeckt vortreflich. Man kann den Sago auch in halb weissem und halb rothem Weine kochen.

17. Brau-

17. Braune Suppe.

Man kocht etliche Pfund Rindfleisch; dann nimmt man einige Pfund anderes Rindfleisch aus der Keule, schneidet davon Scheiben wie eine Hand groß, klopft dieselbe mit einem Messerrüken mürbe, setzt Butter zu einem Kastrol aufs Feuer, thut die Scheiben Fleisch dazu und läßt sie ganz braun braten. Wenn sie braun sind, so gießt man Brühe von dem gekochten Rindfleisch dazu, thut Wurzeln und Gewürz dran, läßt es kochen, gießt es ab, schöpft das Fett rein ab und läßt es sich setzen. Dann kann man entweder Fadennudeln, Semmelschnitte oder Grünes hineinthun.

18. Braune Suppe auf andre Art.

Man nimmt ein Ey, macht davon mit Mehl einen vesten Teig, schneidet diesen in kleine dreyeckigte Stückchen, brät solche in Butter ganz gelbbraun, läßt dies mit Fleischbrühe und etwas Wurzelwerk kochen, thut auch etliche abgekochte Kastanien dazu.

19. Noch eine braune Suppe.

Schneide Rindfleisch in dünne Scheiben, klopfe sie, schmiere ein verzinntes Kastrol auf dem Boden und an den Seiten fett mit Butter aus, tunke die Fleischscheiben mit der einen Seite in Weitzenmehl und drücke diese Seite im Kastrol auf den Boden und rundherum an die

Seiten vest an. Alsdann lege dazu ein wenig geschälte und in Scheiben geschnittene Zwiebeln, einige Scheiben rohen Schinken, abgepuzte und in Scheiben geschnittene Pastinaken, die nicht bitter schmecken, auch einige Mohrrübenscheiben. Decke nun das Kastrol zu und laß alles über gelindem Feuer auf einem niedrigen Dreyfusse langsam braun werden, aber ja nicht anbrennen. Wenn es braun ist, gieß kochende Brühe von andern, wie gewöhnlich gekochtem, Rindfleisch darein; du mußt aber nicht eher rühren, als bis im Kastrol alles los ist; hernach laß es kochen, bis alle Kraft aus dem Fleisch ist. Diese Brühe nun gieß durch ein Brühsieb, koche Sago darin oder gib dieselbe klar mit einigen Semmelscheiben drauf.

20. Lungensuppe.

Koche Kälberlunge. Die Brühe davon setze mit etwas Butter, Semmelkrumen und Muskatenblumen auf. Wenn sie kocht, so quirle 1 Maaß Brühe mit 2 Eydottern ab.

21. Lungensuppe für Personen, die eine schwache Brust und den Husten haben.

Eine Kälberlunge nebst dem Herz wird in Stücken zerschnitten, dazu werden gethan 6 Krebse lebendig gestossen, eine Hand voll Kerbel, eben so viel Ehrenpreiß, etliche Blätter Huflattig, alles wohl gewaschen. Hierauf wird ein Maaß Wasser gegossen und ganz

schwach

schwach gesalzen. Die Brühe muß bis auf ein knappes Nösel einkochen. Die Suppe wird über geröstete Semmelscheiben aufgegeben. Dieselbe 4 Wochen lang täglich gegessen, hat einem Kranken vortrefliche Dienste gethan; man kann sie auch mit einem Eydotter abquirlen.

22. Gelbe Erbsensuppe.

Man läßt die Erbsen in Wasser weich kochen, schlägt sie durch den Durchschlag, thut Butter und Salz drein, läßt es zusammen gar kochen, brät Semmel in Butter und richtet die Suppe drüber an. Man kann auch, wenn man Erbsen gekocht hat, die übrig gebliebene Erbsen samt den Hülsen dazu brauchen, etwas Sellerie drein thun, und wenn man den Zwiebelgeschmack liebt auch etwas geschnittene Purree.

23. Linsensuppe.

Wenn die Linsen verlesen, koche sie mit Wasser ab. Sind sie fast weich, so gieß das Wasser ab und Rindfleischbrühe dran. Laß auch Sellerie darin mit gar kochen. Mit weissen Bohnen kann man es auch so machen, und hierzu kann man auch Hammelfleischbrühe nehmen und geschnittenen Purree mitkochen.

24. Kerbelsuppe.

Den Kerbel verlis und schärbe ihn recht klein, thu ihn in kochendes Wasser, etwas Butter

und

und Salz dazu und laß es eine Weile kochen; quirle die Suppe mit Eydotter ab und richte sie über geröstete Semmelscheiben an. Mit Petersilie kann man es eben so machen.

25. Petersiliensuppe mit Rindfleischbrühe.

Schärbe die Petersilie, nachdem sie gewaschen, und thue sie in recht kräftige klare kochende Rindfleischbrühe, laß sie nur ein paarmal aufkochen.

26. Suppe von Kresse.

Die Kresse wird reine verlesen und gewaschen, dann geschärbt und in Wasser mit etwas Butter und nur wenig Salz gekocht, damit sie nicht viel salzig werde. Wenn sie eine halbe Stunde gekocht hat, wird sie mit einem Eydotter abgequirlt. Diese Suppe 4 Wochen hinter einander täglich gegessen, hat sehr gute Dienste bey einer schwachen Brust gethan.

27. Grüne Krautsuppe.

Nimm zu kräftiger Fleischbrühe (Rindfleischbrühe ist die beste) Kerbel, Petersilie, Pimpernell, Dragun, Portulack, Sauerampfer, Spinat, und andre Suppenkräuter, von jedem eine Hand voll, recht rein verlesen, gewaschen und fein geschärbt, koche sie eine Stunde mit der Fleischbrühe, alsdann giesse sie in einen breiten Napf und setze sie auf Kohlen; wenn

die

die Suppe recht kocht, schlage ganze Eyer hinein, auf jede Person 1 Ey gerechnet, dann laß sie nur aufkochen.

28. Suppe mit Krebskoli.

Nimm etliche Pfund Kalbfleisch und koche es wie Nr. 96. beschrieben ist. Alsdann koche ein halb Schock Krebse und mache die Schwänze aus. Daß übrige von den Krebsen stoß alles in einem Mörsel recht klein, brat es alsdann eine halbe Stunde in einem Tiegel mit Butter. Dann gieß die Kalbfleischbrühe ab, koche in selbiger etwas Fadennudeln, Zuckerwurzeln und Blumenkohl oder Kastanien; richte die Suppe in einem Napf an, drücke die Krebsbutter durch den Durchschlag, gieß noch etwas Fleischbrühe drauf, laß es damit durchkochen, drücke es wieder durch den Durchschlag und über die Suppe; die Krebsschwänze thue nun auch hinein. Soll die ganze Suppe roth werden, so thu etwas feines Weitzenmehl mit drunter, wenn du sie mit Butter im Mörsel stossest. Man kann hierzu alle Fleischbrühen nehmen, doch schmeckt Kalbfleisch, Hühner, oder Taubenbrühe am besten. Will man diese Suppe für einen Kranken machen, der keine Krebsbutter vertragen kann; so kocht man die Krebse in Wasser und Salz, macht die Schwänze aus, zieht den Darm heraus, stößt die Schalen im Mörsel und kocht sie in einem Töpfchen mit Fleischbrühe. Alsdann drückt man die Brühe durch

durch den Durchschlag und gieß sie zur Suppe. Man kann auch die Krebse lebendig stossen und dieselben mit Fleischbrühe kochen, wenn man ihnen zuvor den Darm aus den Schwänzen gezogen hat. Hat man keine Fleischbrühe, so kann man auf 1 Mandel mit Salz abgekochte Krebse, 1 Maaß Wasser giessen, sobald dieselben im Mörsel zerstossen und die Schwänze vorher ausgemacht sind. Diese zerstossene Krebse läßt man eine halbe Stunde mit dem Wasser kochen, drückt dann die Krebsbrühe durch den Durchschlag, kocht etwas Gries, Reis, oder Graupen in der Brühe mit Butter und etwas Salz gar, thut Sellerie und Zuckerwurzeln dran, auch wohl ein wenig geschärbtes Suppenkraut, alsdann noch ein wenig gestossene Muskatenblumen, so ist dies in Ermangelung der Fleischbrühe eine mittelmäßige Suppe.

29. Hühnersuppe.

Wenn alte Hühner gebrühet und ausgenommen sind, setzt man sie mit Flußwasser auf und salzt sie. Wenn man sie geschäumt hat, thut man Lorbeerblätter und englisch Gewürz dran, doch von beyden nur wenig, und läßt sie damit kochen. In 4 Stunden sind sie gar. Wenn sie eine Stunde gekocht haben, nimmt man feine Perlgraupen, gießt von der Hühnerbrühe etwas durch ein Fleischbrühsieb darauf. (1 Maaß Brühe zu 1/2 Viertelpfund Graupen.)

Wenn die Graupen anderthalb Stunden gekocht haben, thut man Blumenkohl, Zuckerwurzeln, abgekochte und aus den Schaalen gebrochne Krebse, Sellerie, Murcheln auch etwas abgeschälte Kastanien dran, welches alles vorher in Wasser abgekocht wird; zuletzt macht man Semmelklöse (s. Nr. 275.) dran, richtet die Hühner in einer Terrine an und gießt die Suppe darüber. Man kann die Semmelklöse auch braten. Sind die alten Hühner früher weich; so setzt man sie zurück, damit sie ganz bleiben. Wenn man den Graupenschleim gern ißt, wäscht man die Graupen nur mit lauwarmen Wasser ab; will man aber die Brühe klar haben, so kocht man die Graupen, nachdem solche gewaschen, mit Wasser ab, quirlet sie recht in dem Wasser, gießt es ab und hernach Fleischbrühe dran.

30. Kraftsuppe für Kranke.

Brate ein altes Huhn, wenn es halb gar ist, zerstoß es zu kleinen Stücken, gieß ein Maaß kräftige Brühe dazu, stoß 1/4 Pfund Mandeln klein, thue sie dazu und laß es gut durchkochen, hernach wringe alles durch eine grobe Serviette. Wenn du willst, kannst du ein Stückchen Zitronschale und ein Stückchen Zimmt dazu legen und mitkochen lassen, auch wohl etwas Zitronsaft.

31. Potage mit einem Pudding von Kalbfleisch; ingleichen wie Krebsbutter zuzurichten.

Mache von dem Kalbfleisch aus der Keule alle Sehnen ab, schneide es klein, nebst fettem Speck von frischem Schweinefleisch, Rindernierentalg, wovon die Haut abgezogen, von beyden nicht halb so viel als vom Kalbfleisch, ein wenig Zwiebeln und Salz; hacke dieses zusammen klein, thue dazu gestossene Muskatenblumen, gehackte Petersilie, auf 3 Pfund Kalbfleisch ohngefähr 8 Eyer und geriebene Semmel, rühre es wohl untereinander; nimm eine grobe dichte Serviette, beschmiere sie in der Mitte dünne mit Butter, so weit als ohngefähr der Pudding geht, lege diese Masse darein, drücke sie zusammen wie einen runden Klos, fasse darum die Serviette zusammen, binde solche recht vest und dicht um den Klos herum mit Bindfaden, damit der Klos recht vest drinn liege und damit das Wasser nicht hinein kochen kann, bewickle Serviette noch höher herauf mit Bindfaden. Lege den Pudding in siedendes Wasser und laß ihn 3 gute Stunden kochen. Wenn das Wasser einkocht, gieß warmes zu, decke ihn zu und gieb Acht, daß er sich nicht ansetzt und das Wasser ja allerwärts über den Pudding kocht. Zur Suppe nimm eine kräftige Brühe, ingleichen abgekochte und ausgebrochne Krebse, hacke sie,

rühre

rühre sie mit kalter Butter, Eyern, gestossenen Muskatenblumen und geriebener Semmel untereinander; fülle dies in die grossen Krebsnasen, setze etwas Butter in einem Tiegel auf, lege sie hinein, daß die gefüllte Seite unten komme und laß sie ein wenig braun werden und lege sie dann in die Suppe, die Butter laß zurück. Zu der Krebsbutter nimm die abgemachten Schalen, kleinen Scheren und Füsse, so an den Seiten des Krebses sitzen, stosse sie im Mörsel, thue dazu ein gutes Theil kalter Butter, stosse sie gut mit durch, dann lege dieses gestossene in einen Tiegel, laß es zusammen gut kochen und rühre es durch ein Brühsieb zu der Suppe, gieß warme Brühe in das Sieb, damit die Krebsbutter gut heraus gehet; laß es zusammen kochen, thue noch dazu abgekochten Spargel, geputzt und in Wasser gekochte Murcheln, ein wenig geriebene Semmel, und richte die Suppe über den Pudding an.

32. Potage mit einem Krebspudding.

Nimm ein Schock Krebse, wasche sie recht rein, stosse sie lebendig und brate das gestossene in Butter; gieß 2 Maaß unaufgekochte kalte Milch dazu, quirle es wohl untereinander, rühre es durch ein Sieb, quirle 10 Eyer und die Milch dazu, auch etwas Butter, gieß es in ein Kastrol und laß es auf den Feuer rinnen, wie einen Eyerkäse, dann gieß es in einen Durchschlag, laß es rein ablaufen, schütte es in eine Schüssel, thue dazu 6 Eyer, ein gutes Stück Butter, gestossene Muskatenblumen, Salz, geriebene Semmel, rühre alles wohl untereinander; schmiere eine Form oder ein verzinntes Kastrol mit Butter, thue die Masse hinein und laß sie im Backofen backen. Zur Suppe nimm kräftige Brühe, thue dazu gute Gartengewächse, wie es die Zeit mit sich bringt und was du sonst willst. Du kannst die Brühe mit etlichen Eyern abquirlen, oder Gries oder sonst etwas drein kochen. Auch schmecken Suppenkräuter gut zum Krebspudding.

33. Milchsuppe mit Mandelklöschen.

Nimm 8 Loth süsse und 10 Stück bittre Mandeln, brühe sie ab, stosse sie mit einigen Tropfen Milch recht fein, rühre dazu 4 Eyer, 2 Löffel voll geriebenen Zucker und 2 Löffel voll geschmolzene Butter, 5 Loth geriebene Semmel, rühre alles wohl durch einander, schmiere die Tortenpfanne mit Butter, mache Klöse und lege sie drein, laß sie gelbbraun backen. Zur Suppe koche Milch, lege ein Stück Zimmt und etwas Zucker drein, rühre sie mit Eyern ab, richte sie an und lege die Klöse hinein.

34. Milchsuppe mit Reisklöschen.

Nimm 8 Loth Reis, wasche ihn wohl, laß ihn eine Nacht in Wasser liegen, gieß das Wasser ab, koche ihn mit Wasser weich und recht steif, laß ihn kalt werden, hernach rühre re 5 Eyer hineln nebst einer Tasse voll geschmolzener Butter, einem halben Löffel voll Rosenwasser, gestossenem Zimmt, ein wenig recht klein geschnittner Zitronschale und einem Löffel voll geriebenen Zucker; rühre dieses sehr wohl durch einander, schmiere die Tortenpfanne mit Butter, mache Klöschen, leg sie hinein und laß sie gelbbraun backen. Zur Suppe koche Milch, lege drein eine gute Hand voll abgebrühete und recht fein gestossene Mandeln, ganzen Zimmt und Zucker, rühr es ab mit Eyern, richte es an und lege die Klöschen hinein.

35. Milchsuppe mit gefüllten Milchbrödtchen.

Nimm Milchbrodte, das Stück zu 1 Pfennig, und schneide oben eine runde Platte ab, grabe alle Krume heraus, erweiche sie mit Sahne oder süsser Milch, rühre sie gut von einander, schlage dazu Eyer, (auf jedes Milchbrodt 1 Ey gerechnet) ferner thue dazu süsse und etliche bittere abgebrühete und recht fein gestossene Mandeln, etwas Zucker, 2 Löffel voll geschmolzene Butter, ein wenig Salz, rühre alles wohl durch einander, fülle es in die ledigen Milchbrödtchen, lege sie in eine Tortenpfanne auf Papier, mache nur auf dem Deckel der Pfanne Feuer. Wenn sie oben braun werden, so koche zur Suppe Milch auf, mit ein wenig Zucker und auch ein wenig fein geschnittner Zitronschale, rühre sie mit Eyern ab, gieb sie auf und lege die Milchbrödtchen hinein.

36. Milchsuppe mit Rosenbrödtchen.

Koche Milch nebst einem Stückchen Zucker auf, stosse die Rosenbrödtchen im Mörsel klein, (wie du die Rosenbrödtchen machst, findest du unter den aufzubewahrenden Sachen) und thue sie in die aufgekochte Milch; beym Anrichten streue Zucker und Zimmt drüber, dies ist eine wohlschmeckende Suppe.

37. Milchsuppe mit einem Rande von Eyweiß.

Nimm eine Schüssel mit einem breiten Rande und quirle Eyweiß zu Schnee (s. Nr. 519) nebst etwas Zucker; die Schüssel wärme zuvor, dann setze den Schnee auf den Rand und wende den Schaum gegen die Glut, damit er antrockne. Ferner reibe noch Zucker an die äussere Seite des Eyweisses und halte eine glüende Kohlenschaufel drauf, damit der ganze Rand braun werde. Dann koche süsse Milch, die Eydotter zerschlage mit einem Paar Löffel voll Kraftmehl, etwas gestossenem feinen Zucker und Zimmtwasser, gieß die kochende Milch allmälig hierzu und treibe sie zu Schaum auf. Zuletzt richte die Suppe an, worin du ganz dünne kleine Zuckerbrödtchen hinein legen mußt.

38.

38. Schokoladensuppe mit Milch.

Reibe die Schokolade (auf 1 Maaß Milch eine halbe Tafel) laß sie mit Milch aufkochen, wenn sie ein wenig gekocht hat, so quirle die Suppe mit 4 Eydottern ab, schlage das Eyweiß zu Schnee, lege ihn auf die Suppe und bestreue sie mit Zucker und Zimmt.

39. Schokoladensuppe mit Wein.

Nimm ein halb Maaß weissen Franzwein und eben so viel Wasser auf eine halbe Tafel Schokolade. Du kannst die Schokolade in kleine Stücke schlagen und eine Weile mit dem Wein und Wasser kochen lassen, so zergeht sie. Mit dem Zucker mußt du dich nach der Schokolade richten, die eine ist öfters süsser als die andre, und manche hat gar keinen Zucker, zu solcher muß man viel Zucker in die Suppe thun, damit sie gehörig süß wird. Sie wird noch mit Zucker und Zimmt überstreut.

40. Suppe von gebranntem Mehl mit Milch.

Man thut Mehl in einen irdenen Tiegel, und röstet es so lange, bis es gelbbraun ist, alsdann setzt man Milch ans Feuer, thut das gebrannte Mehl hinein, und läßt es damit kochen; man wirft überdis ein Stück Zucker hinein, und quirlet es mit dem Gelben vom Ey ab, man legt geröstete Semmelscheiben hinein, und streut Zucker und Zimmt darüber.

Man kann diese Suppe mit Wasser eben so machen, alsdann aber muß man ein Stückchen Butter drein thun. Man kann auch das Mehl in Butter rösten.

41. Ordinäre Mehlsuppe.

Man nimmt das Gelbe vom Ey, etwas Mehl, Wasser, weisse Butter und Salz, quirlet alles kalt ein, setzt es aufs Feuer, und läßt es kochen, bestreut sie mit Zucker und Zimmt. Man kann sie auch so machen, daß man das Wasser mit Butter und Salz aufsetzet, das Gelbe vom Ey mit Mehl quirlet, und das kochende Wasser damit abquirlet, auch Semmelscheiben dran röstet. Man muß nicht zu viel Mehl nehmen, dasselbe auch recht klein quirlen, damit die Suppe nicht zu dick werde und auch keine Klümpchen bekomme.

42. Eine andre Art Mehlsuppe.

Man setzt Wasser mit Butter und Salz an; wenn es kocht, quirlet man Mehl hinein; quirlet alsdann ein ganzes Ey untereinander, und gießt es in die Suppe.

43. Gehackte Mehlsuppe.

Man setzt Wasser mit Salz und einem guten Stück Butter auf, nimmt feines Weitzenmehl, legt es auf ein Bret, macht ein Loch in die Mitte, schlägt ein Ey drein und knetet es durcheinander; wenn es geknetet ist, hackt man es mit einem Messer klein, quirlet es in das kochende Wasser, läßt es damit aufkochen, dann ist es gut. Zu 1 Ey nimmt man ohngefähr 1 Maaß Wasser.

44. Habergrützsuppe.

Nimm hamburger Habergrütze und laß sie kochen, alsdann ein Viertelpf. Mandeln, und stosse sie mit Rosenwasser recht klein; sind sie fein gestossen, so thue sie in einen lockern Lappen von reiner Leinwand und zwinge die Mandeln mit der Habergrütze durch, bis es nicht mehr wie Milch aussieht; dann gieß so viel Habergrütze zu, daß es ohngefähr ein Maaß wird; alsdann thue etliche Zitronscheiben und von einer Zitrone die Schale auf Zucker abgerieben dazu. Den Zucker thu in die Suppe und quirle die Suppe mit 6 Eydottern ab, das Weisse der Eyer quirle zu Schnee und lege ihn auf die Suppe, und diese bestreue mit Zucker und Zimmt. Soll diese Suppe für einen Kranken, so sind 4 Eydotter hinlänglich und bleibt dann auch der Schnee weg.

45. Ordinaire Habergrützsuppe.

Setze gute Habergrütze mit Wasser auf; wenn sie dick genug gekocht ist; so giesse sie durch den Durchschlag, thu Salz und weisse Stückchen Butter dran, laß es durchkochen und quirle die Suppe mit Eydotter ab. Man kann auch gestossene Mandeln, Korinthen und gewürfelte in Butter gebratene Semmel dran thun, und die Suppe mit Zucker und Zimmt bestreuen. Auch kann man gestossene Zimmtblumen drüber streuen, statt des Zimmts, so wohl über diese als auch über andre Suppen, ob solche gleich nicht ganz so schön als Zimmt schmecken, so sind sie doch wohlfeiler.

46. Suppe von schwarzen Brodt.

Man kocht Rinden von schwarzem Brodt nebst etwas Zitronschale in Wasser weich, thut Zucker und Butter dazu, reibt die Suppe durch einen Durchschlag, thut alsdann gewaschene und vorher alleingekochte Korinthen drein, und bestreut die Suppe mit Zucker und Zimmt.

47. Grobe Brodtsuppe auf andre Art.

Schneide rundherum von grobem Brodt Scheiben, röste sie auf Kohlenfeuer gelbbraun; wenn sie kalt sind, brich sie in Stücken, laß sie in Wasser weich kochen, rühre sie durch einen Durchschlag, giesse dazu weissen Wein und thue viel gestossenen Zimmt, Zucker, Zitronscheiben, und kleine Rosinen drein, und laß es noch etwas kochen. Es muß so viel Brodt seyn, daß die Suppe davon gut wird.

48. Feine Brodtsuppe.

Nimm Wein und Wasser, jedoch mehr Wein als Wasser, laß es kochen, thue dazu geriebe-

geriebenes feines Roggenbrodt nebst fein gehackter Zitronschale und Zucker, laß es gut kochen. Alsdann quirle das Gelbe von 2 Eyern dazu. Man kann auch anstatt des Wassers Breyhan oder weiß Bier nehmen, alsdann auch gestossene Kardamonimen dazu thun.

49. Semmelsuppe.

Man kocht etliche Wassersemmeln in Wasser weich, thut etwas Butter und Salz dazu, und schlägt die Suppe durch einen Durchschlag, so ist sie fertig. Man kann sie auch mit Eydotter abquirlen, auch, wenn man den Geschmack verbessern will, etliche Zitronscheiben, etwas Zitronschale und Zucker dran thun.

50. Biersuppe.

Man setzt Bier an, reibt Brodt, stößt Kümmel, rühet ihn unters Brodt, thut es ins Bier, ein wenig Zucker und Butter und etwas Salz dazu, und läßt es kochen. Man kann sie auch mit Eydotter abquirlen. Man kann auch Bier aufsetzen, etwas gestossenen Ingwer hinein thun, oder auch solchen weglassen und es kochen lassen, das Bier wird mit einer Messerspitze voll Mehl und Eydottern abgequirlt und über gewürfeltes Brodt kochend in den Napf gegossen. Auch kann man Fliedermus hineinthun, auch das Weisse von den Eyern mit zur Suppe nehmen; doch muß man sich in Acht nehmen, daß es nicht rinnt.

51. Bier- und Milchsuppe.

Man nimmt ein Nössel Bier und ein Nössel Milch, setzt es auf, thut etwas Zucker und ein wenig gelbe Butter dazu, läßt es kochen und quirlet es mit 3 Eydottern ab. Beym Abquirlen nimmt man zu den Eydottern ein wenig kaltes Bier und einen halben Löffel voll Mehl; hat man es recht untereinander gequirlt, so quirlt man die Suppe damit ab, richtet sie über gewürfelte Semmel an und bestreut sie mit Zucker und Zimmt.

52. Mummensuppe.

Reibe schwarzes Brodt, thu es in die kochende Mumme und quirle sie mit Eydotter ab. Man kann auch statt des Brodts Pumpernickel nehmen.

53. Breyhanssuppe.

Man setzt Breyhan an, thut Zucker und Zitronschalen dazu, läßt ihn kochen und quirlt ihn mit Eydottern und einer Messerspitze voll Mehl ab, (auf 1 Maaß 4 Eydotter) gießt ein wenig Wein darunter, richtet die Suppe über gewürfelte Semmel an, und bestreut sie mit Zucker und Zimmt. Zu allen Suppen von Breyhan muß dersebe nicht zu alt und nicht zu jung seyn, im ersten Fall ist er zu scharf und man braucht viel Zucker, im andern Fall schmeckt er nicht gut. Es kann auch das Weisse der Eyer mit dazu gequirlt werden, dann wird die

Suppe

Suppe mehr semig, nur muß man alsdann sich sehr in Acht nehmen, daß es nicht rinnt. Man kann auch dies alles zusammen kalt einquirlen und auf das Feuer setzen, dann muß man aber beständig quirlen; auch kann man, ehe man die Suppe ansetzt, die Zitronschale einige Zeit vorher in den Breyhan thun, daß der Geschmack recht ausziehe, auch etwas ganzen Zimmt hineinwerfen. Man kann auch sowohl bey dieser als bey andern Arten von Breyhan- und Weinsuppen, welche mit Eyern abgequirlt werden, die Eyer mit Wein abquirlen, auch mit Kirsch- Pfirsich- und andern abgezogenen Wassern.

54. Breyhanssuppe mit geriebenem Brodt.

Man setzt Breyhan an, reibt schwarzes Brodt und thut es hinein, dazu etliche Zitronscheiben, Korinthen, Zucker und Butter, und läßt es eine Stunde kochen.

55. Breyhanssuppe mit geriebener Semmel.

Man setzt gut ausgegohrnen Breyhan mit Zucker und Zitronschale ans Feuer, läßt ihn kochen, quirlt ihn mit Eydottern ab, und richtet die Suppe an über geriebene und in Butter gelbbraun und hart gebratene Semmel, und streut Zucker und Zimmt drauf; doch muß sie gleich

gleich gegessen werden, daß die Semmel nicht weich wird. Man kann deshalb die Suppe und Semmel, jedes allein, auf den Tisch setzen lassen, und erst beym Herumgeben die Semmel in jede Portion Suppe thun.

56. Suppe von Kartoffelmehl.

Nimm 1/2 Maaß Breyhan und 1/2 Maaß Wein, setze es mit Zitronschalen und Zucker an. Wenn der Breyhan recht stark kocht, so rühre 1 bis 2 Löffel voll Kartoffelmehl hinein, laß es nun aufkochen, alsdann bestreue die Suppe mit Zucker und Zimmt. Kartoffelmehl wird, wie in der 17ten Abtheilung beschrieben, gemacht.

57. Bergsuppe.

Man setzt Breyhan mit einem Spitzglase voll weissen Franzwein, einer Zitronschale und etwas Zucker auf, läßt solches kochen, quirlt in ein wenig kalten Wein auf 1 Maaß Suppe 4 Eydotter und einen halben Löffel voll Mehl; damit quirlt man den kochenden Breyhan ab. Zum Berge nimmt man schwarzes Brodt, welches alt ist, reibt es auf der Reibe, und brät es in Butter mit Korinthen, Zucker und abgeriebener Zitronschale. Alsdann drückt man das Brodt in einem spitzigen Durchschlag, kippt den Berg um, stellt ihn in den Suppennapf, richtet die Suppe drüber an, legt Schnee herum und bestreut sie mit Zucker und Zimmt.

58. Duchsteinsuppe.

Setze halb Wein halb Duchstein ans Feuer und thue geschnittne Zitronschale und Zucker dazu. Wenn die Suppe kocht, so quirle sie mit Eydottern ab, (auf 1 Maaß 4 Eydottern gerechnet) bestreue die Suppe mit Zucker und Zimmt.

59. Weinsuppe mit Stärke.

Nimm Wein, setze ihn zum Feuer, schäle von einer Zitrone, nach Proportion der Suppe, halb oder ganz die Schale dünne ab, daß sie aber zusammenhänget, stich mit einem spitzigen Messer Löcher in die Schale und stecke in diese gebrochenen Zimmt und ganze Gewürznelken, lege sie, nebst Zucker zu den Wein; nimm von der besten weissen Stärke, gieß kalt Wasser drauf und laß sie weichen. Wenn der Wein mit der Zitronschale gut gekocht hat, so quirle die Stärke mit kaltem Wasser ganz klein, und quirle sie zu den Wein, laß es zusammen gut kochen, so wird sie ganz klar. Es muß so viel Stärke seyn, daß die Suppe semig wird.

60. Eine andre gute Weinsuppe.

Nimm Wein und Wasser, doch mehr Wein als Wasser, thue drein Zucker, Zitronschale, viel kleine Rosinen, auch ein Paar ganze Gewürznelken und Zimmt, laß es zusammen gut kochen; unterdessen setze Butter in einem Tie-

gel

gel auf; wenn sie anfängt braun zu werden, so thue viel geriebene Semmel hinein, laß sie recht braun rösten, rühre sie um, daß sie nicht anbrenne, thue sie zu den Wein, laß es mit einander gut kochen, daß die Semmel darin ganz zergeht; zuletzt quirle Eyerdotter dazu, und beym Anrichten streue gestossenen Zucker und Zimmt drüber. Man kann auch statt der Semmel fein Roggenbrod nehmen.

61. Eine schöne Suppe.

Nimm einen Theil Wein und eben so viel gebranntes Wasser, drey Theil schwarz Kirschwasser und einen Theil Erdbeerwasser; oder halb Wein und halb schwarz Kirschwasser, von einer Zitrone die Schale dünne abgeschnitten, daß sie an einander bleibt, thue sie nebst Zucker in die Brühe, drücke den Zitronsaft auch hinein, laß es kochen; alsdann rühre mit ein wenig eingeweichter weisser Stärke und Eydottern die Suppe ab, setze sie wieder ans Feuer, und laß sie unter beständigem Rühren semig werden.

62. Kraftsuppe für einen Kranken.

Nimm ein ganz frisches Ey, mache ein Loch drein, daß das Ey herausläuft, thue dasselbe in einen Topf, nimm die Eyerschale, fülle sie einmal mit weissen Bastart, zweymal mit schwarzen Kirschwasser und zweymal mit Alchimillenwasser, thue dis alles zu dem Ey in

den

den Topf, auch einen halben Löffel voll gestossenen Zuckerkandis, quirle alles wohl untereinander, setze den Topf auf Kohlenfeuer, quirle es beständig, bis es anfängt zu kochen und etwas dick zu werden.

63. Mandelnsuppe.

Nimm 1/2 Pfund süsse Mandeln, brühe sie ab, stosse sie mit ein wenig Rosenwasser recht klein, dann thue sie in eine Reibesatte, (Reibeasch) gieß etwas abgekochte Milch dazu und auch noch etwas Rosenwasser, reibe sie damit recht klein, thue sie in kochende Milch und laß sie drin kochen, thue Zucker und ein wenig Salz dazu; wenn es zusammen gekocht hat, so quirle es ab mit Eydotter, rühre es so lang auf dem Feuer, bis es etwas dick wird, dann richte die Suppe an und streue Zucker und Zimmt drüber.

64. Eine Schaumsuppe.

Man nimmt auf 1 Nössel Wein 8 ganze Eyer; quirlt selbige kalt mit etwas Zucker und gestossenem Zimmt und setzt es in einem etwas grossen Topfe, in welchem es zum Aufsteigen Platz hat, aufs Feuer, es muß aber beständig stark gequirlt werden. So bald es anfängt zu steigen, so ist es gar und muß gleich in den Suppennapf gegossen werden. Man kann auch, statt des Weins Breyhan nehmen, und ein Spitzglas voll weissen Franzwein drunter giessen,

sen, auch kann man halb Wein und halb Wasser nehmen.

65. Eine andere Schaumsuppe.

Nimm einen grossen Topf, schlage drein 24 Eyer, quirle sie zu Schaum, gieß allmälig 1 Maaß (Quart) Wein dazu, quirl es beständig, reibe auf einem Stück Zucker das Gelbe von 4 Zitronen ab, thu ihn nebst dem Saft der Zitronen dazu, aber nicht die Kernen, auch ein Stück ganzen Zimmt; setze den Topf in starkes Kohlenfeuer, quirl es beständig mit einem starken Quirl, daß es lauter Schaum wird, laß es scharf heiß werden, und wenn es aufsteigt, gieß die Suppe gleich in den Napf, damit der Schaum nicht fällt. Wenn man will, kann man auch etwas gestossene Kardemommen drein nehmen.

66. Zimmtsuppe.

Nimm ein gutes Stück grobes Brodt mit Rinde und Krume, röste es auf Kohlen schön gelbbraun; wenn es kalt ist, brich es in Stücken, thu es in einen Topf, nebst viel gebrochenen Zimmt, gieß kaltes Wasser drauf und laß es kochen, quirle es, daß das Brodt zergeht, treibe es durch den Durchschlag in einen andern Topf, thue dazu feingehackte Zitronschale, Butter, Salz, Zucker und Wein, laß es damit kochen, quirle einige Eydotter dazu, setze es zum Feuer, quirl es und laß es bis ans

Kochen

Kochen kommen; röste geschnittenes feines Brodt in Butter braun, richte die Suppe an und lege das Brodt hinein.

67. Gefüllte Zitronensuppe.

Man nimmt Zitronen, schneidet sie der Länge nach durch, höhlt das saure heraus, nimmt das Weisse von 2 Eyern, etwas Zucker und bittre, auch etwas süsse Mandeln, welche alle vorher abgezogen und gerieben seyn müssen, rührt alles recht unter einander, füllt es wieder in die Zitronen, macht jede Hälfte mit einem Messer glatt und läßt sie in der Tortenpfanne oder bey dem Becker gelbbraun backen. Zur Suppe nimmt man halb Wein, halb Wasser, 8 Eydotter auf 1 Maaß, gestossenen Zucker und Zimmt, quirlt dis alles nebst einer Messerspitze voll Mehl kalt ein, auch etwas an Zucker abgeriebene Zitronschale dazu. Wenn es anfängt zu kochen, so gießt man die Suppe in den Napf und thut die gefüllte Zitronen hinein.

68. Zitronensuppe auf andre Art.

Reibe eine ganze Zitrone auf dem Reibeisen, nimm die Kernen davon, giesse Wein drauf und laß es kochen; alsdann reibe sie durch einen Durchschlag, thue 3 abgequirlte Eydotter drein, und Zucker so viel du willst, auch 2 Löffel voll Rosenwasser, und laß es aufkochen.

69. Zitronensuppe für einen Kranken.

Nimm von 4 frischen Eyern das Gelbe, quirle es in einem Topfe, etwas geriebene Zitronschale, den Saft aus 2 Zitronen, quirle es recht durcheinander, und gieß dazu 2 Löffel voll Borogenwasser, auch so viel schwarz Kirschwasser und Zucker, setze alles aufs Kohlenfeuer, und quirle es beständig, bis es kocht und etwas dicke wird. Man kann auch, wenn es die Krankheit erlaubt, einen Löffel voll guten Wein drunter nehmen.

70. Pflaumensuppe.

Nimm frische Pflaumen und laß sie, nachdem die Kernen herausgeschnitten, mit Breyhan oder auch mit Wasser kochen, thu geschnittene Zitronschale dran, und laß sie kochen, bis sie ganz weich sind, gieß ein wenig Wein dazu und schlag sie durch den Durchschlag, brate Semmelscheiben in Butter und leg sie in die Suppe, und bestreue sie mit Zucker und Zimmt.

71. Suppe von gebackenen Pflaumen.

Setze gebackene Pflaumen mit Breyhan an, thue geschnittne Zitronschale dazu und laß es kochen. Wenn sie recht weich sind, so reibt man sie durch den Durchschlag, richtet sie über geröstete Semmelscheiben an, und bestreut sie mit Zucker und Zimmt. Man kann auch geschälte Pflaumen so auch Prunellen in kleine

Strei-

Streifen schneiden, alsdenn aber reibt man sie nicht durch den Durchschlag.

72. Prunellensuppe.

Man schneidet die Prunellen in kleine Stückchen, thut sie in einen Topf, gießt Breyhan und ein Glas voll weissen Franzwein dazu, thut etliche Zitronscheiben und Schale, Zucker und ein Stück ganzen Zimmt dran, läßt es zusammen eine ganze Stunde kochen, schlägt sie durch den Durchschlag, und richtet sie mit gerösteten Semmelscheiben an. Man kann auch ein Stück Mandelgebacknes hineinthun.

73. Suppe von frischen Kirschen.

Nimm frische Kirschen, stoß sie in einem Mörsel sammt den Kernen, thu alles zusammen in einen Topf, gieß halb Wein und halb Wasser drauf, thue etliche Zitronscheiben und Schalen dran, laß es zusammen recht weich kochen, schlag es durch einen Durchschlag, leg in die Suppe ein Stück Mandelgebacknes und bestreue sie mit Zucker und Zimmt. Man kann diese Suppe auch kalt essen. Hat man nicht genug Zeit, Kirschen zu stossen, so kann man sie, wenn die Stiele abgepflückt sind, ganz mit Breyhan oder Wasser aufsetzen, wenn sie kochen durch den Durchschlag reiben und Semmel in Butter gebraten hinein thun. Man kann auch, wenn die Suppe schon durchgeschlagen, noch von einigen Schocken Kirschen, nachdem man viel oder wenig Suppe hat, die Kernen ausstechen, und solche noch einmal mit durchkochen lassen.

74. Suppe von gebackenen Kirschen.

Sie wird auf die nemliche Art gemacht, wie die erste Kirschsuppe beschrieben ist, nur daß sie länger kochen muß.

75. Kirschsuppe für Kranke.

Nimm gebackne Kirschen, wasche sie einigemal mit warmen Wasser, daß sie recht rein werden, laß in einem Durchschlage das Wasser ablaufen, stosse sie sammt den Kernen in einem Mörsel klein, setze sie mit Wasser an und laß sie gut kochen, daß die Kraft herausgeht, rühre sie durch einen Durchschlag in eine Schüssel, laß es ein wenig stehn, dann setzen sich die Stückchen von den Kernen, gieß es nun ab, und wieder in einen Topf, thue dazu ganzen Zimmt und Zucker, etwas Zitronschale und ein wenig Moselerwein, und laß es wieder gut kochen. Für Gesunde nimmt man mehr weissen Franzwein und gestossenen Zimmt. Beym Anrichten legt man nach Belieben geröstete Semmel oder Zuckerplätzchen hinein.

76. Aepfelsuppe.

Nimm Borsdorferäpfel und schneide sie in Viertel, setze sie mit Breyhan, Zucker und Zitrontronschale an, laß alles weich kochen, schlag es durch den Durchschlag, quirl es mit Eyerdotter ab, und bestreue die Suppe mit Zucker und Zimmt. Man kann auch, nachdem die Suppe durchgeschlagen, gewaschne und abgekochte Korinthen hinein thun.

77. Heidelbeerensuppe.

Man wäscht die Heidelbeeren rein ab, und kocht sie mit Wasser und weissen Franzwein zugleich eine halbe Stunde, von jedem die Hälfte, thut Zitronschale dran und so viel Zucker als nöthig ist, dann reibt man sie durch einen Durchschlag in einem porcellänen Napf, legt geröstete Semmelscheiben hinein und streut Zucker und Zimmt drüber. Diese Suppe ißt man mehrentheils kalt. Man kann auch dieselbe in Wasser kochen, und grobes Brodt hinein thun und sie kalt essen.

78. Mehlbrey.

Man quirlet Mehl in kochendem Wasser zu einem Brey, thut etwas Salz dran und brät Speck drüber; auch unter den Speck Zwiebeln, wenn solche jemand gern ißt.

79. Buchweitzengrütze.

Man wäschet die Grütze, setzet sie mit Wasser auf, und läßt sie dicke kochen; dann gießt man geschmolzne braune Butter drüber, thut aber vorher etwas Salz dran. Beym

Aufgeben rühret man noch etwas weisse Stückenbutter dran. Wenn man ein Stückchen Butter dran thut, und solche mit durchkochen läßt, kocht sich die Grütze desto besser.

80. Griesmus.

Koche Gries in Milch, laß es kalt werden, thue hinein 9 Eydotter und 3 ganze Eyer, daß es werde wie ein Mandelmus, mach es süsse, schmier eine Schüssel mit Butter aus und laß es drin aufkochen. Es wird mit Zucker und Zimmt bestreut.

81. Kartoffelmus.

Die Kartoffeln werden rein abgewaschen, geschält, in Stücke geschnitten, mit Wasser aufgesetzt, doch nicht zu viel Wasser, läßt sie gar kochen, bricht sie hernach, wie Erbsen, und beym Anrichten giebt man gebratene Butter oder gebratenen Speck, und wenn man will Zwiebeln drüber.

82. Reis mit Milch.

Nimm 1/2 Pf. Reis, wasche ihn einigemal, erst mit kaltem, dann mit warmen Wasser, und setze ihn mit Wasser auf. Wenn das Wasser kochet, so giesse es ab und giesse 2 Maaß Milch dran, und laß den Reis damit steif kochen. Man thut auch ein wenig Salz dran. Wenn er steif gekocht ist, so gießt man gebratne Butter drüber, und bestreuet den Reis mit Zucker und Zimmt. Mit Gries, Hirse, Graupen und Schwaden kann man es auch so machen. Man kann jedes dieser auch zu einer Suppe kochen. Wenn der Reis recht gut werden soll, so wäscht man ihn erst mit kaltem, dann mit lauwarmen, hernach mit heissem, zulezt mit kochendem Wasser, läßt ihn jedesmal im Wasser ein Weilchen stehen, besonders im kochenden, rührt ihn jedesmal, ehe man das Wasser abgießt, um, jedoch behutsam, damit man ihn nicht klein rührt.

83. Stärkenmus.

Nimm schön gestossene Stärke, reibe sie mit süssem Rohm ab, rühre gestossene Mandeln drunter, auch Zucker, Rosenwasser, 3 bis 4 Eydotter und 1 Stück frische Butter; rühre aber alles wohl durcheinander, bis es kocht: Thue unten und oben auf den Deckel glühende Kohlen, daß es oben braun werde, und bestreu es hernach mit Zucker und Zimmt.

84. Semmelmus mit Zitrone und Mandeln.

Weiche geriebene Semmel in Rohm, rühre 1/4 Pf. gestossne Mandeln und 1/4 Pf. Zucker drein, rühr es 1 Stunde, und auch so viel Butter als Zucker hinein, so auch ein Eydotter; hernach thue so viel eingeweichte Semmel hinein, als du meinst, daß es dicke genug sey, und zulezt klein geschnittne Zitronschale. Backe es in einer mit Butter ausgeschmierten Tortenpfanne.

85. Mandelmus.

Laß 1 Maaß Milch kochen, nimm fein gestossne Mandeln, so viel du glaubst, daß es dicke werde, quirle sie drein; wenn es nicht dicke wird, so thue feine Semmelkrumen dazu, ferner ein Stück Zucker, Rosenwasser oder Pfirsichwasser 2 bis 3 Löffel voll, laß es auf einem kleinen Kohlenfeuer kochen, rühre es fleißig um, thu es in eine Schüssel und streue Zucker und Zimmt drauf.

86. Ein Mus von Eyweiß.

Nimm 1 Maaß Sahne oder Rohm, thue drein von 8 oder 10 Eyern das Weisse, quirle es wohl durch einander, gieß auch ein wenig Rosenwasser hinzu, und laß es bey einem gelinden Feuer aufkochen, rühre es öfters um, richte es in einer Schüssel an, bestreu es mit Zucker und Zimmt und laß es kalt werden.

87. Quittenmus.

Koche die Quitten in Wasser, aber nicht gar zu weich, ziehe die Haut ab, schabe sie bis auf das Kernhaus, reibe sie in einen Reibetopf oder meßingenen Kessel, gieß ein wenig von dem Wasser, darin sie gekocht, dazu; nimm von 3 Eyern das Weisse und 2 Dotter, reibe sie

drunter,

drunter, daß es ein recht klarer Brey werde, thu eine geriebene Zitronschale dazu, träufle ein wenig Zitronsaft hinein und thue Zimmt und Zucker dazu. Schmiere eine Schüssel mit Butter aus, giesse den Brey hinein und setze es auf Kohlen. Deck es mit einer Schüssel zu und laß es kochen. Du mußt es aber öfters aufdecken, sonst läuft es über. Man kann es kalt oder warm essen, auch mit Zucker und Zimmt überstreuen.

Kalteschalen.

88. Brodt-Kalteschale.

Reibe schwarzes Brodt nebst der Rinde, thue gewaschene Korinthen dazu, auch abgeriebene Zitronschale, Scheiben und Zucker und gieß Breyhan und Wein drauf. Auch kannst du statt Brodt gesottene Prezeln einbrocken, oder auch Gröningischen Zwieback nehmen; mit Zwieback thust du am besten. Man giebt ihn in Stücken gebrochen herum, daß sich solchen ein jeder selbst einthun kann, weil er sehr leicht weich wird. Der Breyhan mus ja gut und kalt seyn, weil er sonst keine Erquickung ist; die Korinthen kann man auch weglassen.

89. Preußische Kalteschale.

Nimm recht schwarzes Brodt, reibe es recht fein, giesse süsse Sahne und bitter Bier drauf.

Bestreue die Kalteschale stark mit Zucker und Zimmt.

90. Erdbeeren = Kalteschale.

Wasche die Erdbeeren recht rein, laß das Wasser im Durchschlag rein ablaufen, schütte sie in den Napf und so viel Zucker als nöthig ist dazu, gieß Wein drauf, decke den Napf zu, laß sie eine Weile so stehen, daß der Wein recht einzieht, alsdann gieß kaltes Wasser dazu. Man kann auch abgeriebene Zitronschale und fein geriebnes Brod drunter thun, und Zucker und Zimmt drüber streun.

91. Kalteschale von Milch mit Weintrauben.

Pflüge die Weinbeeren in Milch und bestreue die Kalteschale mit Zucker. Mit Erdbeeren und Heidelbeeren kann man es eben so machen, vorhero aber müssen sie gewaschen und das Wasser im Durchschalg abgelaufen seyn. Zucker kann man nach Belieben hinzuthun. Zu den Heidelbeeren schmeckt auch geriebenes Brod gut.

92. Himbeeren Kalteschale.

Man pflückt die Himbeeren von den Stielen ab und thut sie in einen Topf, setzt denselben in einen Kessel mit kochenden Wasser, daß die Beeren aufspringen, alsdann klärt man den Saft ab, kocht ihn mit Wasser, Wein und Zucker eine Stunde und thut etwas Himbeergelee

gelee dazu. Dann gießt man es in einen porcellänen Napf und läßt es kalt werden. Will man die Kalteschale essen, so legt man Mandelgebacknes hinein. Sie ist sehr schmackhaft, erfordert aber sehr viel Zucker.

93. Pfirsich- auch Fliedermilch.

Man nimmt süße Kuhmilch und kocht sie mit Pfirsichblättern ab, thut aber gleich ein Stück Zucker hinein, sonst rinnet sie leicht, dann nimmt man die Blätter wieder heraus und quirlt die Milch mit Eydottern ab, auf ein Maaß 6 Eydotter, auch von 3 Eyern noch das Weisse dazu, einen halben Löffel voll Mehl und etwas Zucker, dann setzt man sie in den Keller und ißt sie hernach kalt; man streut kein Gewürz drauf, weil die Pfirsichblätter in dieser Milch ihren eignen Geschmack voraus haben sollen. Mit Fliederblüthe macht man es auch so. Man muß aber so wohl die Pfirsichblätter als die Fliederblüthe vorher in Wasser abwaschen, und, wenn man es in den Napf zum Kaltwerden giessen will, es durch einem Durchschlag giessen. Auf Fliedermilch streut man Zucker und Zimmt.

Zwote Abtheilung.

Von gekochten geschmorten und farschirten Fleisch-Speisen und Geflügel.

94. Rindfleisch zu kochen.

Rindfleisch muß man allezeit 2 bis 3 Tage nach dem Ausschlachten erst kochen; zum Kochen ist ein Blumenstück, oder ein Stück aus der Keule am besten. Es muß eine Stunde in Brunnenwasser eingewässert und alsdann in einem irdenen Topf aufgesetzt werden. Wenn man für sich alleine speißt, so kann man auf das Pfund anderthalb Nössel Wasser rechnen. Dieses wird auf das Fleisch gegossen und Salz dran gethan. Es muß aber zum kochen allezeit flüssend Wasser genommen werden, wenn man es haben kann. Wie viel Salz man nehmen soll, kann ich nicht so genau bestimmen, weil ein Salz immer besser salzet, als das andre. Man muß daher die Brühe kosten; ist es zu wenig gesalzen, so kann man was nachthun. Auf 3 Pfund rechne ich ohngefähr eine kleine Hand voll Salz. Man thut aber wohl, wenn man, so wohl dieses als auch alles Fleisch, gleich vom Anfang gehörig salzet, denn wann man erst so viel nachthut, wenn das Fleisch meist gar ist, so nimmt es das Fleisch nicht an,

son-

sondern nur die Brühe; wenn auch die Brühe anfangs etwas salzig schmeckt, thut das so viel nicht, weil man doch Wasser nachgießt, freylich muß man sich aber in Acht nehmen, daß es nicht zu salzig wird. Wenn das Fleisch zu kochen anfängt, so nimmt man einen irdenen Teller, welchen man dazu aufbehält und schäumet mit der Schaumkelle den Schaum rein ab und thut ihn auf den Teller. (Diesen Schaum hebt man zum Seiffe kochen in einem Topfe auf.) Wenn es nun recht abgeschäumt ist, so thut man etliche englische Gewürzkörner, trockne Lorbeerblätter und ein Stück ganzen Ingwer daran, deckt den Topf zu und läßt es 4 Stunden sachte kochen. Hat es 1 Stunde sachte gekocht, so kann man etwas Fett abfüllen. Auch kann man eine Mohrrüben-Pastinak- oder Petersilienwurzel mit zu dem Fleische thun, davon schmeckt es kräftiger. Wenn das Fleisch gar ist, so nimmt man die Brühe zur Suppe und das Fleisch zur Vorkost, oder man macht eine Sardellenbrühe oder eine andere Brühe dazu. Hat man Gäste, so ist eine Rinderbrust ein schönes Voressen. Zuweilen wird das Fleisch, wenn es jung ist, etwas eher gar; in diesem Fall muß man es vom Feuer abrücken. Man rechnet in der Wirthschaft auf die Person ein halb Pfund. Man kann es zuweilen auch so eintheilen, daß man weniger braucht. Wenn man nicht Zeit hat das Fleisch zu wässern, setzt man es mit kaltem

Was-

Wasser auf, bis es ans Kochen kommt, dann nimmt man es heraus, wäscht es rein ab, und setzt es wieder mit frischem Wasser auf; dis vertritt die Stelle des Einwässerns.

95. Hammelfleisch zu kochen.

Zum Kochen nimmt man Ribbenstücken oder ein Stück aus der Keule, welches einige Tage vorher ausgeschlachtet seyn muß. Man klopft es mit der Fleischkeule recht mürbe, wässert es dann 1 Stunde ein, kocht und schäumt es alsdann wie Rindfleisch; es kann in drey Stunden gar seyn. Man thut aber nur englisch Gewürz und Lorbeerblätter dazu, den Ingwer muß man weglassen.

96. Kalbfleisch zu kochen.

Man wässert das Kalbfleisch eine halbe Stunde ein, setzt es mit Flußwasser auf, kocht es und schäumt es rein ab, thut auch etwas Lorbeerblätter und englisch Gewürz dazu. Wenn es eine Stunde gekocht hat, nimmt man es aus dem Topfe, legt es in eine irdene Schüssel, gießt kaltes Brunnenwasser drauf, läßt es eine Viertelstunde damit stehen, putzt indessen die unreine Haut ab, legt es dann wieder in den Topf, gießt die Brühe durch ein Brühsieb wieder drauf und läßt es kochen, bis es gar ist. Man nimmt zum Kochen gern eine Brust, wenn man sie haben kann. Man rechnet auf die Person 1/2 Pf. Fleisch; hat man aber Fremde, so muß man etwas

was mehr nehmen. In zwey, höchstens drittehalb Stunden muß das Kalbfleisch gar seyn.

97. Schweinefleisch zu kochen.

Dis muß etwas schärfer gesalzen werden, weil es sehr fett ist. Uebrigens wird es wie das vorige Fleisch gekocht, und es kann, wenn es jung ist, in drittehalb Stunden gar seyn.

98. Rindfleisch geschmort.

Nimm ein Stück Rindfleisch von der untern Schale, thue die Knochen davon, klopfe es und spicke es mit Speck und Zitronschale, der Speck wird, in gestossenen englischen Gewürz mit Salz vermenget, umgekehrt; thue etwas Lorbeerblätter und Zitronscheiben dazu. So lege das Fleisch alsdann in den Schmortopf, auf dessen Boden kleine eichne Hölzer liegen müssen, thu eine Hand voll Salz dazu, gieß so viel Wasser drauf, daß es mit dem Fleische grade stehe, auch etwas Weineßig, laß es kochen und schäum es rein ab. Wenn es abgeschäumt ist, so thue eine geschnittne Zitrone mit der Schale dran. Setze den Topf des Morgens um 6 Uhr auf Kohlen, und laß es sachte bis um 11 Uhr kochen; der Topf aber muß zugedeckt seyn, oder auch zugeklebt, welches noch besser ist, dann aber muß in dem Deckel ein kleines Loch gebohrt seyn, sonst zerspringt er. Um 11 Uhr macht man den Topf auf; ist das Fleisch weich und braun, so thut man einen Löffel voll

Mehl in Butter braun gebraten, dran, daß die Brühe semig werde; ist es aber nicht braun, so brät man es in der Pfanne braun, legt es hernach wieder in die Brühe, macht etwas Mehl in Butter gelbbraun und rührt solches dran, oder man thut statt Mehl einen Löffel voll Pflaumenmus, etwas geriebenen Honigkuchen oder geriebenen Brodrinde dran.

99. Rindfleisch mit Eßig geschmort.

Nimm ein Stück Rindfleisch von der Unterschale, klopf es recht mürbe, spick es mit Zitronschale und Speck, leg es eine Nacht in Breyhanseßig; am andern Morgen gieß den Eßig ab, setz es mit Wasser auf, salz es und schäum es rein ab, thu ein Stück ganzen Ingwer, etliche Lorbeerblätter und englische Gewürzkörner dazu. Wenn es eine Stunde gekocht hat, so gieß Breyhanseßig dran, thue die Scheiben von einer Zitrone dazu und laß es schmoren, bis es gar ist. Koste aber die Brühe, ob sie nicht zu sauer ist, und das gehörige Salz hat. Ist die Brühe nicht semig, so thu einen Löffel voll Mehl in Butter braun gebraten, Honigkuchen oder geriebene schwarze Brodrinde daran, und laß es damit durchkochen. Richte es mit Zitronscheiben an, gieß die Brühe durch einen Durchschlag und schöpfe das übrige Fett von der Brühe ab.

100.

100. Schmorfleisch auf eine andre Art.

Spicke das Rindfleisch mit Speck und Zitronschale, setz es mit Wasser auf und salz es gehörig, thu auch, wenn es geschäumt ist, Gewürz dran. Hat es anderthalb Stunden gekocht, so gieß die Brühe ab, brauche dieselbe zur Suppe, und gieß an deren Stelle Breyhan dran. Schneide Zitronscheiben und Schale dran, doch so, daß nichts weisses an der Zitrone bleibt, weil die weisse Schale der Zitrone, wenn sie dickschäligt ist, dem Essen einen bittern Geschmack giebt. Alsdann gieß ein Glas weissen Franzwein dran, und laß das Fleisch gar schmoren. Ist die Brühe nicht dick genug, so thu einen Löffel voll braun gebratnes Mehl dazu. Sie schmeckt aber besser, wenn sie sich selbst semig kocht. Man kann auch Kapern oder geschärbte Sartellen an die Brühe thun.

101. Rindfleisch in der Grude * geschmort.

Nimm ein Stück von der Unterschale, klopf es recht mürbe, schneide frischen Speck in längliche Streifen, wälze solche in gestossenen englischen Gewürz und Salz um, schneide auch Zitronschale, doch so, daß nichts weisses dran bleibt, stecke dies alles hin und wieder in das Fleisch, nachdem du vorher mit einem Messer Löcher

* Grude ist die glühende und heisse Asche von verbranntem Stroh.

Löcher hinein gestochen hast, reibe mit den übrigen Salz und Gewürz das Fleisch ein, doch so, daß, wenn es nicht Salz genug ist, noch etwas nachgethan wird, zu viel Gewürz darf es auch nicht seyn; dann gieß in einen Topf ohngefähr 4 bis 6 Löffel voll Weineßig, thue Zitronscheiben, woran nichts Weisses ist, Zitronschale und einige Lorbeerblätter dran, leg auf den Boden des Schmortopfes ein Kreutz von Eichenholz, damit das Fleisch sich nicht ansetzt, leg das Fleisch drauf, oben drauf wieder einige Zitronscheiben und Lorbeerblätter, deck es zu und laß es auf einem kleinen Feuer nur anfangen zu kochen, oder auch nur scharf heiß werden, weil nicht viel Brühe drauf ist. Unterdessen mache die Grude, leg auf den Topf unter dem Deckel ein Papier, den Deckel drauf, scharre den Topf in die Grude ein, und leg oben auf noch ein Bündchen Stroh, sonst wird es nicht braun. Hat es 2 Stunden gestanden, so nimm es heraus, fülle das Fett ab und koste die Brühe; ist das Fleisch nicht sehr fett, wird es Brühe genug haben, wo nicht so mußt du etwas Wasser zugiessen, kost' es, ob es dir sauer genug ist, wo nicht, so gieß noch Weineßig zu; kehre das Fleisch um, grude es noch einmal ein, wie vorher, und laß es noch zwey Stunden stehn, dann ist es gut. Wenn du es wieder heraus nimmst, fülle das Fett rein ab, rühr etwas Mehl in Butter braun gebraten, Pflaumenmus oder Honigkuchen dran, setze das Fleisch

auf

auf Kohlen, laß es damit noch durchschmoren, richte es alsdenn an und beleg es mit Zitronscheiben zierlich. Wenn es das erstemal aus der Grude kommt, wirst du sehen, wie das Fleisch beschaffen ist; denn wenn es gutes Fleisch ist, darf es zum zweitenmal nicht 2 Stunden stehn, oder du darfst nicht so scharf eingruden; ist es aber altes Fleisch, so muß es wohl noch länger stehn.

Man kann mehrere Speisen in der Grude kochen. Das Fleisch muß aber erst ins kochen gebracht und abgeschäumt werden, und dazu gethan worden seyn, was dazu soll. Es behält in der Grude viel Brühe, weil sie gar nicht einkochen kann, auch wird es sehr weich, ob es gleich nicht immer das Ansehen hat, welches die auf dem Feuer gekochten Speisen haben. In Absicht der Grude muß man nur darnach sehen, daß das Stroh rein ausgebrannt ist, sonst werden die Speisen räuchrich, auch muß der Deckel fest auf den Topf passen, sonst fällt Asche hinein; platte, nicht hohlrunde Deckel, sind die besten. Man kann in der Grude auch Braten machen, und wenn sie groß ist, wohl 3 Töpfe hineinsetzen. Alles Essen in der Grude gekocht, schmeckt sehr kräftig.

102. Noch eine andre Art Schmorfleisch.

Nimm ein Stück Rindfleisch aus der Keule, wässre es eine Stunde ein, alsdann brate Butter in der Pfanne oder im Schmortiegel, lege das Fleisch hinein und laß es auf beyden Seiten braun braten, dann gieß Wasser, und thue Salz, Lorbeerblätter, englisch Gewürz und Zitronscheiben dazu, und laß es sogar schmoren. Ist es gutes Fleisch so wird die Brühe seimig und braun, will sie aber nicht braun werden, so thu ein wenig in Butter braun gemachtes Mehl dran, und laß es noch damit eine halbe Stunde durchkochen.

103. Boeuf à la Mode.

Nimm ein gutes dickes Stück Rindfleisch aus der Keule, klopf es, schneide fetten Speck in Stücken wie ein Finger dicke, und etwas länger als ein halber Finger, kehre denselben wohl um in gestossenen Pfeffer mit Gewürznelken, englischen Gewürz und Salz vermengt; stich mit einem Messer in das Fleisch und stecke eine Streife Speck hinein und fahr so fort, bis der Speck alle ist. Nimm einen Schmortopf, worauf der Deckel gut paßt, schneide breite dünne Scheiben Speck, lege sie auf den Boden des Schmortopfs, das Fleisch drauf nebst Zitronschale, Lorbeerblätter, Muskatenblumen, Pfeffer, 3 bis 4 ganze Zwiebeln, ein paar Löffel voll Weineßig, eben so viel Wasser und einige Löffel voll weissen Wein. Klebe den Deckel auf den Topf mit groben Teig und Papier vest zu, daß nicht der geringste Dampf herausgehen kann; setz es des Abends auf die heisse

Stelle

Stelle des Feuerheerds, wenn alles Feuer davon ist; des Morgens mache rund um den Topf, aber nicht in der Mitte, ein ganz gelindes Kohlenfeuer und laß es so 8 Stunden schwitzen, so wird es gar. Du mußt nur immer ein wenig Kohlenfeuer dazu legen, daß es ja nicht zu sehr kocht. Eine halbe Stunde vor dem Anrichten mache den Topf auf, thue dazu eine ganze Zitrone in dünne Scheiben geschnitten, deck es wieder zu und laß es mit der Zitrone ganz sachte fort kochen. Wenn du willst, kannst du noch ein wenig Weineßig oder Wein dazu giessen, auch von dem Fett etwas nehmen, und Mehl darin braun machen und es dazu thun. Beym Anrichten nimm das überflüßige Fett von der Brühe ab.

104. Englisches Rindfleisch.

Nimm ein gutes dickes Stück Rindfleisch aus der innern Keule, klopf es recht mürbe, stich mit einem Messer Löcher hinein und stecke in einige Löcher Stücken von des Fleisches Fett, in einige Zitronschale und in viele angeschälte Zwiebeln; leg es 3 Tage in guten Weineßig, und lege dazu Lorbeerblätter und ein wenig Rosmarien, dann brat es unter fleißigen Begiessen mit Butter, am Spiesse gar. Mache eine Sose dazu von in Butter gelbbraun gebratenen Mehl. Gieß eine gute Fleischbrühe und thue gewässerte und gehackte Sardellen, Kapern, von den Steinen abschälte Oliven, ein wenig gestos-

gestossenen Pfeffer dazu und laß es kochen; dann richte diese Brühe über das Fleisch an.

105. Geschmorter Rindermürbbraten.

Wenn von den Mürbbraten die Häute abgezogen und sie gespickt sind, so belege den Boden eines flachen verzinnten Kastrols, oder irdenen Schmortopfs mit Scheiben Speck, dann mit frischen gehackten Rindernierentalg und dann mit gehackten Schalotten; lege die Mürbbraten drauf, deck es dichte zu und setz es auf einen niedrigen Dreyfuß, mache drunter gelindes Kohlenfeuer, daß sie langsam schmoren und kehre sie öfters um. Sollte die Brühe zu kurz werden, gieß etwas Bouillon oder Wasser dazu und laß sie darin gar werden; dann mache Mehl und fein gehackte Zwiebeln in Butter braun, thue dazu gute Bouillon, gegen das Feuer in Wasser geweichte Trüffeln, gekochte Murcheln, eingemachte Champignons und laß es kochen. Zuletzt thue Zitronsaft und wenns nöthig ist Salz dazu. Richte die Mürbbraten an und die Sose drüber.

106. Ein Klopfs von Rindfleisch.

Nimm ein magres Stück Rindfleisch, schneide es in dünne Scheiben, klopfe sie mit dem Rücken des Hackemessers recht mürbe, thue sie in einen Tiegel, ein klein Stückchen Butter dazu, laß es so nebst ein wenig Salz und so viel

Was-

Wasser, daß es bis über das Fleisch steht, auf Kohlen sacht schmoren, thue auch Zitronscheiben und ein Glas Wein dazu. Es muß ganz braun aussehen, und kann in zwo Stunden gar seyn.

107. Rindfleisch-Rolade.

Man nimmt das weiche Bauchstück von einem Rinde, zieht die Haut davon ab, schneidet länglichte Schnitte Speck, die mit eingerollt werden; von Gewürz nimmt man dazu Salz, Salpeter, Lorbeerblätter und gestossenen Pfeffer, welches alles eingestreut wird. Man rollt das Fleisch zusammen und bindet es, daß es als eine Rolle zusammen bleibt. Diese Rolade legt man in den Pöckel, und kocht sie nach etlichen Wochen. Nach dem Kochen preßt man alles Wasser heraus, und schneidet Scheiben davon auf eine Schüssel. Man macht eine Brühe drüber von Weineßig, gestossnem Pfeffer und Petersilie. Im Winter dauert diese Rolade einige Wochen.

108. Rouletten von Rindfleisch.

Nimm ein schön Stück Rindfleisch ohne Knochen, von 4 Pfunden, schneide davon dünne Scheiben, so groß als das Stück Fleisch ist, klopfe sie mürbe, streue auf die eine Seite gewässerte und gehackte Sardellen, fein gehackte Zwiebeln, ein wenig getrocknetes und klein geriebnes Basilikum, gestossnen Pfeffer, Muskatenblumen und Salz, dann schneide zu jeder Scheibe ein Stück fetten Speck, so lang und dick wie ein kleiner Finger, lege auf das Ende der bestreueten Seite einer jeden Scheibe ein Stück von dem Speck, und rolle es damit auf, daß der Speck in die Mitte kommt, umwinde es mit groben Zwirn, laß in einem flachen irdenen Tiegel Butter schmelzen, lege die Rollen nebst ein Paar Lorbeerblätter hinein, decke sie zu und laß sie braun werden; kehre sie öfters um, daß sie allerwärts braun werden; dann nimm sie heraus. Thue zu dem Fett einen Löffel voll Weizenmehl und laß es zusammen ein wenig schmoren; dann giesse Bouillon oder gekochtes Wasser dazu, daß es zureichende Sose wird; wenn es nöthig ist, salze selbige; rühre es durch einander und laß es kochen. Dann nimm den Zwirn von den Rollen und lege sie in die Sose nebst etlichen Zitronscheiben, laß sie kochen bis sie mürbe sind und richte sie an.

109. Rouletten von Rindfleisch mit einem Forsch.

Schneide dünne Scheiben von Rindfleisch, klopfe sie wohl, lege in jede Scheibe einen Farsch von Rindfleisch, rolle jede Scheibe auf, daß der Farsch in die Mitte kommt, umwickle selbige mit Zwirn und verfahre damit, wie mit den vorigen.

110. Ein Farsch von Rindfleisch.

Nimm ein Stück magres Rindfleisch, schabe es roh, thue es in eine Schüssel, schlage 3 ganze Eyer drauf, thu ein Stück gelbe Butter, etwas Semmelkrumen und ein wenig Muskatenblumen hinzu; mache den Teig nicht zu veste und forme ihn länglicht, dann koche ihn in Fleischbrühe gar. Du kannst auch Krebskoli (s. Nr. 28.) drunter machen, nemlich von Krebsen mache die Schwänze ab, stosse die Schalen, brate sie in Butter, reibe sie durch den Durchschlag und gieß sie in die Suppe.

111. Farsch von Rindfleisch auf eine andre Art.

Schneide schönes Rindfleisch aus der Keule, nebst frischen Rindernierentalg, (von beyden muß die Haut und Sehnen abgelöst seyn) wie auch Speck von frischen Schweinfleisch klein; hack es zusammen klein, nebst gewässerten und ausgegräteten Sardellen, thu es dann in eine tiefe Schüssel und rühre es mit einer hölzernen Keule, thu dazu ein wenig trocknen mit den Händen von den Stängeln geriebenen Basilikum, fein gehackte Zitronschale, gestossenen Pfeffer, Muskatenblumen, Eyer und geriebne Semmel, rühre alles recht klein und durch einander, wird es zu steif, so gieß ein wenig Wein oder Bouillon dazu, hievon mache Klöse in Suppen, Rouletten zu füllen, oder wozu du sonst willst.

112. Ochsenzunge.

Setze sie recht früh ans Feuer, salze und schäume sie ab, dann thu englisch Gewürz und ganzen Jngwer dran; wenn sie gar ist, so gieß die Brühe ab, diese kannst du zur Suppe nehmen und Graupen darin kochen. Von der Ochsenzunge ziehe die Haut ab und mache folgende Brühe dazu: Brate Butter in einem Tiegel, thue Mehl drein und rühre es so lange, bis es ganz braun ist; dann thue Zitronscheiben und Schale dazu, ferner etwas Wein, gekochte grosse und kleine Rosinen, geschnittne Mandeln und ein Stück Zucker dazu, laß es zusammen durchkochen und richte es über die Ochsenzunge an. Du kannst auch gewürfelte und in Butter gebratene Semmel dran thun; auch eine solche Brühe, wie an die geschmorte Enten (s. Nr. 182.) machen.

113. Farschirte Ochsenzungen.

Koche die Ochsenzunge in Wasser und Salz weich, ziehe die Haut davon ab, hacke das hinten am Schlund sitzende Fleisch klein, thue dazu Eyer, gehackte Zitronschale, gestossene Muskatenblumen, geriebene Semmel und mache davon einen Farsch. Schneide die Zunge in der Länge von einander; mache den Farsch auf die von einander geschnittene Seiten der Zunge, streich es mit einem Messer glatt, bestreich sie mit geschmolzener Butter, leg sie in eine Torten-

tens

tenpfanne, mache nur auf dem Deckel Feuer und backe sie braun. Mache eine Sose dazu von in Butter braun geröstetem Mehl, Wein, Kapern, Zitronscheiben, Murcheln, Champignons, Trüffeln und was du sonst willst.

114. Gefüllte Ochsenzunge.

Wenn die Ochsenzunge in Wasser und Salz weich gekocht ist, so ziehe sie ab, schneide den Schlund davon, schneide sie in der Länge von einander, dann höhle das Fleisch heraus, hack es klein, thue dazu Eyer, kleine Rosinen, gehackte Petersilie, gestossne Muskatenblumen und geriebne Semmel, rühre alles wohl durch einander und füll es wieder in die ausgeschnittne Ochsenzunge, schmiere die Tortenpfanne mit Butter aus, lege sie hinein, bestreiche sie öfters mit geschmolzener Butter und backe den Farsch braun. Mache die vorige Sose dazu, richte sie an und lege die Ochsenzunge hinein.

115. Geröstete Ochsenzunge.

Koche die Ochsenzunge wie die vorigen weich, ziehe sie ab, schneide sie in der Länge von einander, kehre sie um in Mehl, laß Butter in einem flachen Tiegel braten, lege sie darein, und kehre sie oft um, daß sie gelbbraun wird; lege sie in einen tiefen Tiegel, gieß Bouillon dazu und thue gestossene Muskatenblumen, Pfeffer, ein Paar Gewürznelken, etliche gewässerte und gehack-

gehackte Sardellen, Kapern und Zitronscheiben drein, und laß sie hiemit einkochen.

116. Ochsenzunge mit einer Aepfelsose.

Nimm ein gutes Theil Rostocker, oder andre saure Aepfel, schäle sie, schneide sie in nicht gar zu grosse Stücke bis an das Kernhaus ab, thue sie in einem Tiegel, gieß Wasser, aber nicht zu viel drauf; wenn sie weich gekocht sind, rühre sie durch den Durchschlag in den Tiegel, worin die Sose bleiben soll, gieß rothen Wein dazu, thue länglich geschnittne Zitronschale, gestossenen Zimmt und Zucker drein, und laß es kochen. Es müssen so viel Aepfel seyn, daß die Sose davon dick genug wird; richte sie über die gekochte, abgezogene und in der Länge von einander geschnittne Ochsenzunge an.

117. Rinderkaldaunen.

Man kauft eine viertel oder halbe Kaldaune und salze solche ein. Wenn man sie kochen will, so schneidet man sie in Stücke, setzt sie mit Wasser auf und läßt sie 6 Stunden kochen; damit man nicht so vieles Holz dazu verbrauche, so kocht man sie schon am Tage vorher, ehe man sie essen will, ab, und kocht sie am andern Tage noch einmal, putzt sie rein aus und schneidet sie in kleine Stücke. Man kocht kleine Rüben, welche man länglicht geschnitten hat, wenn sie gar sind, läßt man sie noch eine halbe Stunde mit den Kaldaunen durchschmoren.

118. Eine geschmorte Hammelkeule.

Man nimmt eine Hammelkeule, klopft sie recht mürbe, und setzt sie mit Wasser und Salz auf, schäumt sie rein ab, thut englisch Gewürz und Lorbeerblätter dran, und läßt es so anderthalb Stunden kochen. Dann gießt man die Brühe ab, hingegen Breyhan dran, und thut eine geschnittne Zitrone hinzu. Hierauf läßt man die Keule so lange schmoren, bis sie braun ist. Man kann auch nur Gurkenbrühe dran machen; dieses geschieht, wenn man saure Gurken schält und in Scheiben schneidet, solche an die Brühe thut, und sie damit durchkochen läßt.

119. Eine braune Hammelkeule.

Die Hammelkeule wird am Spieß gar gebraten; dann lege sie in einen Tiegel oder verzinntes Kastrol, gieß dazu Wein, Bouillon, thue dazu Zitronscheiben, Kapern, gewässerte und klein gehackte Sardellen, Oliven, ein Paar kleine ganze Zwiebeln, etliche Lorbeerblätter, gestossenen Pfeffer, geriebene Muskatennuß, laß dieses zusammen gut durchkochen, laß Butter braten, rühre so viel Weizenmehl drein, als nöthig ist, der Sose die gehörige Dicke zu geben, rühre das Mehl zuvor und laß es gelbbraun werden, dann thu es zu der Sose und laß es mitkochen.

120. Ragout von Hammelzungen.

Koche die Hammelzungen, ziehe dann die Haut davon und putze sie ab, laß sie kalt werden und schneide sie in der Länge von einander; bestreue sie mit Mehl, brate sie mit Speck, daß sie gelbbraun werden, mache Mehl in Butter braun, thue dazu klein geschnittne Zwibeln, gestossnen Pfeffer, geriebne Muskatennuß, gieß Bouillon dazu, und laß es kochen. Alsdenn thue Zitronscheiben, Kapern und die Zungen dazu und laß sie ein wenig damit kochen, dann richte sie an.

121. Lammfleisch mit Kapern.

Haue das Lammfleisch in Stücke, wasche es gut aus, laß Butter in einem Tiegel schmelzen, lege das Fleisch hinein, nebst ganzen Muskatenblumen, etlichen Gewürznelken, einem Paar ganzen Zwiebeln und einigen Lorbeerblättern und ein wenig Basilikum, deck es zu und laß es auf gelindem Kohlenfeuer langsam kochen. Siehe ja nach, daß es sich nicht ansetzt. Sollte die Brühe zu knapp werden, so gieß ein wenig kochendes Wasser dazu. Wenn es fast gar ist, thue dazu Kapern, Zitronscheiben, woraus die Kernen genommen sind, etliche gewässerte und recht fein gehackte Sardellen, ein wenig Wein, laß es gar kochen und wenn die Brühe nicht semig genug ist, ein wenig geriebne Semmel, auch Salz wenn es nöthig ist.

122. Lammfleisch mit Sauerampfer oder Stachelbeeren.

Koche das Lammfleisch in Wasser und Salz nebst ganzen Muskatenblumen und einem Lorbeerblatt, nimm viel Sauerampfer, verlis selbigen und schneide die Stängel davon, koch ihn in Wasser ab, drücke durch den Durchschlag das Wasser davon, hacke ihn etliche mal durch und thu ihn in einen Tiegel nebst einem guten Stück Butter, worein ein wenig Mehl gedruckt worden ist. Thue dazu gestossne Muskatenblumen, Salz, und von der Brühe, worin das Fleisch gekocht, oder statt der Brühe süsse Sahne und laß es kurz einkochen; richte das Lammfleisch trocken an und den Sauerampfer drüber. Willst du es mit Stachelbeeren machen, so koche das Fleisch auch so und die Stachelbeeren so wie bey den Hühnern (s. Nr. 168) gesagt ist; richte das Fleisch ebenfalls trocken an und die Stachelbeeren drüber. Man kann auch das Hinter- oder Vordertheil vom Lamm spicken, am Spieß braten, die Stachelbeeren anrichten und das Gebratne drauf legen.

123 Hammelkaldaunen mit Braunkohl.

Die Hammelkaldaunen werden mit Salz abgerieben, eingewässert und mit Wasser und Salz aufgekocht. Haben sie eine halbe Stunde gekocht, so werden sie herausgenommen, in kaltes Wasser gelegt, zerschnitten und recht rein aus-

ausgeputzt, alsdann aber wieder mit frischem Wasser und Salz aufgesetzt und gar gekocht. Sie müssen 5 bis 6 Stunden kochen, ehe sie gar werden. Hierauf werden sie in einem Schmortopf zu dem gar gekochten langen Braunkohl gethan. (s. Nr. 192.) Mit dem Kohl kocht man die Kaldaunen noch eine Stunde durch, bis die Brühe ganz knapp eingekocht ist; zuletzt werden Semmelkrumen an die Brühe gethan.

124. Kalbfleisch mit Basilikum.

Man zerschneidet eine Kälberbrust, setzt sie in einem Schmortopfe auf, salzt und schäumt sie. Alsdann thut man klein geriebnes Basilikum und Zitronscheiben dran, wie auch in Butter braungebratnes Mehl, welches man dran rührt und noch eine Weile damit kochen läßt.

125. Kalbfleisch mit Stachelbeeren.

Wenn eine schöne Kälberbrust wohl ausgewässert worden, so wird sie wie anders Kalbfleisch gekocht. Die Stachelbeeren werden eben so zubereitet, wie bey den jungen Hühnern (s. Nr. 168) beschrieben ist. Wenn die Kälberbrust gar ist, so wird sie in Stücken zerlegt und einmal mit den Stachelbeeren aufgekocht, dann angerichtet Mit jungen Tauben kann man es eben so machen, wie auch mit einer Lammesbrust.

126. Kalbfleisch mit Austern.

Nimm Kalbfleisch aus der Keule, schneide es in dünne Scheiben, wenn vorher die Haut abgeschnitten worden ist, klopf es mürbe, thu es in eine zinnerne Schüssel, nebst Butter, Salz, gestossenen Pfeffer, Muskatenblumen und Austern; das Fleisch bestreue mit dem Gewürz und Salz, die Butter leg unter, und die Austern zwischen das Fleisch, laß es auf einen Kohlenbecken zugedeckt sacht kochen und kehr es um; wenn es gar und die Brühe nicht dick genug ist, so streu ein wenig geriebene Semmel dazu, du kannst auch Zitronsaft dazu drücken.

127. Kalbfleisch mit Sardellen.

Das Kalbfleisch hau in Stücke, koch es in Wasser und Salz fast gar, leg es in ein Kastroll. gieß etwas von der Brühe dazu, leg ein Stück Butter, gebrochne Muskatenblumen daben und laß es eine Weile damit kochen, dann nimm wohl gewässerte Sardellen, mache sie von den Gräten, hacke sie ganz klein, thue sie dazu und laß es kochen, fast zuletzt thue Zitronscheiben dran. Die Brühe muß kurz eingekocht seyn.

128. Kalbfleisch mit Zitronsaft.

Laß das Kalbfleisch ein Paarmal aufkochen, mache die kleinen Knochen und die Haut davon, leg es in einem Tiegel, gieß kräftige Brühe dazu zu und thu ein Paar Lorbeerblätter, ganzen Pfeffer, Muskatenblumen, eine ganze Zwiebel, Butter, Salz, Zitronschale hinein und laß es kochen; dann thue dazu geriebene Semmel und zuletzt ein gutes Theil Zitronsaft.

129. Kalbfleisch, braun mit Speck.

Nimm eine gute Kälberbrust, haue sie in Stücke und lege sie ins Wasser. Schneide Speck in Würfel und laß ihn braun braten, alsdann rühr etwas Mehl dazu, daß es in dem Speck braun röstet. Lege nun das Kalbfleisch in den gebratenen Speck, und laß es darin braun werden, dann gieß Brühe oder Wasser dazu, thu etwas Kapern, Champignons, Salz und Zitronscheiben dran und laß es in dieser Brühe schmoren, bis es gar ist.

130 Geschmortes Kalbfleich.

Die Kälberbrust oder Stücke Kalbfleisch werden in Mehl und Salz gewälzet, hernach in bratende Butter oder Speck gelegt, sie müssen darin auf allen Seiten braun braten; dann gieß kochendes Wasser dazu, thue dazu eine mit etlichen Gewürznelken besteckte Zwiebel, Zitronschale, etliche Lorbeerblätter, ganzen Pfeffer, aebrochne Muskatenblumen, Champignons und laß es kochen. Wenn du anrichten willst, quirle Eydotter mit einem Paar Löffel voll Weineßig dran. Hast du nicht Champignons, so nimm abgekochte und abgeschälte Kastanien.

131. Eine gefüllte Kälberbrust.

Mache das Gefüllte zuerst, laß Butter zergehen, thu gehackte Petersilie hinein, brate sie denn gar; laß es dann kalt werden, thu 8 Eydotter und von 4 Eyern das Weisse hinein, etwas Muskatenblumen, rühre es unter einander, thu Semmelkrumen dazu, so viel als genug sind. Dann nimm eine schöne Kälberbrust, mache die Haut unten loß, thu das Gefüllsel hinein, nähe die Haut zu, koche sie wie Kalbfleisch; wenn sie gar ist, lege sie in den Suppennapf und gieß die zubereitete Suppe drüber.

132. Eine geschmorte Kälberbrust.

Zieh von einer Kälberbrust die Haut ab, spicke sie, laß sie in bratender Butter braun rösten, wenn sie vorher im Mehl umgekehrt worden, gieß dann warme Brühe dazu, und thue dran Salz, Franzwein, ganze Muskatenblumen, Pfeffer, ein Lorbeerblatt, eine ganze Zwiebel, laß es kochen; wenn sie bald gar ist, thue dazu weich gekochtes und länglicht geschnittnes Ochsenmaul, abgekochte Kälbermilch und gekochte Murcheln, laß es gut einschmoren; wenn es bald angerichtet werden soll, gieß 6 Löffel voll süsse Sahne dazu.

133. Kalte Kälberkeule.

Man legt die Keule des Abends in Weinessig und etwas Wasser oder in Landwein, welches noch besser ist. Am Morgen drauf schneidet man die Haut davon ab, steckt grob geschnittenen und in Pfeffer und Salz umgekehrten Speck in die Keule, legt dieselbe sodann in einem grossen Tiegel, nebst 4 in Stücken gehauenen Kälberfüssen, ein Paar Lorbeerblättern, ganzen Muskatenblumen, weissem Pfeffer, etlichen Gewürznelken und Salz, giesst Wasser drauf, deckt es zu und läßt es meist gar kochen; dann giesst man Wein dazu, thut Zitronscheiben dran, und läßt es kochen, bis sie gar ist. Alsdenn legt man die Keule auf eine Schüssel und läßt sie kalt werden; giesst etwas von der Brühe auf einem zinnernen Teller und sieht zu, ob sie dick wird, ist dies, so nimm die Füsse heraus, gieß sie durch eine Serviette in ein porzellänenes Geschirr, daß sie kalt wird, wo nicht, so läßt man sie mit den Füssen noch etwas kochen; wenn beydes hernach kalt ist, so richtet man die Keule in einer Schüssel an. Ist auf der Brühe Fett, so nimmt man es sauber ab, sticht mit einem silbernen Löffel die kalte Brühe aus, und belegt damit die Keule wie auch die Schüssel auf beyden Seiten der Keule.

134. Geschmorte Kälberkeule.

Von der Kälberkeule macht man die Haut ab, steckt drein Speck auf vorige Art, thut in einem tiefen Tiegel Speck und läßt es braten und läßt auch nun Butter mit braten, man bereibt die Keule mit Mehl und Salz und legt

sie

se in den Tiegel; wenn sie eine Weile gebraten ist, so thut man Zwiebelscheiben dazu, und wenn sie auf allen Seiten braun ist, gießt man kochendes Wasser, thut auch ganzen Pfeffer; Gewürznelken, ein Paar Lorbeerblätter dazu und läßt es kochen, zuletzt thut man dazu etliche gewässerte und gehackte Sardellen, gekochte Murcheln und läßt es kurz einkochen.

135. Gekochte Kälberkeule.

Klopfe die Kälberkeule wohl, laß sie in bratender Butter bräunlich braten, thu kräftige Rindfleischbrühe dazu, auch eine ganze Zitrone in 4 Theile abgeschnitten, Muskatenblumen, Lorbeerblätter und Salz; laß es wohl zugedeckt kochen, und wenn sie gar ist, thu Kapern dazu; sie müssen aber nicht mit kochen.

136. Kälberribben.

Haue die Ribben wie zur Karbanade, mache die Haut davon und haue das spitzige Ende vom Knochen ab, klopfe sie mürbe; schmiere eine zinnerne Schüssel recht fett mit Butter aus, lege die Ribben drauf, nebst weissen grob gestossenen Pfeffer, gebrochenen Muskatenblumen und etwas Salz, auch noch hinlängliche Butter; deck es dicht zu, lege noch ein feuchtes Tuch drauf, daß der Dampf nicht heraus geht, laß es auf einen Kohlenbecken sacht kochen. Zuletzt thue dazu etwa 6 gewässerte und gehackte Sardellen, Zitronscheiben und ein Glas Wein und laß es hiemit noch ein wenig kochen.

137. Frikassee von Kalbfleisch.

Nimm eine schöne Kälberbrust, schneide sie in Stücke, setze sie in einem Schmortopfe auf, gieß so viel Wasser drauf, daß es mit dem Fleisch grade steht; salz es und schäum es rein ab, alsdann thu englisch Gewürz und Lorbeerblätter dran. Wenn es eine halbe Stunde gekocht hat, nimm es heraus, leg es in kaltes Brunnenwasser, laß es eine halbe Stunde drin liegen, wasche es mit Mehl, und putz es rein ab. Alsdann thu es wieder in einen Topf, gieß die Fleischbrühe durch ein Sieb dazu, thu ein Stück holländische Butter dran, wie auch Zitronscheiben und Schale, laß es damit durchkochen, endlich quirle die Brühe mit einem Paar Eydottern ab. Auf diese Art kannst du auch Taubenfrikassee machen.

138. Ein Frikassee von Milchfleisch und Austern.

Das Milchfleisch wird gar gekocht und die Haut abgezogen. Dann wird Wein in einem Tiegel gethan, etwas Zitronschale und etliche Zitronscheiben, Semmelkrumen, gestossne Muskatenblumen und Butter, dieses muß so lange kochen bis es dicklicht ist. Alsdann wird das Milschfleisch nebst ausgemachten Austern dazu ge-

gethan, alles noch einmal aufgekocht und zuletzt mit einigen Eydottern abgequirlt.

139. Milchfleisch mit Zitronen, wie auch in Austerschalen.

Das erste wird auf folgende Art gemacht: Man kocht das Milchfleisch mit Wasser und Salz ab, putzt die Haut rein ab, brät Butter, legt das Milchfleisch drein und läßt es etwas durchbraten, alsdann gießt man etwas von der Brühe hinzu, schneidet Zitronschale und Scheiben dran, thut etwas Semmelkrumen und Muskatenblumen dazu und läßt es damit durchschmoren. Milchfleisch in Austerschalen ist auch ein schönes Essen. Es wird auf folgende Art gemacht: Man kocht das Milchfleisch ab, schneidet es in kleine Stückchen, legt Butter in grosse Austerschalen, läßt die Stückchen Milchfleisch etwas braten, träufelt Zitronsaft drauf, thut ein wenig Fleischbrühe und getrockneten Austerkuchen, oder in Ermanglung desselben ein wenig Wein hinzu und läßt es damit durchbraten.

140. Farsch von Kalbfleisch.

Nimm Kalbfleisch aus der Keule, wovon die Haut und Sehnen abgemacht sind, etwas frischen Rindernierentalg, wovon gleichfalls die Haut abgezogen, etwas von dem harten Fette von frischem Schweinefleisch. Das Fleisch muß zwey Theil und das Talg und das Schweinfett ein Theil ausmachen.

 Schnei-

Schneide dieses alles in kleine Würfel und leg es in ein Kastroll nebst gehackten Zwiebeln, gewässerten und gehackten Sardellen, Salz, gestossenem Pfeffer, ein wenig Basilikum und setz es aufs Feuer. Rühr es und laß es heiß werden, alsdann nimm es heraus und laß es wieder kalt werden; dann hack es ganz fein, thu es in eine tiefe Schüssel; thu dazu Eyer, ein wenig Milch, geriebene Semmel und rühr es mit einer hölzernen Keule gut unter einander, und gebrauch es zu Butterteigspasteten, Poupetons, auch Rouletten, und wozu du sonst noch willst.

141. Ein Farsch zu Pasteten.

Brate etliche Stücke Kalbfleisch aus der Keule in etwas Butter; suche aber vorher alle harte Fasern heraus; hacke so viel Rindsfett als das Fleisch beträgt, auch etwas Speck, welches aber sowol als das Rindfleischfett abgekocht werden muß. Wenn das Fleisch halb abgekocht ist, so laß es kalt werden, thu geschärbte Petersilie, nebst einer Zwibel, die unter der Asche gebraten ist, ein wenig Schalotten, Salz, Pfeffer, Muskate und getrocknetes Basilikum, welches vorher zu Pulver gerieben wird, drunter. Dann koche Semmel in Milch, laß sie wieder kalt und trocken werden, stosse alles mit 3 oder 4 Eydottern in einen Mörsel und brauche es zu dem Farsch. Das Fleisch muß erst recht fein geschärbt werden.

142. Noch ein Farsch.

Man nimmt eine Gänse- oder Lammsleber, klein gehackt, dann 3 Eyer, 1/2 Pf. Butter, ein wenig Salz, zusammen unter einander gerührt, auch für 3 Pf. geriebne Semmel drunter, jedoch muß man zusehen, daß es nicht zu dicke wird. Dann wird eine Tortenpfanne genommen, ein Stück Papier drein gelegt, mit Butter bestrichen das Eingerührte drauf gethan, mit der Kelle länglich gemacht, ein Ey eingequirlet und damit bestrichen und auf Kohlen in der Tortenpfanne gebacken; unter der Pfanne aber müssen nicht viel Kohlen seyn, sonst verbrennt es; dann wird es in eine Schüssel gelegt und Suppe drüber gegossen. Man kann auch eine Brühe drüber machen; auch kann man es im Bratofen oder beym Bäcker backen.

143. Frikandon von Kalbfleisch.

Schneide magre Stückchen Kalbfleisch aus der Keule, klopfe sie recht mürbe, spicke sie mit Speck und Zitrone; rolle sie zusammen und stecke hölzerne Speilchen durch dieselbe. Brate sie in der Pfanne in Butter braun, thue sie in einen Schmortiegel, gieß halb Wein und halb Fleischbrühe dran; die Fleischbrühe erhältst du von den Ueberbleibseln des Frikandons, denn was semig ist, kann man nicht gebrauchen, sondern kocht es nebst den abgegangenen Knochen, Salz, Lorbeerblättern und englischen Gewürz, und gießt die Brühe nach und nach zu. Nun thu etliche Zitronscheiben und Schale, auch etwas gestossenes englisches Gewürz dazu und laß es damit schmoren, bis die Brühe braun und dicklicht ist. Will man das Frikandon füllen, so nimmt man etliche ganze Eyer und rührt sie nebst holländischer Butter zu Schaum, thut Semmelkrumen und Muskatenblumen, auch ein gut Theil geschärbter Petersilie dazu. Diesen Farsch legt man in Häufchen auf die Frikandonstücken, steckt durch jedes Stück ein Splitterchen Holz und verfährt, wie mit dem ungefüllten Frikandon.

144. Frikandellen.

Nimm eine Kälberkeule, ziehe die Haut davon ab, schneide sie in lauter Stückchen, wie ein Finger lang, wie ein kleiner Finger dick, und wie drey Finger breit, spicke sie mit sauber geschnittenen Speck wie ein Rebhuhn, lege sie ein Weilchen in kaltes Wasser, thu 1/2 Pf. Butter in einem Tiegel, nimm die gespickten Frikandellen aus dem Wasser, lege sie dazu nebst 6 Sardellen, welche gewässert, von den Gräten gemacht und klein gehackt sind, eine Zitrone in Scheiben geschnitten, weissen ganzen Pfeffer, gebrochne Muskatenblumen, decke den Tiegel zu und verklebe ihn; laß es auf gelindem Kohlenfeuer eine gute Stunde kochen.

145. Frikandellen mit Austern.

Schneide eine Kälberkeule eben so, wie die vorige, spicke sie auch so, dann brate Butter in einem Tiegel, lege die Frikandellen darein, und laß sie gelbbraun werden, gieß etwas gute Brühe dazu, laß es ein wenig kochen, dann thue dazu Austern mit ihrem Wasser, Zitronscheiben, Pfeffer, einen Löffel von Weinesig und laß es kurz einkochen.

146. Rouletten von Kalbfleisch mit einer Sose.

Nimm eine Kälberkeule, ziehe die Haut davon ab, schneide breite dünne Scheiben davon, klopfe sie gut, daß aber ja keine Löcher darein kommen; das übrige Fleisch mache von den Sehnen ab und mache davon den Nr. 140. beschriebenen Farsch. Die Knochen haue klein, koche davon nebst den Sehnen und Abgang eine kräftige Brühe. Dann nimm eine Scheibe Kalbfleisch nach der andern, lege von dem Farsch hinein, wickle sie auf und umwinde sie mit einem Faden Zwirn, schmiere den Boden einer verzinnten Tortenpfanne fett mit Butter, lege die Rollen neben einander, bestreiche sie mit geschmolzener Butter und laß sie braun werden. Zur Sose nimm Mehl, röst es in Butter gelbbraun, gieß die Brühe durch ein Sieb dazu, thu drein gewässerte und gehackte Sardellen, ein wenig klein gehackte Zwiebeln, ein Lorbeerblatt,

gestos-

gestossene Muskatenblumen, auch Salz, wenn es nöthig ist, und laß es zusammen kochen, du kannst auch eingemachte Champignons oder Champignonspulver dazu thun. Wenn du bald anrichten willst, mache den Zwirn von den Rollen, lege sie hinein, laß sie ein wenig mitkochen, dann richte sie an.

147. Rouletten auf andre Art.

Wenn du von einer Kälberkeule die Haut abgenommen hast, so schneide davon dünne Scheiben, wie ein Finger lang und wie drey Finger breit, auch schneide von fetten geräucherten Speck eben solche dünne Scheiben. Die Kalbfleischscheiben klopfe mit den Messerrücken ganz mürbe, leg immer eine Scheibe Fleisch und eine Scheibe Speck zusammen; nimm das Gelbe von hartgekochten Eyern, hack es und streu es auf das Kalbfleisch; streue gestossenen Pfeffer, Muskatenblumen, Salz und gehackte Petersilie auch drauf, rolle es zusammen auf, umwinde sie mit einem Faden Zwirn, und fahre so fort, bis sie alle fertig sind; dann stecke sie queer durch an kleine Vogelspiesse und diese binde an einen grossen Bratspieß, begieß sie mit Butter, und brate sie gar. Richte sie an und gieb Zitronen dazu herum; den Saft drauf zu drücken.

148. Grenade von Kalbfleisch.

Nimm eine Kälberkeule, mache die Haut davon, schneide Scheiben, wie ein Finger dick, spicke

spicke sie an einer Seite recht sauber; dann nimm Kälbermilch, koche sie ein wenig in Wasser, gieß das Wasser ab, thue sie in einen Tiegel, nebst gekochten Spitz- oder andern kleinen Murcheln, abgekochten und ausgebrochnen Krebsen, Krebsbutter und Muskatenblumen, gieß gute Brühe dazu und geriebene Semmel, laß es zusammen, aber nicht lang kochen, und laß es kalt werden. Mache einen Farsch von Kalbfleisch. Wenn dies alles fertig ist, nimm eine Forme (oder in Ermangelung dieser, ein tiefes, aber nicht weites, verzinntes Kastroll) schmiere sie fett mit kalter Butter aus, lege dünn geschnittne Scheiben fetten Speck auf dem Boden und rund umher dicht an einander, drücke sie vest an die Butter; dann lege die gespickten rohen Stücken Kalbfleisch mit der gespickten Seite auf die Speckscheiben und mit den Seiten so dicht an einander, als es nur möglich ist; alsdann schmiere von dem Farsch auf das Fleisch, etwa eines kleinen Fingers dick, daß das Fleisch ganz damit bedeckt werde. Nun lege das Gekochte ordentlich und dicht hinnein, kannst du Austern haben, so lege welche dazwischen.) Lege alsdann Scheiben von ungespickten Kalbfleisch drüber, bedecke es damit und dann wieder mit dem Farsch; streich es rund herum gut an, daß es zusammen halte; bedeck es mit Papier, welches mit kalter Butter fett beschmiert worden, und laß es im Backofen backen. Wenn angerichtet wird, so stülpe die Schüssel, worauf

auf angerichtet werden soll, auf die Form, wende es zusammen behutsam um, daß die Grenade auf die Schüssel falle. Dann nimm den Speck behutsam ab und gieb warm gemachte Sose von dem vorher Gekochten in einem Suppennapf dazu. Dieses kann man auch mit jungen Hühnern, die etwas groß sind, so machen, davon nimmt man aber nur die beyden Stücken von der Brust zum spicken, das übrige wird, wie oben gesagt, gekocht, und zum Füllen der Grenade gebraucht; übrigens wird auf gleiche Art damit verfahren.

149. Geschmorte Kälberleber.

Man setzt die Leber mit Breyhan auf, thut etwas Butter und Zitronscheiben dran, spickt sie mit Speck und läßt sie gar schmoren, aber nicht zu lange, sonst wird sie zu hart. Wenn sie nicht braun wird, brät man sie in Butter braun, legt sie wieder in die Brühe und läßt sie durchschmoren.

150. Eine gebackene Leber.

Die Leber muß eine Nacht hindurch in Wasser liegen, damit das Blut auszieht, dann wird die Haut abgezogen und das Leberfleisch mit einem Messer von den Adern abgeschabt, damit diese alle heraus kommen, dann nimm für 9 Pfennige Milch, 7 bis 8 Eyer, für 6 Pf. Semmel, etwas gestossene Muskatenblumen, dieses zusammen rühre mit der geschabten Leber; schmiere

schmiere eine Pfanne mit Butter aus; gieß das Eingerührte hinein, lege oben auf einige Klümpchen Butter und backe sie in Bratofen, oder beym Bäcker.

151. Kalbfleisch ausgebacken.

Haue von dem Vorderviertel so viel Stücke wie du haben willst, zwey Finger breit, koche selbige in Wasser, Salz, Gewürz und Kräutern halb gar, dann nimm es heraus, leg es in kalten Eßig, thu ganze Zwiebeln, Rosmarien, Salz und Lorbeerblätter dazu (dies nennt man mariniren) dann thu etliche Hände voll Mehl in einen Topf, schlage 4 oder 5 Eyer drein, ein wenig Hesen und Salz, gieß Milch dazu und rühr es wie einem dicken Eyerkuchen, deck es zu, setz es an einen warmen Ort, daß es aufgehen kann; (dies nennt man Gläre machen) dann mache ein Paar Pf. Butter heiß, wenn sie wohl gekocht, setze sie ab, daß sie wieder fällt, giesse sie durch einen feinen Durchschlag in ein breites Geschirr, setze die Butter aufs Feuer, nimm das Kalbfleisch aus dem Eßig, kehr ein Stück nach den andern im Teige um, leg es in die heisse Butter und läß es auf beyden Seiten gelbbraun backen, dann leg es auf Papier, blase das Fett davon, richte es an, und gieb vom kalten Eßig ein wenig drunter je mehr Teig am Fleische hangen bleibt, indem man es darin umkehrt, desto besser ist es.

152. Nierenschnitte zu backen.

Nimm von einem kalten Kälberbraten die Niere und das Fett nebst etwas Bratenfleisch, hacke es klein, thu es in eine Schüssel, thu dazu Eyer, Sahne, gehackte Petersilie, Salz, gestossenen Pfeffer, geriebene Muskatennuß und geriebene Semmel und rühre es durch einander; dann schneide Semmel in Scheiben, tauche eine Scheibe nach der andern in Milch, schmiere dann gleich das Gemengte eines Fingers dick auf die Scheiben, streich es mit einem Messer glatt, backe sie in einer Tortenpfanne und bestreue sie mit Zucker und Zimmt; sie müssen warm gegessen werden. Man kann auch anstatt der Petersilie, gehackte Zitronschale drein nehmen.

153. Haschee von Lunge, Lungenmus.

Man nimmt abgekochte Kälberlunge und Herz, hackt dis klein, thut geschärbte Petersilie dran, gießt etwas Lungenbrühe und wirft ein Stück holländische Butter dazu, läßt es durchkochen, und thut Semmelkrumen dran.

154. Haschee von Lunge auf andre Art.

Man hackt die Lunge klein, gießt ein wenig Lungenbrühe dran, thut auch Korinthen, Zitronscheiben auch geriebene Zitronschale dazu, läßt es durchkochen, und quirlet es mit Eydottern ab.

155. Kälberzunge.

Sie wird mit Wasser, Salz und etlichen Gewürzkörnern abgekocht, und eine braune, Rosinen Zitronen, oder Hagebuttenbrühe drüber gemacht.

156. Kalbskopf.

Nimm einen ausgeschlachteten Kalbskopf und koch ihn in Wasser und Salz recht weich; er muß aber fleißig geschäumt und mit Ingwer und Gewürz wohl gewürzt werden. Alsdenn mach eine braune Brühe von braunen Mehl, Zitronschale, grossen und kleinen Rosinen, länglicht geschnittnen Mandeln und würflichter in Butter gebratner Semmel; diese Brühe wird über den Kalbskopf angerichtet.

157. Kalbskopf auf andre Art.

Wenn der Kalbskopf ausgeschlachtet und gewässert worden, so koche ihn nebst den Füssen in Wasser und Salz gar, gieb aber Acht, daß er sich nicht ansetzt. Zur Brühe schneide ein gutes Theil fetten Speck in Würfel, thue sie in einen Tiegel, und laß sie auf Kohlenfeuer braten; wenn sie etwas gebraten haben, thu dazu ein gutes Theil gehackte Zwiebeln, rühr es und laß die Zwiebeln weich braten, dann gieß Eßig und etwas Wasser dran, thu dazu gestossnen Pfeffer, englisch Gewürz, Zucker, Zitronscheiben, grosse und kleine Rosinen, abgebrühte und länglicht geschnittne Mandeln, geriebenen Honigkuchen und geriebenes grobes Brodt, laß es kochen und rühr es zuweilen um, daß es sich nicht ansetzt. Wer Honigkuchen nicht essen mag, kann in den Speck und Zwiebeln statt desselben und statt Brodt Mehl rühren, so viel, daß die Brühe davon semig wird; das Mehl aber muß zuvor gerührt und braun werden. Wenn der Kalbskopf gar ist, gieß die Brühe davon ab, leg ihn behutsam in eine Sch[illegible]l, putz ihn ab und schneid ihn unten wo die Zunge sitzt auf, nimm die Zunge heraus, ziehe die Haut davon ab und schneide sie in der Länge von einander, nimm die Backenknochen nebst den Zähnen heraus und putze alle weisse Haut inwendig heraus; dann kehr ihn um und leg ihn in die Schüssel, worin er bleiben soll, brüh die Hirnknochen auf, nimm die Hälfte von dem Gehirn oben glatt ab, die andre Hälfte laß in dem Kopf und lege von dem herausgenommenen Gehirn in jeden Knochen die Hälfte, so daß die glatte Seite oben liegt; streue auf alles Gehirn gestossenen Pfeffer und Salz; mach aus den Füssen alle Knochen und leg sie nebst der Zunge an die Seite des Kopfs, gieß die Sose drüber, und lege die Knochen, worin das Gehirn, an die Seiten auf die Sose.

158. Kälberfüsse mit brauner Brühe.

Die Kälberfüsse werden in Wasser und Salz abgekocht und rein ausgeputzt, der harte Knochen

chen wird heraus geschnitten. Alsdann wird braunes Mehl gemacht, dis wird nebst gekochten grossen und kleinen Rosinen, etwas weissen Wein, länglicht geschnittenen Mandeln und Zitronscheiben zu einer Brühe gemacht; mit derselben müssen die Kälberfüsse eine Stunde durchkochen. Beim Anrichten wird die Brühe über die Füsse gethan und mit länglicht geschnittener Zitronschale belegt.

159. Ein Frikassee von Kälberfüssen und Kälberzungen.

Wenn die Kälberfüsse recht rein gemacht, werden sie in Wasser mit etwas Salz gar gekocht und müssen wieder kalt werden. Die Zungen werden auch gesalzen und gekocht, alsdann werden sie in länglichte Stücke zerschnitten, auch wird Milchfleisch abgekocht und im Tiegel etwas braun gebraten. Dieses alles zusammen wird in einen Schmortiegel gethan mit etwas Fleischbrühe. Von 1 Mandel abgekochten Krebsen werden die Schalen gestossen und mit Butter in einem Tiegel geschmort; diese Krebsbutter wird an das Frikassee gegossen, auch werden dazu gethan Zitronscheiben und Schalen, die Krebsschwänze und Scheeren, Kapern, abgekochte Champignons und Spitzmurcheln. Wenn dieses alles durchgekocht ist, wird die Brühe mit etlichen Eydottern abgerührt und angerichtet. Um dieses Gericht herum, kann man einen Reißrand machen.

 160.

160. Gebackene Kälberfüsse.

Koche sie ab, wie die vorigen und brate sie etwas in Butter. Quirl etliche Eyer und etwas Mehl, begieß damit die Füsse, daß sie darin einbacken und brate sie so in Butter braun.

161. Gebackne Kälberfüsse auf andre Art.

Sie werden wie die vorigen abgekocht und die Knochen heraus gemacht. Wenn sie kalt sind, schneide sie einmal durch, daß sie nicht so dick bleiben; dann mache einen etwas dicken Teig von Eyern, Milch, Mehl, Zucker und gestossnen Muskatenblumen, kehre die Füsse darin um, backe sie in abgeklärter Butter und gieb sie warm zu Tische.

162. Kälberkaldaunen.

Sie werden mit Salz abgerieben, eingewässert und mit Wasser und Salz aufgesetzt. Wenn sie rein abgeschäumt worden, so wird englisch Gewürz nebst einigen Lorbeerblättern dran gethan. Haben sie eine Stunde gekocht, so nimmt man sie heraus, legt sie in Brunnenwasser, putzt sie recht rein aus, zerschneidet sie in Stücke und setzt sie in einem Schmortopfe mit etwas Brühe, Butter und geschärbter Petersilie auf. Man läßt die Brühe ganz kurz einkochen, thut auch Muskatenblumen dran; wenn man anrichten will, so läßt man die Brühe mit Semmelkrumen durchkochen. Beym Anrichten belegt

belegt man die Schüssel mit gewaschener Petersilie und bestreut sie mit Muskatenblumen.

163. Kälberkaldaunen mit saurer Brühe.

Sie werden auf vorbeschriebene Art gekocht. Die Brühe wird von etwas Fleischbrühe, ein wenig Weineßig oder Zitrone gekocht, sie wird mit 2 Eydottern, etwas Butter nebst einer Messerspitze voll Mehl abgequirlt.

164. Ein eingebackner Schweinschinken mit einer Sose.

Nimm einen frischen Schweinschinken, ziehe die Schwarte sauber ab, koche ihn in Wasser, Eßig und Salz gar, jedoch nicht zu weich, nimm ihn behutsam heraus, leg ihn ohne Brühe auf eine breite irdene Schüssel; reib altes feines Roggenbrodt, vermeng es mit geriebenen Zucker, einen guten Theil gestossenen Zimmt und recht fein gehackter Zitronschale; begieß den Schinken mit geschmolzner Butter, streu das Gemengte eines kleinen Fingers dick drauf, klopf es mit der Hand vest, dann bespreng es mit dem Rauhen von einer Federspule mit geschmolzner Butter und laß es in Backofen oder in der Tortenpfanne, worauf nur oben Feuer ist, backen, aber nicht länger als bis die überzogne Rinde braun ist. Mache folgende Sose dazu: Nimm ein gutes Theil Kirschmus, Wein, gestossenen Zimmt, ein Paar Gewürznelken, Zucker und geriebnes feines Roggenbrodt, laß dieses

ses zusammen recht gut kochen, rühr es, daß es sich nicht ansetzt, richte dann die Sose in der Schüssel an und lege den gebackenen Schinken drauf Du kannst auch folgende Sose dazu machen. Röste in bratender Butter Mehl und etwas Zucker, rühr es und laß es schön gelbbraun werden, thu dazu Wein, eingemachte Kirschen oder Johannisbeeren, Zucker, gestossenen Zimmt und Zitronscheiben, laß es zusammen etwas kochen. Auf eben diese Art kannst du auch eine Wildschweinskeule oder Zimmer machen, auch Rothwildpret; dieses muß aber 8 Tage vorher in Eßig gelegen haben. Ein Stück Rindfleisch kann man auf gleiche Art backen und dazu eine Sardellensose machen.

165. Wildschweinfleisch zu kochen.

Wenn das Fleisch ausgewässert ist, so koch es in Wasser und salz es, wenn es weich gekocht ist, so thu es in einen Tiegel oder in ein verzinntes Kastroll, gieß etwas von der Brühe drauf, darin das Fleisch gekocht worden, aber ohne Fett, thue dazu ein gutes Theil Wein, Butter, ganzen Pfeffer, Gewürznelken, Muskatenblumen, Zitronscheiben und Schale, ein Paar Lorbeerblätter, laß dieses zusammen kurz einkochen. Lammfleisch kann man eben so zubereiten.

166. Einen Wildschweinskopf zu kochen.

Wenn der Kopf gesengt und abgeputzt ist, legt man ihn ins Wasser; wenn er noch ziemlich

lich frisch ist, darf er nur eine Nacht wässern; aber am Abend giebt man ihm noch etlichemal frisches Wasser; wenn man ihn kochen will, streut man ihm Salz ins Maul, auch Thymian, ein wenig Rosmarien und Lorbeerblätter, auch steckt man in die Augen und Ohren Thymian und reibt und streut am Halse viel Salz ein; man legt ihn in einen Schinken: oder in einen andern grossen Kessel, und dazu etliche ganze Zwiebeln, Thymian, Rosmarien, Lorbeerblätter, viel Salz, gießt kochendes Wasser drauf. und läßt ihn kochen. Wenn das Wasser eingekocht, muß man immer wieder kochendes zu giessen, daß er immer recht überkochen kann. Wenn er bald weich ist, gießt man eine halbe Stunde vorher, ehe man ihn herausnimmt, 2 Maaß Landwein dazu, die Brühe muß recht salzig seyn. Wenn er mit den Wein recht gut gekocht hat und weich genug ist, nimmt man den Kessel vom Feuer und gießt die Brühe ab, daß man den Kopf gut herausnehmen kann; nun läßt man ihn kalt werden und puzt ihn wie gewöhnlich mit Buchsbaum an, giebt ihm auch eine Zitrone ins Maul; giebt dazu Provenzeröhl, Weineßig und gestossenen Pfeffer; oder mach in einen Sosennapf Mostricht, geriebene Zitronschale, Zitronsaft, Provenzeröhl und Zucker, rühr es durcheinander und gieb es dazu herum.

167. Hirschfleisch zu kochen.

Nimm eine Hirschkeule, schneide sie nach den Fugen in Stücke, ziehe die Häute davon ab, schneide das Fleisch in ziemlich grosse Stücke, klopfe sie mürbe, spicke selbige mit grob geschnittnen Speck, wie zu einer Pastete; alsdann nimm Salz, gestossenen Pfeffer, Gewürznelken, geschärbten Rosmarien und Lorbeerblätter, menge dieses untereinander, gieß in einen Schmortopf ein Glas Weineßig, leg eine Lage von dem Fleisch hinein, dann streue von dem Gemengten drauf, dann wieder Fleisch und wieder vom Gemengten, und so fort, bis alles hinein ist; dann leg einen wohl passenden Deckel drauf und verkleb ihn recht dicht; laß es 3 Stunden auf mäßigen Kohlenfeuer kochen oder schicke es in den Backofen. Will man es den Tag nicht essen, so muß man den Topf nicht aufmachen, denn im zugemachten Topf kann es auch im Sommer etliche Tage dauren. Willst du es essen, so läßt du Butter braten, thu so viel Mehl drein, daß die Sose dick davon wird, rühr es und laß es gelbbraun werden; wenn es meist kalt ist, gieß ein Paar Gläser Landwein oder andern sauern weissen Wein dazu, gieß auch die Brühe von dem Fleisch dazu und rühr es durcheinander, gieß es nun wieder auf das Fleisch, thu dazu gewässerte und gehackte Sardellen und Zitronschale, laß es zusammen langsam kochen, bis es gut ist.

168. Junge Hühner mit Stachelbeeren.

Die Hühner werden gebrühet, ausgenommen, rein abgeputzt und eingezäumt; die Leber und der Magen werden zwischen die Flügel geklemmt; dann werden sie mit kalten Flußwasser und Salz aufgesetzt; wenn sie geschäumt sind, werden sie herausgenommen und eine halbe Stunde in kaltes Wasser gelegt, daß sie recht weiß werden. Dann werden sie wieder in die Hühnerbrühe gelegt, etwas Muskatenblumen und englisch Gewürz dran gethan und meist gar gekocht. Die Stachelbeeren müssen noch nicht ganz reif seyn; die Köpfe und die Stiele werden abgeputzt; alsdann werden dieselben recht rein gewaschen und mit Zucker und ein wenig Butter gekocht, denn sie geben von selbst Brühe genug: Hierauf werden die Hühner in die Stachelbeeren gelegt, daß sie einmal damit aufkochen; dann richtet man sie zierlich an.

169. Hühner mit Zuckerwurzeln.

Man kocht alte Hühner, wie Nr. 173. gezeigt wird, kocht viele Zuckerwurzeln in der Brühe von den Hühnern weich, rührt sie durch einen Durchschlag in einen Tiegel, so, daß die inwendigen Faden zurück bleiben; thut dazu ein gutes Theil Butter, gestossene Muskatenblumen, Salz und Pfeffer nach Geschmack und läßt es zusammen kochen; dann richtet man es über die Hühner an. Es müssen aber so viel

Zuckerwurzeln seyn, daß die Brühe davon dick genug wird.

170. Ein Huhn mit Zitronenbrühe.

Wenn das Huhn zuvor rein gemacht, wird es zugedeckt und gekocht, hernach in Stücken zerschnitten und in die Brühe Muskatenblumen, Salz, ein wenig Jngwer, Pfeffer, etliche längs licht dünne geschnittne Zitronschalen, wenn solches wohl durchgekocht ist und angerichtet werden soll, wird der Saft von einer Zitrone genommen, 3 Eydotter darein gequirlt und in die kochende Brühe gegossen. Etwas Butter wird mit an die Brühe gethan.

171. Hühner mit Hering gespickt.

Laß ein Huhn mit Wasser und Salz halb gar kochen. Zerschneide frischen Hering in Streifen und spicke das Huhn damit. Es muß aber zuvor kalt seyn, ehe du es spickst. Alsdann wird es zertheilt, in einen Tiegel gethan und von der Hühnerbrühe ein Theil drauf gegossen, und etwas Butter und Muskatenblumen dazu gethan. Zur Brühe wird die Heringsmilch, wie auch etwas Hering würflicht geschnitten, und einige Zitronscheiben dran gethan; wenn man anrichten will, wird die Brühe mit Semmelkrumen seimig gemacht. Mit Kalbfleisch kann man eben so verfahren.

172. Hühner mit Krebsen gefüllt.

Nimm das ausgemachte Fleisch aus abgekochten Krebsen, drück es mit Milch durch, auch das aus den Krebsscheeren ausgemachte Fleisch; thu in die Milch ein Stück schöne Krebsbutter, ein wenig Salz und Muskatenblumen auch ein Paar Eydotter; mache hieraus einen dünnen Teig wie ein dünner Brey, füll ihn in die Hühner, brate sie langsam am Spieß und begieß sie fleißig mit rother Krebsbutter.

173. Alte Hühner mit Reis angeschlagen.

Schlachte Tags vorher 2 alte Hühner ab, putze sie aus und zäume sie ein, Tags drauf wasche sie wohl aus und setze sie mit Salz, Wurzelwerk und Ingwer an. Wenn sie gar sind, so nimm sie heraus. Wasche und rühre unterdessen 1 Pfund Reis, setz ihn mit guter Brühe und allem Fette von den Hühnern, wie auch mit einem Viertelpfunde Rindermark und etwas Muskatenblüthe ans Feuer. Alsdann mache die Hühner zurecht, ziehe die Haut ab, löse die Brust aus, wie auch die Keulen und Flügel, bestreiche die Brust mit Eyern, schlage dann die Brust wieder an mit dem Reis, damit sie ihr voriges Ansehen bekommt und streich es mit einem Messer glatt. Laß indessen in einem Kastroll Butter zergehen, hebe sie ab und rühre 2 Eyer hinein, hiermit bestreich die Brust so dick als möglich, und bestreue sie mit Semmelkrukrumen, wie auch die Flügel und Keulen. Setz es alsdann auf eine Tortenpfanne und laß es eine Viertelstunde backen, zuletzt mache eine rothe Krebsbrühe drüber und Murcheln und Krebsschwänze dazu.

174. Junge Hühner im Rockelor mit einem Reisrande.

Schlachte 3 junge Hühner Tags vorhero ab, nimm sie aus; wasche sie rein und koche sie halb gar; alsdann mache einen Farsch von Gänse oder Lammesleber, überziehe die Hühnerbrüste damit, wenn vorher die Haut von den Brüsten abgezogen ist. Ferner mache einen Blätterteig wie zur Blättertorte, schneide solchen in Streifen, leg ihn gegittert über die Hühnerbrüste und Keulen, so daß sie ganz darein eingewickelt seyn und bestreich sie mit Eydotter. Dann wasche und brühe 1/2 Pf. Reis ab, koch ihn in Milch weich, laß ihn kalt werden und rühr ihn mit 6 Eydottern und 1/2 Pf. Butter, zuletzt wenn er eine halbe Stunde gerieben worden, so quirle das Eyweiß zu Schnee und thue es dazu, rühr es noch etwas und mache davon einen Rand auf eine Schüssel auf folgende Art: Bestreich eine Schüssel stark mit Butter, auch auf dem Rande, lege den gerührten Reis 3 Finger hoch auf dem Rand der Schüssel, kerbe ihn recht sauber ein, lege die Hühner in die Schüssel, gieß ein wenig Fleischbrühe unten hin, so daß die Hühner nur unterwärts

wärts darin liegen, setze alsdann die Schüssel in eine Tortenpfanne, leg aber zuvor unten hinein 3 Finger hoch Sand, dann ein Papier, worauf das Tortenblech und alsdann die Schüssel zu stehn kommt; leg unter die Pfanne wenig Kohlen, oben aber etwas stärkere und mehrere Kohlen an und laß den Farsch und den Reisrand gar backen. Mach indessen folgende Brühe: nimm rothe Krebsbutter, Hühnerfleischbrühe, einen Löffel voll Mehl, die Lebern und Magen, wie auch die Kämme der Hühner klein geschnitten, ingleichen etliche Zitronscheiben, Murcheln und Krebsschwänze; laß dis alles zusammen kochen, und wenn der Farsch und Reis gar ist, so gieß die Brühe drüber. Du kannst auch noch in der Mitte einen ausgeschnittenen Deckel von Blätterteich machen.

175. Gekochte Kapaunen mit Austern und Muscheln.

Wenn die Kapaunen rein gemacht und zierlich aufgespilt sind, giebt man ihnen in einen Flügel die Leber und in den andern den Magen, den Kopf und Hals nimm hinter den einen Flügel durch, und stecke durch die Augenlöcher die Spitze des Spils, womit die Keulen aufgespilt sind; dann wässre sie etwas, koche sie in einem Topfe, schäume sie gut und salze sie, laß sie aber nicht zu mürbe kochen; dann gieß die Brühe ab und nimm sie behutsam heraus. Sollten sie unrein seyn, so spüle sie ab, lege sie in ein

ein verzinntes Kastroll, gieß durch ein Sieb etwas von der Brühe drauf, thu dazu ein Glas weissen Wein, Zitronschale, eingemachte Champignons, Butter, gestossene Muskatenblumen und etwas Pfeffer, quirle in etwas Brühe ein wenig Mehl dazu und laß hiermit die Kapaunen wohl durchkochen. Wenn du bald anrichten willst, thue Zitronsaft und Austern oder Muscheln dazu; und wenn du anrichtest quirle Eydotter dazu. Wenn es die Jahrszeit erlaubt, so wird sowol Federvieh als Fleisch mürber, wenn es etwas hängt.

176. Gekochter Kapaun in Gelee.

Wenn der Kapaun auf vorige Art zu rechte gemacht ist, ziehe in der Länge, wo er im Bauche und Halse eingeschnitten ist, inwendig ein Ende Bindfaden durch, so daß an beyden Enden ein Ende Bindfaden hängen bleibt; alsdann wässre selbigen und lege ihn ein Weilchen in kochendes Wasser, dann nimm den Kapaun heraus, überstreich ihn, wenn er noch warm ist, mit fettem Speck, wische selbigen mit einem weichen reinen Tuche ganz ab, umwinde ihn mit Bindfaden, daß er sein Ansehen behält, leg ihn hernach in ein neues irdenes Geschirr, welches vorher mit Wasser wohl ausgekocht ist; gieß kochendes Wasser drauf und 1 Maaß Wein, binde in ein leinenes Läppchen gröblich gestossene Gewürznelken, Muskatenblumen und englisch Gewürz und leg es dabey nebst etwas

Zitron-

Zitronschale, schäum es sehr wohl und salz es; laß ihn nicht zu mürbe kochen, damit er nicht auseinander falle, alsdann nimm ihn heraus, mache behutsam den umwundenen Bindfaden davon und laß ihn wohl zugedeckt kalt werden, damit er weiß bleibt; hiezu nimm klaren Gelee, welcher Nr. 502. zu finden ist, selbiger muß schon vorher gekocht und in die Forme, welche nicht fertig seyn darf, gegossen seyn. Wenn er kalt aber noch nicht ganz steif ist, so binde den kalten Kapaun mit den durchzogenen Bindfaden an beyden Enden mit dem Rücken an ein Stöckchen, welches über die Forme reicht, locker oder veste, nachdem die Form tief ist; dann lege den Kapaun mit der Brust zuerst in den Gelee, es muß so viel Gelee seyn, daß wenn der Kapaun darin liegt, der Gelee mit dem Rücken des Kapauns gleich hoch in der Form ist. Das Anbinden des Kapauns geschieht deshalb, damit derselbe nicht zu tief in die Form fällt, und wenn er aus der Form genommen wird, ganz mit Gelee überzogen ist. Hiernächst laß es im Keller steif werden, man muß es den Tag vorher, ehe man es brauchen will, machen, im Sommer auch wohl zwey Tage vorher. Beym Anrichten mache behutsam den Stock und Bindfaden davon und mach es aus der Form, wie schon beym Gelee gesagt worden. Eine Truthenne, eine Gans in Gelee macht man eben so, von der letztern aber werden die Flügel, wie gebräuchlich, abgehauen.

Hat

Hat man keine Form, so kann man auch ein gut verzinntes Kastrol nehmen, welches aber tief und nur so weit seyn muß, daß der Kapaun oder was man hat, darin liegen kann.

177. Ein farschirter Puter.

Wenn ein guter Puterhahn gepflückt und recht rein gemacht ist, so wässre ihn eine Stunde ein, dann schneide ihn auf dem Rückgrade auf und löse alle Knochen heraus; ferner schärbe etwas von dem Brustfleische ganz klein, thu ganz fein geschnittnen Speck drunter, desgleichen geriebne Semmel, 4 Eydotter, wovon das Weisse zu Schnee geschlagen, Muskatenblumen und Salz, stosse alles recht fein zusammen, daß es wie ein Brey wird, thue auch klein gewürfelte Zitronschale drunter. Fülle diesen Farsch in den Puter ein und nähe den Rückgrad zu; alsdenn beleg ein Kastrol mit Speckscheiben, etlichen Schnitten Kalbfleisch, Zitronscheiben und Gewürz, gieß etwas Kalbfleischbrühe drauf, und laß den Puter darin gar werden. Du kanst eine Kastanien Krebs- Austern oder Muschelbrühe drüber machen. Den Farsch must du ja nicht zu dichte füllen, damit die Brust nicht aufspringt. Beym Anrichten des Puters legst du die Brust oberwärts und richtest alles gut an.

178. Farschirte Enten mit Trüffeln.

Wenn die Enten gepflückt, gesenget und mit einer Serviette ganz rein abgerieben sind, schnei-

schneide selbigen die Füsse bis ans erste Gelenke ab, haue die Flügel und den Hals ab; alsdann schneide den Rücken in der Länge ganz auf, nimm behutsam das Gerippe mit den Knochen heraus, die Flügel und Keulenknochen löse im Gelenke ab und laß sie im Fleische. Mit dem Gerippe und Rückenknochen nimm zugleich das Eingeweide und den Kropf heraus und nachher auch den Brustknochen, aber behutsam. Zum Farsch nimm das Fleisch von den Knochen der abgehauenen Flügel und was sonst an den herausgenommenen Knochen sitzt, die Leber, Magen, Herzen, geräucherten rohen Schinken nebst Hammelfleisch aus der Keule, dieses hacke zusammen und thue dazu gegen das Feuer in Wasser geweichte und gehackte Trüffeln, fein gehackte Schalotten und Champignons. Laß in einem Tiegel Butter zergehen, schlag 5 Eyer hinein und rühre sie untereinander; thu dieses in eine Schüssel, schlage noch 5 Eyer dazu, und thue noch dazu ohngefähr 1/2 Pfund ausgewaschene Butter, gehackte Zitronschale, gewässerte und gehackte Sardellen, gestossne Nelken und englisch Gewürz, Dragun, Basilikum, Majoran, Salz und geriebene Semmel, rühre dieses alles durch einander und stosse es in einem Mörsel zu einem Teig. Fülle hiemit die Enten und nähe sie weitläuftig zu, beuge ihnen die Flügel und Keulen in Ordnung, daß sie wieder ihr Ansehen bekommen. Nimm ein flaches verzinntes Kastroll, worin die Enten

Raum haben, belege den Boden desselben mit Speckscheiben und drauf leg ein gutes Theil gehacktes frisches Rindernierentalg und hierauf gehackte Schalotten; dann lege die Enten drauf, decke das Kastroll zu, laß nur immer gelindes Kohlenfeuer drunter seyn, daß sie so sachte schmoren und kehre sie öfters um. Sollte die Brühe drunter zu knapp werden, so gieß ein wenig Brühe oder Wasser dazu, und laß sie darin gar werden. Mache eine Trüffeln- oder andre braune Brühe dazu; nimm die Enten heraus, mache den Faden, womit sie zugenähet worden, behutsam heraus, lege sie mit den Rücken auf die Schüssel, und gieß die Trüffeln- oder andre Brühe drüber.

Auf gleiche Art kann man auch junge Hühner, wenn man ihnen die Haut auf der Brust mit einen Finger gelöset hat, füllen. Man füllet von dem Farsch, zwischen Haut und Fleisch, wie auch inwendig die Hühner an, nähet sie zu, macht sie auf gleiche Art und eine Brühe dazu; alsdann nimmt man anstatt des Fleisches von den Knochen und des Hammelfleisches, Kalbfleisch, und macht den Farsch mit ein wenig süsser Sahne geschmeidig.

Will man eine Hammel- oder Kälberbrust zwischen Haut und Fleisch füllen, so nimmt man zur Hammelbrust Hammelfleisch, und zur Kälberbrust Kalbfleisch, und verfährt damit wie mit den Enten.

179. Eine farschirte Ente.

Pflücke die Ente recht rein, stoppele sie recht sauber und sorgfältig; wenn du sie abgesenget hast, reibe sie mit Mehl ab, daß sie recht weiß wird, wnnn sie kalt ist, hacke die Flügel, den Hals und Kopf ab, schneide hinten den Rückgrad auf, brich alle Knochen heraus; nimm etwas Fleisch von der Brust und schärbe dasselbe nebst etlichen Gänse- Lamms- oder Entenlebern recht klein, thue ganz fein geschärbten Speck dazu, auch Eydotter, geschnittne Zitronschale, Gewürz und Semmelkrumen; das Weisse der Eyer quirle zu Schnee und thu es nebst etwas Salz zu dem Farsch. Alsdann fülle den wohlgerührten Farsch in die Ente, nähe sie auf dem Rücken zu, thu in ein Kastroll etliche Scheiben Speck, lege die Ente darauf so, daß der Rückgrad unterwärts zu liegen kommt, thue Zitronscheiben dran, gieß das Kastroll voll Wasser und wirf Salz und Gewürz dazu. Wenn nun die Ente gar gekocht ist, so lege sie heraus und in eine braune Brühe mit Kapern, Oliven, Kastanien nebst klein geschnittenen Lebern und Magen der Ente, wie auch Champignons.

180. Eine gefüllte Ente auf andre Art.

Wenn die Ente rein gemacht, schneide selbige am Bauch nicht auf, sondern schneide den Rückgrad grade herunter, ziehe die Haut über die ganze Ente herunter, nur die Flügel und das äuserste Ende des Beins laß von Knochen dran, nebst einen kleinen Stückchen Holz. Dann mache alles Fleisch von den Knochen ab, hack es klein nebst Rindsblumenfett oder Mark auch Kalbsnierenfett, schlage 5 oder 6 Eyer dazu, rühre sie unter das Gehackte, ferner auch etwas Semmelkrumen, Zitronschalen, Muskatenblumen und Salz, lege die abgeschälte Haut von der Ente auf den Bauch, thue von dem Eingerührten so viel hinein, wie du glaubst, daß die Ente die gehörige Grösse bekommt, nur nicht zu viel, sonst springt die Haut beym Kochen leicht auf, nähe sie auf dem Rücken zu, binde oben ein Stückchen Holz mit der Haut veste, daß das Gefüllte nicht heraus gehe, lege die Ente in einen Topf, in welchem auf dem Boden hölzerne Spiele seyn müssen, damit es nicht anbrennt, setze sie mit Wasser bey; wenn sie gar ist, so mache eine Brühe von guter Fleischbrühe, Murcheln, ausgebrochnen Krebsschwänzen und Semmelkrumen oder Eydottern, richte selbige drüber an. Unter das Gefüllte thut man auch klein gehackte Krebsschwänze.

181. Gespickte Enten mit Kapern.

Mache die Enten rein, haue die Flügel und den Hals ab, stecke die Spitzen von den Keulen ein, spicke sie mit grob geschnittnen Speck, bestreue sie mit Mehl, lege sie in bratende Butter, laß sie darin braun werden, thue sie dann in einem Tiegel, gieß eine gute Fleischbrühe

dazu

dazu und laß sie kochen; dann thue dazu Zitronschalen, ganze Zwiebeln, gekochte Murcheln, Champignons, Kapern, Muskatenblumen, Pfeffer, etliche Gewürznelken und fast zuletzt, in Butter braun gemachtes Mehl, laß dis zusammen kochen. Auf diese Art kann man auch Tauben oder Wildeenten zurichten.

182. Geschmorte Enten mit Kapernbrühe.

Sind die Enten rein gepflückt, ausgenommen und abgewaschen, so thu sie in einen Schmortopf, gieß so viel Wasser drauf, daß es mit dem Topf gerade steht, eine Hand voll Salz dazu, laß es kochen, schäum es wohl ab, thu ein Paar Lorbeerblätter und englisch Gewürz dran und laß die Enten sacht schmoren, bis sie gar sind. Alsdann lege sie in die Pfanne und brate sie in Butter braun. Die Brühe mache auf folgende Art: Laß Butter zergehen und braten, ist der Schaum gefallen, so thu Mehl hinein und röste solches mit einander braun; alsdann gieß etwas Franzwein und etwas Wasser dazu, thu auch Kapern und abgekochte Champignons, Zitronscheiben und ein Stückchen Zucker dran, laß alles eine halbe Stunde zusammen kochen und richte diese Brühe über die Enten an. Die Magen und Lebern schneidet man klein und thut sie zur Brühe desgleichen auch Kastanien und Oliven.

183. Junge Tauben in ihrem Blute.

Schlachte die Tauben, laß das Blut in einem Topf, darin Weineßig ist, laufen, quirl es, daß es nicht rinnt; brühe alsdenn die Tauben ab, schneide sie mitten durch, wasche sie aus, laß sie in einem zugedeckten Kastroll mit Butter langsam schmoren, thu dazu gestossnen weissen Pfeffer nebst etlichen Gewürznelken; zuletzt gieß das Blut und den Eßig durch einen Durchschlag dazu, auch etwas Wein. Es muß ein gutes Theil Butter seyn, weil kein Wasser dazu kommt. Wenn es zusammen gar ist, so richte an.

184. Tauben mit einer Sardellenbrühe.

Man muß die ganzen unzerschnittenen Tauben in einem Schmortopfe über gelindem Kohlenfeuer in zuvor gelbbraun gemachter Butter gar schmoren, sie alsdann herauslegen; fein gehackte Sardellen und Zwiebeln, nebst ein wenig Mehl, kochendem Wasser und ganz wenig Weineßig zusammen sieden und diese Brühe über die Tauben in die Schüssel giessen.

185. Tauben mit einer Kirschsose.

Zertheile jede Taube in zwo Hälften und koche sie in Wasser und Salz gar. Mache alsdann Mehl mit Zucker hochbraun, zerstoß ein Paar Hände voll trockne oder gebackne Kirschen, thu Zimmt, geriebene Zitronschale, Weineßig

eßig, Zucker und Wasser dazu, laß dis langsam über Kohlen in dem Tiegel zusammen kochen, daß es etwas semig werde. Streich es sodann durch ein Haarsieb mit etwas gekochtem Wasser, lege die Tauben in die Brühe, laß es noch einmal aufkochen, daß von der Brühe das Fleisch durchzogen werde. Beym Anrichten streue Zucker und Zimmt drüber.

186. Geschmorte Tauben mit einer braunen Sose.

Lege auf dem Boden eines Schmortopfes Butter oder Speckscheiben und hierauf Gewürzkräuter, als Thymian, Passlikum und Petersilie; ganze Zwiebeln, ganzen Pfeffer, ganze Nelken, ganzen Ingwer und zwar nur sehr wenig von diesen Gewürzen, lege die Tauben darauf und laß sie wohl verdeckt ganz gelinde und langsam gar werden. Alsdann nimm sie mit Zurücklassung aller Gewürze heraus, und begieß sie mit folgender braunen Brühe: Klein gehackte Zwiebeln, Lorbeerblätter, gestossne Nelken und etwas braunes Mehl; dieses wird mit halb Wasser und halb Wein zu einer semigen Brühe gekocht, aber beständig gerührt, daß sie nicht anbrenne; zuletzt thut man auch Zucker, Weineßig und geriebene Zitronschale dazu. Man hat diese Brühe gern hochbraun, welches von dem braunen Mehl abhängt; dis macht man so: man thut Butter in einen Tiegel, läßt sie gelbbraun werden, rührt Mehl und ein wenig

nig Zucker mit den Küchenlöffel so lange, bis es seine hohe Farbe erlangt hat. Auch über gebratne Tauben ist obige Brühe vortreflich.

187. Tauben mit jungen Hopfen.

Setze die in Viertel zertheilte Tauben in einen Schmortopfe über Kohlen, lege weiß gebranntes Mehl, ein Bündchen Thymian, Petersilie und Pfefferkraut nebst Butter hinein, daß die Kräuter und das Fleisch etwa abschwitzen. Nun gieß kochendes Wasser hinzu, und laß das Fleisch gar werden. Der junge Hopfen aber wird klein geschnitten, einmal aufgekocht, dessen Wasser in einem Durchschlag abgeseiget und nebst etwas gestossenen Muskatenblumen vollends gar gekocht; zuletzt wird es mit Eydottern abgequirlt.

188. Braunes Taubenkompot.

Schneide jede Taube in zwo Hälften und spicke sie mit Speck. Nimm Mehl in Butter braun gemacht und fein geschärbte Zwiebeln, laß die Tauben zugedeckt darin schmoren. Wenn sie nun meist gar sind, so gieß etwas rothen Wein und etwas Wasser dazu, thue klein geschnittne Zitronschale, etliche Scheiben und gestossene Nelken hinzu, und so laß die Brühe ganz kurz einkochen.

189. Braun Taubenfrikassee.

Schneide die Tauben in Viertel, setze sie mit Wasser auf, thu Salz dran und schäum es; dann

dann thue Zitronscheiben und ein Stückchen holländische Butter hinzu, ferner schärbe abgekochte Champignons klein, thue sie dran, rühr etwas Mehl in Butter braun, rühr es dazu und laß es eine Weile durchkochen. Man kann die Tauben auch auf folgende Art braun machen: Man bratet die in Viertel geschnittene rohe Tauben in Butter gelbbraun, hernach gießt man so viel Wasser dran, daß es mit den Tauben gleich steht, thut etwas gestossenes englisch Gewürz dazu, auch grünen Majoran, welchen man aber, wenn sie gar sind, wieder herausnehmen kann; so läßt man sie gar kochen, zuletzt thut man ein wenig braun gemachtes Mehl dran.

190. Tauben mit einem Gusse, (ein Zachäus.)

Schmiere eine Bratpfanne mit Butter reichlich aus, lege die Tauben, welche rein gemacht, ausgewässert und gesalzen sind hinein; quirl 1 Maaß Milch nebst 8 Eyern, etwas Butter, Salz und Muskatenblumen ein, mache diesen Guß mit Semmel etwas dicker, als zum Eyerkuchen, giesse dieses über die Tauben und laß es im Bratofen oder beym Bäcker backen. Du kannst auch Korinthen unter den Guß thun und die Tauben durchschneiden. NB. Du must die Tauben inwendig recht mit Salz ausreiben, sonst schmeckt es sehr weichlich;

lich; auf 3 1/2 Paar Tauben braucht man ohngefähr obige Masse.

191. Eingebackne Tauben.

Diese Tauben heissen so, weil sie mit einem Teige überzogen und darin gebacken werden. Der Teig besteht aus der Leber und dem Magen der Tauben, einem Stück geräucherten Schinken, welches fett und mager nebeneinander seyn muß, Zwiebeln, geriebener Semmel, einem Paar Eyer, etwas Butter und Mehl, auch Muskatenblumen, welches alles recht fein gehackt und zu einem Teige gemacht wird. Mit diesem Teige müssen die Tauben, welche in Hälften zerschnitten und mit einem Stückchen Butter halb gar geschmort worden, eines Queerfingers hoch bestrichen, jede Hälfte in Papier welches mit Butter bestrichen worden, eingewickelt und auf dem Roste vollends gar gebraten werden.

Dritte Abtheilung.

Von Vorkosten.

192. Brauner Kohl geschärbt.

Man setzt in einem Schmortopfe Wasser, Butter, Salz und Schweinschmalz oder Gänseschmalz auf, läßt es kochen: den braunen Kohl streift man ab, wäscht und schärbt ihn recht fein und thut ihn in den Schmortopf, läßt alles zusammen kochen, bis der Kohl recht weich ist; das Wasser muß ganz einkochen. Ist es Sommerkohl, so muß er vorher abgegruset werden. Langerkohl wird eben so gekocht, nur daß solcher blos abgestreift wird.

193. Savoyerkohl.

Man schneidet den Savoyerkohl in Viertel und setzt ihn mit Waßer auf. Wenn er eine Weile gekocht hat, so gießt man das Wasser ab, thut Fleischbrühe dran nebst einen Stück holländischer Butter, auch ein wenig Muskatenblumen. Dies läßt man zusammen kochen, bis die Brühe ganz eingekocht ist. Wenn man bald anrichten will, thut man ein wenig Semmelkrumen dran.

194. Gefüllte Savoyerkohl.

Man schneidet von dem Savoyerkohl die äusern Blätter ab, schneidet ihn in der Mitte

von

von einander und das Herz heraus. Dann kocht man das Herausgeschnittene mit einem Stück Kalbfleisch meist gar, hacke beides klein, thut dazu Eyer, Butter gestossene Muskatenblumen, Pfeffer, Salz und in Milch geweichte Semmel, rührt dies alles wohl unter einander, füllt es in den ausgeschnittenen Kohl, legt ihn wieder zusammen und bindet ihn mit Bindfaden vest zusammen; kocht ihn in guter Fleischbrühe, Butter und Muskatenblumen gar, zulezt thut man ein wenig geriebene Semmel dazu und läßt es kurz einkochen.

195. Blumenkohl.

Man putzt ihn recht rein, setzt ihn mit Wasser auf, läßt ihn damit kochen, gießt das Wasser ab, gießt Fleischbrühe dran, thut holländische Butter, Semmelkrumen und Muskatenblumen dazu und läßt ihn damit gar kochen. Man kann die Brühe mit Eydotter abquirlen, auch eine Krebsbrühe dran machen.

196. Blumenkohl mit einer sauern Sose.

Wenn der Blumenkohl abgeputzt und gewaschen ist, koche ihn ein kleines Weilchen im Wasser, dann giesse das Wasser ab, thu ihn in einem Tiegel und dazu Bouillon, Butter, Muskatenblumen, Pfeffer und Salz und laß ihn so gar kochen. Mache eine Sose von Eydotter, Butter und Pfeffer, geriebene Muskatennuß, Wasser und Weineßig, von beiden gleich

gleich viel, rühre es beständig über Kohlenfeuer; richte den Blumenkohl trocken an und gieß die Sose drüber auf. Auf gleiche Art kann man auch Spargel und Hopfenspargel zubereiten.

197. Grenade von Blumenkohl.

Nimm kleine runde Köpfe Blumenkohl, beputze sie, schneide die Stiele kurz davon ab, jedoch so, daß sie nicht auseinander fallen, koche selbigen ab, aber nicht ganz weich, laß das Wasser davon rein ablaufen. Mache ein gutes Frikassee von in Stücke gehauenen jungen Hühnern, oder jungen Tauben, oder Lammfleisch mit guter Bouillon, Muskatenblumen, ausgebrochnen Krebsen, gekochten Murcheln, Krebsbutter, ein wenig geriebene Semmel, und was man sonst will, koche es aber nicht zu weich und laß es kalt werden. Mache einen Kalbfleischfarsch. Nimm eine Forme oder Kastroll, wie vorhingesagt, beschmiere sie mit kalter Butter, und belege sie mit Speck auf vorige Art; den Blumenkohl setze mit der Blumenseite auf den Speck, recht dichte einen Kopf an den andern, so wohl am Boden als an den Seiten herum; denn schmiere den Farsch in die Höhlungen bey dem Kohle, und etwa wie ein kleiner Finger dick noch drüber, streich es glatt, und bestreich es mit geschlagenen Eyern; dann lege das Frikassee hinein, streiche von dem Farsch drüber, aber dicker als inwendig, bevestige es an den Seiten gut, damit es zusam-

men

men hält, lege ganz dünne Scheiben Kalbfleisch drauf, und deck es zu mit Papier, so fett mit kalter Butter beschmieret ist. Laß es im Backofen backen, richte es recht behutsam an, auf vorige Art und nimm sehr behutsam den Speck davon ab. Gieb die Sose von dem Frikassee warm gemacht dazu; hat man Austern, kann man auch, wenn man das Frikassee einlegt, welche dazwischen legen.

198. Langer weisser Kohl.

Man schneidet ihn in Viertel und setzt ihn in Wasser auf. Hat er eine Weile gekocht, so gießt man das Wasser ab und gießt Fleischbrühe drauf, thut ein Stück holländische Butter und Kümmel dazu und läßt es zusammen gar kochen. Zuletzt kommen einige Semmelkrumen dran.

199. Geschärbter weisser Kohl.

Man schärbt den Kohl recht klein, setzt ihn mit Wasser auf, thut Butter und Salz dran und läßt ihn damit gar kochen; das Wasser muß ganz einkochen. Man kann ihn auch mit Milch kochen, und in diesem Fall gießt man die Milch erst dran, wenn der Kohl mit Wasser und Butter gar gekocht ist.

200. Weisser Kohl mit Sahne.

Wenn der Kohl geputzt ist, schneide die grossen Strünke heraus und hacke den Kohl ganz fein, koche ihn in Wasser weich, drücke

in

in einem Durchschlage das Wasser davon, thue den Kohl in einen Tiegel, lege dazu ein gutes Stück ausgewaschene Butter, worein ein wenig Mehl mit einen Löffel gedrückt worden, ferner thue dazu süsse Sahne oder Rohm, gestossene Muskatenblumen, ein wenig Salz und wenn du willst, auch ein wenig Zucker, laß es auf Kohlenfeuer kurz einschmoren, rühre es manchmal, daß es sich nicht ansetzt. Will man selbigen bebacken, so läßt man ihn nicht so sehr einschmoren, richte ihn an, wenn er etwas abgeraucht hat, streue geriebene Semmel drauf und beleg ihn mit dünnen Schnittchens Butter und backe ihn wie den Hecht in Sauerkohl.

201. Weisserkohl mit Eßig.

Man setzt den Kohl in Viertel geschnitten mit Wasser und Salz auf, wenn er meist weich gekocht ist gießt man das Wasser ab und an dessen Stelle etwas Eßig dazu, thut Fett und Semmelkrumen dran, oder rührt ein wenig Mehl in Butter ab und läßt den Kohl damit durchkochen.

202. Garten=Hühner.

Man nimmt dichte Kohlköpfe, schneidet unten einen kleinen Deckel ab, und höhlt sie aus, brät das Ausgehöhlte in Butter gar, wenn es vorher klein gehackt ist. Dann werden Eyer in Butter geschlagen, und Muskatenblumen dazu gethan. Wenn der Kohl kalt ist: so werden geriebene Semmel, Milch und

Salz

Salz untereinander gerührt, und dis alles wird, doch nicht gar zu dichte, in Kohlköpfe gefüllt; dann wird der Deckel drauf gebunden, die Kohlköpfe werden in einen Tiegel gelegt, es wird halb Brühe und halb Wasser drauf gegossen, und so läßt man sie kochen, bis sie weich sind. Hernach werden sie in Brühe vollends gar gekocht, und zu lezt wird eine Brühe von Fleisch, Butter, Semmelkrumen und Muskatenblumen drüber gemacht.

203. Gartenhuhn.

Nimm einen Kopf weissen Kohl, schneide die unreinen äussern Blätter davon, dann schneide den Strunk aus dem Kohlkopf, hole behutsam die inwendigen Blätter heraus, daß nur ohngefähr rund um den Kohlkopf drey Blätter bleiben, nimm die Hälfte von dem herausgenommenen Kohl, hacke selbigen ganz fein, nimm halb Schweine- und halb Kalbfleisch, suche alle Sehnen heraus, schneide und hacke es ganz fein, mit etwas abgezogenen recht frischen Rindernierentalg, thu es zu dem gehackten Kohl, nebst 8 oder 10 Eyern, nachdem der Kopf groß ist, Salz gestossene Muskatenblumen, Pfeffer, fein gehackte Zwiebeln, etwas abgebrühete und recht fein gestossene süsse Mandeln, etwas Milch, geriebene Semmel, rühre es wohl durcheinander, lege den ausgehöhlten Kohlkopf in die Mitte einer groben Serviette, thu das Gemengte in den Kohlkopf, bedecke

bedecke ihn da, wo der Strunk ausgeschnitten ist, mit Kohlblättern, fasse die Serviette um den Kohlkopf zusammen, und binde sie recht dicht und vest an den Kohlkopf mit Bindfaden, wie bey dem Pudding in der Potage gesagt ist, koche selbigen eben so, aber fünf Stunden; mache eine Sahnsose dazu, die bey den Sosen zu finden ist, nimm ihn aus der Serviette zum Anrichten, nimm abgebrühte süsse Mandeln, schneide sie in der Länge von einander, und bestich damit den angerichteten Kohlkopf und fülle die Sose drüber. Wenn er ein paar Stunden gekocht hat und man siehet, daß die Serviette loß um den Kohlkopf ist, nimmt man ihn heraus und bindet ihn unter dem Gebundenen, welches man aber nicht aufbindet, noch näher und fester an den Kohlkopf, und läßt ihn denn ferner kochen.

204. Sauerkohl oder Sauerkraut.

Wenn der Kohl etwas zu sauer ist, so muß man ihn ausdrücken; alsdann thut man holländische Butter oder etwas Schmalz dran, und läßt ihn damit durchkochen. Wenn man ihn anrichtet, so bestreut man ihn mit Kapern oder Dill. Vor dem Anrichten streut man etwas geriebene Semmel auf den Kohl und schwenkt ihn damit durch. Auf eine noch bessere Art wird der saure Kohl gekocht. wenn man ihn zuvor ausdrückt, in den Schmortopf etwas Weineßig und ein wenig Wasser gießt auch gleich ein Stückchen Zucker und holländische Butter dazu thut und ihn damit gar schmoren läßt. Man kann auch statt Weineßig ein Glas Wein nehmen und Zitronschale und Scheiben dran thun. Beim Anrichten aber nimmt man diese wieder heraus. Mit Gänseschmalz gekocht schmeckt er auch gut.

205. Sauerkohl auf eine andere Art.

Man drückt das Saure aus, thut Zitronscheiben und länglicht geschnittne Zitronschale dran, so wie auch holländische Butter. Wenn er gar ist, wirft man Korinthen dran und läßt ihn damit durchkochen.

206. Sauerkohl mit Sahne oder Milchrohm.

Der Sauerkohl wird gekocht und holländische Butter dran gethan; ist er weich gekocht, so rührt man in einem Tiegel Sahne mit etlichen Eydottern ab, thut den Kohl dazu und rührt ihn damit durch.

207. Sauerkohl mit Hecht und Austern.

Der Sauerkohl wird wie gewöhnlich gar gekocht. Der Hecht wird geschuppt, in Stücke geschnitten (der Kopf aber wird ganz gelassen und nebst den Stücken in Salz und Wasser gar gekocht.) Man macht die Haut und Gräten von den Stücken, pflückt ihn wie Pflückhecht, nimmt eine zinnerne Schüssel, legt unten Sauerkohl hinein, setzt den Kopf

in

in die Mitte, giebt ihm die gekochte Leber ins Maul; dann legt man eine Lage Hecht auf den Sauerkohl und etliche Austern dazu, dann wieder Kohl drauf und hierauf wieder Hecht und Austern und fährt so fort. Oben auf aber muß Sauerkohl kommen. Alsdann gießt man die Sose vom Sauerkohl drüber, daß sie unten in die Schüssel kommt; bestreut den Kohl etwas dick mit geriebner Semmel, belegt ihn mit dünnen Schnittchens Butter, setzt die Schüssel in eine Tortenpfanne, thut unten ein wenig Kohlenfeuer, oben auf aber mehr, daß es gelbbraun backen kann. Hat man keine Austern, so nimmt man an deren Stelle abgekochte und ausgemachte Krebsschwänze; man kann aber auch bloß Hecht und Sauerkohl nehmen. Wenn man etwas auf einer zinnernen Schüssel in der Tortenpfanne backen will, muß man vorher auf dem Boden der Tortenpfanne Salz oder Sand legen und die Schüssel drauf setzen, damit sie nicht schmilzt.

208. Spinat.

Man verlist den Spinat recht fein, setzt ihn mit Wasser auf und kocht ihn ab, gießt das Wasser ab und schärbt ihn recht klein. Alsdann thut man Butter und Salz dran und läßt ihn schmoren bis er gar ist. Man kann ihn mit gekochten und gehackten Eyern bestreuen, auch geviertheilte Eyer oder länglichte Stückchen Semmel in Butter gebraten, drauf legen.

209. Petersilie.

Man pflückt die Petersilie ab und kocht sie in Wasser. Darauf gießt man Rindfleischbrühe dran, thut ein wenig Rindfleischfett und Semmelkrumen dazu, und läßt sie damit durchkochen.

210. Sauerampfer.

Man kocht den Sauerampfer mit Wasser ab, dann gießt man Fleischbrühe dran, thut etwas Rindfleischfett dazu und beym Anrichten Semmelkrumen.

211. Sauerampfer auf andre Art.

Wenn der Sauerampfer verlesen und gewaschen ist, hacke selbigen nur etliche mal durch, schmelze Butter in einem Tiegel, thu den Sauerampfer dazu und laß es auf Kohlenfeuer kochen. Koche Eyer hart, wirf sie in kaltes Wasser, wenn sie kalt sind, mache die Schale davon, schneide sie halb von einander, das Gelbe davon thue zu dem Sauerampfer, und ein wenig Pfeffer, laß es mit einander durchkochen; wenn du bald anrichten willst, so thue süsse Sahne und geriebene Muskatennuß dazu, und wenn du angerichtet hast, so lege die Eyerhälften ohne die Dotter verkehrt drauf.

212. Dill.

Der Dill wird mit Wasser abgekocht und alsdann Fleischbrühe und Butter dran gethan.

Wenn

Wenn er angerichtet wird, so kommen etwas Semmelkrumen dazu.

213. Grüne Bollen oder Zwiebeln.

Man ziehet die Bollen, wenn sie jung sind aus der Erde, putzt sie ab, läßt etwas von dem Grünen dran und kocht sie in Wasser ab; hernach gießt man Hammelfleischbrühe dran, thut etwas Semmelkrumen und gequetschten Kümmel dazu und läßt sie damit gar kochen. Man giebt sie über Hammelfleisch auf, oder giebt sie besonders auf dem Tisch. Auch können sie zu Rindfleisch gegessen werden; dann aber nimmt man halb Eßig und halb Brühe, kocht solches, thut grosse Rosinen und die jungen Bollen, wenn solche vorher abgegruset, drein, kocht es zusammen auf und verspeißt sie zum Rindfleisch. Auch kann man junge Bollen in gutem sauern Kohl, wenn solcher kocht, thun, und den Kohl damit gar kochen lassen, welches recht gut schmeckt, besonders wenn der Kohl in der Grude gekocht ist.

214. Grüne Erbsen und Mohrrüben.

Man macht die Erbsen aus den Schalen, schneidet die geschrabten Mohrrüben länglicht in Stückchen, setzt sie zusammen im Schmortopfe mit Wasser auf, thut Butter und Salz dran und läßt sie zusammen kochen, bis sie gar sind. Wenn man anrichten will, thut man etwas Semmelkrumen dran, auch wenn man will geschärbte Petersilie, und läßt sie durchkochen; nimmt man Fleischbrühe statt Wasser, so ist es desto besser.

215. Grüne Erbsen in Schalen.

Man putzt sie, schneidet die langen Stiele ab, wäscht sie rein, setzt sie mit kaltem Wasser auf, thut Salz dran und läßt sie gar kochen. Dann gießt man das Wasser ab, richtet sie an, macht in der Mitte der Schüssel ein Loch und setzt eine Obertasse mit frischer Stückenbutter drein, daß solche zergehet; beym Speissen tunkt man die Erbsen hinein. Die Erbsen müssen nicht sehr jung aber auch nicht madicht seyn.

216. Geschmorte Zuckererbsen.

Man wäscht solche rein, schneidet sie in Stückchen wie ein Glied lang, setzt sie mit Wasser auf, thut Salz dran und schmort sie in Butter; man thut auch geschärbte Petersilie und Semmelkrumen dran.

217. Schminkbohnen.

Man schneidet die Schminkbohnen recht klein, setzt sie mit Wasser auf und läßt sie eine Weile damit kochen; gießt hierauf das Wasser ab, thut Fleischbrühe nebst etwas Rindfleischfett oder Butter dran, und läßt sie recht weich kochen. Wenn sie meist gar sind, thut man fein geschärbtes Bohnenkraut oder Pfefferkraut auch

auch Semmelkrumen dran und läßt es zusammen durchkochen. Wenn man keine Fleischbrühe hat, kann man sie auch in Wasser, Butter und Salz kochen. Auch kann man statt der Fleischbrühe halb Wasser und halb Eßig dran giessen und in Würfel geschnittnen und gebratnen Speck, statt Butter, dran thun. Die Zuckerbohnen werden wie ein Glied lang geschnitten und können auf die nämliche Art gekocht werden.

218. Schminkbohnen sauer gekocht.

Man nimmt grüne Schminkbohnen, schneidet sie länglicht und kocht sie in Wasser auf; schneidet guten frischen Speck in Würfel, brät solchen, doch nicht sehr braun: (bey dem Braten des Specks muß man sich sorgfältig in acht nehmen, und man thut am besten, wenn man ihn auf Kohlen bratet, denn wenn die Flamme hinein schlägt, fliegt er in die Höhe und kann Feuerschaden verursachen; auch muß man, wenn er auf dem Feuer steht, kein Wasser zugiessen, sonst fliegt er auch in die Höhe.) Zu diesem gebratnen Speck, nachdem er von Feuer abgesetzt und etwas abgekühlt worden, gießt man Eßig, läßt solches zusammen warm werden und gießt es sodann an die Bohnen, nachdem man von denselben das Wasser rein abgeklärt, und kocht die Bohnen darin gar, zuletzt thut man etwas geschärbtes grünes Bohnenkraut oder Petersilie dran, und wenn man bald anrichten will,

 etwas

etwas Semmelkrumen, oder man schwingt sie durch mit etwas Mehl in kalter Butter durchgeknetet und läßt sie damit durchkochen, so sind sie gut. Ist der Eßig sehr scharf, so gießt man etwas Wasser zu, das kommt aber auf eines jeden Geschmack an, wie man gern sauer ißt.

219. Eingemachte Schminkbohnen.

Man wässert sie am Morgen ein, setzt sie alsdann mit Wasser oder Fleischbrühe auf und thut Butter oder Fett dran. Man muß aber das erste Wasser davon abgiessen, alsdann läßt man sie gar kochen und kocht unterdessen in einen andern Topfe weisse Bohnen, thut selbige dazu, wie auch etwas Pfefferkraut. Sie schmecken am besten mit Rindfleischbrühe gekocht, nachdem sie vorher erst mit warmen Wasser aufgesetzt und solches wohl einigemal abgegossen worden.

220. Artischocken.

Die Stiele werden von den Artischocken abgeschnitten, wie auch die spitzigen Blätter, alsdann werden dieselben mit Flußwasser und etwas Salz aufgesetzt; sie müssen 2 Stunden kochen; dann wird eine Brühe von Rindfleischbrühe, Muskatenblumen, Semmelkrume und Butter gemacht und drüber gegossen. Man kann auch eine Weinbrühe oder Krebsbrühe drüber machen. Auch schmecken junge grüne Erbsen und Krebsschwänze an Artischocken gut. Man kann

ferner

ferner die Artischocken in der Mitte, mit abgekochten und geschärbten Krebsen, unter Semmelklösgenteig gemengt, füllen.

221. Mohrrüben.

Wenn die Mohrrüben groß sind, so schneidet man sie in länglichte Streifen, kocht sie in Wasser weich, thut Butter, Salz, Petersilie und wenn man anrichten will, ein wenig Semmelkrumen dran.

222. Gefüllte Mohrrüben.

Schneide von gelben Rüben den Kopf ab, hole sie aus und hacke das ausgeholte ganz fein, thu dazu Eyer, ein Paar Löffel voll Sahne, ausgewaschene Butter, ein wenig Salz, gestossne Muskatenblumen und geriebene Semmel, rühre alles recht untereinander und füll es in die Rüben, decke den Deckel wieder drauf, kocke sie in einem Tiegel in guter Bouillon auf Kohlenfeuer, thu dazu Muskatenblumen, Butter und zuletzt geriebne Semmel.

223. Gefüllte Gurken.

Die Gurken werden geschält, an einem Ende etwas abgeschnitten und ausgehöhlt. Nimm Hammelfleisch, schab es von den Sehnen, den Abgang koche, daß du Bouillon bekommst; thu es zu den geschabten Fleisch und dazu Eyer, geriebne Muskatennuß, geschmolzne Butter, Salz und geriebne Semmel, rühre alles unter einander und füll es in die Gurken. Den übrigen Farsch wickle in Weinblätter, umwinde sie mit einem Faden Zwirn, leg alles in einem Tiegel, nebst etwas klein geschnittnen Weinranken, Butter, ganzen Muskatenblumen, Pfeffer und ganzen Zwiebeln; gieß die Bouillon drauf und laß es sachte kochen, kehre sie auch behutsam um, daß sie allerwärts weich werden, laß die Brühe ganz einkochen, und nimm hernach den Zwirn davon.

224. Pastinackwurzeln (Palsternacken.)

Man schabt die Pastinackwurzeln rein ab, schneidet sie in länglichte Stücke, setzt sie mit Wasser auf und läßt sie eine Weile kochen; dann gießt man das Wasser ab, gießt Fleischbrühe dran und läßt sie damit kochen, thut auch etwas geschärbte Petersilie, Semmelkrumen und holländische Butter dazu. Die Brühe muß ganz knapp einschmoren. Mit Petersilienwurzeln verfährt man eben so. Auch kann man unter selbige Kartoffeln nehmen.

225. Pastinacken mit Eßig.

Sie werden rein abgeschabt, länglicht geschnitten, und wenn sie jung sind, mit Fleischbrühe aufgesetzt; sind sie aber groß, so werden sie erst mit Wasser abgekocht; alsdann thut man Butter, Semmelkrumen und Muskatenblumen dazu; zuletzt wird Eßig dran gegossen und mit Eydottern abgequirlt.

226. Haberwurzeln.

Diese werden geputzt und mit Wasser abgekocht; alsdann in Fleischbrühe und Butter gekocht und Semmelkrumen nebst Muskatenblumen dazu gethan.

227. Kleine Rüben.

Man schabt die Rüben rein ab, setzt sie mit Wasser auf, thut Butter und Salz dran und läßt sie kochen, bis sie gar sind; alsdann thut man ein wenig Semmelkrumen hinzu, auch wohl ein Stückchen Zucker. Zum Fisch kann man sie in Scheiben oder länglichte Streifen schneiden. Die meisten kleinen Rüben werden am besten, wenn man sie mit kochendem Wasser aufsetzt.

228. Kohlrüben.

Diese werden eben so wie die kleinen Rüben gekocht.

229. Kohlrabi.

Man schneidet den Kohlrabi, wenn er geschält ist, in Scheiben, setzt ihn mit Wasser auf, gießt das Wasser ab, thut Fleischbrühe drauf, und läßt ihn darin gar kochen. Zuletzt kommen Semmelkrumen dran. Mit Kohlrüben verfährt man eben so.

230. Erbsen durchgeschlagen.

Man setzt die Erbsen mit Flußwasser auf und läßt sie gar kochen; dann schlägt man sie durch einen Durchschlag, brät holländische Butter drüber und überstreut sie mit gewürfelter in Butter gebratener Semmel oder gebratenem Speck und Zwiebeln.

231. Linsen.

Wenn die Linsen rein verlesen und gewaschen sind, werden sie mit kaltem Flußwasser aufgesetzt und ganz weich gekocht; dann wird das Wasser ab und Fleischbrühe hinzugegossen, auch geschnittner Sellerie und Burree dazu gethan, sie werden darin vollends gar gekocht.

232. Saure Linsen.

Wenn die Linsen auf vorstehende Art in Wasser weich gekocht sind, und das Wasser abgegossen worden, werden sie in Eßig gekocht; man brät Zwiebeln in Butter bräunlich, thut etwas Mehl hinzu, läßt es mit aufbraten gießt dann etwas Eßig dazu und läßt ihn damit aufkochen; wenn die Linsen gar sind, wird dieses zusammen hinzugerührt und angerichtet.

233. Weisse Bohnen.

Diese werden wie die Linsen Nr. 231. zubereitet.

234. Grosse Bohnen (Saubohnen.)

Man kocht sie mit Wasser ab, gießt das Wasser davon und Fleischbrühe hinzu, thut Salz, Butter und geschärbte Petersilie dran und zuletzt noch Semmelkrumen und Muskatenblumen.

235. Kartoffeln.

Man wäscht sie rein ab, kocht sie in Wasser auf und trägt sie mit der Schale auf den Tisch; dies nennt man Kartoffeln mit der Montirung. Hiezu giebt man geschmolzene Butter herum. — Man kann sie auch geschält in Stücke schneiden und frische Butter dazwischen legen. — Auch blos mit Salz essen, nur müssen sie recht heiß seyn. — Sie schmecken auch gut, wenn man sie, nachdem sie gar gekocht und abgeschält, in einer Brühe von Wasser, Salz und Butter, worein etwas Mehl gequirlt aufkochen läßt; hierzu nimmt man gerne kleine Kartoffeln. Hat man Fleischbrühe oder Wurstsuppe, kann man sie darin kochen. — Abgekochte, kalt gewordene und in Scheiben geschnittene Kartoffeln in Butter gelbbraun gebraten, sind auch schön. — Man kann auch Sallat davon machen, wenn man die Kartoffelscheiben salzt, mit Eßig und Baumöhl mengt, aber der Sallat muß etwas fett und mit Pfeffer überstreut seyn. Dies sind einige Arten, die Kartoffeln zuzubereiten, sie sind eine wohlschmeckende und nahrhafte

hafte Speisse, und man kann sie noch auf verschiedene Arten zurechte machen,

236. Frische Murcheln.

Verlis die Murcheln und schneide das sandige von den Stielen ab, wasche sie etliche mal mit laulichten Wasser, daß aller Sand davon kommt, koche sie in Wasser weich, nimm sie mit einem Durchschlag aus dem Kessel oder Kastroll, worin sie gekocht sind; wasche sie einigemal, damit sie recht rein werden; thu sie alsdann in einen Durchschlag, daß das Wasser ablaufe; hacke sie ganz klein, thu sie in einem Tiegel nebst Rindfleischbrühe, einem guten Theil Butter, fein gehackte Zwiebeln, ein wenig gestossenen Muskatenblumen, aber mehr gestossenen Pfeffer, Salz, laß dies zusammen kochen; wenn du aufgeben willst, rühre ein Paar Eydotter dazu, nimm es von Feuer und rühr es in dem heissen Tiegel etwas; dann kannst du anrichten, sie müssen nur eine kurze Brühe haben.

237. Champignons.

Wenn sie sauber geputzt sind, wasche sie und laß in einem Durchschlag das Wasser ablaufen; thu sie alsdann in einen irdenen Tiegel, decke sie zu und setze sie auf gelindes Kohlenfeuer; denn geben sie selbst ein Wasser, dieses drückst du davon, wenn du sie zwischen zwey hölzerne Teller legst; alsdann schmilze Butter in einem Tiegel, schütte die Champignons dazu zu und laß sie darin kochen. Thu dann ein wenig süsse Sahne, Salz und geriebene Muskatennuß, zulezt auch ein wenig gehackte Petersilie dazu.

238. Gefüllte Zitronen.

Schneide Zitronen in der Länge von einander; mache das Saure heraus, laß sie ein Paarmal in Wasser aufkochen, nimm solche alsdann heraus und laß sie wieder kalt werden. Denn nimmt man zu jeder Zitrone ein Ey, fein gestossene süsse Mandeln, gestossene Kardamommen, Zimmt etwas Muskatenblumen, geriebene Semmel und etwas geschmolzne Butter; rühr es alles wohl unter einander und füll es in die halben Zitronen, und backe sie in abgeschmolzener Butter. Mache dazu eine Sose von dem Gelben von Eyern, Zucker, gehackte Zitronschale, Zitronsaft, Wein, gestossene Kardamommen; rühr es auf Kohlenfeuer bis es dicke wird, und gieß es über die Zitronen, wenn sie angerichtet sind.

Vierte Abtheilung.

Von

Eyerspeisen, Eyerkuchen.

239. Harte Eyer.

Sie werden im siedentem Wasser gekocht, bis sie hart sind; alsdann werden sie abgeschält, in Viertel geschnitten, auf Spinat oder Salat gelegt.

240. Weiche Eyer.

Die Eyer werden erst mit Wasser und Salz rein abgewaschen, hernach in kochendes Wasser gethan und nur etliche Minuten darin gekocht.

241. Verlohrne Eyer.

Die Eyer werden in kochendes Wasser geschlagen; gleich wieder heraus genommen, und auf Spinat gelegt. Man kann auch das Gelbe von hartgekochten Eyern mit Sahne durch einen Durchschlag rühren und über Spinat giessen.

242. Gerührte Eyer mit Semmel.

Schneide runde Semmelscheiben, lege sie in eine Schüssel; schlage Eyer auf Butter über Kohlen in einem Tiegel, rühre sie untereinander und richte dies über die Semmel an. Mit Schlackwurst oder Bücklingen kann man

es

es ebenfalls so machen, auch mit Schinken; diesen muß man aber erst in Butter braten. Dies letzte nennt man Mausebraten.

243. Gerührte Eyer mit Spargel.

Schneide Spargel in Stücken, koche solchen mit Wasser ab, quirle zu dem Spargel, wenn er in einem Durchschlag rein abgelaufen ist, 12 bis 15 Eyer. Setze Butter in einem Tiegel an, gieß den Spargel und die Eyer hinein, rühr es so lange bis es gut ist. Man kann auch den Spargel vorher etwas in Butter braten.

244. Eyer mit Senf.

Koche die Eyer hart, schäle die Schale ab, schneide die Eyer halb durch, oder lege sie ganz in eine Schüssel, alsdann setze die Butter über das Feuer; wenn diese steigt, so thu ein Paar Löffel voll Senf hinein; schütte ein Glas Wein und etwas Zucker dazu, und richte diese Brühe über die Eyer an.

245. Gefüllte Eyer.

Die Eyer werden abgekocht, abgeschält und in länglichte Hälften geschnitten, die Dotter herausgenommen und das Weisse wieder ins Wasser gelegt. Etwas geriebene Semmel wird unter die Dotter gerührt, auch fein gestossne Mandeln und 4 ganze Eyer. Wenn der Farsch recht durchgerührt ist, wird er in das Weisse der Eyer

 gefüllt,

gefüllt, in der Mitte mit einem Messer glatt gemacht, und in der Tortenpfanne, oder im Bratofen gebacken. Man kann diese Eyer über gekochten Spinat anrichten, oder eine Weinbrühe drüber machen.

246. Eyer mit saurer Brühe.

Laß in einem Kessel Wasser kochen, und schlage die Eyer hinein; wenn sie einmal aufgekocht sind, so hebe sie heraus und lege sie in eine Schüssel, begieß sie aber erst mit kaltem Wasser, damit sie nicht zu hart werden. Alsdann laß in einem Tiegel ein Stück ausgewaschne Butter zergehen, thue 2 Löffel voll Mehl und 4 bis 6 Eydotter hinein, auch etwas Weineßig und ein Stück Zucker, rühr alles über dem Feuer recht ab, daß es dick wird, und richte es über die Eyer an.

247. Saure Eyer auf andre Art.

Laß in einem flachen Kessel Wasser kochen, dann laß recht frische Eyer, eins nach dem andern aufgeschlagen hineinfallen, doch behutsam, damit sie nicht zusammenlaufen. Wenn das Weisse etwas belaufen ist, so nimm sie heraus und lege sie auf eine zinnerne Schüssel, die auf einem gelinden Kohlenfeuer steht. Vorhero koche 1 Nössel halb Eßig, halb Wasser, thue etwas Zitronschale, etwas Salz, ein Stückchen holländische Butter und gewaschne Korinthen dran, laß solche recht aufquellen und thu abge-

abgezogne länglicht geschnittne Mandeln hinzu, quirle solches mit 2 ganzen Eyern und 1 Messerspitze voll Mehl ab und giesse diese Brühe über die Eyer. Zu so viel Brühe läßt man ohngefähr 6 Eyer ins Wasser fallen.

248. Spiegel-Eyer.

Laß in einem Tiegel der eigentlich zu Spiegeleyern gemacht ist, Butter zergehen, schlage in jede Spiegeleyerform 1 Ey, laß es aufbraten und richte sie an, streue auch bey dem Anrichten etwas Salz drauf. Hast du keinen Tiegel, so brate Butter in der Pfanne, schlag die Eyer, wenn die Butter recht stark brät, neben einander in die Pfanne, laß sie aufbraten und richte die Eyer an, ohne sie umzukehren. Mache sie mit dem Messer, wenn das Weisse hart, doch nicht zu hart geworden, von einander und schöpfe etwas Butter drüber.

249. Frikassee von Eyern.

Koche die Eyer hart, wirf sie in kaltes Wasser; wenn sie kalt sind, mache die Schale davon, schneide sie in die Länge von einander, nimm das Gelbe heraus, hack es, mach einen Farsch von zu Sahne geriebener Butter, abgekochten, ausgebrochnen und gehackten Krebsen, Eyern, Muskatenblumen, geriebner Semmel, ein Paar Löffel voll süsser Sahne, und rühr es gut durch einander. Zuletzt rühre die Hälfte von den gehackten Eyern dazu, füll es in das Weisse rund und hoch, daß eine jede

Hälfte die Facon eines Eyes bekommt; schmiere Papier mit Butter, leg es in eine Tortenpfanne und die Eyer drauf, gieb ihnen unten sehr wenig, oben aber mehr Kohlenfeuer, und laß sie backen. Koche geschnittnen Spargel oder Blumenkohl in Wasser ab, gieß das Wasser davon ab, und gies Bouillon drauf, thu dazu Muskatenblumen, Salz, ausgebrochene Krebsschwänze, abgekochte Murcheln, Krebsbutter, nimm die andre Hälfte von dem gehackten Eyergelb, rühr es mit Bouillon klein, thu es nebst geriebner Semmel dazu, laß es zusammen kochen, richte es an und lege die gebackenen Eyer drauf. Zu verlohrnen Eyern macht man eine Sose von abgepflückten Johannistrauben, ein gut Stück Zucker, etwas Wein und Zitronscheiben; in Ermangelung der frischen Johannistrauben, nimmt man eingemachte.

250. Ein Schüssel-Essen.

Bestreiche eine Schüssel mit Butter, schneide dünne Scheiben Schinken und lege sie nebst abgewaschnen gebacknen Pflaumen drauf; schlage 8 Eyer in einen Topf, quirle etwas Mehl drunter, gieß es über den Schinken und laß es bey dem Bäcker backen.

251. Eyerkuchen.

Nimm 4 bis 5 Eyer, nachdem du den Eyerkuchen kleiner oder grösser haben willst, quirle sie in Milch mit Mehl, so dick als es nöthig ist; dann

dann setze Butter in der Pfanne auf, und wenn dieselbe brät, so gieß das Eingequirlte hinein; du kannst auch Apfelscheiben drauf legen. Ist es auf der einen Seite braun, so schütte den Kuchen behutsam auf eine Schüssel, lege Butter drauf, und stürze ihn auf der ungebackenen Seite wieder in die Pfanne und laß ihn gar werden. Du mußt ihn aber zuweilen lüften, damit er gut ausbäcke. Man kann Eyerkuchen auch von 1 Ey backen, da er denn ganz klein wird.

252. Eyerkuchen mit Semmelkrumen.

Quirle etliche Eyer mit Semmelkrumen und etwas Mehl in Milch, und backe es in Butter, wie den vorigen Eyerkuchen, nur muß er etwas länger auf den Feuer stehen.

253. Eyerkuchen mit Bücklingen.

Die Bücklinge werden klein gepflückt, in die Eyerkuchenpfanne in gebratene Butter gelegt, der eingequirlte Eyerkuchenteig wird drüber gegossen, und so recht schön gelbbraun gebacken.

254. Grüner Eyerkuchen.

Nimm allerlei Gesundheitskräuter, wasche und schärbe sie klein; quirle Milch, Eyer und Mehl zu einem Eyerkuchen und die Kräuter drunter, und backe den Eyerkuchen gut aus. Du kannst auch blos junges Schnittlauch darein nehmen.

255. Ein Aepfeleyerkuchen.

Nimm Aepfel, schäle und schneide sie klein, nimm 8 Eyer, darnach der Kuchen groß seyn soll, schlage sie klein, thue einen Löffel voll Zucker, daß es süß wird, ein wenig Zimmt oder Kardamonimen und kleine Rosinen drein, ein wenig klein geschnittne Zitronschale, die klein geschnittnen Aepfel thue drein, nimm geriebne Semmel, brate sie in Butter, so lange bis sie ein wenig hart wird, rühre solches alles durch, es muß viel geriebne Semmel drein, daß es dicke wird, thue Butter in eine Pfanne, schütte das Eingerührte hinein, laß es gar backen; wenn man ihn recht gut backen will, thut man auch gestossene Mandeln drein; wenn du meinst, daß der Eyerkuchen nicht wird loslassen, so schlage 3 Eyer klein, thu ein wenig Wasser dazu, gieß das in die Pfanne rund herum und laß es backen, schütte den Aepfeleyerkuchen drauf, so läßt er los.

256. Mehlspeise mit Aepfeln.

Man nimmt 30 Stück Borsdorfer oder auch 15 Stück andre grosse Aepfel, die keinen süssen oder weichlichen Geschmack haben, schält und schneidet sie recht fein, läßt sie in einem Kastroll, nebst Zucker und ein wenig Wein, gelinde rösten, daß sie nur weich werden. Alsdann schneidet man 1/4 Pf. Zitronat recht fein, stößt 1/4 Pf. Mandeln fein klar, nimm für 3 Pfen-

Pfennig Semmel gerieben, 1/4 Pf. gestossnen Zucker, und rührt alles nebst 8 Eydottern wohl untereinander; das Weisse schlägt man zu Schnee und rührt es dazu, bestreicht hierauf eine Schüssel mit Butter, thut das Eingerührte hinein, und läßt es in einen Ofen oder Röhre backen.

257. Noch eine Apfelspeise.

Nimm 15 Eyer, eine halbe Tasse von Pfirsichwasser, 1 Maaß Milch, Zucker und etwas Salz, quirle alles wohl zusammen und schütte für 2 Groschen geriebenen Zwieback dazu; alsdann schäle 12 bis 15 Aepfel, nachdem sie groß sind, schneide sie in acht oder sechzehn Theile, setze sie mit 3/4 Pf. Zucker und 1/2 Pf. Butter auf Kohlen und laß sie kochen, bis sie weich sind. Alsdann gieß die Hälfte der obigen Masse in eine Form, lege die Aepfel rings herum dazu, gieß das übrige oben drauf und laß es bey gelindem Feuer backen. Die Form muß aber vorher stark mit Butter ausgestrichen werden. Die Hälfte dieser Vorschrift ist schon eine gute Portion.

258. Mohrrübenkuchen.

Schabe die Mohrrüben rein ab, und reibe dieselben auf der Reibe, quirle die geriebenen Mohrrüben in Eyer und Milch, thue etwas Mehl dazu, daß es so dick, wie beym Eyerkuchen wird. Backe die Masse in Butter oder Schmalz, wie Eyerkuchen.

259. Leberkuchen.

Reibe eine Kälberleber auf der Reibe, quirle sie in Milch mit 3 oder 4 Eyern, thu etwas Mehl und Salz dazu; laß Butter in der Pfanne braten, schütte das Eingequirlte, welches so dick, als beym Eyerkuchen seyn muß, hinein, laß es wie Eyerkuchen backen, und bestreu es mit Zucker.

260. Kartoffelspeise.

Man kocht die Kartoffeln gar, schält sie ab, und reibt sie auf einem Reibeisen; nimmt 2 Pf. hievon und 1 Pf. Butter. Wenn die Butter vorher zu Sahne gerieben, thut man die Kartoffeln nach und nach dazu, wie auch 15 Eydotter, von 1 Zitrone die abgeriebene Schale und Zucker nach Belieben, reibt alles recht wohl durch einander. Das Weisse der Eyer schlägt man zu Schaum und thut dieses ganz zuletzt dazu. Alsdann thut man es in eine Schüssel, und setzt diese in eine Tortenpfanne, in welcher Sand auf dem Boden liegt, und läßt es gar backen.

261. Semmelscheiben mit Eyerteig.

Nimm Kälberbraten hinten aus der Keule, da sie am rohesten ist, hacke sie nebst der Niere recht fein, dann thue Eyer und Rohm dazu, so viel dir gut deucht, nachdem du viel oder wenig haben willst, Petersilie und Semmelkrumen,

men, mach es damit so dicke, daß du es auf dünne geschnittene Semmelscheiben schmieren kanst, und backe es damit in heisser ausgeschmolzener Butter gar. Man muß die Seite, da der Teig geschmiert, unten in die Butter legen, sonst wird es zu fett.

262. Semmeln zu füllen mit allerlei Kleinigkeiten.

Bestelle dir geraspelte Semmeln, halb so groß, wie man sie gewöhnlich bäckt, mache die inwendige Krume rein heraus. Mache ein Ragout von Kälberprieß, Krebsschwänzen oder Hecht mit Austern, oder was du sonst willst. Wenn du solches zurecht gemacht hast; so füll es in die Semmeln; es muß aber reichlich Brühe drauf seyn. Lege den Deckel drauf, binde es mit Bindfaden kreuzweis zu, tunke sie in Milch, kehre sie in Mehl um und backe sie in heisser Butter gelbbraun, so sind sie gut.

Fünfte Abtheilung.

Von Puddings, Klösen oder Klumpen.

263. Ein Pudding.

Man nimmt 4 Stück abgeraspelte Semmeln, oder in Ermanglung derselben andre Semmel, für 6 Pfennig, pflückt selbige klein, gießt so viel kalte Milch drauf, bis alles bedeckt ist; setzt es in warme Asche und rührt es zuweilen um, bis die Semmel ganz klein ist. Dann thut man 1/2 Pf. grosse Rosinen, 1/4 Pf. Zucker, 1/8 Zitrone in Würfel geschnitten, 6 ganze Eyer, 6 Eydotter, etwas Salz, Zimmt und 1 Pf. zerschmolzene Butter hinein, und rührt alles wohl unter einander. Alsdann nimmt man eine Serviette, bestreicht sie mit Butter, legt sie in einem Durchschlag, schüttet das Eingerührte hinein, bindet es mit Bindfaden vest zu, kocht es eine Stunde im Wasser, worein man eine Hand voll Salz thut. Dann nimmt man es aus dem Topfe, läßt es im Durchschlage ablaufen, richtet es so an, daß die unterste Seite oben kommt, macht eine Brühe von Wein, Eydotter, Zitronschale, Zucker, Zimmt, und richtet es über den Pudding an. Das Wasser muß kochen, ehe man es in den Topf thut; man kann die Serviette an den Topf mit Bindfaden anbinden, daß solche darinn schwimmt.

264.

264. Ein gebackener Pudding.

Man nimmt zu denselben, wenn er wie der vorhergehende eingerührt ist, eine mit Butter ausgeschmierte Tortenpfanne; schüttet das Eingerührte hinein, läßt es eine Stunde backen, dann legt man eine Schüssel drauf und kehrt es um, daß das Unterste oben kömmt. Dann streuet man Zucker drüber und giebt es auf den Tisch; man kann auch eine Weinbrühe dazu herum geben. Der gekochte Pudding wird etwas dicker eingerührt, als der gebackne.

265. Ein guter Pudding.

Man nimmt 9 Loth Zucker, 9 Loth Butter, 9 Loth Mehl, 9 Eyer, 1/2 Nösel Milch; die Milch, Butter und Hälfte des Zuckers wird in einem Kastroll aufgesetzt, wenn es kocht, wird das Mehl dazu gethan und so lange gerührt, bis es steif ist. Dann läßt man es abkühlen, und rührt es mit der andern Hälfte des Zuckers und mit den Eydottern wohl durch. Das Weisse der Eyer wird zu Schnee gequirlt und drunter gerührt, bis nichts mehr von dem Weissen der Eyer zu sehen ist. Alsdann wird diese Masse in eine Serviette gebunden, welche eine Stunde in Wasser gelegen. Der Pudding wird vest zugebunden und in Wasser, welches wie Fleischbrühe gesalzen wird, gekocht. Man kann eine Fleischbrühe drüber machen, welche man will. Dieser Pudding kocht eine Stunde, so ist er gar.

266. Ein englischer Pudding.

Man nimmt 18 Eyer, 1 Nösel Rohm, 1 Pf. fein gehacktes Rindernierentalg, 1 Pfund fein geriebne Semmel, 1/4 Pf. Zucker, 1/4 Pf. grosse und eben so viel kleine Rosinen, 1/4 Pf. Zitronat würflicht geschnitten, und einen halben Löffel voll Salz. Dieses zusammen gerührt, wird in einen Topf wohl geschlagen, dann in ein dichtes Tuch oder Serviette vest gebunden und in einen Topf oder Kessel mit kochendem Wasser 4 Stunden lang gekocht. Wenn er angerichtet wird, so wird er mit abgeschälten geschnittnen Mandeln und geschnittnen Zitronat besteckt. Da, wo die Serviette gebunden war, wird er ein wenig breit geschnitten, damit er in der Schüssel stehe. Es wird eine holländische Bruhe von weissen Franzwein, Zucker und Zitronscheiben dran gemacht, sie wird mit Eydottern abgequirlt und über dem Pudding angerichtet.

267. Englischer Pudding auf eine andre Art.

Man nimmt Semmel, weicht sie in Milch, daß die Milch alle einzieht; alsdann drückt man die Semmel rein aus, thut dazu abgezognes und gehacktes frisches Rindernierentalg, kleine und grosse Rosinen, Eyer, gestossne Muskatenblumen, abgebrühete und gestossne süsse Mandeln, gehackte Zitronschale und Salz, alles nach Pro-

porportion der Semmel, rührt selbiges gut durcheinander, schmiert eine Forme, oder in Ermanglung derselben, ein tiefes, aber nicht weites, verzinntes Kastroll mit kalter Butter fett aus, streut drauf fein geriebene Semmel, thut dieses hinein und bäckt es in einen Backofen. Man macht eine Sose dazu von Wein, Muskatenblumen Butter, Kapern, Zitronen, gebrüheten und geschnittenen Mandeln, rührt sie mit Eyern ab, und gießt sie bey den Pudding.

268. Pudding von Reiß.

Koche Reiß in Milch weich und recht dicke; wenn er kalt ist, thu dazu Butter, Eydotter, gestossne Muskatenblumen, rühre es wohl untereinander und hacke Mark oder frisch abgezognes Rindernierentalg klein. Wenn es gut zusammen geschlagen ist, thu dazu grosse und kleine Rosinen, fein geschnittne Mandeln, gehackte Zitronschalen und gestossenen Zimmt. Das Weisse von den Eyern wird zu Schaum geschlagen, und dazu gerührt; backe es auf die vorige Art, und mache eine Sose dazu von Milch, gestossnen Mandeln, Zimmt, Zucker, und rühre sie mit Eyern ab. Will man den Krebspudding, welcher bey den Potagen Nr. 32. zu finden ist, ohne Suppe nehmen, so macht man eine Sose dazu von Bouillon, ausgebrochenen Krebsschwänzen, Krebsbutter, Sritz oder andern kleinen gekochten Murcheln, gestossnen Muskatenblumen, geriebener Semmel, und wenn man es es haben kann, auch geschnittnem abgekochten Spargel, oder abgekochten Blumenkohl, oder ausgemachten jungen grünen Erbsen.

269. Pudding von Hecht.

Nimm einen etwas grossen Hecht, schuppe ihn, mache das Fleisch von den Gräten, hacke es nebst einem guten Stück Butter klein, thu es in eine tiefe Schüssel, schlage dazu 8 ganze Eyer, und noch 8 Eydotter, thu gestossene Muskatenblumen, würflicht geschnittenen Zitronat, grosse und kleine Rosinen, fein gehackte Zitronschalen, Sahne oder gute Milch, geriebene Semmel und Salz dazu; rühre alles gut durch einander, und backe es auf vorige Art, oder koche es in einer Servierte, wie bey denen vorigen gesagt ist. Mache eine Sose dazu von in Butter braun geröstetem Mehl, worunter ein wenig Zucker, Wein, Kapern, kleine Rosinen und Zitronscheiben gethan worden. Man kann auch ein wenig von Gewürz oder andern Eßig dazu giessen, und wenn es nöthig ist, noch Zucker hinzu thun. Kocht man selbigen, so nimmt man an statt des braunen Mehls, weisses Mehl.

270. Ein gespickter Granat.

Nimm ein rundes kupfernes Kastroll, nicht grösser, als der Granat werden soll. Schneide dünne Scheiben Speck, und lege sie in das Kastroll, nachdem sie vorher zackicht ausgeschnitten

ten

ten und das Kastroll mit Butter ausgestrichen worden. Alsdann bestreue sie mit Semmelkrumen, und lege einen Farsch hinein, welcher auf folgende Art gemacht wird: Nimm 1/2 Pf. Butter, reibe sie mit 4 Eyern eine Weile durch; thu geriebne Zitronschale, Muskatenblumen und geschärbtes Fleisch dazu, entweder Rindsfleisch aus der Keule, oder Schweinefleisch, auf 1/2 Pf. Butter, 1 Pf. Fleisch; mache den Teig, nachdem er eine Weile durchgerührt worden, mit Semmelkrumen mäßig steif, doch so, daß er vom Löffel laufen kann. Dieser Teig wird 2 Finger dick in das Kastroll gestrichen, alsdann wird ein Ragout hineingethan, welches auf folgende Art gemacht wird: Man schneidet abgekochtes Milchfleisch in Würfel, Ochsengaum, klein gewürfelten Schinken, Krebsschwänze und Krebsscheeren; hierauf macht man Mehl in Butter etwas braun, gießt etwas Wein dran, thut Ragoutpulver und etwas gestossnes englisch Gewürz dazu, läßt es mit dem Ragout etwas durchkochen, thut dieses in dem Farsch, doch so, daß etwas Brühe zurück bleibt; alsdann macht man von dem übrigen Farsch einen Deckel auf dem vorigen Farsch, so daß es wie ein rundes Brodt, und der Speck oben zusammen geschlagen wird; dieses bedeckt man hernach mit einem mit Butter bestrichenen Papier, und läßt es im Bratofen gar braten; alsdann stürzt man den Granat um, daß das unterste oben kommt, belegt ihn mit länglicht geschnittner Zitronschale,

und

gießt etwas Brühe unten auf die Schüssel; auch muß man noch braune Brühe mit Kapern und Krebsschwänzen vorräthig haben, die man zu dem Granat herum giebt. Man kann auch unter das Ragout Hühnerlebern und Hahnenkämme nehmen.

271. Englische Potengen.

Nimm 1/2 Pf. Salzbutter, wasche sie und reibe sie zu Schaum, 4 ganze Eyer und 2 Dotter, 1/2 Pf. klar gestossne Mandeln, worunter etwas bittere sind; die Mandeln werden mit Rosenwasser gestossen, 1/2 Pf. kleine Rosinen, für 6 Pfennige Semmel, blos deren Krume in Milch geweicht und derb ausgedrückt, etwas Zucker und Zimmt; schmiere die Forme mit Butter aus, backe sie und gieb eine Wein- oder Sahnbrühe dazu.

272. Grosse saure Klösse.

Schneide Semmel in Würfeln und brate sie mit Speckwürfeln braun; laß sie alsdann erkalten und thue sie in eine Schüssel, schlage etliche Eyer drauf, gieß etwas kalte Fleischbrühe, oder in Ermangelung derselben, kaltes Wasser dazu, ferner geriebene Semmel und Salz; etwas auf 2 Eyer und ein Nössel Wasser für 6 Pfennig geriebne Semmel (man kann die Semmel auch in Milch einweichen.) Rühre alles mit etwas Mehl durch und mache Klösse draus. Setze Bier oder Breyhansessig in einem Schmortopf auf; wenn er kocht, so lege die

die Klöse darein, und laß sie in dem Eßig gar kochen. Koche gebackene Birnen und Pflaumen, reibe etwas Honigkuchen dran, damit die Brühe semig werde, und richte sie über die Klöse an. Diese Klöse sind zu Enten, oder Gänsegekröse, oder zu Schweinfleisch eine schöne Speise. Man kann auch zu den Klösen etwas Bärme oder Hefen nehmen, und den Teig eine halbe Stunde gehen lassen; auch zuletzt das Blut von Gänsen, in Eßig aufgefangen, an die Brühe giessen. Dann bleibt aber der Honigkuchen weg.

273. Süsse Klöse.

Diese macht man auf die vorige Art, sie werden aber in Fleischbrühe nebst etwas Thymian und Majoran gekocht. Sie schmecken schön an Kalbfleisch, Lunge und mehrern Speisen.

274. Grude Klump.

Nimm Schweinfleisch, Gänsegekröse, oder was du sonst willst, koche es auf dem Feuer, mit Wasser und Salz nur einmal auf; schäume es recht rein ab; alsdann schütte es in einem Grudetopf, und lege abgewaschene gebackene Birnen und Pflaumen hinein, und oben drauf den Klump, wie ich ihn bey dem sauren Klump beschrieben habe. Die Grude muß aber erst ausgebrannt seyn, alsdann wird der Topf mit einem Deckel, der darauf paßt, in die Grude gesetzt. Ueber den Klump wird auch ein mit

Butter bestrichenes Papier gelegt, und dann erst der Deckel. Die Grude wird über dem Topfe zugeschüttet, und oben noch etwas aufgegrudet. Auf diese Art wird der Klump recht schön und bekömmt oben eine braune Kruste oder Rinde. Man macht eine saure Brühe dazu von Eßig, Zucker und Honigkuchen. Enten in der Grude geschmort, schmecken ebenfalls sehr schön.

275. Semmelklöschen.

Du reibst harte Semmel recht fein, thust etwas Muskatenblumen und Salz dazu, schlägst 3 Eydotter auf 4 Loth gelbe oder frische Stückenbutter; dieses reibst du eine Weile, damit die Eyer und Butter ganz schäumig werden; alsdann thust du die Semmel dazu und machst ganz kleine Klöschen oder Klümpchen davon, welche du entweder mit den Händen ganz locker drehen oder auch nur mit dem Löffel abstechen kannst. Du kannst auch 2 ganze Eyer und 4 Löffel voll Butter, ohngefähr ein und eine halbe Semmel gerieben (oder auch so viel von den Semmelkrumen, daß es steif genug wird) dazu thun. Diese Klümpchen legst du in einen Schmortopf mit kochender Fleischbrühe und lässest sie damit kochen; wenn sie etwas aufgekocht haben, nimmst du sie vom Feuer ab und lässest sie noch eine Weile in der Fleischbrühe stehen, so werden sie recht locker. Willst du sie aber recht butterícht haben, so müssen sie blos aufkochen,

kochen, und gleich in die Suppe kommen; du mußt sie aber ja nicht zu dichte machen, weil sie sonst hart werden, und dann ein schlechtes Essen sind. Diese Klümpchen schmecken schön in Suppen, an Hühnern und an Frikassee.

276. Semmelklöse in Bouillonsuppe.

Nimm ein gut Theil ungeschmolzne Butter, reibe sie in einer tiefen Schüssel mit der hölzernen Keule zu Sahne, dann schlage allmählig immer ein Ey dazu, und etwas geriebene Semmel, reibe es gut durcheinander und so fahre fort mit einem Ey und etwas geriebener Semmel, thu dazu gestossne Muskatenblumen, und wenn die Butter nicht sehr salzig ist, auch Salz. Sie müssen nicht vest von Semmeln seyn, nur so, daß sie zusammen halten, und nicht zergehen. Dann mache mit einem Löffel den Teig zusammen, stich mit einem in heisser Brühe getauchten Löffel einen Klos ab und thu ihn in kochende Brühe, und sieh zu, ob er zusammen bleibt, sonst thu noch Semmel dazu, rechne drauf, daß sie aufgehen. Hast du einige Klöse in die Brühe gethan, und diese hört auf zu kochen, so decke den Topf zu, und wenn sie wieder kocht, so stich die übrigen auch ab und thu sie hinein, immer an den Ort, wo die Brühe kocht. Wenn sie alle in der Brühe sind, mußt du den Topf drehen, daß sie allerwärts überkochen. In der Brühe kannst du, wenn sie abgeklärt ist, vorher grünes kochen, und dazu die Klöse thun. Willst du sie an Hühner- oder Kalbfleischpotage nehmen, so mußt du das Fleisch heraus nehmen, daß die Klöse Raum zu kochen haben, sonst setzen sie sich zusammen; sie dürfen auch nicht zu lange kochen.

277. Schwemmklöse in Brühsuppe.

Nimm 4 Eyer, 6 Eyerschalen voll Milch, 6 Eyerschalen voll Weitzenmehl, 3 Eyerschalen voll geschmolzne Butter, etwas gestossne Muskatenblumen, quirle dieses alles wohl untereinander, gieß es in einen irdenen Tiegel, und rühre es so lange auf Kohlenfeuer, bis es sich von dem Tiegel ablöset; wenn es kalt ist, schlage noch 2 Eyer dazu, und rühre es wohl untereinander und stich die Klöse mit einem in der warmen Brühe naß gemachten Löffel ab und in die kochende Brühe. Sie dürfen nicht sehr lange kochen.

278. Schwemmklöse.

Nimm 1/4 Pf. weisse Butter, wenn sie salzig ist, so schmelze sie aus und laß sie wieder kalt werden; alsdann rühre die Butter nebst 2 Eydottern, bis die Butter zu Schaum wird. Alsdann thu von 2 Semmeln die geriebne Krume, geriebne Muskatenblumen dazu, so viel Krume als nöthig ist, damit sie nicht von einander gehen. Mache hievon runde Klöse, thu sie in die kochende Fleischbrühe und laß sie so lange kochen bis sie gar sind.

279. Milchklöse.

Nimm anderthalb Nössel Milch, gieß ein wenig davon ab, darin weiche 2 Stunden vorher für 1 Pfennig frische Semmel, dann nimm ein gutes Stück Butter, rühre sie, daß sie wie Sahne werde, dann schlage dazu 1 Eydotter, und wenn das mit der Butter durchgerührt ist, so schlage noch ein ganzes Ey dazu, rühre es auch wohl durch; dann drücke durch ein reines Tuch die Milch von der Semmel, rühre die Semmel mit der Butter und den Eyern wohl durch, thu dazu Muskatenblumen und geriebne Semmel, daß der Teig seine rechte Dicke habe, aber auch locker bleibt, und dennoch nicht zerfalle. Mache von diesem Teige runde Klöse, setze die Milch in einem Kastroll auf. Wenn die Milch kocht, so probire einen Klos, sollte der zergehen, so thue noch geriebene Semmel dazu, und rühre es gut durcheinander, lege nochmals die Klöse in die kochende Milch und laß sie eine gute Viertelstunde kochen; richte alsdenn die Klöse alle in der Schüssel an. Die Brühe quirle mit einem Ey und ein wenig Zucker ab, giesse sie wieder in das Kastroll, setze sie auf Kohlen, und rühre sie bis sie dicke wird, denn giesse sie über die Klöse.

280. Fleischklöse.

Nimm 1/2 Pf. magres Schweinfleisch, schneide alle Sehnen heraus, und hacke es sehr fein; als-

möglich; schlag etliche Eyer drauf und mache mit Salz, Muskatenblumen und Semmelkrumen einen Teig draus. Drehe die Klümpchen rund und koche sie in Fleischbrühe gar.

281. Rindfleischklöse.

Nimm 1 Pf. gekochtes Rindfleisch, das recht fett ist, hacke es ganz fein, wie einen Teig, wenn es nicht fett genug ist, so nimm 1/4 Pf. Speck mit drunter. Dann hacke 1 Zwiebel, ein wenig Kerbel, Petersilie und Thymian, recht klein, und rühr es in eine Schüssel wohl untereinander; alsdann schlag 5 ganze Eyer dazu und rühre für 2 Pf. geriebne Semmel, ein wenig Pfeffer, englisch Gewürz und Salz hinein, alles recht untereinander und mache Klöse davon, ohngefähr 12 Stück und brate sie in Butter. Sie werden zum Braunkohl gegessen oder mit einer französischen Brühe gemacht, wie folgt: Klein geschnittne Zwiebeln werden in der Butter, wo die Klöse gewesen sind, gebraten, Eßig und Wasser dazu gethan; nachdem man es nun sauer haben will, mit ein wenig Semmelkrumen dicklicht gemacht und über die Klöse gegossen.

282. Ein Klos von Rindfleisch.

Koche 1 Pf. Rindfleisch ganz klein, hacke 1 Pf. Speck, schlage 6 Eyer und thu für 3 Pf. geriebne Semmel dazu, ferner ein wenig englisch tisch Gewürz, ein klein bischen Rindfleischbrühe, nebst ein wenig Mehl und Butter; dieses wird wohl unter einander gerührt, wie ein Klos geformt und in Butter gar gebraten. Alsdann thut man die Herzen von abgekochten Savoyerkohl dazu, giesst Fleischbrühe dran, lässt es zusammen durchkochen und richtet an.

283. Reisklöse.

Koche ein halb Pf. Reis in kräftiger Rindfleischbrühe recht dicke; laß aber den Reis nicht zu weich werden; reibe sodann Semmel recht fein, und brate sie in Butter gelbbraun; alsdann rühre dieses mit 4 ganzen Eyern recht untereinander, und mache Klöschen daraus, die du dann in Fleischbrühe gar kochen kannst.

284. Eine andre Art Reisklöse.

Nimm anderthalb Pfund wohl abgebrüheten Reis, koche solchen in guter Rindfleischbrühe mit etwas Rindermark sehr dick, aber nicht zu weich. Reibe für 1 Groschen Semmel, röste sie in Butter etwas gelb und rühre sie unter den Reis; thu 8 ganze Eyer und etwas Muskatenblumen dazu. Dann bestreich eine Serviette mit Butter, und lege die in 3 Klöse getheilte Masse hinein, binde die Serviette mit Bindfaden zusammen, und laß es eine halbe Stunde in guter Brühe kochen. Richte es alsdann mit geröstetter Semmel an.

285. Kohlklümpe zu machen.

Man nimmt weisse Kohlblätter, die Strünke davon gethan, hacket sie klein, und brät sie in Butter gar; dann setzt man es hin, daß es kalt wird. Inzwischen werden 2 bis 3 Eyer in Butter gerühret, wozu ein wenig Muskatenblumen und Semmelkrumen kommen. Wenn der Kohl kalt ist, so wird dis dazu gethan, alles untereinander gerühet, dann werden Klümpe daraus gemacht, und in Fleischbrühe gar gekocht. Ueber diese Klümpe macht man eine Brühe von Fleischbrühe, Muskatenblumen und Semmelkrumen.

Sechste Abtheilung.

Von Pasteten.

286. Eine Pastete.

Mache einen Blätterteig auf folgende Art: nimm recht schönes trocknes Weitzenmehl, thu es in eine Schüssel, mache in der Mitte eine Abtheilung, schlage 1 frisches Ey hinein, gieß 1 Spitzglas voll Brantewein und 1/8 Maaß Wasser dazu und thu eine Messerspitze voll Salz, nebst einen kleinen Stückchen ausgewaschner Butter dazu, und rühre alles untereinander; knete

knete davon einen Teig, der sich gut mangeln läßt und an dem Mangelholze nicht anklebt. Mangele diesen Teig 3 mal und schlage ihn immer nach einer Seite über einander. Alsdann wasche 1/2 Pf. frische Stückenbutter und trockne sie mit einer Serviette rein ab; sollte sie nicht recht hart seyn, so setze sie eine Stunde in den Keller, daß sie hart wird. Alsdann rolle den Teig breit auseinander, drücke die Butter so breit, als die Hälfte des ausgerollten Teigs, lege sie auf den Teig, schlage die andre Hälfte drüber und mangele ihn wieder auseinander, schlage ihn wieder zusammen, dieses wiederhole 10mal immer nach einer Seite zu; dann decke eine zinnene Schüssel, worauf die Pastete kommen soll, auf den ausgerollten Teig, schneide ringsherum den Teig ab, so bleibt dir ein rundes Blatt, so groß als die Schüssel ist, welches du zum Deckel auf die Pastete gebrauchst; alsdenn schneide von dem übrigen Teige Streifen 3 Finger breit; schmiere die Schüssel mit Butter aus. Zerhaue eine Kälberbrust, mache sie zu einem weissen Frikassee mit Krebsfarsch und Klösen; oder brate es braun; lege Fleisch in die Schüssel, dann Farsch, dann kleine Fleischklöschen, dann Krebsschwänze, Zitronscheiben und Kapern, dann gieß etwas Brühe drauf; lege das Blatt vom Teige locker drüber, und drücke es auf dem Rande der Schüssel etwas an; lege hierauf die 3 Finger breite Streifen ringsherum auf den Rand der Schüssel und

 drücke

drücke es ein wenig auf den andern Teig an und bestreiche den Teig mit Eydotter; das Fleischwerk muß alles nur halb gar seyn, der Farsch aber roh. Alsdann schütte 3 Finger hoch Sand in die Tortenpfanne, und lege ein Papier drauf, auf das Papier das Tortenblech, auf dieses die Pastete, und laß solche in der Tortenpfanne gar braten. Wenn man sie herausnimmt, so schneidet man oben einen Deckel aus, gießt etwas Brühe auf das Fleischwerk, und decket den Deckel wieder drauf. Das Kalb und Hühnerfleisch kann auch roh hinein gelegt werden. Wild aber muß vorher gebraten seyn. Wenn man es roh hineinlegt, so thut man auf den Boden Butter, Zitronscheiben und Schale, wie auch ein Glas Wein, und legt das Fleisch drauf. Wenn denn die Pastete gar gebacken, so schneidet man den Deckel auf, und gießt eine abgequirlte Brühe drauf; hat man Farsch, so legt man ihn auch roh drauf und läßt ihn mit gar backen. Man kann die Pastete auch beym Bäcker backen. Eine Pastete muß sehr behutsam gemacht werden; dazu gehört einige Erfahrung, weil öfters ein kleines Versehen macht, daß sie nicht geräth. — Obige Vorschrift dient nur zu einer kleinen Schüsselpastete. Zu einer grossen Schüsselpastete muß man 1 Pf. ausgewaschne Butter, 2 ganze Eyer, 2 Spitzgläser voll Brantwein und 1/2 Nösel Brunnenwasser nehmen. Das Weitzenmehl muß fein und trocken seyn, ist es klumpricht, muß man es

durch

durch einen feinen Durchschlag rühren; schlechtes Mehl aber verdirbt den Teig.

287. Grosse Pastete von Kalbsfrikandon.

Es wird Abends vorher anderthalb Pfund Butter wohl ausgewaschen, als ein Teller breit ausgeschlagen, und über Nacht in frisches Wasser gelegt. Des Morgens nimmt man 2 Kannen feines Mehl, 3 Eydotter, frisches Wasser, und von der ausgeschlagenen Butter etwas von der Ründung an der äussern Seite ab, doch so, daß sie noch eine runde Form behält, und macht daraus einen guten Blätterteig, dieser muß aber mit dem Wasser wohl durchgearbeitet werden. Hernach treibt man den Teig auf, trocknet die Butter mit einer Serviette ab, und legt sie in die Mitte des aufgeriebenen Teigs; schlägt ihn rund zusammen, treibt ihn nochmals so dünne als möglich, und gleich viereckt auf; alsdann wird er von beyden Seiten nach der Mitte zusammen geschlagen, und die Mitte noch einmal übereinander gelegt, daß er vier Blätter bekömmt. Dieses wiederholet man 4 bis 5 mal, so ist der Teig gut. Dann wird das derbe Fleisch aus einer Kalbskeule geschnitten, die Haut davon und alle Adern herausgenommen. Das Fleisch wird mit einem Hackemesser wohl geklopft und gespickt, oder auch nur mit starken Speck durchzogen, ferner gekocht und in einem Schmortopf mit Brühe gesetzt, worinnen man es eine halbe Stunde de gehen und gar werden läßt. Bey dem Farsch von Kalbfleisch, welche Nr. 141. beschrieben worden, ist nichts weiter zu erinnern, als das man dabey kein Fett sparen darf. Wenn der Farsch fertig ist, so legt man einen Theil davon auf dem Boden einer zinnenen oder silbernen, am sichersten aber blechernen Schüssel, (als welche nicht zerschmilzt,) hernach etwas von dem Frikandon und oben drauf wieder Farsch; alsdann bestreicht man den Rand mit Eyern, leget 3 Finger breiten Teig herum, und drücket ihn wohl an; schneidet hierauf ein rundes Papier, legt es auf dem Farsch, bestreicht es ebenfalls mit Eyern, überzieht es mit dem übrigen Teige, und giebt ihm die gehörige Form. Ueberhaupt hat man drauf zu sehen, daß alles, was man in eine Pastete bauet, egal rund werde und eine gewisse Höhe erreiche, damit es beym Anrichten ein Ansehen habe. Nunmehro wird es mit Eyern bestrichen, und von dem abgeschnittenem Teige ein Umschlag darum, und nachdem auch dieser bestrichen ist, ein Rand um die Pastete gemacht, ingleichen kann man oben drauf etwas Laubwerk schneiden, doch so, daß man nicht zu tief in den Teig komme. Man läßt die Pastete eine Stunde in einem Ofen backen, und richtet sie hernach mit Kapernbrühe an.

288. Pastete von Kalbstendrons.

Bestreiche den Rand einer Schüssel mit Eyern. Nimm von dem vorigen Teige und belege

lege den Rand 3 Finger breit damit, drücke ihn wohl an; alsdann haue eine gute Kalbsbrust in Stücke, wasche sie wohl aus, und laß das Fleisch in kaltem Wasser beym Feuer ziehn, damit es schön weiß werde. Setze Wasser auf; wenn es kocht, so koche das Fleisch; laß wohl ausgewaschne Butter in einem Kastrol zergehen, und koche die Tendrons mit etwas Mehl und Zitronensaft drinnen ab; streue ein wenig Mehl drauf, rühre es wohl unter einander, laß es mit einem Glase Wein, 2 Zwiebeln mit Nelken gespickt, etwas Muskatenblüthe und Brühe, so viel als nöthig, kochen. Wenn das Fleisch gar ist, so nimm es heraus, damit es kalt werde; thu vom gemeldeten Kalbsfarsch etwas auf dem Boden der Schüssel, lege die Tendrons drauf, und belege sie oben wieder mit Farsch, damit der Teig nicht drauf zu liegen komme; bestreiche den Rand der Schüssel mit Eyern, decke den übrigen Teig drauf, und schneide den Teig, der über dem Rande ist, ab; bestreiche den Rand, schneide etwas Laubwerk oben drauf, und laß es eine Stunde oder bis es die gehörige Farbe hat, in einem Ofen gehen. Wenn die Pastete ausgebacken ist, so nimm sie heraus, schneide sie rund herum auf, gieß die Brühe mit 4 oder 6 abgequirlten Eyern und etwas Zitronsaft hinein, lege den Deckel wieder drauf, und richte an.

289.

289. Pastete von Kälberbraten.

Man nimmt ein Stückchen Kälberbraten, hackt es klein, macht es mit Zitrone zu Haschee und läßt es kalt werden. Alsdann nimmt man so viel Weizenmehl als nothig, und macht mit Stückenbutter einen feinen Blätterteig, schmiert die Pfanne mit Butter aus, legt Blätterteig hinein, thut Haschee drauf, macht einen Deckel von Teig drüber und bestreicht die Pastete mit Eydottern, so bald sie in der Tortenpfanne ist, und läßt sie gar backen.

290. Kleine Pasteten von Kalbfleisch.

Nimm Kalbfleisch aus der Keule, mache die Haut davon, hacke es klein mit frischem Rindernierentalg, thu dazu gestossnen Pfeffer, Muskatenblumen, Salz, gehackte Petersilie, hacke alles wohl unter einander. Mache einen Butterteig, rolle ihn dünne aus, lege davon in kleine Pastetenformen, thu von dem Gehackten hinein, bestreiche sie an dem Rand herum mit Eydottern und bedecke sie mit dem Butterteig, drücke selbigen an dem Rand an den untersten Teig, bestreiche sie mit Eydottern, backe sie im Backofen oder in der Tortenpfanne gar, mache eine Sose dazu von in Butter braun gemachten Mehl, Wein, Zitrone, Zucker, kleine Rosinen, laß es zusammen durchkochen. Schneide die Pasteten, wenn sie gar sind, auf, und giesse von der Sose hinein und decke sie wieder zu, oder gieb die Sose besonders dazu auf den Tisch.

291. Kleine englische Pasteten von Kälberbraten.

Hacke kalten Kälberbraten klein, thu ihn nebst Wein, kleinen Rosinen, Kapern, gehackter Zitronschale, Zitronsaft, gestossenen Muskatenblumen, Butter und ein wenig geriebner Semmel, in ein Kastroll und laß es zusammen kurz einkochen und denn kalt werden. Mache den Teig und die Pasteten wie die vorigen, backe sie und bereite dieselbe Sose dazu.

292. Pastete von Frikandellen.

Schneide von einer Kälberkeule, nachdem die Haut abgemacht ist, Frikandellen, spicke sie, kehre sie in Mehl um, lege sie in kreuschende Butter und laß sie braun werden. Nimm Trüffeln, laß sie in Wasser bey gelindem Feuer weich werden, thu sie, nebst Moussérons, (Steinpilze) welche vorher in Wasser abgekocht, und hernach in Butter abgeschwitzt worden, zu den Frikandellen, ferner thue dazu Kälbermilch, Champignons, gestossnen Pfeffer, Muskatenblumen, etliche Gewürznelken und geriebne Zitronschale, auch wohl ein Paar gewässerte und gehackte Sardellen; gieß Bouillon dazu, laß es meist gar kochen und thu ein wenig geriebne Semmel dazu; laß es kalt werden. Alsdenn mache

mache davon eine Pastete mit Butterteig, wie die erste Hühnerpastete. Schneide die Pastete, wenn sie gar ist, auf, gieß von der übriggebliebenen Soße hinein, oder gieb sie besonders dazu auf den Tisch.

293. Pastete von Milchfleisch.

Teig, Farsch und Form ist mit Nr. 287. angeführtem einerley. Uebrigens nimmt man von 8 oder 9 Kälbern das Milchfleisch, wäscht es in warmen Wasser etlichemal ab, brühet und setzt es, nachdem es vorher wohl abgeputzt worden, in einem Schmortopf. Etwas Schwämme werden wohl verlesen, gewaschen und in Butter gebraten, alsdenn wird Mehl drauf gestreuet und gute Brühe nebst einem Glase Wein und dem Saft von einer Zitrone dazu gethan, hernach die Pastete gemacht und alles dieses hineingelegt. Ist die Pastete gebacken; so wird das Papier heraus genommen, die Brühe, wozu noch eine gute Brühe kömmt, hineingethan und angerichtet.

294. Pastete von Hirsch-Wildpret.

Nimm eine Hirschkeule, häute sie ab, schneide alle Nerven und Adern heraus, spicke sie wohl, und brate sie in zerlassener Butter ein wenig ab; thu hinzu klein geschnittnen Thymian, Dragun und Basilikum, wie auch etwas Zitronsaft. Nimm das gespickte Wildpret, wende

es

es darin um und laß es in dieser Brühe eine Nacht stehen. Sodann mache von Wildpret und Nierenstollen oft beschriebenen Farsch; die Pastete aber von gebranntem Teige, welche entweder frisirt oder aufgesetzt werden kann; lege den Farsch und das Wildpret hinein. Wenn alles völlig bedeckt ist, so mache in einer kleinen Feuermauer eine kleine Oefnung für die Pastete und laß sie vollends gar werden. Weil das Wildpret nicht so viel Kraft und Stärke hat, als anders Fleisch, so muß man auf eine desto kräftigere Brühe bedacht seyn. Belege zu dem Ende ein Kastroll mit Kalb= und Rindfleisch, von jedem 2 Pfund, und Speck, Schinken und Zwiebeln, laß es über dem Feuer wohl angehen, daß es auf dem Boden braun wird; fülle es mit Wein und guter Brühe auf. Wenn es eine Stunde damit gekocht hat, so rühre etwas Mehl mit Weineßig glatt ab, thu es darzu, laß es noch ein wenig kochen und gieß es durch ein Haarsieb. Schneide Sardellen, Schalotten und Kapern recht fein, und thue sie unter das durchgeseigete. Dann nimm die Pastete heraus, schneide sie auf, thue die obere Bedeckung davon, und fülle die Brühe hinein. Sie kann warm auch kalt angerichtet werden.

Wildpret, was in die Pastete kommen soll, kann man auch auf folgende Art zubereiten: Wenn die Häute von dem Wildpret abgezogen und alle Sehnen herausgenommen sind, wird es in dünne Scheiben geschnitten, diese werden gut geklopft und mit lang geschnittnem Speck, welcher mit gestossnem Pfeffer, Gewürznelken und Salz bestreuet ist, durchgezogen, alsdenn in ein irdenes Geschirr gelegt; thu dazu Basilikum, Dragun, Thymian, gestossne Gewürznelken, englisch Gewürz, Pfeffer, geschnittne Zwiebeln und etliche Lorbeerblätter; gieß halb Wein und halb Eßig drauf und laß es wohl zugedeckt 48 Stunden, auch wohl etwas länger stehn. Von den übrigen Wildpret, woraus auch alle Sehnen gesucht werden müssen, mache einen Farsch, dazu nimm Speck, Schinken, Schalotten, gewässerte und von den Gräten gemachte Sardellen, Kapern und 2 bis 3 Eyer, hacke dieses alles nebst dem Wildpret recht fein, thu es in einem Mörsel und stosse es recht durch einander, dann reibe grobes Roggenbrodt und stosse solches auch mit darunter; wenn es zu veste seyn sollte, gieß etliche Tropfen Bouillon dazu, oder von dem Wein und Eßig, worin das Fleisch gelegen.

Zur Pastete von Wildpret und zur Pastete von Schinken, kann man auch gebrannten Teig auf folgende Art machen: man schüttet 2 Metzen halb Weitzen und halb fein Roggenmehl auf einen Backtisch, macht davon einen Kreis, legt in der Mitte ein klein Stückchen Butter, alsdann nimmt man recht kochend Wasser, aber nicht zu viel, arbeitet das Mehl hinein und den

Teig

Teig sehr wohl durch, und macht davon aus freyer Hand eine Pastete; nemlich man nimmt ein Stück vom Teig, wirket es und rollt es nicht zu dick, auch nicht zu dünne aus, zum Boden der Pastete, legt es auf Papier, welches auf einer eisernen Platte liegt; zum Rand rollt man mit den Händen einen langen Strich von dem Teig, rollt ihn mit dem Rollholz aus, daß er etwa 3 bis 4 Finger breit wird, nachdem man sie hoch haben will, schneidet selbigen grade, bestreicht den Boden mit Eydottern, setzt den Rand auf dem Boden und drückt ihn mit dem Daumen vest an, daß der Boden rund herum vorsteht, streicht auf dem vorstehenden Boden Gelbes von Eyern und dann streicht man mit einem Messer den vorstehenden Boden an den aufgesetzten Rand und macht das Angestrichene mit dem Kneipseisen bund. Alsdenn streicht man die Hälfte von dem Farsch unten in die Pastete, der übrige Farsch wird in das in Scheiben geschnittne Fleisch gelegt, und jede Scheibe als ein Roulet gewickelt, diese werden dann ordentlich in die Pastete gelegt, dazwischen Zitronscheiben ohne Kernen, und drüber Speckscheiben. Wenn nun das Wild mit dem Farsch in die Pastete gelegt ist, so rollt man ein Stück Teig zum Deckel aus, und legt ihn über das Fleischwerk. Der Deckel muß ein wenig über den Rand stehen; dann rollt man etwas von dem Teig dünne aus, schneidet Zierrath, Blumen, Stengel, Blätter, was man will, dran und ziert es damit aus; alsdann nimmt man Eyerdotter, ein wenig Milch und etwas Weitzenmehl, mischt es wohl untereinander und bestreicht damit die ganze Pastete; dann schiebt man sie mit der eisernen Platte, auf welcher sie gemacht ist, in den Backofen und läßt sie 3 bis 4 Stunden backen, nachdem das Wildpret zart oder hart ist. — Mache eine Brühe dazu von in Butter braun gemachten Mehl, von dem Wein und Eßig, worin das Fleisch gelegen, abgeschälte Oliven, Kapern, Zitronen, gewässerte und gehackte Sardellen, laß es zusammen durchkochen. Wenn die Pastete gar ist, so mache den Deckel da, wo er auf dem Rande liegt, mit einem Messer behutsam auf, und gieß die Brühe durch ein Haarsieb in die Pastete, decke den Deckel wieder drauf und gieb sie zu Tische. Sollte die Pastete zu voll werden, so gieb die Brühe besonders dazu auf. Hat man nicht Wildpret, so kann man Rindermürbbraten oder ein Stück gutes Rindfleisch nehmen, und damit eben so wie mit dem Wildpret verfahren. Will man Trüffeln oder Mousserons in die Pastete thun, so werden sie zwischen das Fleisch gelegt, wenn sie, wie Nr. 292 gesagt ist, zubereitet worden sind.

295. Pastete von Schinken.

Nimm einen nicht gar zu grossen geräucherten Schinken, wasche selbigen gut und lege ihn in lau warm Wasser, daß er weich wird, denn schneide

schneide inwendig, wo der Knochen ist, in der Länge auf den Knochen, nimm den Knochen behutsam heraus, schneide die Schwarte und alles Schwarze davon ab, lege ihn 1 oder 2 Tage, nachdem er salzig ist, ins Wasser, dann trockne ihn rein ab, lege ihn in ein tiefes irdenes Geschirr, oder sogenannten Schmortopf, worauf ein Deckel paßt, thu dazu gestossne Gewürznelken, Muskatenblumen, Pfeffer, gehackte Zwiebeln, Basilikum, Thymian, ein Paar Lorbeerblätter, giesse Wein und Eßig darauf, daß der Schinken bedeckt ist, decke es wohl zu und laß ihn 2 bis 3 Tage darin liegen; dann verklebe den Topf und laß den Schinken auf Kohlenfeuer halb gar kochen. Zum Farsch nimm Rindfleisch aus der Keule, schneide es in Striche und schabe es mit einem Messer von den Sehnen, hacke es recht fein mit abgezognen recht frischen Rindernierentalg, Schalotten, Kapern, gewässerte und von den Gräten gemachte Sardellen, Zitronschale, gestossne Muskatenblumen, Pfeffer, von etlichen Eyern das Gelbe, geriebnes grobes Brodt, hacke alles durcheinander, daß es wie ein Teig wird. Man kann auch unter den Farsch Trüffeln oder Moussérons hacken, wenn sie so, wie Nr. 292 gesagt, präpariret sind. Mache auf vorige Art eine aufgesetzte Pastete, streiche von der Hälfte des Farsches unten in die Pastete, nimm den Schinken aus der Sose, wenn er kalt ist, lege ihn auf dem Farsch; und bedecke ihn mit der andern

Hälfte Farsch, mache einen Deckel darauf und verfahre in allem so, wie bey der vorigen gesagt worden, und backe sie 5 bis 6 Stunden. Zur Sose nimm braun gemachtes Mehl, Bouillon, etwas von der Brühe, in welcher der Schinken gekocht hat, durch ein Haarsieb gegossen, fein gehackte Schalotten, gewässerte und gehackte Sardellen, abgeschälte Oliven, Kapern und Zitronscheiben. Wenn der Deckel aufgemacht, giese die Sose in die Pastete, und decke den Deckel wieder drauf. Ist zu viel Fett auf der Pastete, so nimm etwas, ehe sie zu Tische gebracht wird, davon ab. Willst du diese Pastete kalt zu Tische geben, so nimm alles Fett, so sich, wenn sie kalt ist, auf der Sose gesetzt hat, ab. Willst du Gallerte drauf legen, so haue Kälberfüsse in kleine Stücke, laß sie mit Wasser, in einem neuen vorhero mit Wasser wohl ausgekochten Topfe kochen, lege dazu ein Paar Gewürznelken, etliche Körner englisch Gewürz; wenn es eingekocht, gieß weissen Wein dazu, Zitronscheiben woraus die Kerne gemacht, wenn du willst, auch etwas Zucker, laß es ferner kochen, thu ein wenig auf einen zinnenen Teller und sieh zu, ob es, wenn es kalt ist, steif wird; ist dieses, so gieß es durch eine grobe Serviette in ein porzellänenes Geschirr, und laß es kalt werden; wird es aber noch nicht steif, so laß es noch ferner kochen, bis es gute Gallerte ist; diese Gallerte mußt du den Tag vorher zubereiten. Wenn du die Pastete zu Ti-

sche

sche geben willst, und das kalt gewordne Fett von der Brühe abgenommen ist, so stich mit einem Löffel die Gallerte aus und beleg damit inwendig die Pastete, lege den Deckel drauf und gieb sie kalt auf dem Tisch.

296. Pastete von zahmen Enten.

Hierzu werden 2 Enten gehörig geputzt. Dann wird die Leber, das Fett und etwas Fleisch von der Brust fein geschnitten, dann Speck, eingeweichte Semmel, 4 abgerührte Eyer und etwas Zitronschale, ferner eine Anzahl Kastanien genommen, die obere Schale derselben abgemacht, und in siedendes Wasser gethan, damit die untere Schale auch abgehe; sodann in Brühe weich gekocht, in einem Mörser gestossen und unter dem Farsch gethan. Von diesem Farsch legt man in eine Pastete von mürben Butterteig etwas auf dem Boden, die Enten, wenn sie vorher wohl eingezäumet, drauf, und oben wieder Farsch. Sie wird 2 Stunden in einen Ofen gesetzt, und mit Brühe von Kastanien angerichtet.

297. Pastete von jungen Hühnern.

Die Hühner werden zerschnitten, wie gebräuchlich zu Pasteten, wenn sie ein wenig gewässert, setze sie auf mit etwas Butter und laß sie in einem Tiegel in der Butter eine Weile schmoren, dann gieß Bouillon dazu, 3 oder 4 ausgewässerte Sardellen, ein wenig klein gehackten Speck, ein Lorbeerblatt, ganzen Pfeffer, Muskatenblumen, Gewürznelken, Zitronscheiben und ein Paar Schalotten; wenn noch Butter fehlt, ein wenig Butter; laß dieses zusammen kochen, thu dazu geriebne Semmel, Salz, wenn es nöthig ist, und laß es meist gar kochen; mache Klöse von Kalbfleisch, oder Krebsen, oder Bratwurstklöse, welche in Bouillon gekocht werden, koche Kastanien und ziehe sie ab, koche Kälbermilch ab, ingleichen Spitz- oder andere Murcheln, lege dieses alles durcheinander, nebst eingemachten Champignons in eine zinnene Schüssel, und gieß von der Sose der Hühner drauf. Dann mache einen Blätter- oder Butterteig, wie solcher unter den Torten beschrieben ist, mangele ihn, schneide davon einen Strich, so breit wie der Rand der Schüssel ist, beschmiere denselben mit Eydotter, und lege den Strich Teig rund darum und drücke ihn vest an, wenn er auch ein wenig über dem Rande stehet, bestreiche den Rand wieder mit Eydotter, dann bedecke sowol das hochgelegte Fleisch, als auch den Rand der Schüssel mit Blätterteig, drücke ihn vest an den Rand und kerbe den Rand mit einem Messer ein wenig ein. Nimm Eydotter, schlage sie klein, worein du ein klein wenig geriebenen Zucker thun kannst, und bestreiche damit den Blätterteig mit einem Pinsel, oder mit dem Rauchen von einer Federspule, backe dann die Pastete in einer Tortenpfanne, oder in Backofen; wenn sie eine gute Stunde backt, ist sie gut, die übrige Sose von den Hühnern gieb dazu, besonders auf den Tisch; du kannst auch zu der Sose noch Bouillon giessen, und sie mit Eydottern abrühren, auch kannst du die Pastete, wenn sie gar ist, in der Mitte rund herum ausschneiden, etwas von der Sose hineingiessen und wieder zudecken.

298. Pastete von jungen Hühnern auf andre Art.

Schneide die Hühner, wie gebräuchlich, in Stücke, wässre sie ein wenig ein, dann setze Butter in einem Tiegel auf Kohlenfeuer, laß sie schmelzen, thu die zerschnittne Hühner hinein, nebst einer ganzen Zwiebel, Salz, ganzen Pfeffer, Muskatenblumen, etlichen Gewürznelken und einem Lorbeerblatt, laß es zusammen ein klein Weilchen schmoren, denn giesse Bouillon dazu, laß es meist gar kochen und wieder kalt werden und nimm die Zwiebel heraus. Mache einen Farsch, dazu nimm Kalbfleisch aus der Keule, schneide es klein, nebst Speck von frischem Schweinfleisch, Zwiebeln und frischen abgezognen Rindernierentalg, es muß aber mehr Fleisch als Fett seyn, thu es nebst Kapern in einen Tiegel, rühr es über Kohlenfeuer, daß es durchgängig heiß wird; dann laß es kalt werden, hacke es klein, thu dazu Salz, gestossnen Pfeffer, Muskatenblumen, in Milch geweichte und wieder ausgedrückte Semmel, 4 oder 5 Eydotter, und hacke alles recht fein durcheinander. Dann lege auf dem Boden einer zinnenen Schüssel, wenn sie vorher mit kalter Butter bestrichen, von diesem Farsch und drauf das Hühnerfrikassee; die Sose laß zurück. Bedecke das Frikassee wieder mit Farsch, bis an den Rand der Schüssel, bedecke dieses mit einem guten Butter- oder mürben Teig, wie solcher unter den Torten beschrieben ist, und verfahre damit auf vorige Art. Backe sie in Backofen oder in der Tortenpfanne. Wenn du sie bald zu Tisch geben willst, so nimm die zurückgebliebene Sose, thu dazu ein wenig Weineßig und Zitronsaft, ist es nicht Sose genug, gieß noch Bouillon dazu, laß es kochen und rühre es mit Eydottern ab; diese Sose kannst du in einem besondern Napf mit der Pastete auf den Tisch geben.

299. Pastete von jungen Tauben mit frischen Murcheln.

Mache einen guten Blätterteig. Bestreiche den Rand einer Schüssel wohl mit Eyern, lege Teig drauf, und drücke ihn vest an; alsdann mache die Tauben zurecht, wasche sie mit warmen Wasser und etwas Mehl wohl ab, daß sie weiß bleiben, schneide sie in Stücke und laß sie in Butter schmoren; streue ein wenig Mehl und gieß gute Brühe drauf; hierzu kommen noch 2 Zwiebeln mit Nelken gespickt, desgleichen ein Bund Petersilie und Dragun oder Kayserfersalat, einige Lorbeerblätter und etwas Zitronschale. Sodann putze Murcheln wohl ab, wasche sie fleißig, daß aller Sand davon komme, koche sie, thu sie in einen Durchschlag, daß das Wasser ablaufe, drücke sie wohl aus, brate sie in etwas Butter, thu sie zu den Tauben und laß sie ein wenig damit kochen. Nimm die Tauben heraus auf eine Schüssel, daß sie verkühlen, lege etwas Farsch auf dem Boden der Schüssel, die Tauben drauf und wieder Farsch drüber; bedecke es mit Speckplatten, Zitronscheiben, und lege ein rundes Papier drauf. Mache die Pastete, bestreiche sie, wenn sie zugedeckt ist, mit Eyern, laß sie eine halbe Stunde in einem Ofen gehen, schneide sie auf, thu die Brühe mit 4 abgequirlten Eydottern hinein, und richte sie an.

300. Pastete von jungen Tauben.

Die Tauben brate am Spiese gar; schneide sie dann in Stücke, gieß drauf halb Wein und halb Bouillon, thu dazu geriebnes Brodt, Zitronscheiben, geriebne Muskatennuß, Pfeffer, Butter, Trüffeln, Mousserons (s. Nr. 292) Champignons und was du sonst willst. Lege es in eine zinnene Schüssel, gieß Sose dazu bis an den Rand der Schüssel, bedecke es mit Blätterteig, wie bey der ersten Hühnerpastete gesagt ist, bestreiche sie mit Eydottern und backe sie im Backofen oder in der Tortenpfanne; die übrige Sose gieb dazu auf den Tisch.

301. Pastete von Schnepfen.

Wenn die Schnepfen rein gemacht sind, nimm sie aus und lege sie in ein irdenes Geschirr, gieß halb Wein und halb Weineßig drauf und laß sie eine Nacht darin liegen; dann nimm sie heraus, bereibe sie inwendig mit gestossnem Gewürz und Salz, und lege sie in eine zinnene Schüssel. Mache Mehl in Butter braun, giesse dazu von dem Wein und Eßig, worin die Schnepfen gelegen, ferner thu dazu Trüffeln und Mousserons, nachdem sie, wie bey der vorigen Pastete gesagt ist, zubereitet worden, Kapern, Zitrone, Champignons und was du sonst willst; giesse dieses an die Schnepfen und so viel Sose dazu bis an den Rand der Schüssel. Laß das Eingeweide nebst der Leber in heisser Butter etwas braten und wieder kalt werden; alsdenn hacke es nebst Rindernierentalg, Kalbfleisch, geweichten Trüffeln und präparirten Mousserons, ferner thu dazu Eyer, gehackte Zitronschale, eine feingehackte Zwiebel, in Milch geweichte und wieder ausgedrückte Semmel, gestossnen Pfeffer, Muskatenblumen und Salz; hacke dies alles wohl durcheinander, und lege diesen Farsch über die Schnepfen, dann Butterteig drüber, wie bey der ersten Hühnerpastete gesagt ist, und bestreich die Pastete mit Eydottern; backe sie im Backofen oder in der Tortenpfanne. Die übrig gebliebne Sose setze auf Kohlenfeuer, thu Gewürz und Zitronsaft dazu und gieb sie mit der Pastete auf den Tisch.

302. Pastete von Austern.

Nimm von gehackten Artischocken den Stiel oder Boden, abgekochte Kälbermilch, gekochte Spitz- oder andre Murcheln, gekochte und in Butter abgeschwitzte Moufferons, Champignons, Butter, gestossene Muskatenblumen, ein wenig Pfeffer, Salz und Bouillon; dies alles laß zusammen ein wenig kochen, thu ein wenig geriebne Semmel dazu und laß es kalt werden; alsdann leg es in eine zinnene Schüssel und dazwischen Austern, von der Sose gieß dazu bis an den Rand der Schüssel, bedecke es mit Butterteig, versahre damit wie bey der ersten Hühnerpastete, bestreich sie mit Eydottern und laß sie im Backofen oder in der Tortenpfanne backen; die übrige Sose gieb dazu auf den Tisch.

303. Pastete von Aal.

Ziehe dem Aal die Haut ab, schneide ihn in kleine runde Stücke, laß Wasser in einem Kastroll kochen, thu Salz dazu, lege den Aal hinein und laß ihn halb gar kochen, dann thu ihn in einem Durchschlag; daß das Wasser ablaufe. Schneide Zwiebeln klein, laß sie nebst gestossnem Pfeffer, Muskatenblumen und etlichen Gewürznelken im Wasser kochen, daß die Sose von den Zwiebeln dicklicht werde; es muß nur so viel Sose seyn, als in die Pastete nöthig ist. Lege in eine Schüssel erst viel Butter, den Aal drauf, dann gieß die Sose drüber; bedecke

decke es mit einem mürben Butterteig, wie bey andern Pasteten, bestreich sie mit Eydottern und laß sie im Backofen oder in der Tortenpfanne backen. Laß unterdessen Weineßig und Wasser kochen, thu Butter und gestossnem Pfeffer hinein, rühre diese Sose mit Eydottern ab. Schneide die Pastete, wenn sie gar ist, auf, giese von der Sose etwas hinein und decke sie wieder zu; oder gieb die Sose besonders dazu auf den Tisch.

304. Pastete von Karpen.

Wenn der Karpe geschuppt ist, nimm ihn aus, schneide ihn in Stücke, reibe ihn mit Salz, frischen Lorbeerblättern und Gewürznelken, leg ihn in ein reines irdenes Geschirr, gieß Wein drauf, daß er ganz bedeckt wird, und laß ihn eine Nacht darin liegen. Alsdann mache einen guten Butterteig, lege auf dem Boden der Schüssel, die du zur Pastete nehmen willst, eine Schicht Butter und zwey Stückchen Eichenholz, daß der Karpe nicht anklebt, lege ihn drauf nebst Gewürz und Salz, decke Butterteig drüber, und laß die Pastete gar backen. Unterdessen nimm ausgewaschne Butter, Zitronsaft, geschnittne Zitronschale, spanischen Wein, Muskatenblumen, geriebne Semmel, etwas weissen Pfeffer, und laß es zusammen durchkochen; schneide die Pastete, wenn sie noch in der Pfanne ist, auf, gieß diese Sose hinein, decke es wieder zu und laß es zusammen durchkochen.

kochen. Die übrige Sose gieb besonders dazu auf den Tisch.

305. Pastete von Hecht.

Nimm einen starken Hecht, schlag ihn todt, schneide mit einem scharfen Messer Haut und Schuppen auf einmal ab. Schneide das Fleisch von dem Rückgrade, und nimm das, was etwa noch dran bleibt, mit zu den Füllsel. Suche alle Gräten sorgfältig heraus, und salze das Fleisch. Alsdann mache aus einem guten Butter = oder mürben Teige die Pastete, thue den Farsch und den Fisch hinein; bedecke den obersten Farsch mit ausgewaschner Butter, und bevestige die Pastete, wie oft beschrieben ist. Soll sie aber auf einer Schüssel gegeben werden, so wird nur das Blatt drauf wohl verwahrt; alsdann wird sie eine halbe Stunde in den Ofen gesetzt, und mit einer guten Brühe von Butter, Petersilie und Zitronen angerichtet.

306. Pastete von Stockfisch.

Nimm von dem besten Stockfisch, der zu bekommen ist, schneide die Haut ab und alle Gräten heraus; nimm etwas davon zu dem Farsch und schneide es recht klein. Weiche von 6 Semmeln die Krume in Milch, rühre 6 Eyer mit Butter ab, thu aber ausserdem noch 1/2 Pf. Butter in dem Farsch, stosse alles nebst dem geschnittenen Fisch in einem Mörsel. Wenn nun

der

der Farsch recht klar und fertig ist, so setze den Fisch in einem Topfe zum Feuer, daß er nur ziehet, hernach schütte ihn in einem Durchschlag, daß das Wasser rein ablaufe. Dann mache die Pastete. Röste geschnittne Zwiebeln in Butter, thue von dem Farsch etwas auf den Boden, dann Stockfisch und Zwiebeln drauf, etwas Gewürz, hernach wieder Stockfisch und Zwiebeln, und zuletzt den noch übrigen Farsch; bedecke alles mit Papier und lege den Deckel drauf. Diese Pastete kann auf einer Schüssel gegeben werden. Sie wird mit Milchbrühe aufgetragen. Auf diese Art kann man von allen Fischen grosse Pasteten machen; vom Stockfisch aber sind besonders die kleinen Pastetchen gut. Pasteten von Aal, Lachs, Forellen, Schmerlen und Hecht, können kalt mit Gelee aufgetragen werden.

307. Kleine Pasteten von Krebsen.

Koche Krebse in Wasser und Salz, brich sie aus und hacke sie ganz klein, thu sie in eine Schüssel und dazu Krebsbutter, Eyer, etliche abgebrühete und gestossne süsse Mandeln, in Sahne oder Milch geweichte Semmel, von welcher vorher die Rinde abgeschnitten worden, noch ein wenig geriebene Zitronschale, ein wenig Zucker, rühre alles wohl untereinander, beschmiere kleine Pastetenformen mit kalter Butter, und streue darauf geriebne Semmel. Thu

obi-

obiges hinein und back es in der Tortenpfanne oder im Backofen.

308. Kleine Pasteten mit Austern.

Nimm Kalbfleisch aus der Keule und frisches Rindernierentalg, mache von beyden die Häute ab, und hacke es, nebst eingemachten Championons, klein, thu dazu Salz, gehackte Zitronschale, gestossnem Pfeffer, Muskatenblumen und hacke es durcheinander ganz klein. Mache einen guten Butterteig, rolle ihn dünne aus, lege davon in die Pastetenformen, thu von dem Gehackten hinein, lege nach der Grösse der Formen 1 oder 2 Austern oben auf, bestreich den Rand mit geschlagenen Eydottern, decke Butterteig drüber, und drücke ihn umher an den untersten Teig, bestreich die Pastete mit Eydotter und laß sie im Backofen oder in der Tortenpfanne backen.

309. Semmelpasteten.

Man nimmt ein Stück kalten Kälberbraten mit der Niere, hackt es nebst ein Paar Schalotten ganz klein, und thut es in eine Schüssel; dann werden 8 ganze Eyer dazu geschlagen, für 6 Pf. geriebne Semmel, gestossne Muskatenblumen, 1/4 Pf. kleine Rosinen und etwas zerlassne Butter hinzugethan, und alles zusammen durcheinander gerührt. Dann wird alte Semmel in Scheiben geschnitten, so daß man aus einer 2 Pfennig Semmel 4 Scheiben schneidet; von den obigen Eyern läßt man von zweyen das Weisse zurück, schlägt dieses ein wenig, und bestreicht damit die Semmelscheiben; alsdann thut man von dem gehackten Eingerührten zwey Finger hoch drauf und läßt es in der Tortenpfanne backen.

Siebente Abtheilung.

Von der Zubereitung der Fische.

310. Lachs zu kochen.

Man legt die von einem frischen Lachs geschnittne Scheiben eine halbe Stunde in Brunnenwasser, bis sie sich gekrümmt haben. Alsdann werden sie in einen Kessel gethan, und es wird Flußwasser drauf gegossen; der Lachs muß aber nicht scharf gesalzen werden. Wenn er aufgekocht ist, so wird das Feuer weggenommen und der Lachs rein abgeschäumt, hernach läßt man solchen noch eine halbe Stunde sachte über den Kohlen kochen, worauf man ihn in eine Schüssel legt, mit grüner Petersilie ausputzt, und etwas von der Brühe, worin er gekocht ist, drüber gießt. Zum Lachs giebt man Zitrone, geschärbte Petersilie und Weineßig herum.

311. Lachs zu räuchern.

Man läßt den Lachs schlachten und das Eingeweide herausnehmen, dann legt man ihn 6 Tage in Salz, hängt ihn alsdann in den Rauch, macht aber von Besemreisern ein Gestell, worauf er liegen kann; alsdann muß man ihn probiren, ob er weich und gar ist.

312. Lachs marinirt.

Man schneidet den frischen Lachs in Scheiben und brät sie in Butter, alsdann macht man eine Krebsbrühe dran, läßt ihn in der Brühe einkochen und richtet ihn an.

313. Karpen in Wasser und Salz.

Man besprengt den Karpen mit Salzwasser oder Weineßig, nachdem er ausgenommen und in Stücke geschnitten worden. Hierauf setzt man ihn mit kaltem Wasser auf, salzt und schäumt ihn, thut Lorbeerblätter und Pfefferkörner dran, und läßt ihn gar kochen. Man kann auch eine Zwiebel dran thun, welche man aber beym Anrichten wieder heraus nimmt.

314. Karpen mit rothem Wein.

Man kocht den Karpen mit Salz ab, und macht eine rothe Weinbrühe dran, wie sie Nr. 451. beschrieben ist.

315. Einen Karpen auf jüdische Art zu kochen.

Der Karpen wird ordentlich geschuppt und aufgerissen, in drey Theile zerschnitten, in eine Schüssel gelegt, mit Eßig begossen und Pfeffer nebst etwas Gewürznelken dran gethan, doch von dem letztern mehr als von dem ersten. Alsdann gießt man in eine Pfanne 1/2 Maaß Breyhan thut ein wenig Butter dazu, läßt es heiß werden und schüttet den Karpen mit seiner obigen ersten Brühe hinein, siedet ihn eine halbe Stunde, bis die Brühe dicklicht und kurz wird; thue aber vorher noch kleine Rosinen und Zitronschale dazu. Ein Karpe auf diese Art zugerichtet, ist viel wohlschmeckender, als wenn er auf die gewöhnliche Art gekocht wird.

316. Karpen mit Austern.

Dieser Karpen wird geschuppt, ausgenommen, in Stücke geschnitten und in Wasser und Salz meist gar gekocht, aber nicht sehr gesalzen, dann wird alles Wasser ab, und Wein dran gegossen, ein gutes Theil ausgewaschner Butter, gestossnem Pfeffer und Muskatenblumen dazu gethan, man läßt ihn damit kochen, thut alsdann geriebne Semmel und zuletzt die Austern dran, und läßt ihn damit noch ein wenig durchkochen.

317. Karpen mit Oliven.

Wenn der Karpe geschuppt und stark aus dem Salz gekocht ist, wird das Salzwasser abgegossen, wieder reines zugegossen, auch werden Kapern, Oliven, Zitronschale und Scheiben, Lorbeerblätter, Butter, gestossnen Pfeffer, Muskatenblumen, wohl gewässerte und gehackte Sardellen, ein wenig Baum- oder Provenzeröl, Weineßig und geriebne Semmel dazu gethan; dann läßt man es semig einkochen. Wenn die Brühe zu sauer ist, kann man etwas Zucker dran thun.

318. Gebratner Karpen gefüllt mit Austern.

Wenn der Karpen sauber geschuppt ist, so spicke ihn mit fein geschnittnem Speck, den Bauch fülle mit Austern, frischer Butter, Zitronscheiben, Salz, gestossnen Muskatenblumen und Pfeffer, nähe ihn zu, stecke ihn an den Spieß, wie den gebratenen Hecht, begieß ihn mit Butter und brate ihn saftig. Beym Anrichten gieß eine Sose drunter von Austern oder Sardellen.

319. Karpen in Bier gekocht.

Wenn man den Karpen abgeschlachtet, so fängt man das Blut mit Eßig auf, setzt den Karpen mit starkem Bier auf, thut ein Stück holländische Butter, ein Stück schwarze Brodtrinde, eine Zwiebel, Salz, Zitronscheiben und Schale dran, auch etwas gestossnes englisch Gewürz und ein Paar Lorbeerblätter. Das Bier muß mit dem Kessel gerade stehn; alsdenn läßt man es einkochen, bis die Brühe knapp und semig ist; dann richtet man an.

320. Hecht zu kochen.

Man setzt den Hecht, wenn man ihn ausgenommen hat, mit kaltem Brunnenwasser und Salz auf, thut englisch Gewürz und Lorbeerblätter dran; wenn er kocht, so schäumt man ihn ab, und wenn er gar ist, macht man eine Wein- oder Sardellenbrühe, oder eine andre Brühe drüber. Die Lebern macht man mit einer Weinbrühe.

321. Einen Hecht recht blau zu kochen.

Wenn der Hecht meist gar ist, so wird er mit kaltem Wasser besprengt; alsdenn wenn er völlig gar ist, wird er in eine Schüssel gelegt, mit einer andern Schüssel und noch mit einer Servlette zugedeckt, wodurch er recht blau wird.

322. Hecht mit Petersilie und Butter.

Man legt den Hecht, wenn er gekocht ist, in die Schüssel, streuet hart gekochte, klein gehackte Eyer drüber, dann geschärbte Petersilie, und geschmolzne Butter, dann wieder Eyer und Petersilie.

323. Schüsselhecht mit Petersilie.

Der Hecht wird gekocht, dann die Haut abgemacht, alle Gräten ausgesucht, Butter, Petersilie und Zitronsaft auf eine Schüssel gethan, und der Hecht ganz klein gepflückt. Dieses muß dann eine Viertelstunde mit einander schmoren. Gepflückter Hecht mit Sauerkraut und Sahnbrühe ist auch ein schönes Essen. Wird der Hecht gebraten, so schuppt man ihn ab, nimmt ihn aus und trocknet ihn mit einer Serviette rein ab. Alsdenn wendet man ihn in Mehl um, und brät ihn in Butter recht gelbbraun, nachdem man ihn mit dem Messer sauber eingekerbt hat.

324. Schüsselhecht.

Man nimmt einen Hering, wässert ihn ein, schneidet ihn in dünne Stückchen, und schichtet diese mit dem Hecht in eine Schüssel, so, daß man zwischen jedes Stück Hecht ein Stück Hering legt; die Gräten aber müssen aus dem Hering herausgenommen seyn. Dann schneidet man Zitronscheiben dran, thut ein Stück holländische Butter dazu, und läßt es eine Stunde zusammen schmoren. Den Hering kann man auch ganz klein zu Mus hacken, damit man nur den Geschmack davon hat, ohne daß man Hering findet; auch kann man statt desselben Sardellen nehmen.

325. Hecht in einer Schüssel gekocht mit Sardellen.

Wenn der Hecht geschuppt, ausgenommen und gerissen worden, so nimm die Rückengräte heraus und schneide den Hecht in Stücken eines kleinen Fingers dick, der Kopf aber bleibt ganz. Alsdann laß Butter in einer Schüssel auf Kohlenfeuer zergehen, rühre wohl gewässerte und gehackte Sardellen mit einem Löffel in die Butter; beleg den Boden der Schüssel mit dem Hecht; thu die in Butter gerührte Sardellen drauf, auch etwas Muskatenblumen, drücke Zitronsaft drauf; decke die Schüssel dicht und vest zu und laß es langsam kochen; dann wende es um, drücke wieder Zitronsaft drauf und laß es gar kochen. Beym Anrichten wird der Kopf, nachdem man ihm die Leber ins Maul gegeben, in die Mitte der Schüssel und alles recht zierlich gelegt, auch mit Zitronscheiben und Zitronschale belegt.

326. Hecht mit Sellerie.

Man kocht den Hecht ab, und macht eine Selleriebrühe dran, wie der Sellerie zur Vorkost gemacht wird. Delcauer Rüben in Scheiben geschnitten und gekocht, schmecken an Hecht auch gut

327. Hecht mit Meerrettig.

Wenn der Hecht in Stücke geschnitten ist, so koche ihn in Wasser und Salz. Hernach reibe

reibe Meerrettig recht fein, thu ihn in Essig, auch Butter und ein wenig Zucker dran und laß die Brühe kochen. Alsdann gieb sie über den Hecht und laß ihn damit aufkochen.

328. Gepflückter Hecht mit Sardellen.

Koche den Hecht in Wasser und Salz; dann pflücke ihn in Stücke und suche alle Gräten heraus. Koche reingeschabte Petersilienwurzeln in Rindfleischbrühe weich, thu gewässerte und kleingeschnittne Sardellen dazu, gieß es über den Hecht in eine Schüssel, leg ein gutes Stück Butter und Zitronscheiben dazu, und laß es auf Kohlenfeuer kochen.

329. Gepflückter Hecht mit Sardellen auf andre Art.

Wenn der Hecht, wie vorher gesagt worden, gekocht und gepflückt ist, lege ihn in eine tiefe zinnene Schüssel, thu dazu gewässerte und gehackte Sardellen, etwas frischen Butter, Wein, gestossnen Pfeffer, Muskatenblumen, Zitronscheiben und laß es zusammen kochen; zulezt thu noch etwas Butter und geriebne Semmel dazu.

330. Noch ein gepflückter Hecht.

Wenn der Hecht in Wasser und Salz gekocht, und das Fleisch von den Gräten ab und klein gepflückt ist, thu es in eine Schüssel, nebst geschärbten Sardellen, Zitronscheiben, gestossenen Pfeffer, Butter und klein geschnittenen Schalotten; gieß Fleischbrühe dazu und laß es auf Kohlenfeuer durchkochen. Zuletzt gieß weissen Franzwein dazu, und laß es noch ein wenig damit durchkochen.

331. Hecht mit Weintrauben.

Hiezu nimm 2 Hechte, schuppe und kerbe sie, nimm sie aus, bevestige den Schwanz ins Maul, koche sie in Wasser und Salz gar, gieß das Wasser rein ab, thu dran ein gutes Theil wohl ausgewässerte und gehackte Sardellen, ein gutes Theil abgepflückte weisse Weintrauben, gestossnen Pfeffer, Muskatenblumen, Butter, viel Zitronscheiben und Wein, und fast zulezt ein wenig geriebne Semmel.

332. Eingesalzner Hecht.

Man reißt den Hecht, reibt ihn mit Salz ein, läßt ihn so 3 Tage liegen, dann schneidet man ihn in Stücke und kocht ihn.

333. Gespickter Hecht.

Schlachte grosse Hechte, nimm die Leber und das Eingeweide heraus, reibe sie inwendig mit Salz; alsdann spicke die Hechte mit feinem Speck; schmiere eine Tortenpfanne oder eine Bratpfanne mit Butter aus, lege die Hechte hinein und laß sie gar braten. Begieß sie fleißig, und mache eine Sardellen- oder Weinbrühe drüber.

334. Geräucherter Hecht.

Man salzt ihn 3 Tage ein, alsdann hängt man ihn 3 Tage in den Rauch. Geräucherter Hering mit kleinen Rüben schmeckt auch gut.

335. Angeschlagner Hecht.

Wenn der Hecht geschuppt und ausgenommen ist, schneide ihn den Rücken auf und schabe das Fleisch rein ab, daß die Gräte am Kopf und Schwanz hängen bleibt. Hacke das abgeschabte Fleisch, die Leber, und ein wenig Mark zusammen recht klein, thu dazu ein wenig Muskatenblumen, von einer Zitrone die Schale gerieben, 4 Eydotter, etwas Salz und geriebne Semmelkrumen, doch nicht zu viel, damit es nicht zu dick werde; menge dieses wohl durcheinander, und schlage die Gräte damit an, daß sie wieder die Gestalt eines Fisches bekömmt. Dann bestreich ein weisses Pappier mit Butter, streue Semmelkrumen drauf, lege den Fisch drauf, und laß ihn in der Tortenpfanne gelbbraun backen; dann leg ihn in einen Napf und gieß eine Sose drüber. Mit Karpen kann man es auch so machen, man besteckt ihn aber, wenn er gebacken ist, mit Mandeln, legt ihn in eine Schüssel und gießt eine Wein- oder Kapernbrühe drüber.

336. Hecht am Spieß zu braten.

Wenn der Hecht geschuppt, ausgenommen und gekerbet ist, lege die Leber wieder in den

Hecht

Hecht, nähe ihn zu, und bestreue ihn mit Salz; dann mache Sardellen von den Gräten, schneide sie wie Speck zum spicken, auch eben so Zitronschale, spicke den Hecht in die Kerben damit, mache den Spieß recht heiß, beschmiere ihn mit einer Speckschwarte, stecke den Hecht daran, binde Kopf und Schwanz recht vest an den Spieß, schneide zwey dünne schmale Hölzer, die länger sind als der Hecht, schneide an den Enden Kerben drein, lege sie gegen den Fisch und binde sie an den Spieß in die Kerben veste, auch so weit der Kopf und Schwanz gehet, jedoch muß der Bindfaden nicht in das Fleisch schneiden, begieß ihn fleißig mit heisser Butter und brate ihn gar. Dann nimm gewässerte Sardellen, mache sie von den Gräten und hacke sie, setze sie mit etwas Butter in einem Tiegel auf Kohlen, rühre sie klein, und denn durch einen Durchschlag in einem grössern Tiegel, giesse die Bratenbutter dazu, nebst Pfeffer, Zitronscheiben und etwas kochend Wasser, lasse dieses zusammen etwas einkochen, richte den Hecht mit Vorsicht, daß er nicht zerbricht, auf eine Bratenschüssel an, und giesse diese Sose unter den Hecht, ehe derselbe angerichtet wird; reisse mit einem Zitronreisser von einer Zitrone die Schale in die Länge, denn schneide sie in Scheiben und garnire ihn mit diesen gerissenen Zitronscheiben, auch mit der ausgerissenen Zitronschale.

337.

337. Seebarsch.

Mann nimmt den Seebarsch aus, zerschneidet ihn oder läßt ihn ganz, setzt ihn mit kaltem Flußwasser auf, salzt und schäumt ihn wohl ab, und thut ein wenig Lorbeerblätter und Pfefferkörner dran. Ist er gar, so legt man ihn in eine Schüssel, und giebt Mostrigbrühe und geschmolzne Butter zu demselben herum.

338. Zander zu backen.

Wenn der Zander geschuppt und ausgenommen worden, schneide ihn so rund wie er ist in Stücke, bestreue ihn mit Salz, und laß ihn eine Weile liegen, hernach bestreu ihn mit gestossnen Gewürznelken, geriebner Muskatennuß, geriebener Semmel, Lorbeerblätter, gehackten Schalotten, gewässerten und gehackten Sardellen, gehackter Zitronschale und Zitronscheiben; eben dieses streue unten in eine verzinnte Tortenpfanne, wenn sie vorher recht fett mit kalter Butter beschmieret und dicht mit Semmelkrumen bestreuet worden ist; dann wird der Fisch drauf gelegt und oben wieder mit vorbenannten bestreut und mit kleinen Stückchen Butter belegt; lege den Deckel drauf, gieb ihm oben und unten Feuer und backe ihn; zuletzt gieß etwas Wein und Wasser dazu, und schüttle es wohl damit um.

339. Wels mit grünen Erbsen.

Man wässert den Wels ein, setzt ihn mit kaltem Flußwasser und Salz auf, thut auch englisch Gewürz, Pfefferkörner und Lorbeerblätter dazu und läßt ihn darin gar kochen; alsdenn richtet man die gekochten grünen Erbsen, wie sie bey den Vorkosten beschrieben, drüber an. Man kann Wels auch nur abkochen und Weineßig nebst Petersilie dazu herumgeben.

340. Stör.

Wird wie der Wels gekocht.

341. Steinbütt zu kochen.

Schneide den Kopf rund aus dem Fisch, dann schneide sie in 2 oder 3 Stücke, nachdem sie groß sind; wässere sie und koche sie in Wasser und Salz; wenn sie gar sind, mache die Haut davon, richte sie trocken an. Bereite folgende holländische Sose: Schlage Eydotter in einem Tiegel, quirle es mit etwas feinem Weitzenmehl klein, thu dazu ganze Muskatenblumen, Pfeffer, einige Lorbeerblätter, Zitronscheiben, ein gutes Stück Butter, rühre es beständig über Kohlenfeuer bis es dicke wird. Diese Sose kann man auch über den Hecht nehmen, auch über Artischocken. Letztre müssen, wenn sie gekocht sind, umgekehrt in einen Durchschlag gelegt werden, daß das Wasser ablaufe. Den Steinbütt kann man auch mit Mostrichbrühe zurichten.

342. Stinte zu kochen.

Wenn die Stinte wohl gewaschen sind, werden sie aus dem Salz gekocht; das Salzwasser wird dann meist abgegossen; gieß Wein, Weineßig auf die Stinte, thu Butter und geriebne Muskatennuß dazu und laß sie hiemit etlichemal aufkochen, dann richte sie an. Grosse Stinte pflegt man zu braten.

343. Klippfisch zu kochen.

Den Klippfisch schneidet man in Stücke, wässert ihn 24 Stunden in fliessendem Wasser, giebt ihm in dieser Zeit etlichemal frisches Wasser; 2 Stunden vor der Mahlzeit setzt man ihn mit kaltem Flußwasser bey, und läßt ihn weichen und zwar so lange, bis man sieht, daß sich das Wasser nur ein wenig bewegt, als wenn es kochen wollte, alsdann richtet man ihn an, giebt braune Butter drüber, und streuet fein gehackte Petersilie, hart gekochte und gehackte Eyer drüber. Man kann ihn auch mit kleinen Rüben, oder einer Mostrich- und Butterbrühe essen.

344. Schellfisch.

Man wäscht den Fisch rein ab, setzt ihn mit kaltem Wasser auf, schäumt ihn ab, läßt ihn eine Viertelstunde kochen und giebt Mostrich und zerlassene Butter dazu auf den Tisch.

345. Schollen zu wässern und zuzurichten.

Wenn den Schollen die Floßfedern abgeschnitten und die Haut abgezogen worden, lege sie in Flußwasser und laß sie eine Nacht drin liegen; alsdenn gieß das Wasser ab, thu auf jede Scholle 1 Löffel voll Kalk und 2 Löffel voll gesiebete Asche von Büchenholz, auch etwas Salz, gieß kaltes fliessendes Wasser drauf, laß sie 12 Stunden drin liegen und rühre sie in dieser Zeit, mit dem Kalk, Salz und Asche öfters durcheinander. Alsdenn wasche die Schollen in fliessendem Wasser recht oft, gieß fliessend Wasser drauf und laß sie wieder 12 Stunden stehen. Wenn sie nnn so gut gewässert worden, lege sie in ein irdenes Gefäß, welches weit ist, daß du sie gut wieder herausnehmen kannst, auch must du das Gefäß dicht zudecken können; gieß laulicht fliessendes Wasser drauf, laß sie zugedeckt eine halbe Stunde drin liegen, dann gieß das Wasser ab und heisseres, doch nicht kochendes drauf und laß sie eine kleine Weile drin liegen; alsdenn lege sie auf ein reines Brett, daß das Wasser ablaufe, bestreue sie mit Salz und lege sie in die Schüssel, darin sie bleiben sollen. Koche grüne, aus den Schoten gebrochne, Erbsen, mit gehackter Petersilie, Butter, gestossenen Muskatenblumen, Pfeffer, Bouillon oder Wasser, zuletzt thu geriebene Semmel hinzu und richte es über die

die Schollen an. Man kann auch eine Zwiebel mit kochen lassen. An kleinen Rüben schmecken Schollen auch gut.

346. Stockfisch zu wässern und zuzurichten.

Beym Einkauf must du darauf sehen, daß der Stockfisch gut weiß ist. Klopfe ihn mit einem Beil oder starken Hammer und lege ihn eine Nacht in fliessendes Wasser. Koche Asche in Wasser zu einer scharfen Lauge, laß sie stehen, bis sie ganz klar und kalt ist; alsdenn gieß das Wasser von dem Stockfisch ab, die klare Lauge drauf und laß ihn, nachdem er geschuppt ist, drin so lange liegen, bis er weich genug ist. Wenn die Lauge so stark ist, daß sie den Stockfisch angreift, darf er nur einige Stunden drin liegen; ist aber dieses nicht, so kann er wohl 24 Stunden drin bleiben. Alsdenn nimm ihn heraus, lege ihn 24 Stunden in fliessendes Wasser und gieb ihm in dieser Zeit öfters frisches Wasser, daß die Lauge recht herausziehe; er kann auch länger in Wasser liegen. Wenn der Stockfisch auf diese Art gut gewässert worden, so schneide ihn in Stücke, rolle solche zusammen, daß die Haut auswendig kommt, umwinde jedes Stück mit Bindfaden und lege sie zusammen in einen grossen Topf, gieß fliessendes Wasser drauf und laß ihn etwas von ferne beym Feuer stehen und weichen, jedoch muß er, wenn er ein Paar Stunden so geweicht hat, zuletzt so heiß werden, als wenn er zu kochen anfangen will, und vorn, wo der Topf am Feuer steht, einen weissen Schaum bekommen; alsdann leg ihn heraus in einen Durchschlag, daß das Wasser rein ablaufe; suche alle Gräten behutsam heraus, salze ihn, und lege ihn in eine Schüssel. Bereite eine Sose auf folgende Art: nimm von 6 Eyern das Gelbe, ein gutes Stück Butter, eine kleine Hand voll feines Weitzenmehl, gestossnen Pfeffer und Muskatenblumen, rühre dieses in einem Tiegel durcheinander, wenn dieses geschehen, gieß etwas Wasser dazu, rühre es auf Kohlenfeuer, bis es dicke wird, dann gieß diese Sose über den Stockfisch, wenn vorher das Wasser, welches sich etwa noch herausgezogen hat, rein abgegossen ist. Man kann auch den Stockfisch, wenn die Gräten abgemacht sind, in eine Schüssel legen, ein Stück Butter und ein wenig Salz dazu thun, und ihn auf Kohlenfeuer heiß werden lassen, dann gießt man das Wasser, welches sich heraus zieht, rein ab, und richtet kleine Rüben oder grüne Erbsen, wie sie bey den Vorkosten beschrieben sind, über den Stockfisch an. Auch kann man den Stockfisch mit Mostrichbrühe oder Sahnbrühe essen.

347. Gespickte Seezungen.

Ziehe den Seezungen auf beyden Seiten die Haut ab, schneide sie von den Gräten, jede Seite in 4 Stücke, spicke sie mit fein geschnittnen Speck, salze sie, kehre sie in geschlagenem

Ey-

Eydottern um, bestreue sie mit geriebner Semmel und backe sie in abgeklärter Butter braun; beym Anrichten gieß eine Sardellenbrühe drüber.

348. Gebackne Seezungen.

Die Seezungen werden sauber geschuppt; auf jeder Seite schneide einen langen Strich und salze sie, kehre sie in geschlagnen Eydottern um, bestreue sie mit geriebner Semmel, backe sie in abgeklärter Butter aus und gieb sie warm auf den Tisch.

349. Forellen zu kochen.

Schneide die Forellen am Bauche auf, nimm das Eingeweide heraus, wasche sie wohl aus, setze sie mit kaltem Flußwasser auf, salze sie recht scharf, weil sie nie zu viel Salz annehmen, und laß sie ganz sachte kochen, bis sie gar sind.

350. Forellen blau gekocht.

Nimm rothen Wein, so viel du glaubst, daß die Forellen darin bedeckt sind, thu in den Wein ganze Gewürznelken, Muskatenblumen, Lorbeerblätter und Salz, laß den Wein erst aufkochen, dann lege die Forellen hinein; wenn sie gar gekocht sind, richte sie an und lege eine gebrochne Serviette darüber.

351. Forellen zu blättern.

Wenn die Forellen, wie Nr. 349. gesagt ist, gekocht sind, zerblättre sie in kleine Stückchen, suche alle Gräten sorgfältig heraus; lege die Stückchen in eine tiefe zinnene Schüssel, drücke Zitronsaft dazu, streue gestossnen Pfeffer und gestossne Muskatenblumen drüber, thu ein gutes Stück Butter dazu, setze es auf Kohlenfeuer und laß es zusammen ein Weilchen kochen.

352. Schmerlen.

Man kocht die Schmerlen bloß in Wasser und Salz, schäumt selbige und läßt sie eine Viertelstunde kochen. Rothfedern werden gemeiniglich mit Kümmelbrühe gemacht. Brassen, Barben und Alande werden blau abgekocht, und alle kleine Fische mehrentheils mit saurer Eyerbrühe gemacht.

353. Schmerlen mit Austern.

Die Schmerlen thu, wenn sie vorher gewaschen sind, in eine tiefe irdene Schüssel, gieß weissen Wein drauf, wenn sie stille werden, nimm sie heraus. Lege Austern in ein Kastroll, thu dazu frische Butter, ganzen Pfeffer und gebrochne Muskatenblumen, schütte die Schmerlen dazu; gieß den Wein drauf, ist es nicht genug, gieß noch frischen Wein dazu, daß er über den Schmerlen steht; ist die Butter nicht salzig, so streue etwas Salz dazu, und laß es zusammen

men

men kochen. Wenn sie gut geschäumt sind, thu etwas geriebne Semmel dran und laß sie gar kochen.

354. Gründlinge.

Man setzt sie mit Wasser und Salz auf, thut etwas Kümmel dran, und kocht sie also gar. Karauschen und Rothfedern werden ebenfalls so abgekocht, auch mit einer Kümmelbrühe gegessen. Sie schmecken auch mit einer sauren Brühe gut, welche von halb Essig, halb Wasser, einem guten Stück holländischer Butter und einem Stückchen Zucker gemacht wird; wenn diese Brühe zusammen aufgekocht, wird sie mit ganzen Eyern abgequirlt und über die Fische angerichtet.

355. Gebackne Gründlinge.

Man trocknet die Gründlinge in einer Serviette ab, kehrt sie in Mehl und Salz um, gießt gequirlte Eyer drunter, und brät sie gar.

356. Gründlinge und Schmerlen.

Wenn die Gründlinge und Schmerlen wohl gewaschen sind, thu sie in eine tiefe irdene Schüssel, gieß weissen Wein drauf, und laß sie darin laufen, bis sie stille werden; setze ein Kastroll mit Wasser, Salz, etlichen Lorbeerblättern, ganzen Pfeffer und englischen Gewürz aufs Feuer, wenn es kocht, schütte die Schmerlen und

Gründlinge mit dem Wein dazu und laß sie gar kochen.

357. Karauschen mit Dill.

Die Karauschen werden geschuppt, ausgenommen, und fein eingekerbt, und die grossen in 2 oder 3 Stücke geschnitten; koche sie in Wasser und Salz. Nimm süsse Sahne oder gute Milch, von den Stängeln gepflückten und fein gehackten Dill, Butter und gestossne Muskatenblumen, laß dies zusammen in einen Tiegel kochen, thu geriebne Semmel dazu und laß es semig kochen; richte die Karauschen trocken an und diese Sose drüber. Du kann auch statt dieser Sose, die Karauschen mit brauner Butter übergiessen, und mit von den Stängeln gepflückter, gewaschner und gehackter Kreuzraute überstreun. Man pflegt sie auch zu backen.

358. Dorsch zu kochen.

Schneide ihn, wenn er ausgenommen, in runde Stücke, wässre ihn in fliessenden Wasser; ist er eingesalzen must du ihn länger wässern. Koche ihn, wie andre Fische, aber langsam. Thu ein gutes Stück Butter, gehackte Zwiebeln, gehackte Petersilie, gestossnen Pfeffer, geriebene Muskatennuß und geriebne Semmel in ein Kastroll, laß es kochen, thu den Fisch hinein, und laß ihn damit durchkochen. Man kann auch den Dorsch, wenn er aus dem Salz gekocht und trocken angerichtet ist, mit brauner

Butt-

Butter begiessen, fein gehackte Petersilie drüber streun, und ihn so auftragen.

359. Ein Gericht von Heringen.

Nimm Heringe, wasche und puße sie ab, lege sie in süsse Milch, laß sie 3 Tage darin liegen, gieb ihnen aber alle Tage frische Milch; alsdann wasche sie mit Wasser ab und schneide ihnen den Rücken auf, nimm das Eingeweide heraus und stecke an dessen Statt gehackte Zitronschale und Butter hinein; schmiere eine zinnene Schüssel fett mit kalter Butter aus, lege die Heringe hinein, thue noch Butter, gestossene Muskatenblumen und ein wenig geriebne Semmel dazu und laß es auf Kohlenfeuer aufkochen.

360. Marinirte Heringe.

Man wässert die Heringe 3 Tage ein, giebt ihnen des Morgens und Abends frisches Wasser, und räuchert sie 3 Tage; dann brät man sie auf dem Rost und macht sie in einem Neunaugenfasse mit Lorbeerblättern, Pfefferkörnern und englischen Gewürz ein, man kann auch Zitronscheiben dazwischen legen, kocht Biereßig ab und gießt ihn drüber. Sollte der Eßig trübe werden, so kocht man ihn nochmals auf. Ist der Biereßig bitter, nimmt man Breyhanseßig.

361. Gebackne Heringe.

Wenn man den Heringen die Floßfedern nebst den Gräten ausgeschnitten, auch die Milch oder den Roggen heraus genommen hat, so werden sie 3 bis 4 Stunden in süsser Milch eingeweicht, in eine Glaire eingetunkt und in Butter abgebacken. Wenn die Heringe aus der Milch genommen worden, so muß man sie sauber abtrocknen, ehe sie in die Glaire getunkt und darin umgekehrt werden. In diese Glaire muß kein Zucker kommen, und man kann das Mehl dazu mit Wein und einem Paar Eyern anrühren. In eben dieser Glaire kann Petersilienkraut eingetunkt und mitgebacken werden. Sie dient alsdenn zum Garnieren der Schüssel, worin die gebackenen Heringe angerichtet werden. Bücklinge werden auf gleiche Art gebacken.

362. Aal zu kochen.

Man thut den Aal in einen Eymer und wirft etwas Salz drauf, daß er sich abschleimt; alsdann nimmt man ihn aus, schneidet ihn in Stückchen und wäscht ihn recht rein, thut ihn in einen Kessel, gießt kaltes Flußwasser drauf, thut etwas Salz und Salbey dazu, und läßt ihn eine halbe Stunde kochen. Zum Aal giebt man Weineßig und Zitrone herum. Schleyen haben etwas ähnliches im Geschmack mit dem Aal; sie werden abgekocht, allein ohne Salbey, auch werden sie nicht, wie der Aal, geschleimt. Man ißt selbige mit einer sauren Speckbrühe oder mit grünen Erbsen.

363. Ein blau gesottener Aal.

Ziehe den Aal nicht ab, reinige und schneide ihn in Stücken, mache mit einem Strohhalm das Mark aus dem Rückgrad heraus, laß in einem irdenen Geschirr Wasser kochen, lege den Aal darein, laß ihn eine kleine Weile ungesalzen darin kochen, dann gieß das Wasser ab und nimm den Aal heraus; setze in demselben Geschirr Eßig auf, salze ihn wohl, und wenn er kocht lege den Aal darein und laß ihn gar kochen; wenn er angerichtet ist, streu Petersilie drauf.

364. Aal am Spiesse gebraten.

Der Aal wird abgezogen, in Stücke geschnitten, der Kopf und Schwanz wie gewöhnlich zurück gelassen, und mit gestossnem Pfeffer, Gewürznelken und Salz bestreuet und die Stücken queer durch an einen heiß gemachten Spieß, auch zwischen jedes Stück ein Lorbeerblatt gesteckt. Wenn er des Mittags soll gegessen werden, muß er schon um 9 Uhr beym Feuer seyn, und mit seinem eignen Fett und etwas Salzwasser begossen werden. Er wird mit Zitronsaft gegessen.

365. Gebackener Aal.

Ziehe dem Aal die Haut ab, nimm ihn aus, kerbe ihn an beyden Seiten sauber ein und schneide ihn in Stücke, bestreue ihn mit Salz und laß ihn eine Weile darin liegen, trockne ihn ab, kehre ihn um in Mehl, backe ihn in abgeklärter Butter; er wird mit Zitronensaft gegessen.

366. Marinierter Aal.

Ziehe dem Aal die Haut ab, nimm ihn aus, dann reisse ihn von einander, daß er am Rücken ganz bleibt, schneide den Rückgrad heraus, streue drauf Majoran, Thymian, gestossenen Pfeffer, Muskatenblumen und Salz, wickle den Aal vest auf und nähe ihn ein in ein kleines Tuch. Koche ihn in Wasser und Salz gar, presse ihn bis er kalt ist, dann lege ihn in Weineßig; wenn man ihn essen will, wird er in Scheiben geschnitten.

367. Neunaugen zu braten.

Streue auf die lebendigen Neunaugen Salz, daß sie sich darin todt laufen, laß sie ein Weilchen darin stehen, dann nimm ein Tuch und ziehe damit den Schleim von ihnen ab und brate sie auf dem Roste. Wenn sie kalt sind, packe sie in ein Einmacheglas, lege dazwischen ganzen Pfeffer, Gewürznelken, Muskatenblumen und Lorbeerblätter, koche Weineßig auf und laß ihn kalt werden, gieß dann selbigen drauf und beschwere sie mit einem Boden und kleinen Steinchen, nach 24 Stunden nimm die Steine ab und decke das Glas zu; man kann sie auch in ein Fäßchen packen, selbiges zuschlagen, und durch ein im obersten Boden gebohrtes Loch den

Eßig

Eßig drauf giessen, und dieses mit einem Pfropfen zumachen.

368. Gebackene Austern.

Nimm ein gut Theil frische ausgewaschne Butter, rühre sie zu Sahne; thu dazu, vorhero ohne Salz abgekochtes Hechtfleisch, das von den Gräten gereiniget, und mit einigen Austern fein gehackt ist, nebst dem Gelben von Eyern, gestossnen Muskatenblumen und Wasser von den Austern so man einlegen will. Rühre dieses alles wohl untereinander, und so viel fein geriebne Semmel dazu, daß es dicke genug wird, nimm reifiche grosse Muschelschalen, oder in Ermangelung derer, tiefe recht rein gemachte Austerschalen, lege etwas von dem Farsch darein, dann ein oder zwey, auch wenn man will, mehrere Austern drauf; bedecke sie mit Farsch so hoch wie du willst, streiche es mit einem warmen Messer glatt, und kerbe sie bunt; denn backe sie in der Tortenpfanne, und gieb ihnen unten und oben Kohlenfeuer; wenn sie zu Tische gebracht werden, gieb Zieronen dazu zum überdrücken.

369. Schnecken.

Laß die Schnecken, wenn sie zugedeckt sind, mit Wasser und Salz kochen; ziehe sie mit der Gabel aus dem Häuschen heraus, putze sie ab, lege sie in eine Schüssel und reibe sie wohl mit Salz, daß der Schleim davon kommt, brühe sie hernach mit kochendem Wasser ab, und laß sie in guter Brühe gar kochen. Setze unterdessen die Häuschen mit Eßig und Salz an das Feuer, laß sie kochen und reibe sie inwendig und auswendig mit Salz ab; thue sie in frisches Wasser und dann in einem Durchschlag, daß das Wasser abläuft. Laß Butter zergehen, rühre sie zu Schnee, ferner 2 ganze Eyer und von 2 Eyern die Dotter, geriebne Semmel so viel als nöthig, etwas Majoran und Muskatenblumen; rühre dies alles nebst der Butter wohl durch einander zu einem Farsch, thue davon in jedes Häuschen etwas, lege die Schnecke drauf und bedecke sie wieder mit Farsch. Wenn sie alle gefüllt sind, so laß sie in einem Schmortopfe mit guter Brühe, etwas geriebner Semmel, Muskatenblüthe und geriebnem Majoran eine Viertelstunde kochen, und richte dann an.

370. Schneckenberg.

Wenn die Schnecken, wie die vorhergehenden zurecht gemacht sind, so mache auch den nemlichen Farsch, nur um die Hälfte mehr. Davon werden zuerst die Häuser gefüllt, alsdann wird eine blecherne Schüssel auf dem Boden mit Farsch bestrichen, doch so, daß die Mitte des Bodens leer bleibt; hernach werden die Schnecken darein gesetzt, so, daß allemal die Oefnung, wo sie gefüllet sind, auf den bereits aufgestrichenen Farsch zu liegen komme.

Dann

Dann wird zwischen die Schnecken wieder Farsch gedrückt und abermals eine Reihe aufgesetzt und so fort, bis der Berg die gehörige Höhe hat. Der übrige Farsch wird zwischen die Schneckenhäuser eingedrückt, damit es eine Bindung gewinnt. Die runde Höhlung aber wird mit geschnittner Semmel ausgefüllt, und hernach die Schüssel in einen Ofen oder in eine Röhre gesetzt, damit nur der Farsch gar werde. Dabey muß man die Häuser fleißig mit Butter bestreichen, weil sie sonst grau werden. Wenn alles ausgebacken ist, so nimmt man die Semmel heraus, und füllt sie statt dessen mit Brühe an. Hierzu brät man Petersilie in Butter und streuet etwas geriebne Semmel und Muskatenblüthe drauf, alsdann gießt man gute Brühe dazu, läßt sie einmal aufkochen und füllt sie ein.

371. Krebse.

Man setzt Krebse, so viel man will, wenn sie rein abgewaschen, auf, kocht sie mit Wasser und Salz gar, thut etwas Kümmel dran, und schwenkt sie mit Butter und Petersilie durch. Will man dieselben mit grünen Erbsen machen, so bricht man die Nasen aus und füllt sie mit Klümpchenteig, brät solche in Butter, und richtet die gekochten grünen Erbsen drüber an.

372. Gefüllte Krebse.

Nimm 3 Eyer, schlage dieselben auf gelbe Butter, welche auf Feuer fast zergangen und zu zu Schaum gerühret, in eine Schüssel, und rühr es untereinander, jemehr es nach einer Seite gerührt wird, desto besser wird es. Alsdann thu ein wenig Salz und Muskatenblumen und etwas Semmelkrumen hinzu. Rühre es wohl untereinander, und setze die Schüssel an einen kühlen Ort. Alsdann nimm ein halb Schock Krebse, wasche sie in Brunnenwasser, setze sie mit Flußwasser auf. Thu eine Hand voll Kümmel und zwey Hände voll Salz dran, und laß sie gar kochen. Du must aber eine Stunde vorher ein gutes Theil junge grüne Erbsen ausmachen und sie mit fliessendem Wasser kochen, ein wenig Salz, geschärbte Petersilie, Butter und Semmelkrumen dran thun. Sind die Krebse gar, so mache die Nasen von den Schwänzen ab, doch so, daß die Scheeren an den Krebsen bleiben. Fülle den Semmelteig in die Nasen, brate sie in Butter braun, lege die Krebse in eine Schüssel, die Nasen dazwischen und richte die grünen Erbsen drüber an. Man kann sie auch nur in Brühe kochen.

373. Krebse farschirt.

Man macht die Krebse auf eben die Art aus, knetet hierauf einen Semmelteig, worunter man etwas ausgemachte Krebsschwänze hackt. Diesen giebt man die Form der Krebse wieder, dann bestreicht man sie mit Eydottern, legt sie in die Tortenpfanne, und läßt sie gelbbraun backen. Die Brühe macht man folgender massen: man

schärbt

schärbt gekochtes Milchfleisch und Murcheln mit einander klein, nimmt Fleischbrühe und Zitronscheiben, kocht solches mit einander, und quirlt es mit einem Eydotter ab, und richtet die Brühe über die Krebse an.

374. Krebsfrikandellen.

Man kocht 1 Mandel Krebse, bricht sie aus den Schalen und schärbt sie klein, rührt von 2 Eyern das Gelbe gut untereinander und dazu etwas fein geschnittne Zitronschale, und wem das süsse nicht zuwider ist, etwas Zucker; ferner ein wenig Salz, 1/2 Viertelpfund Butter, dies wird mit Semmelkrumen steif gemacht, wie ein Klümpchenteig, das Eyweiß, welches zu Schnee geschlagen wird, zuletzt dazu gethan, dann macht man längliche Klöse und brät sie in Butter gelbbraun. Von noch 1 Mandel gekochter Krebse macht man nur die Schwänze und Scheeren aus, doch so, daß der Krebs übrigens ganz bleibt, dann richtet man sie mit den Frikandellen an. Man gießt eine Brühe drüber, entweder eine Krebsbrühe von den ausgemachten Krebsschalen zurechte gemacht, oder von Fleischbrühe, welche desto besser ist; sonst kann man auch mit Wasser eine Brühe machen und grüne Erbsen in die Brühe nehmen; wie auch die Brühe mit Murcheln und Champignons machen. Man kann in die Brühe sowol als in die Frikandellen etwas Muskatenblumen thun.

375. Ein gutes Essen von Krebsen.

Laß Krebse mit kochendem Wasser und etwas Salz aufkochen, alsdann mache sie aus den Schalen, lege sie auf eine Schüssel, thue Fleischbrühe, Butter, Muskatenblumen, Zitronsaft und etwas Zitronschale dran, laß es aufkochen bis es gar ist.

376. Gebackne Krebse.

Man macht die Krebse wie gewöhnlich aus, läßt ihnen aber die Scheeren, bestreut sie mit Mehl, worunter fein geschärbte Petersilie gemengt ist. Die so bestreuten Krebse werden in abgeklärter Butter gebacken und angerichtet. Wenn man keine geschärbte Petersilie mit dem Mehl vermengen will, so kann ganzes Petersilienkraut mit gebacken und die Krebse können damit garnirt werden.

377. Ein Krebsfarsch.

Man nimmt 6 lebendige Krebse und stößt sie; alsdann werden 1 Mandel Krebse abgekocht, ausgemacht, die Schwänze klein gehackt, die Schalen alle gestossen und in Butter gebraten, die Butter aber wird durch den Durchschlag gedrückt; alsdann wird alles in eine Schüssel gethan, 6 ganze Eyer werden dazu gerührt, nebst dem Gelben von 3 Eyern, und ein wenig Muskatenblumen. Dieses wird zusammen gerührt, und feine Semmelkrumen drunter gethan, der Teig nicht sehr veste gemacht, alsdenn ein Tortenblech mit Butter beschmiert, Semmelkrumen drauf gestreuet, den Farsch länglicht gemacht, und in der Tortenpfanne gelbbraun gebacken. Ist er gar, so wird eine Krebsbrühe dran gemacht.

378. Wiener Krebsstrudeln zu backen.

Man nimmt hiezu 2 Schock Krebse. Wenn die Krebse mit Salzwasser abgekocht, ausgebrochen, und die Schalen, nachdem sie gestossen, nebst einem Pfunde Butter über Feuer dergestalt abgerührt sind, daß die Butter recht hochroth wird, so presset man die Butter durch eine Serviette, die zurückgebliebenen Schalen aber thut man nebst etwas Semmelrinde in ein Kastroll, lässet es mit 1 Maaß Milch recht klar abkochen und rührt es durch ein Haarsieb. Hierauf schneidet man die Krebsschwänze, nachdem der Darm ausgemacht ist, mit etwas abgekochtem Spargel und Milchfleisch recht klein zu Ragout, thut es zu der durchgeschlagenen Brühe und läßt es nur einmal aufkochen. Sollte es nicht dicke genug seyn, so kann man es auch mit 4 abgerührten Eydottern abquirlen. Alsdann läßt man 1 Pf. Mehl in einer Schüssel etwas warm werden, schlägt 4 Eydotter drein, gießt zerlaßne Butter und etwas Sahne drauf; thut ferner etwas gestossnen Zucker nebst 3 Löffel voll Hefen dazu, und arbeitet es wohl untereinander zu einem Teig, der sich hernach gehörig mangeln läßt. Wenn dieses mit einem Mangholze geschehn, so schneidet man draus dreyeckige Stückchen, bestreicht die äussere Seite mit Eyern, in die Mitte aber legt man von dem Ragout so viel, als man mit einem Eßlöffel fassen kann, rollt es hernach von einem Ende bis zum andern zusammen, und setzt es auf weisses mit Butter bestrichenes Papier an einem warmen Ort. Wenn es etwas gegangen ist, so läßt man 2 Maaß Milch in einem grossen Kastroll kochen, thut die Strudel hinein, setzt es auf einen Dreyfuß, giebt ihm unten und oben Feuer, und läßt solche dergestalt in der Milch backen. Sie müssen aber fleißig mit Krebsbutter begossen werden, und wenn sie recht seyn sollen, muß die Milch ganz eingekocht und die Strudel ganz gelbbraun gebacken seyn. Zur Brühe nimmt man 1 Stück Butter, 4 Eydotter, etwas Mehl und Zucker, rührt es untereinander, rührt es ferner mit einer Kanne Sahne auch auf dem Feuer wohl ab, und trägt die Strudel und die Brühe jedes allein auf.

379. Krebskreem zu backen.

Nimm 1/2 Schock Krebse, brich sie aus, stosse die Schalen, und röste damit 1/2 Pf. Butter hochroth; alsdenn hacke die Schwänze klein, setze die Hälfte der Krebsbutter über Feuer und laß geriebne Semmel darin rösten; schlage 1 1/2 Maaß Sahne drauf, rühre es wohl auf dem Feuer ab; reibe hernach eine Zitrone auf Zucker ab, ab, und thu es nebst 1/4 Pf. Zucker und 8 Eyerdottern dazu; das Weisse aber schlage zu Schnee. Wenn es nun so weit fertig ist, daß es in den Ofen soll, so rühre den Schnee auch hinein; laß es aber nicht eher backen, als eine Viertelstunde vorher, da es zur Tafel kommen soll. Es wird auf eine Schüssel gelegt; auch kann man einen Rand drauf setzen und in der Tortenpfanne backen lassen.

380. Hummern.

Der Hummer wird, wenn er in Salzwasser abgekocht ist, mit Eßig und Pfeffer gegessen, man kann auch eine Krebsbrühe dran machen.

Achte Abtheilung.

Von gebratenen Fleisch-Speisen.

---

381. Vom Braten im Ofen.

Ein Braten vom Spieß schmeckt Vielen besser, als ein Braten aus dem Ofen. Weil aber ein Spießbraten viel Holz kostet, auch nicht allemal die Gelegenheit dazu vorhanden ist, so muß man sich Mühe geben, den Braten im Ofen gut zu braten, damit man keinen sonderlichen Unterschied bemerkt. Kälberbraten und Wild-

 braten

braten wird immer besser am Spiesse als im Ofen; allein Hammelbraten, Gänse und Hirschkeulen müssen im Ofen so gut werden, als am Spiesse. Man heizt den Ofen eine halbe Stunde zuvor, ehe man den Braten hineinsezt; alsdann gießt man kochendes Wasser auf den Braten, salzt ihn und läßt ihn eine halbe Stunde so im Ofen stehen, begießt ihn alsdann fleißig mit Butter, wenn es nemlich Wildbraten oder Kälberbraten ist. Ist es ein Braten mit einer Niere und Ribben, so lege man die Niere zuerst unterwärts und hernach kehrt man ihn herum; ist es aber ein gespickter Braten, so muß das Gespickte zuerst unterwätts, dann umgekehrt werden. Ist es Wildbraten, so gießt man das erste Salzwasser wieder ab und frisches Wasser dran, da man denn aber auch wieder Salz dran thut. Ist es Hammel- oder Gänsebraten und dergleichen, so begießt man ihn mit dem Fett, welches aus dem Braten träuffelt. Wenn der Bratofen gut geheizt ist, wird die Brühe von selbst braun, weil man Kälberbraten, Wildbraten und dergleichen oft mit brauner, doch nicht zu brauner Butter begießt. Will man aber eine braunere Brühe haben, so brät man Butter braun, und gießt etwas von der Bratenbrühe dazu. Soll der Kälberbraten recht gut werden, so klopft man ihn vorher und begießt ihn recht fleißig mit Butter, auch kann man ihn mit Zitronschale spicken. Man muß nur immer langsam Feuer haben, und ganz

zulezt

zuletzt etwas geschwinderes Feuer. In 2 Stunden kann ein grosser Kälberbraten gut seyn; Haasenbraten in anderthalb Stunden; Tauben in einer Stunde; unter die Tauben gießt man im Anfange kein Wasser, sondern Butter und nur hernach Wasser, wenn man sieht, daß sie so sehr einbratet, die Brust muß man unterwärts legen. Hammel= Wild= und Gänsebraten muß wohl 3 Stunden stehen. Wenn man den Braten herausgenommen und die Brühe durch einen länglichen Durchschlag abgegossen, so gießt man, wenn es Braten sind, die wieder warm gemacht werden sollen, besonders bey Kälberbraten, noch wohl 1 Maaß Wasser in die Bratpfanne, läßt es stehn, bis der Ofen kalt ist. Diese Brühe kann man aufheben, und solche zu der übrig gebliebenen thun, sie ist gut zu gebrauchen, wenn man den Braten warm machen will. Unter jedem Braten im Ofen muß man in die Pfanne ein dazu verfertigtes Kreuz von Eichenholz legen, und die Seite des Bratens, welche in der Schüssel oben auf soll, muß im Bratofen auch zuletzt oben auf. Mancher brät den Kälberbraten mit Breyhan statt Wasser, die Brühe wird mehr senig, allein nicht so schmackhaft.

382. Vom Braten unterm Kessel.

Diese Art zu braten ist sehr schön und wird blos mit Kohlen bewerkstelligt. Man legt nemlich den Braten auf eine irdene Schüssel oder in ein eine Bratpfanne, salzt ihn und gießt anfänglich Wasser drauf, hernach Butter und läßt ihn gar braten. Die Schüssel oder Pfanne wird auf das Kastrolloch, worauf man täglich kocht, gesetzt, darunter werden beständig Kohlen in Glut erhalten, und oben drüber ein Kessel gedeckt, der darauf passen muß. Solchergestalt werden die Braten recht schön, nur müssen es keine grosse Braten seyn. Ein Kapaun, eine junge Gans, eine Ente, ein junger Haase, wird auf diese Art sehr gut. Enten und junge Tauben kann man auch in einem Schmortopfe gut braten, man muß aber dieselben zulezt in der Bratpfanne mit Butter braun machen.

383. Kälberbraten am Spieß.

Man wässert den Braten mit der Niere 2 Stunden in Brunnenwasser ein, dann steckt man ihn an den Spieß, daß er nicht schwankt, bestreut ihn mit Salz, sezt eine Bratpfanne drunter und begießt ihn etlichemal mit kochendem Wasser; dieses erste Wasser gießt man weg, wie bey allen Spießbraten. Dann schmilzt man holländische Butter und begießt ihn damit, bis er gar ist; auf einen Braten von 8 Pfund kann man 1 Pf. Butter nehmen. Man muß ihn langsam und saftig braten, auch das Feuer nicht zu nahe legen. Wenn man ihn anrichtet, so legt man die Seite mit der Niere oberwärts. Hat man eine Kälberkeule ohne Niere, so kann man die eine Seite mit Zitrone und

Speck spicken, und sie mit der gespickten Seite oberwärts auf die Schüssel legen. Ein Kälberbraten kann in drittehalb Stunden gar seyn. Man kann ihn auch im Ofen braten, wie Nr. 381. gesagt worden.

384. Kälberbraten mit Zitronbrühe.

Man gießt ein wenig Wasser in einen Tiegel, oder statt Wasser, übrig gebliebene Bratenbrühe, thut Zitronscheiben, etwas Semmelkrumen und holländische Butter dran. Dann schneidet man Kälberbraten in ganz dünne Scheiben, aber wider den Strich, daß sie nicht faserich werden, und läßt sie damit durchkochen. Man kann ihn auch in ganz kleine dünne Stückchen, wie ein Glied lang, schneiden, gießt ein wenig Wasser und Wein dran, thut dazu ein Stückchen frische Butter, einige Zitronscheiben auch Schale und etwas Zucker, und läßt es auf Kohlen zusammen durchkochen. An ein altes Huhn kann man eben auch vorige Brühe machen.

385. Haschee oder gehacktes von Kälberbraten.

Man hackt Kälberbraten ganz klein, thut es in einen Schmortopf, gießt etwas Wasser drauf, thut Zitronscheiben und Korinthen, auch etwas Semmelkrumen dran, und läßt es durchkochen. Man kann auch Kapern drüber streuen.

386. Haschee von Kälberbraten auf andre Art.

Hacke Kälberbraten gut klein, thu es in einen Tiegel nebst feingehackten Zwiebeln, einem Lorbeerblatt, gestossenen Pfeffer, Muskatenblumen, ein gut Theil Kapern, Butter, ein Paar gewässerte und gehackte Sardellen, oder etwas gewässerten und gehackten Hering, fein gehackte Zitronschale, giesse Wein oder gute Brühe drauf, laß es auf Kohlenfeuer kochen; zuletzt thu ein wenig geriebene Semmel dazu, und laß es kurz einkochen. Eben so macht man es auch von Schweinbraten.

387. Frikandellen von Kälberbraten.

Man hackt Kälberbraten klein, rührt etliche Eyer und ein Stück geschmolzene Butter darunter, desgleichen Semmelkrumen, geschnittne Zitronschale und ein wenig kleingeschärbte Zwiebeln. Hiervon macht man längliche Stückchen und brät sie in Butter braun.

388. Gebratne Frikandellen gefüllt mit Austern.

Schneide die Frikandellen, wie Nro. 144. gesagt, von einer Kälberkeule, aber breiter und dünner, spicke sie eben so, lege in die ungespickte Seite eine Auster, rolle es zusammen, daß die gespickte Seite auswendig kommt, umwickle sie mit einem Faden Zwirn, stecke sie quer durch

an

an Vogelspiesse, binde selbige an einen Bratspieß, und brate sie mit Butter gar. In die Bratensose drücke Zitronsaft, richte sie an und lege die Frikandellen darein. Hat man nicht Austern, füllet man sie mit einem Farsch von Kalbfleisch.

389. Frikandellen auf andre Art.

Koche Kalbfleisch; wenn es halb gar ist, schneide es in längliche Stücke, laß Butter in einem Tiegel gelbbraun werden, thu die Frikandellen darein, nebst in Scheiben geschnittnen Zwiebeln, laß es zusammen gar und gelbbraun braten. Wenn du es anrichtest, streue gestoßnen Pfeffer drüber und drücke Zitronensaft dazu.

390. Karbonade von Kalbfleisch.

Löse die Ribben mit dem Fleisch von dem Rückenknochen des Kalbs, die oberste Haut zieh ab, dann schneide immer eine Ribbe mit dem Fleisch durch, haue das spitze Ende von den Ribben etwas ab, beschabe das übrige spitze Ende sauber, klopfe sie recht mürbe, lege sie auf den Rost, salze sie ein wenig, begieß sie fleißig mit Butter, bestreue sie mit Semmelkrumen und laß sie gar rösten.

391. Karbonade von Kalbfleisch auf andre Art.

Wenn die Kälberribben, wie im vorigen gesagt ist, geschnitten und geklopft worden, setze sie in einer Pfanne mit Butter auf und laß sie langsam braten; wenn sie gelbbraun sind, so gieß nach und nach kochendes Wasser dran und laß sie mürbe schmoren. Man kann sie auch in gequirlten Eydottern umwenden, mit Salz bestreun und in kreuschender Butter braten. Auch kann man sie wie die ordinäre Hammelkeule zubereiten.

392. Eine angeschlagene Kälberkeule.

Nimm von einer gebratenen Kälberkeule ein Stück, hack es klein, rühre 3 oder 4 Eyer in Butter auf dem Feuer und hacke sie; nimm ein wenig Speck, Muskatenblumen, ein gutes Theil geriebne Semmel, noch 2 rohe Eyer und etwas Butter, rühre dis alles wohl untereinander und schlag es um den Knochen an. Es muß aber der breite Knochen daran veste seyn; dann gieb ihr die Form einer Keule, beschmiere die Tortenpfanne mit Butter, und laß sie hellbraun backen; du kannst eine Austern oder Sardellenbrühe dran machen. Mit gebratnen Hühnern oder Kapaunen kann man es eben so machen.

393. Angeschlagne Kälberkeule auf andre Art.

Nimm eine gebratne kalte Kälberkeule, schneide das Fleisch davon ab, hack es klein nebst fettem Speck und Rindernierentalg, thu es in eine Schüssel, nimm dazu gehackte Zwiebeln, gestossne Muskatenblumen, Pfeffer, Eyer, Salz, etwas

Sahne, und in Milch geweichte oder geriebene Semmel, rühr es wohl untereinander; bestreich einen Bogen Papier fett mit Butter, auf diesen Bogen schlage das Gemengte an den Knochen der Keule an, daß es wieder die Figur der Keule bekommt, streu ein wenig geriebene Semmel drüber, bestecke sie mit abgebrüheten und länglicht geschnittnen süssen Mandeln, backe sie in der Tortenpfanne oder beym Bäcker. Man kann auch rohes Fleisch dazu nehmen. Mache eine Sose dazu von in Butter braun geröstetem Mehl, Wein, geschälten Oliven, Kapern, Sardellen, einer Zitrone oder einer gekochten und in Scheiben geschnittnen Limonie und Zucker. Wenn du willst, kannst du auch ein wenig Weineßig, Muskatenblumen, Pfeffer, oder an deren Stelle Gewürzeßig dran nehmen. Du kannst auch eine Trüffelnsose dazu nehmen.

394. Ragout von Kälberbraten.

Laß ein gut Stück Butter braten, rühre dazu so viel Mehl, daß das Ragout davon gut werden kann, thu ein Paar klein geschnittne Zwiebeln dazu, rühr es und laß es zusammen braten, bis es braun genug ist, thu dazu 1 oder 2 Löffel voll Weineßig, gestossne Muskatenblumen, Pfeffer und Bratenbrühe, thu die geschnittnen Stücken Braten, auch eingemachte Champignons dazu und laß es zusammen kochen. Statt des Weineßigs kannst du auch Zitrone nehmen, wie auch gekochte Murcheln dazu thun.

395. Ragout von Kälberbraten auf andre Art.

Schneide und haue den Braten klein, thu ihn in eine tiefe zinnene Schüssel und dazu einen wohl gewässerten und klein gehackten Hering, fein gehackte Zwiebeln, geschnittne Zitronschale, geriebene Muskatennuß, Wein und Rindfleischbrühe, abgekochte und klein gehackte Murcheln, Krebsbutter und ausgebrochne Krebsschwänze, laß dis alles auf den Kohlenbecken kochen, zuletzt thu geriebne Semmel dran und laß es damit durchkochen.

396. Ein Rinderbraten.

Nimm ein Stück Rindfleisch von der Unterschale, wässre es etliche Stunden ein, klopf es recht stark und spick es mit Speck; alles Fett aber wird abgeschnitten, dann steck es an den Spieß, begieß es zuerst mit Salzwasser, hernach mit Butter, bis es gar ist. Es muß 4 Stunden braten. Du kannst es auch in der Bratpfanne braten.

397. Ein englischer Rinderbraten.

Nimm einen Rindermürbbraten, klopf ihn recht mürbe, steck ihn an einen Bratspieß, bring ihn ans Feuer, bestreu ihn mit Mehl und begieß ihn mit geschmolzener heisser Butter. Wenn er ohngefähr einen halben Fingers dick durchgebraten ist, und mit der Butter wohl schäumt, so schneide mit einem scharfen Messer alles Braune ne ab, laß aber eine Schüssel unterhalten, lege das abgeschnittne hinein und laß den Saft von dem Braten zu dem abgeschnittenen laufen; dann bestreue von neuen den Braten mit Mehl und begieß ihn mit Butter, brate und behandle ihn auf die vorige Art und fahre so fort, bis von dem Braten nichts mehr am Spiesse ist. Richte diesen abgeschnittenen Braten nebst dem Saft auf einer zinnenen Schüssel an, setze ihn ein wenig auf ein Kohlenbecken, daß er nur warm wird, drücke aus 1 oder 2 Zitronen den Saft darüber und laß es auftragen.

398. Rindermürbbraten mit einer Sose.

Nimm die beyden Mürbbraten oder nur einen, mache alle dünne Häute die daran sitzen, behutsam ab und spicke sie wie einen Haasen recht gut mit fein geschnittnen Speck, brate sie am Spieß und begieß sie fleißig mit Butter; kurz zuvor, ehe angerichtet werden soll, begieß sie gut und streue Weitzenmehl mit Salz vermengt darüber; laß sie an Feuer gehen, bis sie schäumen und begiesse sie nicht mehr. Die Butter aus der Bratpfanne thu in einen Tiegel und thu dazu ein wenig Weitzenmehl, fein gehackte Zwiebeln, 4 gewässerte und fein gehackte Sardellen, laß dis zusammen auf Kohlen schmoren und gieß ein wenig Wasser, Eßig und Zucker dazu, doch nicht so viel, daß es süß oder sauer schmeckt; dann gieß es durch einen engen

gen Durchschlag in die Schüssel und lege den Mürbbraten drauf.

399. Hammelbraten.

Wenn dieser gut werden soll, so muß der Hammel wohl drey Tage vorher ausgeschlachtet seyn und der Braten recht stark geklopft werden. Alsdann wird er an den Spieß gesteckt, mit Salzwasser und nachher beständig mit dem Fett, welches herausbrät, begossen; zuletzt macht man Butter braun, gießt von der Bratenbrühe dazu und läßt es mit einander braun werden. Man kann ihn auch in der Pfanne braten.

400. Hammelzimmer.

Man läßt von einem Hammel die Vorderkeulen ablösen, wie beym Wild, von den Hinterkeulen läßt man nur das lange Bein und etwas von den Keulen abhauen, damit es wie ein Wildbraten zubereitet werden kann; alsdann wird alles Häutige abgezogen, die Ribben werden kurz abgehauen und alles Fett wird weggeschnitten, dann wird das Fleisch mit Speck gespickt und am Spiesse wie Wild gebraten. Man kann dasselbe auch 4 bis 6 Tage vorher in Eßig legen und dann braten.

401. Eine Hammelkeule auf Wildart.

Schneide von einer Hammelkeule alle Haut ab, klopfe sie recht mürbe und lege sie 8 Tage in Eßig;

Eßig; alsdann spicke sie mit Speck und brate sie am Spiesse; begieß sie aber erst mit Salzwasser, hernach mit Butter bis sie gar ist. Laß ja die Brühe braun, wie Wildbrühe werden.

402. Eine angeschlagene Hammelkeule.

Die Hammelkeule wird eben so behandelt, als die angeschlagene Kälberkeule. (s. Nr. 392.)

403. Ein Lammesbraten.

Man kann das Lamm ganz, oder auch halb getheilt braten. Man füllt dasselbe mit einem Semmelteig, worunter kleine Rosinen sind, und steckt den Spieß in der Mitte des Bratens der Länge nach durch und klemmt zwey Hölzer dazwischen, damit es breit bleibt; dann begießt man es zuerst mit Salzwasser, hernach mit Butter und läßt es recht schön braun werden. Man kann es auch in der Pfanne braten.

404. Gespickte Hammelkarbonade.

Löse die Ribben sammt dem Fleisch von den Rückenknochen des Hammels, ziehe die oberste Haut ab, dann schneide immer eine Ribbe samt dem Fleisch durch, haue das spitzige Ende von den Ribben etwas ab, beschabe das übrige spitzige Ende sauber, dann spicke das Fleisch mit kurz und fein geschnittenem Speck recht sauber, lege sie in einen flachen irdenen Tiegel, etwas Butter dazu und so viel kochendes Wasser, daß sie

sie bedeckt sind; laß sie kochen und einkochen, daß sie zuletzt braun werden.

405. Farschirte Hammelkarbonade.

Verfahre mit den Hammelribben auf vorige Art; schneide das Fleisch von den Ribben und hack es, thu dazu etwas frisches Rindernierentalg, wovon die Haut abgezogen ist, hacke beydes zusammen klein und thu dazu Eyer nach Proportion des Fleisches, Salz, Schalotten, gestossene Muskatenblumen, Pfeffer, hacke alles zusammen recht fein, daß es wie ein Teig wird und schlage solchen wieder an die Knochen, daß sie ihre vorige Gestalt bekommen; schlage das Gelbe und Weisse von den Eyern durcheinander, tunke sie auf beyden Seiten drein, menge geriebene Semmel und Weitzenmehl durcheinander, drücke darein auf beyden Seiten die farschirten Ribben und brate sie in einem flachen Tiegel in abgeklärter Butter und kehre sie behutsam um.

406. Ordinäre Hammelkarbonade.

Schneide die Ribben wie bey der ersten Karbonade gesagt worden, hacke sie mit einem Messer übers Kreutz auf beiden Seiten, jedoch laß das Messer nicht zu hart fallen, daß es nicht durchschneidet, dann menge geriebene Semmel, gehackte Petersilie, gestossenen Pfeffer und Salz durcheinander, schmilze Butter, kehre die Ribben darin um, dann drücke sie auf beiden Seiten in das Gemengte, lege sie auf den Rost und laß sie über gelindem Kohlenfeuer auf beiden Seiten braun braten. Gieb diese Karbonade zu Vorkosten. Von jungen Schwein und Kälberribben kannst du auf eben diese Art Karbonade machen.

407. Hammelkarbonade auf andre Art.

Schneide die Hammelribben wie schon gesagt ist, klopfe sie recht stark, setze sie in der Pfanne mit Wasser und Salz auf, laß sie eine halbe Stunde kochen, dann gieß die Brühe ab; brate Butter, leg die Ribben hinein, laß sie darin braten, bis sie gar sind, und bestreue sie mit Semmelkrumen und Petersilie. Du kannst sie auch, wenn sie abgekocht sind, auf dem Rost legen und mit Butter unter fleißigem Bestreuen mit Semmelkrumen gar braten.

408. Rogout von Hammelbraten.

Laß Butter braten, thu etwas Mehl drein und laß es braun werden, gieß gute Brühe dazu, thu gestossnen Pfeffer, geriebne Muskatennuß, fein gehackte Zwiebeln, Zitronscheiben, etliche gewässerte und gehackte Sardellen und Kapern dazu, den geschnittnen und in Stücke gehauenen Braten lege dazu und laß es zusammen kochen.

409. Rogout von Hammelbraten auf andre Art.

Man läßt Butter in einem Tiegel braten, thut Mehl dran und läßt es ganz braun werden;

alsdann gießt man etwas Wein und Wasser dazu, daß es eine semige Brühe wird, thut Zitronscheiben auch Kapern und Champignons dran, thut den in Scheiben geschnittnen Braten drein und läßt ihn damit eine Weile durchkochen.

410. Gebratener Lammskopf.

Er wird in Wasser und Salz gekocht, der Länge nach von einander gespalten, daß in jeder Hälfte das halbe Gehirn und die halbe Zunge bleibt; mache die Haut von der Zunge, das Gehirn bestreue mit gestossenen Pfeffer und Salz und bedecke es mit, von den Stängeln gepflückter Petersilie, umwinde sie um den halben Kopf mit einem Faden, daß sie nicht abfallen kann; dann laß in einem flachen Tiegel Butter braten, lege den Kopf hinein und laß ihn an beiden Seiten braun braten, nimm den Faden behutsam ab, richte ihn mit der Butter an und gieb Zitrone dazu.

411. Ein gebratener Schweinschinken.

Derselbe wird besser im Ofen als am Spiesse. Man legt ihn etliche Tage zuvor in Eßig, worein man Salz thut, wenn er auch 8 Tage darin liegt, schadet es nicht; alsdann wird er in die Bratpfanne gelegt, mit kochendem Wasser und Salz begossen, fernerhin mit dem Fette, welches heraus brät, und mit ein wenig Eßig übergossen und so gar gebraten. Die Schwarte

bleibt

bleibt drauf, bis der Schinken meist gar ist, dann zieht man die Schwarte ab und kerbt ihn ein, daß er braun wird; man kann auch die Schwarte ganz drauf lassen und ihn so einkerben. Auch kann man den Schinken mit einer Brodtkruste zurichten, wenn man geriebenes schwarzes Brodt und geriebene Zitronschale oben über den Schinken macht und ihn in dem Ofen unter fleißigem Begiessen gar braten läßt.

412. Ein Spanferkel zu braten.

Das Spanferkel muß noch nicht gefressen haben, sondern vom Säugen gut fett seyn. Wenn es geschlachtet ist, wird es abgebrühet, die Augen werden behutsam herausgestochen und wenn es ausgenommen ist, wäscht man es gut aus und wässert es; dann hänge es auf, daß es abträufelt, wenn dieses geschehen, trockne es in- und auswendig mit einem Tuch gut ab; fülle den Rumpf mit dem Farsch, welcher beym Truthahn Nr. 426 beschrieben und näh es zu, auch da, wo es gestochen ist; dann stecke das ganze Spanferkel der Länge nach und durchs Maul an den Bratspieß, die Vorderfüsse binde nach vorn und die Hinterfüsse nach hinten zu an den Bratspieß. Koche Salzwasser und binde einen Quast von Strohähren, besprenge damit das Ferkel während dem Braten mit dem Salzwasser, bis es überall eine harte Haut bekommt. Dann gieß weisses Baumöl auf einen tiefen Teller, nimm das Rauhe von einer Federspule und bestreiche

 mit

mit dem Baumöl das Ferkel; fahre damit fort bis es gar ist. Gieb es so ganz zu Tisch; nimm dich aber in Acht, daß es nicht auf die Seite fällt, damit, wenn etwa Brühe aus dem Ferkel in die Schüssel läuft und das Ferkel darin läge, die Haut nicht weich werde.

413. Schweinkarbonade.

Klopfe Ribben von Schweinfleisch recht mürbe, setze sie in einer Pfanne mit Wasser und Salz auf, laß sie eine halbe Stunde kochen; dann brate sie langsam in Butter gar, bestreue sie mit Petersilie und Semmelkrumen. Du kannst sie auch so auf dem Roste braten; auch so braten wie die ordinäre Hammelkarbonade.

414. Bratwurst von Schweinfleisch.

Nimm magres Schweinfleisch, schneide alle Sehnen heraus, hacke es recht klein, thu etwas Salz, geschnittne Zitronschale und englisch Gewürz dazu; fülle dieses in Rinderdärme, welche mit Salz abgerieben und recht rein ausgespült worden, sonst haben sie keinen guten Geschmack; laß die Bratwurst in Breyhan kochen, wenn er zu kochen anfängt, so schäum ihn ab und koche die Bratwurst gar, alsdann lege sie heraus und brate sie in Butter auf beiden Seiten braun, gieß hernach den gekochten Breyhan dazu und laß die Brühe semig kochen. Du kannst auch die Bratwurst auf dem Roste braten; auch unter die Wurst ein Ey und etwas Semmelkrumen

men nehmen, welches verlängert, alsdann aber must du die Wurst ja nicht vest stopfen, sonst platzt sie auf.

415. Sosischen.

Nimm Speck und mageres Schweinfleisch, von jedem 2 Pfund, schneide beydes recht zart und alle Fasern heraus, thu etwas Zitronschale, Salz, Pfeffer und etliche Löffel voll Sahne oder guten Wein dazu. Fülle diese Masse in eine Spritze, dergleichen man sich zu Spritzkuchen bedient und welche eine spitzige Tille haben muß, damit man die Därme darauf schieben kann; man braucht hiezu Schaasdärme und kann auf diese Art in aller Geschwindigkeit 8 bis 10 Ellen Wurst machen. Wenn sie gefüllt ist, bindet man sie in kleine Enden, anderthalb Finger lang, läßt immer 2 Enden aneinander und bratet sie auf dem Rost oder in der Pfanne.

416. Bratwurstklöse.

Nimm solches Schweinfleisch, wie zu Bratwürsten gebräuchlich ist, hack es ganz klein, thu es in eine Schüssel und dazu Salz, gestossnen Pfeffer, englisch Gewürz, fein gehackte Zitronschale, Eyer und geriebne Semmel; mache davon runde oder längliche Klöschen, laß Butter in einem flachen eisernen Tiegel oder Pfanne braten, lege die Klöschen hinein und laß sie überall braun werden. Man verspeißt sie so, braucht sie auch zu Pasteten, Frikassees, Ragouts, oder wozu man will.

417. Bratwurst von Kalbfleisch.

Nimm mageres Kalbfleisch, hack es recht klein, thu ein Stück Butter dazu, auch Salz, geschnittne Zitronschale, Kümmel und Gewürz; fülle das Gehackte in reine Rinderdärme und brate die Wurst auf dem Roste gar, wenn du sie zuvor eine Stunde in Breyhan oder auch in Wasser gekocht hast. Du kannst auch halb Schweinfleisch und halb Kalbfleisch nehmen, und ein wenig Sahne oder Rohm darunter rühren, welches einen schönen Geschmack giebt.

418. Ein Hasenbraten.

Der Hase wird abgezogen und ausgenommen, die Nieren und der Mürbbraten bleiben an dem Hasen vest; alle Häute werden abgezogen, dann wird er recht fein gespickt und wenn er eine Stunde gewässert worden, am Spiesse gebraten, hieben wird er zuerst mit Salzwasser begossen; dieses wird aber weggegossen und wird er nun mit andern Salzwasser begossen und mit Butter recht langsam gar gebraten. Man brät ihn auch in der Pfanne.

419. Ein Rehrücken.

Sowol ein Rehzimmer, als die Rehkeulen werden auf die Art zubereitet und gebraten, wie der Hase, nur daß das Wild, wenn es stärker ist, länger braten muß.

420. Ragout von Reh- oder Hasenbraten.

Schneide den Braten, die Knochen hau in Stücke, thu selbige in ein Kastroll oder Tiegel; thu dazu die Bratenbrühe, ein wenig Pfeffer, Zitronscheiben, 2 Lorbeerblätter, gehackte Schalotten, etliche gewässerte und gehackte Sardellen, Kapern, gute Fleischbrühe und laß es kochen; zuletzt thu geriebne Semmel dran, daß die Brühe semig wird. Hast du keine Bratenbrühe, so brate die Schalotten in Butter und thu ein wenig geriebene Muskatennuß dazu.

Man kann auch Ragout von Wildbraten eben so zurichten, wie vom Hammelbraten, (s. Nr. 409.)

421. Ein Gänsebraten.

Schlachte die Gans Tags zuvor, fange das Blut in Eßig unter beständigen Quirlen auf: rupfe sie, da sie noch warm ist, hernach senge sie ab, auch halte die Füsse über das Feuer, damit du die harte Haut abziehen kannst, stopple sie rein, reibe sie mit einer Hand voll Mehl oder Kley ab, daß sie recht weiß wird. Hacke die Flügel und den Hals kurz ab, die Pfoten werden beym Gelenk abgeschnitten, nimm die Gans aus, ziehe die Blume (Flaumen oder Flomen) den Magen und die Leber heraus und putze alles rein aus, desgleichen die Därme, reibe diese mit Salz ab, winde sie um die Pfoten und koche dieses Gekröse zusammen, mit grossen Klösen wie es Nr. 272. beschrieben ist.

Wenn du nun die Gans braten willst, so wässere sie ein Paar Stunden zuvor ein, reibe sie inwendig mit Salz aus, fülle sie mit verlesenem und, in kochendem Wasser abgebrüheten, Beyfuß, auch Borsdorferäpfeln und halb gar gekochten abgeschälten Kastanien an, und nähe den Bauch wieder zu. Alsdann stecke die Gans der Länge nach an den Spieß, begiesse sie mit kochendem Salzwasser und hernach mit dem herausbratenden Fett; zuletzt mache in einem kleinen Tiegel ein wenig Butter braun, gieß Brühe von dem Gänsebraten dazu und setze selbige nebst dem Braten auf dem Tisch. Ist es eine magere Gans, so muß man sie fleißig mit Butter begiessen; dis aber schmeckt schlecht. Eine Gans kann in 3 Stunden gar seyn. Man kann sie auch im Ofen braten. Die Leber kann man braten oder mit einer Sardellenbrühe machen. Beym Einkauf der Gänse rechnet man gewöhnlich: Was eine Gans über 10 bis 11 Pfund wiegt, hat sie an Fett.

422. Rogout von Gänsebraten.

Schneide und haue den Braten, thu ihn in ein Kastroll oder Tiegel, thu dazu viel geschälte und würflicht geschnittene Borsdorfer Aepfel, feingehackte Zwiebeln, die Bratengallerte und ein wenig von dem Fett, gieß Bouillon dazu, wenn du willst auch ein wenig Wein, Zitronscheiben, gestossenen Pfeffer und laß es kochen.

kochen. Ist es nöthig, thu ein wenig geriebene Semmel dazu.

423. Ein Entenbraten.

Die Ente wird eben so zugerichtet und gebraten wie eine Gans, (s. Nr. 421.) in zwo Stunden kann sie gar seyn. Man kann sie auch unangefüllt braten.

424. Gebratene Enten mit einer Zwiebelsose.

Wenn die Enten am Spieß oder in der Pfanne gar und braun gebraten, so laß viel in Scheiben geschnittene Zwiebeln in Butter weich braten und streu etwas Mehl dazu; wenn dieses braun geworden, so gieß Bouillon dazu, die nicht salzig ist, thu dazu gestossenen Pfeffer und geriebene Muskatennuß; wenn dieses kocht, so lege die kaltgewordene Ente dazu, laß es kurz einkochen, daß die Sose etwas dick wird. Wenn du bald aufgeben willst, so gieß ein Paar Löffel voll Weineßig dran.

425. Gebratene Wildeenten.

Diese werden an Spieß, wie anders Wild gebraten; man steckt in die Enten etliche Nelken, welche ihnen den unangenehmen Geschmack benehmen, und begießt sie fleißig mit Butter. Man kann auch etliche geschärbte Sardellen in die Brühe thun und sie damit begiessen.

426. Ein Puterbraten.

Man schlachtet den Puter Tags vorher, brühet ihn und rupft die Federn aus, putzt alle Stoppeln rein ab, nimmt ihn aus, wäscht ihn inwendig mit Salz und Wasser aus und auswendig mit Kley ab, reibt ihn inwendig mit etwas Salz aus, klemmt den reingemachten Magen und die Leber zwischen die Flügel, klopft die Brust recht mürbe, schlägt den Brustknochen ein und spickt ihn mit Speck. Den Kropf füllt man mit folgender Masse: Man reibt harte Semmel, rührt ein Stück holländische Butter zu Schaum, schlägt 2 ganze Eyer und 2 Dotter dazu, etwas grosse und kleine Rosinen und geschnittene Mandeln, rührt alles untereinander, füllt es in den Kropf, bindet ihn zu und steckt den Puter an den Spieß. Will man haben, daß der Teig nicht voneinander krümeln soll, so kann man den Teig auf Kohlen mit etwas Milch zusammen rühren, daß er etwas steif wird. Am Spiesse wird der Puter mit Salzwasser und hernach mit Butter begossen. Ist er alt, so kann man die Brust mit gebratenem Speck begiessen, daß sie mürbe wird. Hiernächst brät man ihn dann in Butter vollends gar. Wenn man ihn anrichtet, so belegt man ihn mit etlichen Zitronschalen.

427. Grillirte Keulen von Truthühnern.

Nimm die Keulen, auch andre Stücke, so übrig geblieben, kerbe übers Kreutz die Haut ein,

ein, nimm geriebene Semmel, gehackte Petersilie, gestossenen Pfeffer und Salz, menge es untereinander, kehre die Stücken Braten in geschmolzner Butter um, alsdann drücke sie auf beiden Seiten in das Gemengte, lege sie auf den Rost und laß sie braten; alsdann nimm das Rauhe von einer Federspule und besprenge sie mit geschmolzner Butter; hast du noch von dem Gemengeten, so kannst du noch was drauf streun. Auf die Art laß sie auf beiden Seiten gelbbraun werden. Brate fein gehackte Zwiebeln in Butter braun, gieß es in die Schüssel und lege das Fleisch drauf; oder schäle Aepfel, schneide sie in dünne Scheiben bis an das Kernhaus, thu sie in einen Tiegel nebst etwas Wein, Zucker, gestossenen Zimmt, feingehackter Zitronschale, laß es auf Kohlen kochen, rühr es, daß es ein Mus wird, richte es an und leg das Gebratene drauf; auch kannst du eine Schalottensose dazu machen.

428. Ragout von Puterbraten.

Schneide und haue den Braten, wie zum Ragout gebräuchlich, thu ihn in ein Kastroll oder Tiegel und dazu die Bratensose oder Butter, Bouillon, viel Kapern, Zitronscheiben, gestossenen Pfeffer, gehackte Zwiebeln, laß es zusammen kochen; zuletzt thu geriebene Semmel dazu und laß es damit gut durchkochen.

429. Ein gebratener Kapaun.

Man schlachtet den Kapaun Tags vorher, steckt ihn eine Stunde in kaltes Wasser, dann in in heisses aber nicht kochendes Wasser, weil sonst die Haut abgeht. Ist er nun rein abgerupft, so nimmt man ihn aus, macht Leber und Magen recht rein und klemmt diese nebst dem Kopf zwischen die Flügel. Wenn man ihn braten will, so wässert man ihn etliche Stunden ein, spickt ihn alsdann mit Speck, reibt ihn inwendig mit etwas Salz aus, steckt ihn an den Spieß der Länge nach, begießt ihn zuerst mit Salzwasser, hernach recht fleißig mit Butter bis er gar ist. Das Feuer muß nicht zu nahe gelegt werden, damit er nicht verbrennt. Wenn der Kapaun jung ist, so kann er in 2 Stunden gar seyn; ist er aber im zweyten Jahre, so muß er 3 Stunden braten. Man kann ihn auch in der Bratpfanne braten.

430. Gebratener Kapaun, gefüllt mit Austern.

Mache den Kapaun reine, wie den vorhergehenden, alsdann spicke ihn recht sauber mit fein geschnittenem Speck, fülle ihn inwendig mit Austern, auch in den Kropf stecke etliche Austern, und laß den Kapaun am Spiesse braten; zuerst begieß ihn mit Wasser und Salz, alsdann mit gelbbraun gebratner Butter, zuletzt thu geschärbte Austern und etwas Bratenbrühe in die Bratenbutter, begieß den Kapaun etlichemal damit, dann richte ihn mit Zitronscheiben an und gieb die Brühe drüber.

431. Gebratener Kapaun, gefüllt mit Austern auf andre Art.

Nimm Austern, thu dazu frische Butter, die nicht geschmolzen ist, gestossene Muskatenblumen und Pfeffer, 6 wohl gewässerte und gehackte Sardellen, lege alles dieses in den Kapaun nähe ihn recht dicht zu, steck ihn an den Spieß und brate ihn, wie gewöhnlich mit Butter. Nimm zur Sose ein Stück frische Butter, laß sie gelbbraun werden, thu etwas Mehl dazu und laß es braun rösten, rühr es daß es nicht anbrennt, thu dazu eine mit etlichen Nelken besteckte Zwiebel, geriebene Zitronschale, Muskatenblumen, Pfeffer, gieß Bouillon dazu und laß es kochen; zuletzt drücke von einer Zitrone den Saft dazu und thu die Austern zu der Sose. Richte sie unter den gebratnen Kapaun an.

432. Geschmorte Kapaunen oder fette Hühner.

Lege die Kapaunen oder Hühner, wenn sie zuvor gebraten sind, zwischen zwey Breter, drücke sie ganz breit, löse die Keulen und Flügel etwas ab, doch so, daß sie noch vest bleiben, schneide eine Zitrone in Stücke, nimm Schalotten, Muskatennuß, ein grosses Stück Butter, ein wenig Rindfleischbrühe, ein Glas Wein und Lorbeerblätter, laß die Hühner in einem Kastroll damit wohl durchschmoren; dann richte an.

433. Gebratene junge Hühner.

Junge Hühner werden gebraten wie die Kapaunen, am Spieß oder in der Pfanne, nur, daß sie geschwinder gar werden und beym Abbrühen sehr in Acht genommen werden müssen, damit die Haut nicht zerreißt.

434. Grosse junge Hühner gefüllt.

Wenn die Hühner rein gemacht werden, muß man Acht haben, daß die Haut auf der Brust unverletzt bleibt. Spiele sie auf, dann mache die Haut oben auf der Brust mit einem Finger behutsam los, hacke die Lebern, Herzen, eingemachte Champignons, Speck von frischem Schweinfleisch, Zwiebeln, das Gelbe von Eyern, Pfeffer und geriebene Semmeln, alles durcheinander; dann schneide ganz dünne Scheiben Speck, so groß als die Brust ist, schiebe sie unter die Haut und dann den Farsch unter den Speck; es darf nur wenig Farsch seyn. Den Magen schneide in der Länge in zwey Stücken und gieb ihnen in jeden Flügel eins, brate die Hühner dann am Spieß wie gewöhnlich. Die Sose mache von in Butter braun geröstetem Mehl, Bouillon, gehackten Zwiebeln, geriebener Muskatennuß, Zitronscheiben, Kapern, Champignons und was du sonst willst; richte sie an und lege die Hühner drauf.

435. Farschirte Hühner.

Nimm junge Hühner, mache sie rein, beuge ihnen die Füsse um, Magen und Lebern in die Flügel, binde um die Hühner dünne geschnittenen Speck und brate sie am Spieß mit Butter. Wenn sie gar sind, schneide das Fleisch von Brustknochen herunter, die Flügel und Keulen müssen an den Hühnern bleiben; hacke das von der Brust abgeschnittene, nebst etwas gehackten Kalbfleisch, ein wenig fettem Speck und etwas Rindernierentalg recht klein, reib es mit einer hölzernen Keule noch kleiner, thu dazu Eydotter, ein wenig Milch, gestossene Muskatenblumen, Pfeffer, ein wenig Salz, in Milch geweichte und wieder ausgedrückte Semmel, rühre alles wohl untereinander und mache dieses wieder an die Brustknochen der Hühner, daß sie ihre Gestalt wieder bekommen, streich es mit einem Messer glatt, bestreich es, wie auch das übrige von den Hühnern mit geschmolzener Butter und backe sie in der Tortenpfanne gar; während den Backen bestreich sie öfters mit geschmolzener Butter und mache die vorige Sose dazu.

436. Gebratene junge Hühner mit Stachelbeeren.

Wenn die Hühner gut rein gemacht und zierlich aufgespilt sind, werden sie am Spiß gar gebraten. Von den Stachelbeeren mache den Stiel und Kopf ab, lege sie in ein irdenes Geschirr, giesse kochendes Wasser drauf und laß sie ein Weilchen darin liegen, dann gieß durch einen Durchschlag das Wasser davon ab und

thue

thue sie in einen Tiegel, giess etliche Löffel voll weissen Wein dazu, viel Zucker, fein gehackte Zitronschale, gestossenen Zimmt und ein wenig Butter, laß sie auf gelindem Kohlenfeuer langsam kochen, rühre sie behutsam, daß sie sich nicht ansetzen, aber auch nicht zu sehr zergehen. Wenn du willst, thu zuletzt ein wenig geriebene Semmel dazu, oder quirle ein Paar Eydotter mit ein wenig Wein ab und rühre es zuletzt drunter; richte dieses an und lege die gebratenen Hühner drauf. Man kann diese Stachelbeeren auch zu gekochten Hühnern, gekochtem Lamm- oder Kalbfleisch nehmen, alsdenn wird das Fleisch ganz ohne Brühe und die Stachelbeeren drüber angerichtet. Eben so giebt man sie auch beym Braten, alsdenn läßt man sie kurz einschmoren ohne Semmel und Eyer.

437. Rebhühner zu braten.

Diese werden ausgenommen, gespickt und eingewässert, alsdann in Butter gar gebraten.

438. Einen Fasan zu braten.

Der Kopf des Fasans wird ungerupft abgeschnitten, die Flügel werden, wie bey der Gans, abgehackt, der Schwanz wird ausgezogen, die Beine aber bleiben dran, alsdann rupft man den Fasan, macht unten eine kleine Oefnung, nimmt ihn aus und wässert ihn. Die Brust und Keulen belege mit Speckscheiben, umwinde sie mit Zwirn und laß den Fasan

san am Spiesse, unter fleißigem Begiessen, gar braten. Willst du ihn weiß auf den Tisch bringen, must du den Speck bis zum Anrichten dran lassen, wo nicht, so kannst du eine halbe Stunde vorher, ehe er gar ist, den Speck abnehmen, damit er braun werde. Um den abgeschnittnen Kopf wickle nach den Schnabel zu ein klein krauses Papier, lege ihn, wie auch die Flügel und den Schwanz wieder bey den Fasan und gieb ihn so auf dem Tisch. — Der Hahn ist allezeit grösser als das Huhn, dieses aber ist zarter und lieblicher von Geschmack.

439. Gebratene Tauben.

Die Tauben werden denselben Tag geschlachtet da man sie essen will, sie werden gebrühet, ausgenommen und gespickt, die Kröpfe gefüllt, doch werden keine grosse Rosinen, auch keine Mandeln unter den Teig genommen. Alsdann werden sie an den Spieß in die Queer gesteckt, mit Salzwasser begossen, dann mit Butter gar gebraten. Man kann sie auch in der Pfanne braten.

440. Ragout von gebratenen Tauben.

Nimm gebratene und in Hälften zerschnittene Tauben, lege sie mit frischer Butter in einem Tiegel; hacke Zwiebeln und guten Hering oder Sardellen zu einen Brey, vermische ihn mit etwas Mehl; brate dünne Scheiben Schünken in Butter, zerschneide solche, nachdem sie gebraten, in kleine Würfel, thu Zitronscheiben dazu, gieß Bratenbrühe drauf oder statt dieser Brühe, Wasser und Wein und laß die Tauben gar schmoren.

441. Schnepfen.

Die Schnepfen werden gerupft und gewaschen, aber nicht ausgenommen, alsdann an den Spieß gesteckt. Sie werden gleich mit Butter begossen. In die Pfanne werden Semmelscheiben gelegt, auf welche der Saft aus den Schnepfen träufeln muß. Sie müssen wohl in Acht genommen werden, daß sie saftig bleiben.

442. Pikasinen.

Diese kleinen Vögel werden, wie die Schnepfen, gebraten, nur daß sie nicht lange braten müssen, damit sie nicht hart werden.

443. Krammetsvögel.

Sie werden gerupft, ausgenommen und gewaschen, dann am Vogelspiesse oder auf dem Roste gebraten, fleißig mit Butter begossen und mit Semmelkrumen bestreut. Man kann sie auch auf folgende Art in der Pfanne braten: Man hackt den Magen, das Herz und die Leber derselben recht klein, rührt dis unter geriebene und in Butter gebratene Semmel, nebst etwas gestossenen Wacholderbeeren. Diese Masse füllt man in die ausgenommenen Krammetsvögel und brät dieselben mit Butter in der Pfanne, da man sie dann fleißig mit Semmelkrumen bestreut.

444. Lerchen.

Den Lerchen werden die Köpfe entweder abgepflückt oder gelassen, dann werden sie am Lerchenspiesse auf dem Roste gebraten. Die kleinen dünnen Gedärme kann man heraus nehmen, aber behutsam, damit man das Fett nicht mit heraus zieht, die Lerchen werden dann eine Viertelstunde ins Wasser gelegt. Auf dem Roste werden sie gesalzen, fleißig mit Butter begossen und mit Semmelkrumen bestreut. Man kann sie auch in der Pfanne auf dieselbe Art braten und die Köpfe dran und die Gedärme darin lassen.

445. Lerchen mit Weinbeeren.

Wenn die Lerchen, wie gewöhnlich, mit Butter und Semmelkrumen in der Pfanne gar gebraten sind, so thut man Weinbeeren darein; nachdem man die Lerchen herausgenommen, läßt sie in der Butter durchschmoren und beym Anrichten bestreut man sie stark mit Zucker und Zimmt. Man kann auch geschnittene Borsdorfer Aepfel und Korinthen in der Lerchenbutter durchschmoren und hernach Zucker und Zimmt überstreun.

446. Lerchen in Sauerkohl.

Reinige die Lerchen, schneide ihnen die Füsse ab, nimm den Magen behutsam heraus, wasche sie in warmen Wasser, laß Butter in einen Tiegel kreuschen und brate die Lerchen darin; wenn der Sauerkohl, wie gewöhnlich gekocht ist, thu kurz vor dem Anrichten die Vögel dazu, daß der Kohl einen Geschmack davon annehme. Du kannst auch vorher Kapern an den Sauerkohl legen, welche auch ohne Lerchen am Sauerkohl gut schmecken; du kannst auch ein wenig Zucker und geriebene Semmel oder Weitzenmehl dran thun.

447. Ragout von Lerchen.

Nimm Lerchen oder andre kleine Vögel, wenn sie rein gemacht sind, nimm sie behutsam aus, thu sie in einen Tiegel nebst Wein und etwas Wasser, laß sie ein Paarmal aufkochen, dann thu dazu viel geschälte und in Würfel geschnittene Borsdorfer Aepfel, eben so geschnittenen Zitronat, kleine wohl gewaschene Rosinen, Zitronscheiben in 4 Theile geschnitten und Zucker; laß sie damit gar kochen.

Neunte Abtheilung.
Von Sosen oder Brühen.

448. Weinsose.

Setze ein halb Nössel weissen Wein und eben so viel Wasser ans Feuer, thu dazu ein Stück Zucker auf Zitrone abgerieben und etliche Zitronscheiben, quirle hernach die Brühe mit 3 Eydottern ab. Du kannst auch ein wenig Butter mit in die Brühe thun.

449. Weinbrühe mit Sardellen.

Nimm auf 3 Eydotter $\frac{1}{4}$ Pfund Sardellen, wässere sie 2 Stunden ein und mache die Gräten ab, dann koche die Sardellen in einem halben Nössel weissen Franzwein und eben so viel Fleischbrühe, nebst etwas Zitronscheiben und Schale. Haben sie eine Stunde gekocht, so thu ein klein Stück Zucker und eine klein geschärbte Zwiebel dazu, laß es alsdann noch ein wenig mit Butter kochen; schlage die Brühe dann durch ein Haarsieb, laß sie wieder ankochen und quirle sie mit 3 Eydottern ab.

450. Weinbrühe kalt eingequirlt.

Nimm 2 Theile weissen Wein und 1 Theil Wasser, auf 1 Nössel davon, 4 Eydotter und einer Messerspitze voll Mehl, ein Stück Zucker auf Zitrone abgerieben und etliche Zitronscheiben; quirle alles kalt ein, setz es auf Kohlen und quirl es, bis es kocht.

451. Brühe von rothem Wein.

Nimm $\frac{1}{4}$ Maaß Pontack und $\frac{1}{8}$ Maaß Wasser, 4 Loth Zucker auf einer Zitrone abgerieben und 5 Eydotter; quirle alles kalt ein, setz es auf Kohlen, quirl es unterm kochen beständig und so bald es kocht, nimm es vom Feuer. Diese Brühe schmeckt gut über blau gekochten Karpen.

452. Sardellenbrühe.

Scherbe eingewässerte rohe Sardellen, wenn sie von den Gräten abgemacht, nebst etwas Butter recht fein, thu sie in Fleischbrühe nebst etwas Zitronen, laß es kochen, mache es mit ein wenig Semmelkrumen etwas semig, oder quirle die Brühe mit Eydotter ab.

453. Kapernbrühe.

Laß Butter braten, wenn der Schaum fällt, so thu Mehl hinein und laß es braun rösten, dann gieß etwas weissen Wein dazu, thu Zitronscheiben, Zucker und Kapern dazu und laß es eine Weile durchkochen.

454. Mostrichtbrühe.

Schütte frankfurter Mostricht in einen tiefen Tiegel, gieß etwas weissen Wein dazu, thu ferner ein Stück Zucker und etwas holländische Butter dazu und laß es eine Weile durchkochen. Auch kann die Mostrichtbrühe blos mit gelber Butter und einem kleinen Stück Zucker gemacht werden.

455. Champignonsbrühe.

Koche recht gute Champignons ab, putze sie rein aus und schärbe sie klein; setze Butter auf, brate Mehl darin braun, gieß etwas weissen Wein dazu, wirf die klein geschärbten Champignons dazu, auch Zitronscheiben und laß die Brühe durchkochen. Diese Brühe schmeckt an jedes Frikassee gut.

456. Brühe mit ganzen Champignons.

Koche die Champignons ab und putze sie rein aus, koche Kastanien ab und mache die Schale davon ab. Setze Butter auf und laß sie mit Mehl braun werden; alsdann gieß etwas weissen Wein dazu, lege die Champignons in die Brühe, auch Oliven, Kapern, Zitronscheiben, etliche gewässerte klein geschärbte Sardellen, Kastanien und ein Stück Zucker, laß dis alles durchkochen. Diese Brühe schmeckt besonders gut an Enten; alsdann kann man deren Lebern und Magen kleingeschnitten dazu thun.

457. Zitronenbrühe.

Setze Fleischbrühe auf, thu hinein Zitronscheiben, Semmelkrumen und Butter, laß die Brühe damit durchkochen. Diese Brühe ist an alten Hühnern sehr schmackhaft.

458. Austernbrühe.

Setze 1/2 Nösel Wein und eben so viel Fleischbrühe auf; gieß das Wasser von den aufgemachten Austern dazu, thu etliche Zitronscheiben und ein wenig Butter an die Brühe, schütte die Austern hinein und laß sie nur einmal mit aufkochen; dann quirle die Brühe mit Eydottern ab. Die Butter kann man auch weglassen. Diese Brühe ist schön an Kapaunen.

459. Muschelbrühe.

Setze 1/2 Nösel Wein und eben so viel Fleischbrühe an, thue Zitronscheiben und ein Stück Zucker

cker hinein, laß es damit kochen und wirf noch von einer Zitrone die Schale dazu; laß die Muscheln nur einmal aufkochen, sonst werden sie hart; alsdann quirle die Brühe mit 4 Eydottern ab.

460. Trüffelnbrühe.

Koche die Trüffeln und puße sie recht rein ab, dann thue dieselben nebst etlichen Zitronscheiben in Fleischbrühe und laß es zusammen nebst etwas Muskatenblumen durchkochen; endlich quirle die Brühe mit einigen Eydottern ab.

461. Murchelnbrühe.

Spißmurcheln sind die besten. Sie werden abgekocht und recht rein ausgepußt, weil sie sehr sandig sind. Alsdann werden Krebse in Wasser und Salz abgekocht, die Schalen ausgebrochen und klein gestossen und in Butter hochroth gebraten. Hierauf wird die ausgedrückte Krebsbutter nebst etwas Fleischbrühe in einen Tiegel gethan; dazu kommen etliche Zitronscheiben, ein Stück Butter in Mehl geknetet und etwas Muskatenblumen. Dieses kocht man zusammen durch; zuleßt thut man die Murcheln klein geschärbt, oder auch ganz dazu, wie auch die Krebsschwänze und Scheeren. Hat man Milchfleisch, so schärbt man es klein und thut es dazu. Man kann auch die Krebse weglassen und die Brühe mit etlichen Eydottern abquirlen, so auch Hühnerlebern und Magen darunter schneiden, dann läßt man aber das Milchfleisch

fleisch weg. Diese Brühe schmeckt gut an jungen Hühnern.

462. Krebsbrühe.

Koche ½ Schock Krebse in Wasser und Salz ab, alsdenn brich alle Schalen ab, stosse sie recht klein und brate sie in Butter recht roth; dann drücke sie durch ein Fleischbrühsieb, oder durch einen engen Durchschlag, gieß zu dieser Krebsbutter etwas Fleischbrühe und schneide etliche Zitronscheiben in die Brühe, oder drücke den Saft von einer Zitrone hinein, thu etwas Muskatenblumen dazu; dann setze in einen andern Tiegel etwas Butter auf, wenn sie zerschmolzen ist, rühre etwas feines Mehl hinein; thu dieses zu der Brühe und laß sie eine Weile damit durchkochen.

463. Braune Rosinenbrühe.

Setze ½ Pf. grosse und etwas kleine Rosinen, wohl verlesen und gewaschen, mit Wasser aufs Feuer; laß sie mit einer Zitronschale gar kochen. Alsdann mache Mehl in Butter braun, thu ein Stück Zucker und etliche Zitronscheiben dran, laß es mit etwas weissen Wein durchkochen; thu die Rosinen, auch einige abgezogene geschnittne Mandeln hinzu und laß die Brühe durchkochen; diese Brühe schmeckt an Rinderzunge gut.

464. Kirschenbrühe.

Stosse die Kirschen mit den Kernen in einen Mörsel, thu sie alsdann in einen Tiegel, reibe eine

eine Zitrone auf Zucker ab und thu den Zucker dazu, giess weissen Wein drauf und lass es eine Weile durchkochen; alsdann rühre die Brühe durch einen Durchschlag, lass sie noch einmal durchkochen und koste sie; als welches du beym Kochen einer jeden Speise thun musst, denn oft fehlt nur eine Kleinigkeit und der Speise geht dadurch am Geschmack etwas ab.

465. Pflaumenmusbrühe.

Man rührt das Pflaumenmus in weissen Wein, reibt eine Zitrone auf Zucker ab und thut den Zucker dazu, auch ein wenig gestossne Nelken, und lässt die Brühe damit durchkochen. Mit Kirschmus kann man es auch so machen: man kann die Brühe durchschlagen, oder so essen, beydes ist schicklich.

466. Kalte Musbrühe.

Man macht das Pflaumenmus mit weissem Wein dünne, thut gestossnen Zucker und klein geschnittne Zitronschale darunter. Diese Brühe, wohl durchgerührt, schmeckt über Karpen und zu Braten, wie auch zu Eyerkuchen, gut.

467. Sose zu Hammelbraten.

Nimm das Fett von der Hammlbratensose, thu es in einem Tiegel, lass klein geschnittene Schalotten oder Zwiebeln darin gar braten; alsdann giesse die Bratensose nebst kräftiger Fleischbrühe dazu und lass es mit Zitronsaft, etwas

Gewürz- oder Weineßig, gestossnem Pfeffer und geriebner Semmel oder Brodt durchkochen und richte es unter den Braten an.

468. Gurkenbrühe.

Mache Mehl in einem Tiegel mit Butter gelbbraun, gieß etwas Wein und Wasser dazu; schäle Salzgurken ab, schneide sie in länglichte Stücke und laß sie mit der Brühe durchkochen. Diese Brühe schmeckt gut an geschmorten Hammelkeulen; alsdann kann man statt des Wassers, die Brühe, worin die Hammelkeule geschmort ist, nehmen und etliche Zitronscheiben dazu schneiden.

469. Gurkenbrühe auf andre Art.

Mache Mehl in einem Tiegel mit Butter gelbbraun nebst fein gehackten Schalotten oder Zwiebeln, thu dazu ein Lorbeerblatt, gestossne Muskatenblumen, Pfeffer, Basilikum, kleine eingemachte Gurken, Kapern, eingeweichte Trüffeln, gewässerte und gehackte Sardellen, abgeschälte Oliven, gieß dazu Bouillon und Wein und laß es zusammen kochen, zuletzt thu Zitronsaft und auch Zucker dazu. Nimm diese Brühe zu Hammelbraten und wozu du sonst willst.

470. Holländische Sose.

Nimm ein gutes Theil ausgewaschne Butter, thu sie in einen Tiegel, rühre drein ein wenig Mehl und das Gelbe von Eyern, daß die Sose davon dick werden kann, reibe von 1

oder

oder 2 Zitronen die gelbe Schale ab, thu sie dazu nebst den Saft oder Scheiben und geriebenen Zucker; rühr alles wohl durcheinander, gieß Wein und ein wenig Wasser dazu, und thu ganze Muskatenblumen, einige Pfefferkörner und ein Lorbeerblatt hinein; setz es auf Kohlenfeuer und rühr es beständig, bis es dicke genug ist. Nimm diese Brühe zu gebratenen oder gekochten Hühnern, gekochten Artischocken auch über aus dem Salz gekochte und trocken angerichtete Hechte.

471. Hagbuttenbrühe.

Nimm ¼ Pf. Hagbutten und koche sie in einem halben Nössel Wein und eben so vielem Wasser recht weich. Reib eine Zitrone auf Zucker ab und thu den Zucker dazu, wirf auch etliche Zitronscheiben dran. Wenn die Hagbutten weich sind, so rühre sie durch den Durchschlag und setze sie noch einmal auf, damit sie dick genug werden. Man kann auch ein wenig Mehl in Butter braun gemacht dran thun, alsdann muß es aber länger kochen, damit man das Mehl nicht schmecke. Besser ist es, wenn die Brühe bloß von den Hagebutten dick genug wird.

472. Petersilienbrühe.

Verlis die Petersilie, wasche und schärbe sie recht fein, lege sie sodann in ein wenig Fleischbrühe, thue Muskatenblumen, auch etwas Butter und Semmelkrumen dazu und laß die Brühe damit durchkochen.

473. Kümmelbrühe.

Der Kümmel wird verlesen und gestossen oder auch nur in Mörsel gequetscht, alsdann mit Fleischbrühe oder Wasser in einem Töpschen gekocht, ein Stückchen Butter dazu gethan, auch etwas Salz, wenn man nemlich Wasser nimmt. Wenn man bald anrichten will, so thut man etwas Semmelkrumen dazu, daß die Brühe dicklicht wird.

474. Meerrettich.

Der Meerrettich wird, wenn er rein abgeschabt und auf der Reibe gerieben ist, mit Fleischbrühe gekocht, dazu etwas Semmelkrumen und Fett oder Butter gethan wird. Wer den sehr starken Geschmack nicht vertragen kann, darf den Meerrettich nur etwas lange kochen lassen und viel Semmelkrumen darunter nehmen.

Zum Karpen ißt man den Meerrettich roh, oder man macht ihn mit Weineßig und etwas Zucker zu einer Brühe.

Zehnte Abtheilung.

Von süssen und sauren Sachen zum Braten.

475. Frische Kirschen geschmort.

Setze die Kirschen mit Zucker auf, wenn vorher die Stiele abgepflückt worden, und laß sie in dieser

dieser Brühe schmoren, bis sie gut sind; alsdenn leg geröstete Semmelscheiben in eine Aßiette; wenn die Brühe ganz eingeschmort ist, so thue die Kirschen drauf und bestreue sie mit Zucker und Zimmt. Du kannst auch zackigt ausgeschnittne Zitronscheiben drauf legen und zierlich anrichten. Mit Stachelbeeren, Johannisbeeren und frischen Pflaumen wird es eben so gemacht, nur daß keine Semmel darunter kömmt.

476. Kirschen zu schmoren auf andre Art.

Man schneidet die Stiele von den Kirschen nur halb ab, thut 1/2 Pf. Zucker und 1 Nössel weissen Franzwein in ein Kastroll und läßt es ganz dicke kochen, alsdann legt man die Kirschen drein, läßt sie etwas durchschmoren und richtet sie an.

477. Geschälte Borsdorferäpfel.

Wenn die Aepfel geschält sind, so setzt man sie mit Breyhan auf, thut geschnittne Zitronschale, ein wenig weissen Wein und Zucker dran, bis die Brühe eingeschmort ist und die Aepfel weich sind; alsdann richtet man sie mit Zitrone an und bestreut sie mit Zucker und Zimmt. Will man die Aepfel mit Korinthen schmoren, so läßt man etwas rein gewaschne Korinthen in Butter braten, und thut sie zu den Aepfeln. Man kann auch die Korinthen, nachdem sie rein gewaschen, dran thun. Aepfelmus wird, wie folgt, gemacht: Die Aepfel werden geschärbt, in Wasser weich gekocht, durch den Durchschlag gerührt und mit Zucker und Zimmt bestreut.

478. Borsdorferäpfel mit Anis.

Man nimmt kleine Borsdorferäpfel, macht die Blüthe heraus, beschneidet die Stiele, wäscht sie rein ab, gießt Breyhan dran und thut etwas rein verlesnen und abgewaschnen Anis dazu, je nachdem man Aepfel hat und läßt sie so gar kochen. Sie schmecken sehr gut und man kann dazu die kleinen Borsdorferäpfel nehmen, weil sie nicht brauchen geschält zu werden.

479. Borsdorferäpfel mit Gelee.

Schäle die Aepfel und schmore sie in Wasser und Wein, thu dazu Zitronschale und ein gutes Stück Zucker. Wenn sie gar sind, nimm sie heraus, und laß die Brühe noch eine Weile kochen, wenn du zuvor noch etwas Zucker drein gethan hast. Laß die Brühe kalt werden, dann wird es Gelee. Richte die Aepfel in einer Aßiette an, stich mit einem Löffel den Gelee aus und leg ihn drauf herum. Mit Birnen kannst du es auch so machen; nimm aber statt des weissen Weins rothen Wein dazu.

480. Geschmorte Birnen.

Man schälet die Birnen, läßt sie ganz oder schneidet sie in Viertel; alsdann setzt man sie mit Breyhan, Zucker und Zitronschale auf, läßt sie also gar schmoren und bestreut sie zuletzt mit Zucker und Zimmt. Will man sie im rothen Wein schmoren, so läßt man den Wein mit einem Stück Zucker erst aufkochen, alsdann legt man

man die ganzen geschälten Birnen, die oben eingekerbt werden müssen, hinein, läßt sie gar schmoren und bestreut sie mit Zucker und Zimmt.

481. Geschmorte Birnen mit rothem Wein und Gelee.

Man nimmt eine gute Art Birnen, schält solche ab, setzt rothen Wein, worein man ein Stück Zucker und etwas Zitronschale thut, auf, legt die geschälten Birnen drein und läßt solche gar schmoren, alsdenn richtet man sie an, thut in die Brühe noch etwas Zucker, läßt sie noch eine Weile kochen und gießt sie, nachdem sie etwas abgekühlet, auf einen Porzellänenen oder Teller von Steingut, läßt es ganz kalt werden, sticht es mit dem Löffel ab und legt es auf die Birnen, welche man mit länglicht geschnittner Zitronschale und Zitronscheiben, welche letztern mit dem Zitronreisser bunt ausgezackt worden, belegt. Man kann auch an die Brühe ganzen Zimmt thun.

482. Abgeschälte Pflaumen geschmort.

Man legt die Pflaumen in kochendes Wasser und schält sie ab; wenn sie aufgesetzt werden, so gießt man ein wenig weissen Wein dran, und thut ein Stück Zucker dazu. Wenn sie anfangen zu kochen, so drückt man die Kerne heraus, läßt die Pflaumen auf Kohlen gar schmoren und bestreuet sie mit Zucker und Zimmt. Mit Aprikosen und Pfirsichen macht man es eben so. Will man Weinbeeren schmoren, so setzt man sie blos mit Zucker auf und bestreut sie mit Zucker und Zimmt. Heidelbeeren werden auch bloß mit Zucker geschmort und mit Zucker und Zimmt bestreut. Man kann die Heidelbeeren auch trocknen: getrocknet sind sie wohlschmeckend zum Braten, wie auch zur Suppe dienlich.

483. Pflaumen geschmort auf andre Art.

Die Pflaumen werden der Länge nach aufgeschnitten, die Kern herausgemacht, alsdenn mit einem Stückchen Zucker und etwas ganzen Zimmt aufgesetzt (letztern kann man auch weglassen) und so gar geschmort. Brühe geben die Pflaumen selbst; wem es aber so zuwider seyn sollte, der kann etwas Wein dran giessen.

484. Gebacknes Obst.

Gebackne Aepfel, Birnen, Kirschen, Pflaumen und Prunellen können auf einerlei Art geschmort werden, entweder mit Wasser und Zucker und einer gelben Zitronschale, oder mit Breyhan, Zucker und Zitronschale, oder mit ein wenig Wein und Zucker; bey Prunellen, Hagbutten und Rosinen verfährt man eben so. Breyhan giebt eine seimige Brühe und schmeckt besser. Alles gebackne Obst muß zuvor abgewaschen werden, und alle Aßietten müssen zierlich mit Zitronscheiben, Zucker und Zimmt angerichtet werden.

485. Quitten.

Quittenäpfel und Quittenbirnen werden geschält und mit Zucker und Wein, oder mit Zucker und Wasser gar gekocht; sie müssen aber lange kochen und stark mit Zucker bestreut werden. Sollen sie recht weich seyn, so müssen sie 2 Stunden kochen.

486. Sardellensalat.

Wässre die Sardellen etliche Stunden ein, mache sie von den Gräten, lege sie in eine Aßiette, schneide die Oliven von den Kernen so rund aufgewickelt, als wenn die Kernen noch darinnen wären. Alsdenn nimm Kapern, Oliven und Sardellen, thue alles zusammen in eine Aßiette, gieß Provenzeröl und Weineßig drauf, und menge es untereinander; hierauf lege die Sardellen in Ordnung, die Kapern dazwischen, die Oliven auch, und belege den Salat mit Muscheln und Zitronscheiben. Damit er recht zierlich aussehe, kann man auch etliche Sardellen aufrollen. Man kan auch eingewässerten Hering wie die Sardellen schneiden und statt der Sardellen nehmen.

487. Heringssalat.

Man wässert den Hering; hat er 2 Stunden in Wasser gelegen, so schneidet man solchen in Würfel. Dann schneidet man Kälberbraten ebenfalls in Würfel, und thut Borsdorferäpfel geschält und gleichfalls in Würfel geschnitten, imgleichen gewaschne Korinthen auch Kapern drunter. Dann wird Baumöl und Weineßig drauf

gegos-

gegossen, alles recht durchgemengt und mit Pfeffer bestreut. Man kann auch die Korinthen weglassen und blos Kapern nehmen, auch fein geschnittene Zwiebeln, wenn man selbige essen kann.

488. Kopfsalat.

Der Kopfsalat wird in Viertel geschnitten, nachdem die grossen Blätter vorher alle abgebrochen worden; dann wird er recht rein gewaschen, gesalzen, mit Weineßig und Baumöl gemengt und angerichtet. Provenzeröl ist am besten zum Salat. Man kann aber auch in Ermanglung dessen, weisses Baumöl, oder hat man auch dieses nicht, grünes Baumöl nehmen. Auch recht frisches Mohnöl schmeckt sehr gut. Spargel, wie gewöhnlich gekocht, in eine Schüssel gelegt, die Kolben nach innen zu, den Kopfsalat drüber gelegt, schmeckt zur Veränderung auch recht gut. Den Kopfsalat, wenn er recht dichte ist, kann man auch füllen, welches auf folgende Art geschieht: Man nimmt etliche recht dichte Köpfe, schneidet die Herzen heraus, läßt sie in Butter, wenn sie ganz klein geschärbt sind, weich schmoren, rührt alsdann etliche Eyer, etwas Semmelkrumen und Muskatenblumen dazu, auch ein wenig Salz; sodann schneidet man aus andern Köpfen etwas weniges von dem Herz heraus, füllt die vorige Masse hinein, bindet die Köpfe mit Zwirn zu, und läßt sie ein wenig kochen, alsdann macht man eine saure Eyerbrühe von Eßig und ein wenig Zucker und Butter dran, welches man mit Eydotter quirlt. Man kann auch kalten Kopfsalat mit einer Speckbrühe machen. Man setzt nemlich Weineßig mit gewürfeltem und gebratnem Speck auf, quirlt ihn mit ein wenig Butter, Salz, Zucker und Eydotter ab, und gießt dies über den gewaschnen Salat.

489. Warmer Kopfsalat.

Man verlist und wäscht ihn rein, salzt ihn, setzt guten Eßig auf, ist dieser nicht scharf genug, gießt man etwas Weineßig drunter. Wenn der Eßig kocht, gießt man solchen auf den Salat, menget ihn gut durcheinander, gießt ihn wieder ab, läßt ihn noch 1 mal kochen und gießt ihn wieder auf den Salat; dann wird er noch 1 mal abgegossen, zum 3ten male aufgekocht, mit Eydotter abgequirlet, über den Salat gegossen und so gegessen. Man kan auch Zucker oder Syrup in den Eßig und eine Messerspitze voll Mehl unter die Eydotter quirln. Mit andern grünen Salat macht man es eben so.

490. Rabintchensalat.

Verlis und wasche die Rabintchen, bestreue sie mit Salz, giesse Weineßig und Baumöl drauf und menge den Salat.

NB. Bey allen Salaten muß man darnach sehen, daß das Wasser rein abläuft und daß man den Salat nicht zu scharf salzt. Man kann auch Zucker drüber streun.

491. Kresse und Laktuke.

Wird wie die Rabintchen gemacht.

492. Endiviensalat.

Wird so wie aller Salat auf vorige Art verfertigt.

493. Kräutersalat.

So viel Gesundheitskräuter als man bekommen kan, als Kerbel, Kresse, Laktuke, Rabintchen, Melisse, Sauerampfer und andre mehr, werden gewaschen, geschärbt und mit Eßig und Provenzeröl oder auch Baumöl zu einem Salat gemacht.

494. Weisser Kohlsalat.

Schneide oder hoble den weissen Kohl recht fein, menge ihn mit Salz, Weineßig und Baumöl, richte ihn an und bestreue ihn mit Pfeffer. Man kann auch rothen Salat drunter nehmen.

495. Warmer weisser Kohlsalat.

Man schneidet weissen Kohl recht fein, alsdenn sezt man Breyhauseßig mit gewürfeltem Speck oder Schmalz oder holländischer Butter auf; wenn es kocht thut man den Kohl hinein und läßt ihn damit gar kochen; man kann auch zulezt ein wenig Butter mit einem halben Löffel voll Mehl durchkneten und es damit durchkochen lassen. Man kann auch rohe Pflaumen, mit der Schale oder auch geschält, so auch Weinbeeren in den Kohl thun und ihn damit schmoren lassen.

496. Selleriesalat.

Die Sellerie wird abgekocht, nachdem sie vorher geschält und in Scheiben geschnitten worden ist, dann wird sie gesalzen und mit Eßig und Baumöl zurecht gemacht.

497. Hopfensalat.

Man schneidet das harte vom jungen Hopfen ab, kocht sie mit ein wenig Salz in Wasser weich, alsdann läßt man sie rein ablaufen und gießt Eßig und Baumöl drauf und mengt sie damit durch.

498. Schminkbohnensalat.

Man schneidet die Schminkbohnen recht fein, läßt sie in Wasser nur aufwellen, salzt sie, gießt Eßig und Baumöl, wenn sie erkaltet sind, drüber, mengt sie und bestreut sie mit Pfeffer. Auch Zuckerbohnen in Glied lange Stückchen geschnitten und so bereitet, schmecken auch gut.

499. Gurkensalat.

Schäle die Gurken, schneide sie recht fein, menge sie mit Salz und lege eine Schüssel drauf, laß es eine Stunde stehen und gieß das Gurkenwasser ab; alsdenn menge den Gurkensalat mit Weineßig und Provenzeröl und streue Pfeffer drauf.

500. Spargel.

Man kann den Spargel auf zweyerley Art zurecht machen. 1) Man schabt alles Unreine ab, schneidet das Bittre davon, wäscht den Spargel rein und bindet ihn in kleine Bunde, legt ihn in kaltes Wasser, eine halbe Stunde zuvor, ehe man ihn kochen will, alsdann setzt man ihn

mit

mit Wasser auf, salzt es ein wenig, und läßt den Spargel darin recht weich kochen; hierauf legt man etwas weisse Stückenbutter, die recht schön schmeckt, auf einen zinnenen Teller, legt den Spargel drauf, läßt die Brühe rein ablaufen, läßt die Butter schmelzen und streut feine Semmelkrumen und gestossne Muskatenblüthe drüber. 2) Kocht man ihn eben so ab, und macht eine Eyerbrühe drüber, auf folgende Art: Man nimmt etwas Spargelbrühe, thut ein wenig weisse Butter dran, und quirlt die Brühe mit Eydotter ab. Wenn man ihn anrichtet, bestreut man die Brühe mit Muskatenblumen und drückt Zitronensaft drauf. Man kann auch statt des Zitronsaftes gleich etwas Weineßig zur Spargelbrühe nehmen.

501. Spargelsalat.

Der Spargel wird wie gewöhnlich gepußt, in Bunde gebunden, weich gekocht, und nachdem das Wasser rein abgegossen, angerichtet, daß die Köpfe inwendig liegen und der Spargel ganz kalt werde; nimm rein gewaschnen Kopfsalat, thu etwas Salz dran nebst guten Weineßig, Baumöl oder Provenzeröl, menge ihn und schütte ihn über den Spargel, etwa eine Viertelstunde vorher, ehe man solchen essen will; er schmeckt so sehr gut.

Elfte Abtheilung.

Von Geleen, Gallerten, Kreem u. Schnee.

502. Gelee von Hirschhorn.

Man nehme 1/2 Pf. geraspeltes Hirschhorn, wasche solches so lange immer in frischen Wasser, bis das Wasser so klar ist, wie es aus dem Brunnen kommt. Alsdann wird das Hirschhorn in einen neuen irdenen Topf, der vorher mit Wasser wohl ausgekocht ist, gethan, von einer Zitrone die Schale dazu geworfen und ein Maaß oder Kanne Brunnenwasser drauf gegossen. Man deckt den Topf zu und läßt es immer sachte kochen. Wenn man einen Tropfen davon auf einen zinnenen Teller thut, und der Tropfen, wenn er kalt ist, steht, so ist es gut. Es muß 3 bis 4 Stunden kochen, gerührt darf es nicht werden, sonst wird es trübe. Alsdann wird es durch ein doppeltes leinenes Tuch in ein klein Töpfchen gethan, dazu noch eine Zitronschale, Zucker nach Belieben und 1/8 Maaß Rheinwein kommt. Dieses wird wieder gekocht und probiert, ob es, wenn es kalt ist, steht. Alsdann wird es durch Leinen gegossen, in Theeschalen in den Keller gesetzt, bis es recht kalt ist. Der Topf, worin es gekocht wird, muß zu nichts andere gebraucht seyn; man muß es auch nicht drücken, wenn man es durchgießt, damit es recht

recht klar bleibt. Man kann auch Himbeergelee drunter thun, so wird es roth; auch kann man in der Mitte der Schüssel einen Krebs legen, und das Gelee drauf stürzen. Bey dem Stürzen verfährt man auf folgende Art: Man nimmt ein leinen Tuch, und tauchet solches in heisses Wasser, oder macht es am Ofen so heiß, als es immer möglich ist, und legt es um die Gläser oder Schalen, oder Formen, worin das Gelee ist, deckt solche oben mit der Schüssel zu und stürzt sie um, so fällt der Gelee ganz heraus in die Schüssel. Man muß es aber ja in Keller stehen lassen, bis mans essen will, sonst läuft es auseinander. Man kann das Hirschhorn auch in Rheinwein oder alten Franzwein kochen und auf eben die Art damit verfahren.

503. Rother Gelee.

Hiezu nimmt man den vorigen Gelee, aber ohne Zucker, und wenn er zum zweitenmal durchgegossen ist, rührt man darunter Kirschen- oder Himbeerensaft, welcher mit Zucker dicke eingekocht ist; dann thu es in eine porzellänene Schüssel oder in eine Forme und laß es kalt werden. Mit diesem Gelee kann man auch Zitronen füllen. Schneide die Zitronen, wovon man den Saft in dem Gelee braucht, in der Länge von einander und drücke den Saft heraus in die Schüssel zum Gelee. Dann schneide aus denen Hälften der Zitrone das Weisse, so viel möglich behutsam heraus, daß aber ja das Gelbe nicht eingeschnitten wird. Setze sie auf eine Schüssel, lege etwas dazwischen, daß sie veste und gerade stehen, dann fülle sie mit diesem Gelee. Wenn sie kalt und steif sind, schneide sie mit einem scharfen Messer in der Länge von einander, lege sie auf den vorigen Gelee, wenn selbiger in einer Schüssel ganz kalt und steif ist, an den Rand herum. Das meiste von diesen Zitronenvierteln muß auf dem Gelee liegen, und nur eine Spitze auf dem Rand. Man nimmt von dem vorigen Gelee hiezu gleich etwas à part ohne Zucker. Diese gefüllten Zitronenviertel sind überhaupt gut zum Garniren der Geleen.

504. Gelee mit gebranntem Wasser.

Nimm 3/4 Pf. von dem besten geraspelten Hirschhorn, ein Quart Rhein oder alten Franzwein, ein halb Nössel Wasser und ein halb Nössel schwarz Kirschwasser, von einer halben Zitrone die Schale dünne abgeschält, und ein Stück ganzen Zimmt; verfahre damit, wie mit dem ersten Gelee; wer will, kann auch zu dem Gelee, ehe man ihn durch die Serviette zu dem Zucker und Zitronensaft gießt, ein Paar Löffel Orangewasser giessen. Dieser Gelee ist sehr gut für Kranke.

505. Gallerte von Habergrütze.

Wässere gute Habergrütze 3 Tage lang, gieß alle Tage 2 mal frisches Wasser drauf, wenn das vorige vorhero klar abgegossen worden. Den vier-

vierten Tag rühre es mit dem Wasser, wenn es wohl durcheinander gerührt worden, durch ein reines Haarsieb, thu es in ein wohl verzinntes Kastroll, drücke dazu den Saft von etlichen Pomeranzen und von halb so viel Zitronen, auch etwas von der dünne abgeschnittnen gelben Schale von beiden, und Zucker; laß dieses wohl aufkochen, gieß es durch eine Serviette in Porzellän und laß es kalt werden.

506. Milchkreem.

Nimm ein Nössel Sahne, 8 Eydotter, 2 Löffel voll Stärke und etwas Zucker, dieses wird zusammen in einen Kessel aufgesetzt und muß beständig gerührt werden. Fängt es seitwärts an zu kochen, so wird es gleich abgenommen, in eine Schüssel gegossen und in den Keller gesetzt. Wenn man es essen will, so belegt man es mit Blumen von eingemachten Sachen, oder bestreut es mit Zucker, Man kann auch eine Zitrone auf Zucker abreiben und solche mit kochen lassen.

507. Kalte Milch.

Nimm von 16 Eyern das Weisse, schlage es mit einer Ruthe zu Schnee, gieß 1 Maaß süsse Sahne dazu, rühre es wohl untereinander, thu ein gutes Stück Butter drein, rühre es beständig mit der Ruthe, laß es kochen bis es dicke wird; wenn es dick genug ist, nimm es vom Feuer ab, gieß einen Löffel voll Orangenwasser

dazu,

dazu, reibe es durch ein Tuch in ein Gefäß, worein du es haben willst und laß es kalt werden.

508. Gebackene Milch.

Laß 2 Maaß Milch mit einem halben Lothe Zimmt bis zu anderthalb Maaß einkochen, alsdann rühre 4 ganze Eyer und von 6 Eyern die Dotter in einem Topfe wohl untereinander; thu die Milch dazu, und gieß es zusammen durch ein Haarsieb in eine Schüssel: ferner laß Wasser in einem Kastroll kochen, setze die Schüssel bedeckt drauf; thu Kohlen auf dem Deckel und laß es darin backen. Man muß aber wohl Acht haben, daß es oben nicht zu viel Hitze hat; weil es sonst Blasen ziehet und das Gebackene unansehnlich macht.

509. Gebackene Milch auf andre Art.

Nimm 16 Eyer auf 1 Maaß abgekochte Milch, quirle sie hinein, thue dazu geriebne Zitronschale, Zucker, Orangeblüt= oder Pfirsichlaubwasser und etwas abgebrühete und recht fein gestossne süsse Mandeln; wenn es wohl durcheinander gequirlt ist, gieß es in eine tiefe zinnerne Schüssel, lege Sand auf dem Boden der Tortenpfanne, daß die Schüssel nicht schmelzet, setze die Schüssel drauf, decke den Tortenpfannendeckel drauf und backe sie bey gelindem Feuer. Wenn sie steif und oben etwas braun ist, so ist sie gut. Dann laß sie kalt werden, streue gestossnen Zimmt drüber und gieb noch Zucker dazu.

510. Ein Schüsselessen.

Nimm 12 Eyer; ein Nössel Sahne, ein wenig Zucker und etwas Rosenwasser, bestreich eine Schüssel ganz dünne mit gesalzner Butter, schütte die Eyer nebst der Sahne, dem Zucker und dem Rosenwasser, wenn solches alles vorhero wohl gequirlt worden, hinein, thu etwas kleine Rosinen dazu, und setze es zusammen auf ein gelindes Kohlenfeuer. Ist es nun darauf etwas hart geworden, so bestreue solches mit klein geschnittnen Mandeln; decke ein Blech mit Kohlen belegt, drüber, bis es ganz braun geworden ist, zuletzt bestreu es mit Zucker und Zimmt.

511. Ein Blankmansche.

Man nimmt 3 Maaß Milch, kocht dieselbe recht gut auf, alsdann thut man 1 Pf. Zucker drein und läßt es noch einmal aufkochen. Dann nimmt man für 6 Gr. Hausblase, welche vorher gestossen, klein gepflückt und in Brunnenwasser eingeweicht wird; wenn sie weich ist, nimmt man sie aus dem Wasser heraus, thut sie in die gekochte Milch und streicht es durch ein Haarsieb ganz rein durch, dann reibt man ¼ Pf. bittre abgeschälte Mandeln auf einem Reibsteine nebst Milch ganz fein, streicht alles nochmals durch ein Haarsieb, läßt es kalt werden und nimmt zuletzt die Haut davon ab, dann ist es fertig.

512. Kaffeemus.

Man kocht Kaffee recht dick, klärt denselben ab und quirlt ihn in 1 Nössel Wasser oder Milch, wozu

wozu 12 Eyer kommen. Alles wird kalt eingequirlt und dann aufs Feuer gesetzt; wenn es zu steigen anfängt, ist es gut, alsdann wird es in eine Schüssel gegossen, und wenn es kalt ist, mit Zucker und Zimmt bestreut.

513. Schokoladenmus.

Man nimmt 1 Nössel Milch und thut so viel geriebne Schokolade hinein, daß es davon dick wird. Dazu quirlt man 12 Eyer, alles kalt, und setzt es aufs Feuer, es muß aber beständig gerührt werden. Wenn es anfängt zu steigen, so schüttet man es in eine Schüssel und bestreut es, wenn es kalt ist, mit Zucker und Zimmt. Man kann statt der Milch auch Wasser nehmen.

514. Weinkreem.

Man nimmt 1 Nössel Franzwein, 6 Eydotter, (es muß aber ja nichts vom Eyweiß darunter kommen) ferner etwas ganzen Zimmt, von einer halben Zitrone die gelbe Schale, etwas geriebne Zitronschale, etwas Zucker und 2 flache Löffel voll Stärke, (die Stärke muß vorher mit etwas Wasser eingeweicht und ganz klein gedrückt werden.) Alles dieses wird zusammen in ein Kastroll gethan und auf das Feuer gesetzt. Es muß beständig gerührt werden. Wenn es zu kochen anfängt und an der Seite kleine Blasen bekömmt, so ist es gut. Man kann es mit Zucker und Zimmt bestreuen, oder mit Makronen belegen, letztre sind zu Weinkreem schicklicher.

515.

515. Kreem von Kirschen, gebacken.

Man läßt ein Stück Butter in einem Kastroll zergehen, thut eine Hand voll reines Mehl hinein, rührt es ein wenig auf dem Feuer ab, rührt alsdann eine Maaß Sahne drunter, daß es recht glatt wird, schlägt 8 Eydotter nach und nach dazu, reibt eine Zitrone auf Zucker ab, schlägt das Weisse zu Schnee und rührt alles nebst 1/4 Pf. Zucker wohl untereinander. Hierauf setzt man einen Rand auf eine Schüssel, legt alsdenn eine Schicht Kreem, hernach Kirschen, und wieder Kreem u. s. f. hinein, und läßt es in der Tortenpfanne backen.

516. Aepfelkreem gebacken.

Nimm so viel Aepfel, als auf den Boden einer Schüssel gehen, stich mit einem Ausstecher das ganze Kernhaus heraus, schäle sie und lege sie in das Geschirr, thu in jedem Apfel ein wenig eingemachte Johannisbeeren, und setze hernach einen Rand auf. Alsdenn laß ein Stück ausgewaschne Butter in einem Kastroll zergehen, thu eine Hand voll Mehl hinein, und rühre es mit einem Löffel, und hernach mit ein Maaß Sahne wohl durcheinander; schlage das Weisse von den Eyern zu Schnee und rühre alles mit Zucker untereinander. Thue von diesem Kreem auf die Aepfel, und laß es in der Tortenpfanne backen.

517. Eyerkäse.

Gieß 1 Nössel Milch in einen Topf und schlage 6 Eyer hinein, thu dazu ein Stückchen Zitronschale, ein wenig ganzen Zimmt, etwas Zucker und ein Lorbeerblatt; wenn alles untereinander gequirlt ist, so wird es in einen Kessel mit kochendem Wasser gesetzt, worin es so lange stehen muß, bis es zum Abstechen steif genug ist, dann wird es in die Eyerkäsenforme gethan, und dieselbe auf einen Topf gesetzt, damit das Dünne ablaufe, dann in den Keller getragen. Die Brühe wird von einem halben Nössel Milch, 4 Eydottern, einem halben Löffel voll Mehl gemacht. Wenn das halbe Nössel Milch kocht, so wird es mit den Eyern und Mehl abgequirlt und in den Keller gesetzt, daß es kalt werde. Wenn man essen will, so kippt man den Käse mit der Form auf die Schüssel um. Man bestreckt den Käse mit geschnittnen Mandeln, bestreut ihn mit abgekochten Korinthen, klein geschnittner Zitronschale, geschärbten Mandeln, Zucker und Zimmt.

518. Schnee von Eyweiß zu machen.

Nimm von 6 oder 8 Eyern das Weisse, soviel du Schnee haben willst, schlage es mit einer abgezogenen Ruthe, so lange bis es leicht wird. Wenn du es aufhebest, koche Milch auf, nimm sie vom Feuer, decke sie zu bis sie stille wird mit Kochen, thu in die Milch Zucker und Rosenwasser, das geschlagene Eyweiß hinein,

ein, rühre es ganz damit um, fülle es aus oder laß es durch einen Durchschlag ablaufen, dann kannst du es um das Essen legen oder auf Bisquit in eine Schüssel à part.

519. Schnee von Eyweiß auf andre Art.

Man nimmt von 6 oder 8 Eyern das Weisse, quirlt es in einen neuen Topf, bis es steif ist, gießt kochendes Wasser drunter, sticht es mit einem Löffel aus, legt den Schnee auf die Suppen, und streut Zucker und Zimnit drüber. Der Topf und Quirl muß recht trocken seyn, je geschwinder man quirlt, desto besser wird der Schnee, auch muß man sich hüten, daß nichts vom Eydotter drunter kommt. Man kann den Schnee auch auf die, in die Terrine eingegossne Suppe, gleich legen und mit dem Terrinendeckel zudecken, dann darf man nicht kochendes Wasser unter den Schnee giessen.

520. Schnee von Sahne.

Nimm so viel Sahne als du Schnee haben willst, thu Zucker und Orangenwasser darein, quirle es sehr, lege Bisquit oder geraspelte Semmelscheiben in eine Schüssel, bestreue dieselbe mit klein gestossnen Mandeln und geriebner Zitronschale, nimm den Schaum nach und nach ab und lege ihn drauf, so kann es etliche Tage stehen ohne daß es verdirbt. Man kann diesen Schnee auch mit Bisquit zum Zierrath um die Schüssel legen.

521. Schnee von Sahne auf andre Art.

Nimm recht frische gute süsse Sahne, thu sie in einen etwas grossen Topf und quirle sie sehr stark, dann nimm den Schaum mit einem silbernen Löffel immer oben ab, thu ihn in eine porzellänene Schüssel, quirle die Sahne wieder und nimm den Schaum wieder ab und fahre so fort, bis du genug hast. Gieb ihn dann gleich auf dem Tisch, und dazu fein gestossnen Zimmt und Zucker.

522. Aepfelschnee.

Man nimmt ungefähr 30 bis 35 Aepfel, brät sie auf dem Roste, nachdem sie mit einem Messer vorher überhin eingeritzt worden, kehrt sie fleißig um, daß sie nicht zu weich werden, und zieht ihnen sodann die Schale ab; schabt das Fleisch mit einem Messer ab, reibt es durch einen Durchschlag, vermengt es mit Zucker, gestossnen Zimmt und geriebner Zitronschale, rührt es eine gute Zeit mit einer kleinen hölzernen Kelle, immer nach einer Seite, und schlägt von 6 Eyern das Weisse zu einem steifen Schaum, welcher dazu gethan und wohl zusammen gerührt werden muß. Dieses angerührte wird in einem blechernen Rande, der auf einen Bogen Papier befestigt und mit Butter bestrichen worden, ausgebacken. Die sehr wäßrichten Aepfel sind zu diesem Schnee nicht zu nehmen. Die Borsdorferäpfel taugen am besten dazu.

523. Quittenschnee.

Man nimmt 30 bis 35 in Wasser mürbe gekochte und darauf abgeschälte Quitten, schabt das Fleisch mit einem Messer von den Kernhäusern, treibt es durch einen Durchschlag in eine tiefe Schüssel, und rührt es nebst Zucker und Zimmt, und geriebner Zitronschale bey 1 Stunde immer nach einer Seite. Nun werden 6 Eyweiß auf einem Teller mit einem Messer klein geschlagen, und nach und nach zu den Quitten hinzugerührt, bis die ganze Masse gleichsam recht knirscht. Man besetzt sodann eine Schüssel mit einem Rande, thut das angerührte hinein und bäckt es in einer Tortenpfanne. Wenn es aber im vollen Aufsteigen ist, so streut man viel Zucker und Zimmt drüber.

Dieses Angerührte kann auch auf einem Unterblatt von mürbem Teige in der Tortenpfanne gebacken werden, nachdem zugleich ein sauberer Rand umgekrauset worden. Eben so kann man auch dieses Angerührte in einem blechernen Rande abbacken.

Sollte man nicht Quitten genug zur Hand haben, so kann man auch etwas Aepfel rösten, und sie, gleich den Quitten, durch einen Durchschlag treiben, indem der Quittengeschmack sodann immer noch der herrschende seyn wird. Man kann auch statt der Aepfel Birnen rösten, die aber weder wässricht noch steinicht seyn müssen. Bey vielen Birnen geht das Steinichte oder Griesichte, wie man es nennen will, gegen den Gröbs oder das Kernhaus zuerst an, weshalb man sie nur bis so weit abschaben muß.

Zwölfte Abtheilung.

Von zum haut gout gehörigen Sachen.

524. Ragoutpulver.

Nimm wohl getrocknete Champignons 8 Loth; Trüffeln die keinen dumpfigen Geschmack haben, 4 Loth, Rasenschwämme 4 Loth, Thymian 4 Loth, Dragun 3 Loth, weisser Pfeffer 1 Loth, Muskatenblüthe 2 Loth, Kardemomen ½ Loth, Koriander ½ Loth, Nelken 1 Loth. Dieses alles wird so klein als möglich gestossen und in eine Flasche gethan, welche recht rein und trocken ist; deren Oefnung aber gut verwahrt werden kann, und welche an einem trocknen Ort aufgehoben werden muß.

525. Pulver an Pasteten und Ragouts.

Nimm 4 Loth gereinigte Champignons, 4 Loth Rocambole (Schlangenknoblauch oder der Saame davon) 3 Loth wohl gewaschene Murcheln, 8 Loth Trüffeln, die gelbe Schale von 2 Pomeranzen, trockne dieses sehr wohl auf

Pap-

Papier, entweder in einer offnen Röhre oder auf dem Backofen, oder in demselben, wenn er nicht mehr sehr heiß ist. Stosse in einen Mörsel jedes besonders, will es nicht zu Pulver werden, so ist es noch nicht trocken genug. Alsdenn menge alles mit ½ Loth gestossnen Gewürznelken und ½ Loth weissem Pfeffer. Verwahre es zum Gebrauch. Es giebt einen guten Geschmack an Pasteten, Ragouts, braunen Gerichten und Sosen.

526. Champignonspulver.

Die Champignons werden abgezogen und von denen, so offen sind, wird das braune abgemacht; wasche sie wohl und laß das Wasser rein ablaufen, dann trockne sie auf vorige Art und stosse sie in einem Mörsel recht fein. Menge fein gestossnen Pfeffer und Ingwer, nebst etwas getrockneten Salz darunter und verwahre es an einem trocknen Orte und brauche es wie das vorige Pulver.

527. Champignonssaft.

Mache von den Champignons den Sand rein ab, schäle sie, laß das inwendige Rauhe und die Stiele dran, schneide sie in Scheiben, bestreue sie mit ein wenig Salz, thu sie in einen Steintopf, laß sie darin 9 Tage zugedeckt stehen und rühre sie täglich mit einer Kelle um. Alsdenn koche sie meist gar, laß das Wasser davon rein ablaufen, dann lege sie in ein reines

nes Tuch, drücke den Saft in ein reines Geschirr und laß ihn nebst Muskatenblumen, Nelken ganzem Pfeffer und Lorbeerblättern einigemal aufkochen; drücke ihn dann wieder durch ein Tuch und hebe diesen Saft in einem Glase auf und brauche ihn zu Ragouts. Das zurück gebliebene Gewürz ist noch zu mancherley zu gebrauchen.

528. Kleine Austernkuchen.

Nachdem die Austern aus den Schalen ausgestochen und ihnen die Bärte abgemacht worden, so werden sie in einem Geschirr über das Feuer gesetzt und nur ein wenig angekrellet, damit die überflüßige Feuchtigkeit, gelinde heraus gehe. Wenn sie zum Abkühlen und Abtriefen in einen Durchschlag gethan worden, so muß man sie auf einen saubern Tische mit fein gestossenen Zwieback, Muskatenblumen und fein gehackten Zitronschalen ganz klein hacken, daß ein feiner Teig darans werde. Hiervon macht man kleine platte Kuchen, die auf einem dünnen, mit Papier belegten Brette, in einem verschlagenen Backofen gelinde und langsam getrocknet werden, bis sie hart sind, daß man sie in einem Mörsel zerstossen und an einen trocknen temperirten Ort verwahren könne.

Diese Austernkuchen sind nur zum Aufheben, und alsdann zu machen, wenn man die Austern recht frisch und wohlfeil haben kann. Denn es sind Jahreszeiten, da uns frische Austern fehlen.

Hat

Hat man aber diese Austerkuchen, so zerstößt man sie und giebt vielen Speisen und Sosen den so sehr beliebten Austergeschmack. Man zerstoßt also diese Kuchen, wenn man sie brauchen will, oder man kann sie auch einweichen, daß sie zergehen müssen.

Der Zwieback, als ein Ingredienz der Austernkuchen muß kein Gewürz in sich haben, das den Austerngeschmack herabsetzen könne. An vielen Orten wird Anis unter den Zwieback gebacken. Dergleichen taugen aber nicht zu den Austerkuchen.

Einige verfertigen auch auf gleiche Art Sardellenkuchen. Dies aber ist nicht nöthig, da man in Ermangelung der Sardellen zu Speisen oder Sosen sich allemal mit Hering helfen kann. Krebskuchen sind eher anzurathen, weil die Krebse in vielen Monaten nichts taugen oder nicht zu haben sind. Hiernächst sind die Spargelkuchen anzupreisen. Man läßt den Spargel einen ganz gelinden Sud thun und abtriefen, hacket ihn soweit er mürbe ist, nebst Zwieback Muskatenblumen und fein gehackter Zitronschale, macht und bäckt davon kleine Kuchen, und hebt sie auf zu Bouillons und Speisen bey denen man den Spargelgeschmack anbringen will. Mit jungen grünen Erbsen, die zu einem Mus, im rohen ungekochten Zustande, in einer Satte gerieben worden, verfährt man auch so, und macht grüne Erbskuchen davon. Speisen und Brühen schmecken

 besser

besser davon, als von den grünen Erbsen, die nach gewöhnlicher Art eingemacht und aufbewahrt werden.

529. Austernpulver.

Nimm Zwieback, worein keine Butter und Gewürz ist, trockne ihn auf der Ofenröhre recht hart und stosse ihn recht fein. Alsdenn nimm die Austern mit dem Bart, wie auch das Harte, so an der Schale sitzt, nebst dem Austernwasser, thu es in einem steinern Mörsel, stosse und rühre sie klein, thu nach und nach von dem gestossnen Zwieback dazu; dann mache hievon dünne Kuchen in der Grösse eines Thalers, lege sie auf Papier und laß sie in der Ofenröhre recht hart trocknen; alsdenn stosse sie in einen Mörsel zu Pulver, thu es in blecherne Büchsen, und verwahre es an einem trocknen Orte. Brauche es zu Gerichten, woran sich Austern schicken. In Ermangelung des vorhergenannten Zwiebacks, kannst du auch Oberrinde von Milchbrodten oder von anderer Semmel nehmen und eben so damit verfahren.

530. Königspulver, so zu Frikasseen zu gebrauchen.

Nimm 3 Löffel voll wohlgewaschne Spitzmurcheln, eben so viel abgeputzte und gewaschne Champignons, 1 Löffel voll Pomeranzenschale, 1 Löffel voll Thymian, 2 Löffel voll Schalotten, $\frac{1}{2}$ Löffel voll Gewürznelken und 1 Löffel voll weissen

sen Pfeffer; alles dies trockne und reibe es zu Pulver, mische es wohl untereinander und bewahre es in einem Glase auf. Wenn du Frikassee machen willst, nimm auf 3 Pf. Kalbfleisch (oder Hühner-Tauben oder Entenfleisch) einen Löffel voll von diesem Pulver; laß in einem Tiegel ¼ Pf. Butter braun werden, thu das Pulver hinein, das Fleisch schneide oder hacke in kleine Stücke, leg es dazu und laß es zusammen wohl durchbraten; alsdann gieß ein halb Maß Wasser hinein und thu so viel Salz als du mit 5 Fingern fassen kannst dazu und laß es kochen. Wenn das Fleisch gar ist, gieß ein halb Nössel Wein oder ein wenig Weineßig dazu und laß es recht durchkochen; dann nimm das Fleisch heraus. Schöpfe ein Paar grosse Löffel voll von der Brühe heraus, quirle 2 Eydotter und noch einen Löffel voll von dem Pulver dazu und gieß es wieder in die Brühe, rühre ein gut Stück Butter hinein, thu von einer halben Zitrone die Scheiben und Schale dazu, gieß es über das Fleisch, laß es auf Kohlenfeuer ein Weilchen stehen; dann richte es an.

531. Pulver von mancherley Kräutern.

Nimm ein Theil Thymian, eben so viel Petersilie, eben so viel Dragun, eben so viel Bohnen- oder Pfefferkraut, und 2 Theile Basilikum, laß es trocknen, dann reibe es zu Pulver und bewahre es auf. Dieses Pulver hat einen so hervorstechenden und vorzüglichen Ge-

 schmack,

schmack, daß derselbe vieles andre Gewürze übertrift. Man gebraucht es sowol zu vielen Brühen als auch zu allerley Fleischwerk, was geschmort wird, bestreuet auch den Speck damit. Es ist besonders im Winter ein sehr nützliches Gewürz, denn im Sommer kann man diese Kräuter grün verbrauchen.

532. Artischockenstiele oder Boden zu trocknen.

Schneide von den Artischocken die Stengel und putze die Schuppen umher ab, daß nur allein der Stiel oder Boden bleibt, wasche sie ab, ziehe sie auf starken Zwirn und laß sie im Sonnenschein und Wind trocknen. Wenn du sie gebrauchen willst, lege sie in Wasser, laß sie etwa 10 bis 12 Stunden darin liegen, dann koche sie. Willst du Pulver davon machen, must du sie auf Papier legen und auf einer heissen Stelle recht trocken werden lassen und sie dann in einem Mörsel stossen.

533. Gurken zu trocknen.

Wenn die Gurken geschälet, eine jede der Länge nach in 4 Stücke geschnitten, und die Kernen herausgemacht worden, lege sie in eine Schüssel und bestreue sie mit Salz, laß sie eine Weile stehen und wasche sie hernach rein ab; alsdenn lege sie auf eine Horde, setze sie in den Backofen, der nicht zu heiß ist, wende sie öfters um und laß sie trocknen. Hast du keine

Horte

Horte, so leg sie auf ein Brett, welches aber nicht von Kien- oder solchen Holz seyn darf, davon die Gurken einen Geschmack annehmen könnten, auch muß das Brett Löcher haben. Wenn du die getrockneten Gurken gebrauchen willst, laß sie eine Nacht in Wasser weichen und nimm sie zu Ragouts und Sosen. Du kannst sie auch, wenn sie aus dem Backofen kommen, noch stärker trocknen und sie dann zu Pulver stossen und es aufbewahren.

534. Trockne Gallerte zu Suppen.

Nimm 12 Pf. Rindfleisch, welches saftig, nicht zu fett und nicht zu mager ist; einen guten Marksknochen, der in Stücke gespalten ist, einen Kalbesfuß und zween alte Hähne samt ihren Knochen, die in Mörsel klein gestossen worden; ein halbes Quentchen Muskatenblumen, einen Scrupel weissen Pfeffer und eben so viel Ingwer; endlich 4 oder 5 Lorbeerblätter. Auf dieses alles gieß so viel Wasser, als man zu einer guten starken Fleischbrühe ordentlich nehmen muß, und koche denn alles zusammen in einen irdenen Topfe, der wohl zugedeckt ist.

Man läßt es auf gelindem Kohlenfeuer 12 Stunden lang kochen, rührt es dann und wann wohl um, und schäumt es ab. Man seiget es alsdann durch ein Haarsieb, läßt es kalt werden, nimmt alles Fett rein ab, setzt die Brühe in einen irdenen Topf auf Kohlenfeuer, und

koche

kocht sie so lange gelinde, bis alles wohl eingekocht und dick wird. Sodann schüttet man es auf eine Schüssel und schneidet das Geronnene in Stücke, wie Kuchen. Diese läßt man dann auf einer irdenen Schüssel in einen Backofen, wenn das Brodt heraus und der Ofen nicht mehr zu heiß ist, trocknen, und verwahrt sie zum Gebrauch. Man muß sich aber wohl vorsehen, daß die Kuchen nicht verbrennen.

Der besondre Gebrauch obbeschriebener trockner Gallerte besteht darin, daß man sie in warmen Wasser auflöset, worin man, wenn man will, vorher Kerbel, Spinat, Sauerampfer, oder Petersilie und dergleichen gekocht haben kann. Auf eine Portion heisses Wasser oder Kräutersuppe, die soviel als 2 gute Suppenteller voll ausmacht, thut man 1 Loth dieser Fleischtafeln, und rührt die Brühe so lange am Feuer um, bis dieses Stück von Täfelchen ganz aufgelöset ist. Man thut Salz hinzu, und wenn man will, auch Eyer und Semmel. Diese Suppe schmeckt überaus gut und angenehm, und die Farbe ist an sich selbst röthlich, wenn sie nemlich nicht durch zugesetzte grüne Kräuter verändert wird.

535. Gute Schokolate zu machen.

Nimm 1 Pf. Kakaobohnen, 1 Pf. feinen Zucker, $1\frac{1}{2}$ Loth Zimmt, $\frac{3}{4}$ Quentchen Kardamomen, 15 Gran Kubeben und $1\frac{1}{2}$ Quentchen Gewürznelken. Die Kakaobohnen werden

in

in einen Kaffeebrenner gebrannt; man muß sich hiebey in Acht nehmen, daß sie nicht verbrennen, wenn sie anfangen zu knacken und die Schalen loslassen, sind sie gut. Mache die Schalen ab und stosse die Bohnen in einen Mörsel, welcher vorher über gelindem Kohlenfeuer heiß gemacht worden, recht klein, thu den Zucker und das Gewürz, nachdem alles vorher recht fein gestossen, dazu, und rühre es mit der Mörserkeule so lange über dem Kohlenfeuer, bis es flüßig wird, alsdenn gieß es in blecherne Formen oder auf einem zinnenen Teller, und mache davon Stücke, so groß du sie haben willst.

536. Schokolade auf andre Art.

Nimm $\frac{3}{4}$ Pf. Kakaobohnen, $\frac{3}{4}$ Pf. feinen Zucker, $\frac{1}{2}$ Loth Sternanis, 1 Loth Zimmt, 1 Loth Gewürznelken und 1 Quentchen Vanille; übrigens verfahre damit, wie bey dem vorigen gesagt ist.

537. Gewürzeßig.

Trockne $\frac{1}{2}$ Pf. Salz; nimm 4 Stück ganze Muskatennüsse, so schwer als diese sind nimm Gewürznelken und halb so schwer Ingwer. Die Muskatennüsse, Gewürznelken und Ingwer stosse groblich, den Pfeffer aber laß ganz. Nimm ein Viertel von einer frischen oder trocknen Pomeranzenschale, 2 Loth grobgemahlenen Senf, 12 oder 16 Schalotten, nachdem sie groß oder klein sind, schäle und schneide sie klein, 8 Lorbeerblätter und etwas Thymian, schütte alles

die-

dieses in einen steinernen Krug und giesse 5 Nössel ($2\frac{1}{2}$ Maaß) Eßig dazu; pfropfe ihn dicht und vest zu, und laß ihn 14 Tage auf dem Ofen oder sonst an einen warmen Orte stehen. Dieser Eßig hält sich sehr lange und wird an Ragouts und alle Gerichte, welche man säuerlich haben will, genommen.

538. Zitroneßig.

Schäle von Zitronen die gelbe Schale dünne ab, das Weisse schneide von dem Mark reine ab, und denn schneide das Mark in Stücke und nimm die Kernen heraus. Thu das geschnittne Mark nebst der gelben Schale in eine Bouteille, gieß Weineßig drauf, propfe sie vest zu und laß es an der Sonne distilliren.

539. Zu welcher Jahrszeit die Gewächse, Fleisch, Fische, u. s. w. in ihrem besten Geschmack zum Verspeisen sind.

Brunnenkresse schmeckt im Februar, Kerbel aber im März und April am besten. Gartenkresse ist am schmackhaftesten, wenn sie jung ist. Kopfsalat schmeckt so lange gut, bis er in Saamen schießt. Schotenerbsen schmecken am besten, wenn sie mittelmäßig, das heißt, nicht zu dünne und nicht zu dick sind. Braunerkohl schmeckt im Winter am besten, wenn er Frost bekommen hat; der Sommerkohl schmeckt nicht so gut. Weisserkohl schmeckt gegen

gen Michaelis am besten; man kann ihn aber durch den ganzen Winter haben.

Spargel schmeckt im April und May am besten, wenn er frisch gestochen ist und nicht eher gewaschen wird, als bis er gekocht werden soll. Sobald er in Saamen geschossen ist, verliert er seine Güte. Radise und Rüben sind so lange gut, als sie noch nicht pilzig sind. Deltauer Rüben dauern bis in das Frühjahr. Mohrrüben schmecken am besten, wenn sie die Dicke eines kleinen Fingers haben. Wenn die Pastinacken ihren Geschmack verändern und süsse werden, so sind sie nicht mehr gut zu essen; mit Unterkohlrabi hat es eben die Bewandniß, Oberkohlrabi ändert auch nach Michaelis seinen Geschmack.

Kartoffeln schmecken gegen Martini am besten, man kann sie aber bis in den May erhalten; allein schon im April schmecken sie nicht mehr so gut, als vorhero.

Meerrettich schmeckt nach Michaelis am besten, wenn er seinen grusichten Geschmack verlohren hat.

Unter den Gurken, die zum Salat gebraucht werden, sind die von der Mittelgrösse die besten; sind die Gurken voller Kerne, so taugen sie nicht mehr. Grüne Schminkbohnen schmecken bis in den Herbst gut, wenn sie nicht hart sind. Zucker- oder Schmalzbohnen schmecken auch so lange gut, bis sie dürre werden, und nicht mehr recht grün sind. Gelbe Erbsen sind um Martini

tini gut, wie auch weisse Bohnen und Linsen, und man kann sie denn das ganze Jahr hindurch haben. Werden sie aber über ein Jahr alt, so verlieren sie ihren Geschmack und werden harthülsicht.

Champignons sind im May am besten, wenn sie noch zu sind; die giftigen kann man an ihren gelben Rändern oder ganz bunten Flecken und an ihren rauhen Stielen, leicht erkennen.

Was das Fleisch betrift, so ist das Fleisch von geschnittnen Ochsen dasjenige, welches am besten schmeckt, und ist zu allen Jahrszeiten gut; frisch muß es aber niemals seyn, wenn man es kocht, es muß wenigstens etliche Tage alt seyn, ehe es gekocht wird; doch muß es auch im Sommer nicht zu alt werden, damit es keinen übeln Geschmack bekommt. Je jünger das Ochsenfleisch ist, desto besser ist es. Das Kalbfleisch ist zu allen Jahrszeiten gut; es kommt nur darauf an, wie lange die Kälber gesogen haben. Haben sie 14 Tage gesogen, so sind sie am besten. Junge Lämmer sind um Ostern am wohlschmeckendsten. Die beste Zeit des Hammelfleisches ist von Johannis bis zum Ende des Herbstes. Schweine sind um Weynachten am besten, und die beste Mast für dieselben ist gelbe Erbsen oder Gerstenschrot. Wild ist im Herbst am besten und häufigsten; ein Reh ist vorzüglich schön; doch ist ein guter Hirsch und ein mittelmäßiger Hase auch eine gute

Speise.

Speise. Die beste Zeit der jungen Gänse ist um Martini. **Enten** sind schon im Julius gut. Es kommt bey dem Federvieh viel darauf an, wie es gefüttert worden ist. Auf dem Gänsekoben werden die Gänse recht fett; werden sie aber mit Oelkuchen gefüttert, so schmecken sie ölicht, daß man sie nicht geniessen kann; giebt man ihnen aber 14 Tage hindurch andres Futter, so verliehrt sich der thranichte Geschmack wieder. Junge **Hühner** sind jederzeit gut, wenn sie völlig mit Federn bewachsen sind. Ein jähriges Huhn ist noch gut zum braten, ist es aber älter, muß man es zum Kochen nehmen. Eine alte Henne ist ein schlechtes Essen, und alte Hühner müssen sehr lange kochen, sie geben aber doch eine kräftige Suppe. Der **Kapaun** muß nur ein Jahr alt seyn, wenn er gut schmecken soll. Die **Sommereyer** sind besser als die Wintereyer. Unter den Eyern, welche zum Verwahren auf den Winter seyn sollen, sind die vom September und Oktober die besten. Ein **Kalekutscher**- oder **Truthan** ist am besten im zweyten Jahre, eine **Truthenne** zur Suppe schmeckt in ihrem ersten Jahre gut, wenn sie fett ist. **Schlagtauben** sind am besten, wenn sie ausfliegen wollen. **Feldtauben** müssen mit Federn bewachsen seyn, ehe man sie schlachtet. Der **Fasanhahn** ist grösser und besser, als das Huhn. **Rebhühner** sind am besten, wenn sie 8 bis 10 Wochen alt sind. Die **Waldschnepfe** ist unter den Schnepfen die beste. **Krammets-**

vögel sind im Herbste, Lerchen um Lichtmessen am besten. Die jungen wilden Enten schmecken besser als die alten.

Die Hechte sind im März am schlechtesten. Die Milchner sind besser als die Rögner. Karpen sind im May und August am schlechtesten. Man hält die 2 Pfündigen Karpen für die besten, auch ziehet man diejenigen, welche weder Milch noch Rogen haben, allen andern vor. Der Zander ist durch das ganze Jahr gut, ausser im März und April. Lachs ist im May und Julius am schmackhaftesten. Karauschen sind in allen Monaten gut, ausser im May und Junius. Wels und Stör ist am besten, wenn er jung ist. Schnäpel sind nach Michaelis am besten, die Zärten unterscheidet man daran, daß sie vorn keine Floßfeder haben. Heringe sind von Johannis bis Michaelis, Schollen um Johannis am besten. Die Krebse sind am vollesten und schmackhaftesten in denjenigen Monaten, deren Namen kein R in sich halten.

Drey-

Dreyzehnte Abtheilung.

Vom Brodtbacken, Kuchenbacken, und übrigen Backwerk.

540. Brodt.

Selbst Brodt zu backen ist nicht allein vortheilhaft, sondern das Brodt wird auch weit schmackhafter. Rockenbrodt von lauter Rocken schmeckt am besten; allein wenn der Rocken theuer ist, kann man auch halb Rocken und halb Gersten nehmen, welches doch schönes Brodt giebt. Wenn man backen will, so setzt man des Abends das Mehl im Backtroge bey den Ofen, oder an einen warmen Ort in der Stube, alsdann theilt man es in der Mitte auseinander und nimmt auf einen halben Scheffel Mehl für 1 Gr. Sauerteig; man nimmt aber des Abends nur die Hälfte Mehl, worunter man ohngefähr 4 Maaß warmes Wasser gießt, doch nicht zu heiß, womit man den Sauerteig einsäuert; alsdenn setzt man ein besondres Gestell, das eigentlich dazu gemacht ist, auf den Backtrog und überdeckt dasselbe mit einem Teigtuche. Am andern Morgen in aller Frühe knetet man die andre Hälfte Mehl mit ohngefähr 4 Maaß warmes Wasser in den eingesäuerten Teig, und wirkt ihn ordentlich damit durch, daß er recht locker werde; dann läßt man ihn eine Stunde bey dem Ofen stehen, und schickt ihn hierauf zum Bäcker, wo er in Brodte eingetheilt, und, wenn das Brodt gebacken, mit Wasser durch einen Pinsel bestrichen wird, wovon es eine glatte braune Rinde bekommt. Ein halber Scheffel Rockenmehl giebt 6 schöne Brodte. Man kann auch Korbbrodte machen, da man das Brodt in kleine runde Körbe legt und mit Mehl bestreuet. Man nimmt auch wohl ein wenig Salz und Kümmel unter den Teig, oder bestreuet das Brodt mit Kümmel, ehe es in den Ofen kommt.

541. Semmel.

Nimm 1 Nössel Milch oder Wasser, dazu 1/2 Nössel Hefen, worein ein wenig Zucker auch etwas Salz gethan worden, Weitzenmehl so viel, daß es ein ordentlicher Semmelteig wird, laß solchen aufgehen und bey dem Bäcker backen.

542. Ordinärer Topf= oder Aschkuchen.

Nimm 1 Nössel Milch, laß sie lauwarm werden thu 1 Pf. Butter hinein, (wovon du aber so viel Butter, als zum Bestreichen der Form nöthig ist, zurück behältst) ein halb Viertel gestossnen Zucker, etwas gestossne Muskatenblumen, 1 Pf. grosse und 1/2 Pf. kleine Rosinen, einen guten Theil Breyhanshefen, 1/4 Pf. Mandeln, 2 Löffel voll Brantwein, 6 ganze Eyer, noch 3 Eydotter und klein geschnittnen Zitronat. Hierauf schütte recht trocknes Weitzenmehl

mehl in eine kleine Backmulde, theile es in der Mitte von einander. Giesse die Milch und Butter hinein, rühre ein wenig Mehl darunter, und hernach die Hefen, welche du durch einen Durchschlag giessen mußt; endlich kommt der Brantwein, und alles obbenannte, nebst ein wenig Salz hinzu. Die Mandeln werden in kochendem Wasser abgezogen, und länglicht ganz fein geschnitten und alsdann unter das übrige gerührt; ferner rührt man so viel Mehl darunter, daß es ein mäßig steifer Teig wird, worin der Löffel steht. Die Topfkuchenform wird reichlich mit Butter bestrichen; man kann sie auch überdies mit geschnittnen Mandeln bestreuen. Man thut die Form halb voll Teig und läßt denselben aufgehen; alsdann legt man einen Bogen Papier darüber, und läßt ihn bey den Bäcker backen, oder man backt ihn im Bratofen, nachdem der Braten herausgenommen worden. Macht man den Kuchen aber im Bratofen, so muß man nicht darauf warten, daß er oben braun wird, denn er wird nicht so braun, als beym Bäcker, sonst verbrennt er. Wer den Kuchen fett liebt, kann das ganze Pf. Butter, darein nehmen, und noch etwas andre Butter zum Bestreichen. Man kann Schmelzbutter, holländische Butter, oder weisse Stückenbutter zum Topfkuchen nehmen. Nimmt man aber weisse Butter, so thut man weiter kein Salz dazu. Bierhefen muß man aber nicht nehmen, weil dieselben bitter und schwarz sind. Duchsteinhe-

 sen

sen aber sind auch gut. Die Maasse der Hesen kann ich nicht so genau bestimmen: sind es dicke Hesen, so sind 8 Löffel voll genug, sind sie aber dünne, so muß noch ein halb Nössel mehr dazu genommen werden, alsdenn kann man die Hesen, wenn sie dünne sind, mit einem Ey aufquirlen, und zu der Masse durch den Durchschlag giessen. Sollte man etwa den Hesen nicht traun können, so thut man am Abend zuvor etwas von dem Zucker hinein und setzt sie an einen nicht kalten Ort. Man kann auch den Zucker nur einige Stunden vorher hinein thun und sie an einen warmen Ort setzen. Bäckt man mehr Kuchen und man kann etwas Würze *) bekommen, so ist es sehr gut, und so macht man die Würze eine halbe Stunde vor dem Kucheneinrühren scharf heiß, quirlt solche unter die Hesen, darnach geht der Kuchen sehr gut. Wenn der Kuchen aus dem Ofen kömmt, so wird er aus der Form auf ein Brett gekippt und gleich warm mit gestossenen Zucker und Zimmt stark bestreut.

543. Geriebener Topf- oder Aschkuchen.

Nimm 1 Pfund Butter, und laß sie zergehen, ferner 1 Mandel Eyer, achte davon ganz, und von sieben die Dotter, ein halb Nössel Sahne oder Rohm und ein halb Nössel gute Milch,

*) Würze ist junges Bier, oder das erste Bier aus dem Brauhause, wenn noch kein Wasser dazu gekommen.

Milch, quirke den Rohm und die Milch zusammen, dann gieß es in die Butter. Ferner nimm ein halb Pfund gehackte Mandeln, ein wenig Muskatenblumen, ein halb Viertelpfund Zucker, die gelbe Schale von einer Zitrone, etwas Salz und Rosenwasser, ein gutes Theil Breyhanshefen, alles wird in die Butter eine halbe Stunde gerieben; dann wird Krafimehl dazu gethan. Der Teig darf aber nicht dicke seyn, sondern er muß von der Kelle laufen können. Wenn nun die Form mit Butter gut ausgeschmieret worden, so schüttet man das Gerührte hinein, und läßt es gehen; wenn es gegangen ist, muß es gleich in den Ofen kommen und backen, und wenn der Kuchen aus dem Ofen kömmt, muß er mit Zucker bestreut werden. Man muß aber ja darnach sehen, daß der Teig nicht steht, wenn er gegangen ist, sonst fällt er, und wird klitschig.

544. Geriebener Topfkuchen auf andere Art.

Nimm ein halb Pfund Mandeln, ziehe sie ab und stosse oder reibe sie klein; dann schlage die Mandeln mit 6 Eyern wohl durch, thu ein Viertelpfund Zucker und ein Pfund Krafimehl hinzu. Dieses wird eine Viertelstunde geschlagen, aufs Feuer in einen meßingnen Kessel gesetzt, daß es lauwarm wird, dann wieder kalt geschlagen, und das Mehl dazu gerührt; hierauf eine Topfkuchenform mit Butter ausgeschmiert,

schmiert, die Masse hinein gegossen, und gebacken.

545. Ein Hamburger-Kuchen.

Reib ein halb Pfund Butter in den Reibasch zu Sahne, dann nimm ein Viertelpfund klein gestossenen Zucker, 7 ganze Eyer, gestossene Muskatenblumen, und von einer ganzen Zitrone die abgeriebene gelbe Schale, 1 Pfund und 4 Loth trocknes feines Weitzenmehl; dieses alles wird mit 6 Löffel voll guten Breyhanshefen zusammen gerührt, die Topfkuchenform wird mit Butter bestrichen und halb voll Teig gethan; alsdann muß die Masse aufgehen, und in dem Ofen, wenn er nicht mehr gar zu heiß ist, gebacken werden. Wenn der Kuchen aus dem Ofen kömmt, wird er sogleich mit Zucker bestreut. Das Mehl zu diesem Kuchen muß Kraftmehl seyn.

546. Ein dicker Kuchen.

Nimm 1 Pfund grosse Rosinen, 1/2 Pfund Korinthen, 1/2 Pfund Mandeln, 1 Quentchen Muskatenblumen, 4 Loth Zucker, 1/4 Pfund Zitronat, 2 Pfund Butter in den Kuchen, 1/2 Pfund Butter auf dem Kuchen, 1 1/2 Nössel Hefen ohne Schaum, 1 Nössel Milch, 6 Eyer, 1 Glas Brantwein, und etwas Salz. Dieses zusammen wird mit gutem trocknen Weitzenmehl steif gerührt, dann muß der Teig ordentlich gehen, und wird wie 2 Finger hoch gemangelt, und auf einem Kuchenblech gebacken. Wenn er er aus dem Ofen kommt, muß er 3 Finger hoch seyn, dann wird er mit Rosenwasser besprengt, und Zucker und Zimmt drauf gestreut. Die Hauptsache bey diesem Kuchen ist gute Hefen oder Bärme. Will man den Kuchen kleiner haben so kann man von jeder der angeführten Sachen nur die Hälfte nehmen.

547. Wecken oder Stollen zu backen.

Nimm 1 Kanne Milch, 1 ½ Pfund Schmelzbutter, 1 ½ Pfund grosse Rosinen, 1 ½ Pf. kleine Rosinen, ein Viertelpfund Mandeln, ein Achtelpfund Zitronat, ein halb Viertelpfund Zucker, 2 Eyer, gute Breyhanshefen und gutes feines Weitzenmehl so viel, daß dies zusammen ein derber Teig werden kann, der nicht mehr anklebt. Thu das Mehl in eine Mulde und laß es in der warmen Stube einen halben Tag stehen. Alsdenn laß die Milch lau warm werden und die Butter zergehen; gieß die Milch, dann die Butter ins Mehl, thu die Eyer, den Zucker zerstossen, etwas Rosenwasser, etwas Salz und gestossene Muskatenblumen dazu; rühre dieses alles recht wohl untereinander, dann thu die gewaschenen Rosinen, die länglicht geschnittene Mandeln, auch den geschnittnen Zitronat und zuletzt die Hefen dazu; knete es recht durch, zu einem derben Teig, laß selbigen damit er gut aufgehe ein Paar Stunden stehen, dann zum Bäcker tragen. Alsdenn mache von diesem Teig 2, 3 oder 4 Wecken, jenachdem du sie groß oder klein haben willst, laß sie noch etwas gehen und im Backofen gar backen; bestreiche sie, so bald sie aus dem Ofen kommen, mit 1 Pfund zerlassner Schmelzbutter und bestreue sie mit Zucker und Zimmt. Die Wecken werden gewöhnlich kalt angeschnitten.

548. Randkuchen.

Nimm auf ein Nössel Milch 6 Eyer, ein halb Quentchen Muskatenblumen, ein halb Viertelpfund Zucker, ein halb Nössel Breyhanshefen, einen Löffel voll Brantwein, und 2 Pfund Butter. Von der Butter wird 1 Pf. mit der Milch warm gemacht, dann in das Mehl gegossen; es werden ferner die Hefen, Zucker, Brantwein, und die Muskatenblumen dazu gethan; alsdann werden die Eyer auch dazu geschlagen, und hieraus wird ein mittelmässig steifer Teig gemacht. Wenn dieser genug gegangen ist, so wird er bey dem Bäcker gebacken; es wird daselbst Papier mit Butter bestrichen und mit Semmelkrumen bestreut; dann werden die Kuchen recht dünne aufgemangelt und mit dem andern Pfund Butter, welche zergehen muß, vermittelst eines Pinsels, bestrichen; hiernächst wird ein umgerollter Rand gemacht, und unter denselben Butter gestrichen. Wenn die Kuchen aus dem Ofen kommen, so werden sie warm nochmals mit Butter bestrichen; mit Rosenwasser begossen und mit Zucker und Zimmt bestreut. Aus dieser Masse bekommst du du 3 dünne Randkuchen, lässest du sie aber dick ausmangeln, so werden es nur 2 Kuchen. Wenn du gerne Butter sparen willst, so kannst du auch nur 3 1/4 Pfund Butter in die Kuchen nehmen, und 3/4 Pfund Butter zum Bestreichen. Denn, wenn die Kuchen frisch gegessen werden, so schmecken sie doch gut; du mußt aber, wenn du es stellen kannst, holländische Butter nehmen; hast du hingegen keine andere, als weisse Butter, so mußt du sie zum Bestreichen ausschmelzen, weil Salz und Zucker sich nicht vertragen; auch bey der holländischen Butter mußt du das Salz zurück lassen, welches, wenn sie zergangen, auf dem Boden bleibt. Das Papier muß warm abgemacht werden, weil sonst die Kuchen zerbrechen. Man kann sie auch auf Kuchenblechen backen, so braucht man gar kein Papier drunter. Auch kann man von dieser Masse Randkuchen auf folgende Art machen: Man nimmt von der hier beschriebenen Butter nur etwas weniges; knetet den Teig wie gewöhnlich, dann mangelt man ihn auseinander, doch nicht sehr dünne; wenn er gegangen ist, so macht man die rein ausgewaschne Butter breit, legt sie zwischen den Teig, klapt ihn zusammen und mangelt ihn; klapt ihn noch einigemal von einer Seite zusammen und mangelt ihn wieder, so wird er blätterig wie Sahnkuchen.

549. Johannisbeerkuchen.

Die Johannisbeeren werden abgepflückt, gewaschen, und in einen Durchschlag gethan, damit

damit das Wasser ablaufe. Alsdann werden sie stark mit Zucker gemengt, auf den Randkuchenteig gelegt und gebacken. Man kann auch gestossenen Gröningschen Zwieback drunter streuen, und die Johannisbeeren drauf thun. Wenn der Kuchen gebacken ist, wird er mit Zucker und Zimmt bestreut.

550. Heidelbeerkuchen.

Die Heidelbeeren werden gewaschen und in einen Durchschlag gethan, daß sie rein ablaufen, alsdann werden sie mit Zucker gemengt und auf dem Randkuchenteig gelegt. Man kann auch, wenn die Heidelbeeren aufgelegt worden, Eyer quirlen und drüber giessen, auf 1 Kuchen ohngefähr 4 bis 6 Eyer gerechnet, darnach der Kuchen groß ist, dann muß er aber gleich in den Ofen geschoben werden.

551. Kirschenkuchen.

Man nimmt dazu von dem Randkuchenteige. Die Kirschen werden mit etwas Zucker durchmengt; dann wird ein umgerollter Rand gemacht, die Kirschen werden auf dem Kuchen gelegt, und sogleich da dis geschehen ist, muß der Kuchen in den Ofen kommen, sonst wird er klitschig. Man kann auch auf den Teig gestossenen Zwieback streuen und dann die Kirschen drauf thun; dieses erhält den Teig mürbe, zumal wenn man die Kirschenkerne ausschneidet. Man muß aber diesen Kuchen nur auf dem Rande, de, wo keine Kirschen liegen, mit Butter bestreichen, daher man auch etwas mehr Butter in den Teig nehmen kann.

552. Butterkuchen.

Nimm 1 Pf. Butter, die Hälfte davon schmelze und die andre Hälfte nimm wie sie ist, ferner 1/2 Nössel süsse Sahne, 2 Eyer, gestossene Muskatenblumen, und 4 Eßlöffel voll gute Breyhanshefen; von diesem allen mache mit so viel Mehl, als nöthig ist, einen Teig, laß ihn an einem warmen Orte aufgehen, rolle ihn auf einem mit Butter bestrichenen und mit ein wenig Mehl bestreuten Papier zu einen Kuchen auf, mache einen Rand darum, unter demselben lege grosse Rosinen und abgebrühte süsse Mandeln, eins ums andre, und laß den Kuchen im Backofen backen.

553. Pflaumenkuchen.

Will man nur einen Kuchen haben, so nimmt man 1/2 Nössel Milch, 3 Eyer, 1/2 Pf. Butter, und 1/2 Nössel Hefen. Die Butter läßt man in der Milch zergehen, thut das Mehl in eine Mulde, theilt es in der Mitte durch und gießt die Milch nebst der Butter hinein, schlägt die Eyer dazu, wie auch 1/8 Pfund gestossenen Zucker und ein wenig Muskatenblumen; den Teig macht man steif, und mangelt ihn auf; den Rand bestreicht man mit Butter, legt die Pflaumen, nachdem die Kerne vorher aus-

ausgemacht sind, drauf, und läßt den Kuchen backen. Wenn er aus dem Ofen kommt, so wird er stark mit Zucker bestreut. Man kann auch die Pflaumen abschälen; dieses geschieht auf die leichteste Art, wenn man sie in eine Schüssel legt, und kochendes Wasser drauf gießt, alsdenn läßt sich die Haut sehr leicht abschälen. Auch kann man die Pflaumen verkehrt drauf legen, so daß die Schale auf dem Kuchen und das von einander geschnittne oben zu liegen kommt; auf diese Art wird der Kuchen nicht so leicht klitschig und schmeckt sehr gut.

554. Apfelkuchen.

Der Teig wird wie der zu dem Pflaumenkuchen gemacht. Dann werden die Aepfel geschält, in halbe Scheiben geschnitten, und auf den Kuchen gelegt; ferner werden Mandeln in kochendem Wasser abgezogen, in Streifen geschnitten, und nebst gewaschenen Korinthen drauf gestreut. Der Kuchen wird im Ofen, oder bey dem Bäcker gebacken. Kömmt er aus dem Ofen, so wird er mit Zucker und Zimmt bestreut. Es muß bey keinem Kuchen vergessen werden, Papier mit Butter bestrichen, und mit Semmelkrumen oder Mehl bestreut, drunter zu legen.

555. Pflaumenmuskuchen.

Nimm 1 Pfund Butter, $\frac{1}{2}$ Metze Mehl, 1 Maaß Milch und ein Weinglas voll Breyhans:

hanshefen; mache davon einen Teig, mangele solchen auf, und bestreich ihn mit dem Mus, alsdann mache einen Deckel von Teig, bestreich denselben mit Butter und so laß den Kuchen bey dem Bäcker backen.

556. Sahnkuchen oder Rohmkuchen.

Nimm eine halbe Metze feines Mehl, anderthalb Nössel dicke Sahne, vier Eydotter, ein halb Pfund Butter; die Butter wird meistentheils in den Teig eingeknetet, etwas aber davon zu dem aufgemangelten Kuchen aufgehoben; in den Teig kommt noch ein wenig Zucker und Muskatenblumen. Der Teig muß geschmeidig, weder zu dichte noch zu weich gearbeitet werden, und wird auf Papier oder auf ein Kuchenblech dünne aufgemangelt. Der Ofen muß nicht zu heiß seyn, wenn der Sahnkuchen hinein geschoben wird. Dieser Kuchen erhält sich einige Tage frisch.

557. Aufläufer.

Man nimmt zu 12 Aufläufern 18. Eyer, 2 Loth Zucker, ein halbes Quentchen Muskatenblumen, ein Viertelpfund holländische Butter, ein wenig Brantwein, und eine gute Messerspitze voll Salz; dieses wird mit Mehl zu einem steifen Teige gemacht. Wenn die Aufläufer aus dem Ofen kommen, so werden sie recht fett mit Butter bestrichen, und mit Zucker und Zimmt bestreut. Zum Bestreichen der 12 Aufläufer

geh=

gehören 2 Pfund Butter; davon werden sie recht schön; die Butter muß aber abgeklärt werden, damit sie kein Salz hat; Rosenwasser muß auch drauf gesprengt werden, wenn sie noch warm sind.

558. Krausekuchen.

Mache von einem Pfund Mehl, und anderthalb Viertelpfund fein gestossenem Zucker nebst Eydottern, etwas Rosenwasser, ein wenig Sahne, und etwas geschmolzener Butter einen Teig, der sich mangeln läßt. Mangele solchen wohl und rolle ihn so dünne, wie möglich, aus; alsdann schneide solchen in länglichte Stücke, diese werden in der Mitte der Länge noch etlichemal eingeschnitten, daß sie an den Enden noch ungetrennt bleiben. Hierauf wird eine Streife auf die andre gelegt und rückwärts durchgezogen, und in abgeklärter Butter oder Schmalz gebacken. Zu diesen Kuchen muß recht feines Mehl seyn. Wenn sie gebacken sind, so werden sie mit Zucker und Zimmt bestreut.

559. Pfannkuchen.

Nimm ein Nössel Milch, 5 Löffel voll dicke Hefen, 5 Löffel voll Butter, 1 Löffel voll Brantwein, 1/2 Viertelpfund Zucker, 6 Eydotter und etwas Muskatenblumen. Rühre dieses alles, aber nicht zu steif, und laß es eine Stunde gehen. Je mehr man solches nach einer Seite

rührt,

rührt, desto besser werden die Kuchen. Ist es aufgegangen, so mache es mit Mehl steif, und formire daraus mit dem Kuchenrädchen kleine Kuchen, viereckicht oder länglicht, und backe sie in Schmalz. Du kannst auch etliche Stücke mit Pflaumenmus, welches mit Wein, geschnittner Zitronschale, Zucker und abgezognen geschnittnen Mandeln zurecht gemacht ist, oder mit Aepfelmus und kleinen Rosinen füllen; auch kannst du sie mit in Rosenwasser gestossnen Mandeln, so mit etwas Zucker und Zitronschale vermischt worden, füllen. Das Schmalz mußt du erst braten lassen, und wenn der Schaum fällt, die Kuchen hinein legen, und sie hernach umwenden, damit sie nicht verbrennen. Wenn sie fertig sind, muß man das Fett rein ablaufen lassen, dann werden sie mit Zucker bestreut.

560. Gute Pfannkuchen.

Nimm 1/2 Nössel Sahne, 1/2 Nössel Eydotter, 1/2 Nössel Schmelzbutter; an diesem Maaß der Butter muß aber ein Finger breit fehlen; 8 Löffel voll Hefen, 1 Messerspitze voll Salz, und 1/2 Quentchen Muskatenblumen. Die Eyer müssen vorher in dem Reibeasch zu Schaum gerührt werden; alsdann wird die Sahne und die Butter warm gemacht und dazu gethan, aber ja nicht heiß. Das Mehl thu nach und nach hinein, reibe es sehr, alsdann schütte die Hefen hinzu, reibe es wieder, es muß immer nach einer Seite zu und beynahe eine Stunde gerieben werden; mach es so dick, daß es nicht von dem Löffel laufen kann, und verfahre übrigens wie bey den vorigen.

561. Rädergebacknes.

Es ist dieses eines von dem leichtesten der Gebäcksel, welches in einer Stunde fertig seyn kann, und wenig kostet. Nimm 3 Eyer, ein wenig gestossnen Zucker, etwas Muskatenblumen, und mache mit Mehl einen steifen Teig davon. Mangele ihn so dünne, als es immer möglich ist, und schneide mit dem Kuchenrade viereckigte Stückchen. Setze abgeklärte Butter, oder Schmalz auf; wenn dis zu braten anfängt, so lege ein Stück hinein. Das Schmalz darf nur stark heiß seyn. Es geht mit diesem Gebacknen sehr hurtig, und je geschwinder es gebacken wird, desto besser ist es. Man nimmt jedes Stück mit der Gabel heraus, und läßt es im Durchschlag rein ablaufen, bestreut es mit Zucker und Zimmt, gießt Rosenwasser drüber, und bestreut es nochmals mit Zucker und Zimmt.

562. Trichtergebacknes.

Nimm auf 4 Personen 4 Loth Zucker, 3 Eyweiß, 3 Eßlöffel voll weissen Wein, und Mehl so viel, daß es langsam durch den Trichter läuft. Alsdann setze in einer Pfanne Schmelzbutter auf, 2 Finger hoch, und laß das Zusammengerührte langsam durchlaufen, wenn es einmal umgewandt worden, nimm es heraus, und lege

lege es über ein Mangelholz, daß es krumm werde. Wenn die Stücke alle fertig sind, so werden sie in einer Schüssel aufgestellt, und mit Zucker bestreut. Zu diesem Gebacknen gehört ein kleiner Trichter mit 5 Löchern.

563. Schneebälle.

Setze ein halbes Maaß Wasser aufs Feuer, thu ein Stückchen Butter, etwa in der Grösse, wie 2 grosse Nüsse, dazu, rühre so viel Mehl hinein, wie du mit Gewalt hinein bringen kannst, daß es zuletzt ganz trocken wird. Alsdann nimmt es vom Feuer, rühre 6 ganze Eyer, und 3 Eyedotter hinein und arbeite den Teig so lange, bis er von den Eyern ganz gelinde wird. Sodann setze Schmalz in einem Kastroll über das Feuer, und laß es heiß werden; halte einen Löffel hinein, stich hernach mit demselben von der Masse so viel als ein Semmelklump ab, und laß es im Schmalz backen; es muß aber in aller Geschwindigkeit geschehen, sonst verbrennt das Schmalz und es geht nicht in die Höhe; man läßt daher das Schmalz vom Anfange gleich nicht zu heiß werden, so gerathen sie am besten. Sie werden mit Zucker bestreut.

564. Schneebälle auf andere Art.

Laß ein halb Pfund Wasser und ein halb Pfund Butter zusammen aufkochen, nimm es vom Feuer ab und rühre ein halb Pfund feines Weitzenmehl hinein, und 9 bis 10 ganze Eyer eins nach dem andern dazu, thu gestossenen

Zimmt und Muskatenblumen dazu, rühr es recht durcheinander und stich mit einem Löffel runde Stückchen heraus, laß sie in einer Tortenpfanne backen und alsdann streue Zucker und Zimmt drüber.

565. Frische Schmalzkuchen.

Nimm 1 Pfund ausgewaschene Butter, reibe sie zu Schaum, dann schlage mit einem hölzernen Löffel nach und nach 1 Pfund feines Mehl und 20 Eyer hinein, nemlich erst 1 Ey, dann 2 Löffel voll Mehl, rühre es so lange, bis sich das Ey mit der Butter und dem Mehl vermischt hat, fahre damit immer fort bis das Mehl und die Eyer alle sind; dann thu etwa ein Viertelpfund Zucker gerieben, ein wenig gestossne Muskatenblumen, die Schale von einer Zitrone, 2 bis 3 Löffel voll gute und süsse Sahne, 3 Löffel voll gute Breyhanshefen in diese Masse, und rühre sie beynahe eine gute Stunde lang, thu sie in eine Bisquitforme, laß sie an einem warmen Orte aufgehen, bis die Masse mit der Forme gleich steht, alsdann laß sie langsam gar backen; es muß aber unten und oben Feuer seyn.

566. Fingerkuchen.

Nimm 3 Eyer, dazu Zimmt, Zucker, süsse Sahne, nach deinem Gutdünken, und von einer Zitrone die abgeriebene Schale; von diesem allen mache mit feinem Mehl einen dichten Teig, der nicht mehr anklebt. Mangele ihn dünne

dünne auseinander, schneide ihn in Figuren und backe ihn in abgeklärter Butter.

567. Spritzkuchen.

Nimm ein halbes Nössel Sahne, und eben so viel Milch, gieß es zusammen in einen Tiegel, thu ein Stückchen Zucker dazu, laß es aufkochen, schütte 3 Kellen voll Mehl hinein, knete es mit der Kelle durch, und setze es wieder aufs Feuer. Wenn nun dieser Teig hübsch kurz von einander geht, so ist er gut. Alsdann lege ihn in eine Schüssel und schlage 8 Eyer drauf. Hiermit wirke es nun durch, schlage wieder 3 bis 4 Eyer hinein, und wirke es abermals so lange durch, bis es platzt. Setze 1 Pfund Schmelzbutter in einem Kessel aufs Feuer; indessen thu etwas von dem Teige in die Spritze, und wenn der Schaum von der Butter fällt, so spritze den Teig aus der Spritze, schöpfe mit der Kelle die Butter drüber, daß er braun werde, wende ihn alsdann um und schöpfe wieder Butter drüber. Wenn er gelbbraun ist, so nimm ihn heraus mit der Kelle, laß die Butter ablaufen und bestreue ihn mit Zucker, und spritze einen zweyten Kuchen hinein; und so immer weiter.

568. Spritzkuchen auf andere Art.

Man macht ordinären Teig von Milch und Mehl, und läßt denselben auf dem Feuer recht steif werden; alsdann rührt man 12 Eyer nebst feinem Zucker drunter und reibt ihn durch die Spritze.

569. Gebacknes zu machen.

Nimm gutes Mehl, Rohm und 3 Eyer, menge es wohl durch als ein Pfannkuchenteig, thu Zimmt, Zucker, Muskatenblumen drein. Du kannst auch in Rosenwasser wohl gestossne Mandeln dazu nehmen; thu es in eine Schüssel, stelle es auf eine glühende Pfanne, laß es dick und hernach kalt werden, dann schneide es in lange Stücke und backe es in heisser Butter.

570. Waffeln.

Nimm 3/4 Pfund Mehl, 7 Eyer, 1/2 Maaß Milch, 3 gute Löffel voll dicke Hefen, für 6 Pf. Brantwein, 1/2 Pfund Butter, rühre diese zu Schaum und thue sie nach und nach dazu. Laß den Teig eine Stunde gehen, beschmiere das Waffeleisen mit einer Speckschwarte, und halte es, wenn du Teig drein gethan hast, über Kohlen und backe geschwind; Zucker, Zimmt und Muskatenblumen kommen nach Belieben dazu.

571. Waffeln auf andere Art.

Nimm 1/2 Nössel Sahne, eben so viel Milch, 4 Eydotter; das Weisse von 4 Eyern wird zu Schnee geschlagen; hiernächst 1/2 Pfund Butter und 3 Loth Zucker; dies wird zusammen etwas steifer eingerührt, als ein Eyerkuchen; das Eisen wird mit Speck geschmiert, die Waffeln werden darin gebacken, und dann mit Zucker und Zimmt bestreut.

572. Schwedische Waffeln.

Nimm 6 Löffel voll schönes weisses Mehl, 4 ganze Eyer und 4 Eydotter, rühr es wohl zusammen, schütte hernach ganz sauern dicken Milchrohm dran, thu Zucker, ein wenig Salz und gestossne Muskatenblumen dazu, rühr es zusammen und bestreich das Waffeleisen ein wenig mit süsser Butter und laß sie backen, du kannst auch noch Zucker drüber streuen.

573. Plinzen.

Man nimmt recht feines Mehl, acht Eydotter, süsse Sahne, Milch, etwas Butter, Hefen und kleine Rosinen. Dieses alles wird zu einem mehr dünnen als dicken Teig zusammen gerührt und an einen warmen Ort hingestellt, damit der Teig vor dem Backen wohl aufgehe. Alsdann wird in der Pfanne Butter gebraten, wenn der Schaum fällt, so wird etwas von dem Teige eingegossen und ganz dünne und hurtig ausgebacken. Die Plinzen werden, jede mit Zucker bestreut, und übereinander in eine Schüssel gelegt. Man kann sie auch zusammen wickeln und so in die Schüssel herum legen. Man kann auch bey jeder Plinze, die man eingiessen will, statt Butter mit Speck die eiserne Pfanne stark ausschmieren und so backen. Man kann auch Pflaumenmus länglicht in die Plinzen legen und sie geschwind aufwickeln; dies schmeckt sehr gut.

574. Eine Plinzenspeise.

Zu einer kleinen Porzion für 6 bis 7 Personen gehören 3 Plinzen, und zu diesen nimmt man 3 Eyer etwas Milch und Mehl, Zucker ein wenig Salz und bäckt sie wie die vorigen. Wenn sie hellgelb gebacken sind, lege sie auf ein Brett und laß sie kalt werden. Nimm Eingemachtes, als Himbeeren, Johannisbeeren, Kirschen oder was du sonst willst, wenn es nur etwas Süsses ist, mache von diesem Eingemachten über jeden Plinzen in der Mitte einen langen 4 Finger breiten Strich, rolle alsdenn jeden Plinzen zusammen und schneide ihn in kleine Stücke. Schmiere eine blecherne Form dicke mit Butter aus, lege die Plinzenstückchen drein und 1/8 Pfund Butter in kleinen Stückchen dazwischen; quirle 7 ganze Eyer etwas Zucker und Zimmt, und ein wenig Mehl in ein halb Nössel Milch und gieß es über die Plinzenstückchen, aber nicht eher als bis du sie backen willst. Wenn sie gebacken sind bestreu sie mit Zucker und Zimmt.

575. Ein sogenannter Junkerkuchen.

Man schneidet Aepfel in kleine Würfel, etwa ein halb Nössel voll, läßt solche in abgeklärter Butter mürbe kochen, dann thut man das Weisse von 10 Eyern zu Schnee geschlagen dran, und rühret etwa 1/2 Pf. gestossene Mandeln, etwas Zimmt, etwas geschnittene Succade und 3 gestossene Zwiebacke, auch Zucker nach Belieben drein. Hierauf muß man für 1 Gr. weisses

ses Brodt reiben, und solches mit Butter ein wenig gelb braten; dann legt man einen mit Butter bestrichenen Bogen weisses Papier in die Tortenpfanne, streue von dem geriebenen und gebratenen Brodte ein wenig drauf, und legt den angerührten Teig drüber; auf diesen wird wieder etwas von dem Brodte gestreuet, daß er bedeckt ist, worauf man ihn in der Tortenpfanne langsam gar backen läßt. Er kann aber nicht eher, als bis er kalt ist, herausgenommen werden. Es kommt auch etwas Korinthen dazu; doch streuet man nicht gern Zucker drüber.

576. Zwiebackskuchen.

Laß in 1 Nössel Rohm oder Milch für 6 oder 8 Pfennige Zwieback weich werden, rühre von 6 Eyern das Gelbe und das zu Schnee geschlagene Weisse drein, thu von einer Zitrone die Schale gerieben, von 2 Zitronen den Saft, 1/2 Pfund Butter geschmolzen, und Zucker nach Belieben dazu und laß es in einer Tortenpfanne gar backen.

577. Ein Königskuchen.

Nimm 1 Pf. Mehl, 1 Pf. Butter, 3/4 Pf. feinen Zucker, 1/4 Pf. bittre Mandeln, 15 Eyer, von 2 Zitronen die Schale, Muskatenblumen, die Butter reibe zu Schaum, die Hälfte der Eyer schlage ganz und von den übrigen die Dotter hinzu, so auch die Mandeln, welche gröblich gestossen worden; wenn die Eyer hineingeschlagen, so thu des übrige dazu und schmiere deñ Teig eines kleinen Fingers dick und backe es.

578. Gelbes Brodt.

Nimm 1/2 Pf. gestossenen Zucker, 2 Pf. feines Weitzenmehl, 10 Eydotter, 2 ganze Eyer; zerschlage die Eyer wohl, rühre zuerst den Zucker, hernach das Mehl hinein recht untereinander. Mache eine Kapsel von Papier schmiere sie mit Butter aus, gieß das Eingerührte darein, lege sie in die Tortenpfanne und backe es bey geschwindem Feuer. Wenn es in die Höhe gegangen ist, gieb ihm oben stärkeres Feuer, das es eine harte Rinde bekommt, bestreiche es mit einem im Wasser gerührten Eydotter und siehe fleißig darnach, daß es nicht verbrennt. Schneide daraus, wenn es noch warm ist, länglichte Stücke und laß sie bey der Wärme völlig trocken werden. Es hält sich sehr lange und wird gemeiniglich kalt gegessen.

579. Mandelkalätschen.

Man nimmt 1/4 Pf. süsse und 2 Loth bittre Mandeln, 1/4 Pf. Zucker, 1/4 Pf. Butter, 2 Eyer und 8 Löffel voll Mehl; die Butter muß aber recht rein ausgewaschen werden. Dann werden die Eyer unter die Butter gerührt, welche vorher zu Schaum gerührt worden ist. Die Mandeln werden abgezogen und gestossen, dann kommen sie unter die Butter, und zuletzt etwas trocknes Mehl dazu. Wenn es recht durcheinander gerührt ist, so werden 2 Bogen

Papier mit Butter bestrichen und runde Häufchen etwas hoch auf das Papier gelegt, und bey dem Bäcker gebacken. Die Butter muß Hosenbutter oder weisse Stückenbutter seyn. Es muß auch der Teig nicht in die Hitze geschoben werden.

580. Wienerkalätschen.

Nimm 1 1/2 Pf. wohl ausgewaschne Butter, rühre sie so lange, bis sie so weiß wird als Schnee, schlage nach und nach 13 Eydotter hinein, thu 1/4 Pf. Zitronat, etwas Zucker, 1 Nössel recht gute Sahne und 2 Kannen feines Mehl, ingleichen etwas Hefen, Salz und Muskatenblüthe dazu, und rühre alles wohl untereinander. Sodann nimm ein Blech, setze von dieser Masse kleine Häufschen an einander, und lasse es an einem warmen Orte gehen; bestreich sie hernach mit Eyern, und laß sie backen.

581. Gebackne Mandeln.

Nimm 3 Eydotter, etwas Zucker, Zimmt und Muskatenblumen; mache mit Mehl davon einen steifen Teig, schneide mit der kleinen Mandelsform, womit man 6 Mandeln auf einmal ausschneiden kann, die Mandeln aus, und backe sie in Schmalz.

582. Englisches Schnittgebacknes.

Es wird feines Mehl, viel oder wenig, nachdem man das Gebackne haben will, in ein Geschirr

schirr gethan, und mit ein wenig Milch so angenetzt und durchgestampft, daß es noch recht dicke bleibt. Man schlägt allemal 4 bis 5 Eyer hinein, und rührt es bis der Teig mittelmäßig fliessend geworden ist, (ohngefähr auf 1 Maaß Milch, 12 Eyer gerechnet.) Dann thut man etwas gestossene Muskatenblumen und etwas Rosenwasser dazu. Wenn der Teig noch nicht fliessend genug seyn sollte, so gießt man noch ein wenig Milch hinzu, daß er als ein gewöhnlicher Pfannkuchenteig werde. Nun bestreicht man eine Tortenpfanne mit Butter, und thut von dem Teige ohngefähr eines Fingers dick hinein, legt unten und oberhalb der Pfanne nur heisse Asche, damit der Teig etwas hart abtrockne, aber nicht gar backe. Ist er nun fein hart, so schneidet man ihn in Streifen, die ungefähr anderthalb Finger breit, und nach Gutdünken, lange sind, nimmt sie aus der Pfanne heraus; und wenn man noch Teig übrig hat, so verfährt man nach eben der Art fort, schneidet die Stücken rings herum ein wenig ein, und macht oben über einen krummen Einschnitt, worauf sie in abgeklärter Butter vollends ausgebacken werden. Man kann auch unter den vorbeschriebenen Teig ein wenig Zucker und fein gestossne Mandeln thun, wodurch dieses Gebackne sehr verbessert wird. Alsdann werden die abgeschnittenen Stücke in Schmelzbutter oder Schmalz gebacken.

583.

583. Englische Schnitte auf andre Art.

Rühre 6 Löffel voll Mehl mit Sahne ab, schlage 16 Eyer dazu, rühre es mit einem Nössel Sahne untereinander; bestreich eine Tortenpfanne stark mit Butter, thu das eingerührte hinein, gieb ihm unten und oben Feuer und laß es gelinde backen; nur muß es recht trocken seyn. Lege es hernach auf einen Tisch, schneide mit einem Messer Finger lange Stücke, und diese in der Mitte noch einmal durch; alsdann setze Schmalz oder Schmelzbutter auf; wenn der Schaum fällt, so laß das Geschnittne ganz gelinde backen. Du kannst sie auch nur recht scharf heiß werden lassen und sie denn ganz gelinde ausbacken. Bey dem Anrichten wird es mit Zucker und Zimmt bestreut.

584. Maultaschen.

Mache einen guten Teig wie zu Blättertorten, und mangele ihn 5 mal recht dünne auf; schneide viereckigte Stücke einer Hand breit; stoße alsdann 1/2 Pf. abgezogne Mandeln recht fein mit etwas Eyweiß, und thu 8 Loth Zucker dazu. Ferner reibe eine Zitronschale auf Zucker ab, und schlage nach und nach 5 Eyer dazu. Alsdann thu auf jedes Stück Teig einen Löffel voll von der Masse, schlag alle vier Ecken oben zusammen und drücke sie mit den Fingern an; bestreich es mit Eyern und laß es backen. Beym Bestreichen muß man sich in Acht nehmen, daß nichts

nichts an das Zerschnittne kommt, weil es sonst eine Bindung macht, und nicht blättrig wird.

585. Maultaschen auf andre Art.

Nimm 16 Loth Mehl, 4 Eydotter, eine halbe Eyerschale voll süssen Wein, 10 bis 12 Loth Butter; dies alles zusammen gerührt, dünne aufgemangelt, wie ein Briefkuvert geschnitten und dann mit folgender Masse angefüllt: 24 Loth Mandeln, 10 Loth Zucker, 4 ganze Eyer, reibe dieses zusammen in einen Reibasch 2 Stunden lang, fülle es hinein und laß es beym Bäcker backen.

586. Arme Ritter.

Nimm Semmelscheiben, lege sie in Milch, rühre 3 Eyer in etwas Milch nebst Zucker und Mehl so dick, als zum Eyerkuchen; lege die Scheiben hinein, alsdann backe die Scheiben in Schmalz oder Butter, und wenn sie fertig sind, so bestreu sie mit Zucker und Zimmt.

587. Aepfelschnitte.

Schäle grosse Aepfel ab, und schneide sie in runde Scheiben; höhle in der Mitte das Kernhaus heraus. Quirle 2 ganze Eyer und ein halb Nössel Milch untereinander und so viel Mehl drein, daß diese Glaire so dick wird, wie zum Eyerkuchen; tunke die Aepfelscheiben hinein, und brate sie langsam in Butter oder Schmalz gelbbraun und streu Zucker und Zimmt

drn.

drüber. Es muß ein gutes Theil Zucker drein gethan werden, wenn sie recht gut werden sollen; von obiger Masse kann man ungefähr 24 Scheiben backen.

588. Pflaumen in Schmalz gebacken.

Koche 2 Pf. gute Pflaumen mit Zimmt und Zitronschale ab, laß sie aber nicht zu weich werden; alsdenn schäle 8 Loth von den kleinsten Mandeln, und stecke in jede Pflaume eine davon, statt des Kerns; nimm ferner 1 Maaß gutes Mehl, von 2 Eyern das Weisse, und so viel Wein als nöthig ist, mache eine Glaire davon, die ganz gemächlich von dem Löffel läuft. Setze hierauf in einem Kastroll-Schmalz über das Feuer, thu die Pflaumen in die Glaire, und backe sie in aller Geschwindigkeit aus. Wenn sie gebacken sind, so lege sie auf Papier, bestreue sie mit Zucker; glacire sie alsdann mit einer heissen Glacirschaufel, und bestreue sie mit Zucker und Zimmt. Mit Aepfeln und Birnen kann man es eben so machen.

589. Mandelnmuscheln in Schmalz gebacken.

Wenn die Mandeln gebrühet und abgezogen sind, so legt man sie in frisches Wasser, trocknet sie mit einer Serviette wohl ab, und schneidet sie mit einem Wiegemesser klein, stosset alsdann 1/2 Pf. Zucker recht fein, und rührt ihn mit einem Rührlöffel unter die Mandeln; setzt

Schmalz

Schmalz in einem Kastroll übers Feuer; wenn es heiß ist, thut man die Hälfte der Masse hinein, und läßt es fein gelb ausbacken; man nimmt alsdann einen Durchschlag zur Hand, wie auch die Muscheln, schüttet die Mandeln in den Durchschlag, daß das Schmalz abläuft, füllt die Muscheln mit einem Löffel an, und drückt sie mit der andern Hand sogleich zusammen. Ueberhaupt muß man hiebey geschwinde seyn, weil der Mandelteig sonst hart wird, und sich dann nicht mehr bearbeiten läßt.

590. Mandelnmuscheln ohne Schmalz gebacken.

Nimm 1 Pf. Mandeln und verfahre damit wie mit dem vorhergehenden. Wenn sie geschnitten sind, so stoßt man 1/2 Pf Zucker recht fein, setzt die Mandeln nebst dem Zucker in einem Kastroll übers Feuer und läßt es gelbbraun werden. Sodann taucht man die Muscheln ins Wasser, drückt die Masse ein u. s. f. wie vorher beschrieben.

561. Petit - choux.

Laß 1/2 Nössel Milch und 1/2 Pf. Butter zusammen scharf aufkochen, alsdenn rühre 1/2 Pf. Mehl nach und nach hinein, rühre es scharf daß es nicht anbrennt, und laß es noch ein Weilchen auf dem Feuer stehen, dann thu es in eine Schüssel, wenn es nur lauwarm ist, rühre 9 bis 10 Eyer eins nach dem andern hinein und etwas Muskatenblumen, von einer Zitrone die Schale

Schale gerieben, auch etwas gestoßne Mandeln dazu. Stich mit einem Löffel runde Stückchen von diesem Teige ab und laß sie auf einen mit Butter bestrichnen Papier in Backofen backen; dann streue Zucker und Zimmt drüber.

592. Hirschgeweihe.

Nimm von 10 Eyern die Dotter, 3 Löffel voll Wasser, eben so viel Zucker und so viel Mehl, daß ein Teig daraus wird, den man rollen kann; alsdann schneide denselben zackicht und backe ihn in Butter.

593. Mandelnspäne.

Nimm 8 Loth süsse Mandeln und 2 Loth bittere, ziehe sie ab, lege sie etliche Stunden ins Wasser, dann stosse sie ganz klein und reibe sie mit 1 Ey und 6 Loth Zucker zusammen. Nimm von dieser Masse und streiche solche wie ein Messerrücken dick auf das Blech, nachdem du solches vorher ganz dünne mit Wachs bestrichen, laß es gelbbraun backen, schneide solche 3 Finger breit, wie eine Hand lang und hänge sie über ein Mangelholz.

594. Hobelspäne.

Nimm 3/4 Pf. süsse und 1/4 Pf. bittre Mandeln, stosse selbige klein, 1 Pf. gestossnen Zucker, von 1 Zitrone die Schale gerieben, 7 Eyer, das Weisse so lange gequirlt, daß wenn der Topf umgekehrt wird, es stehen bleibt. Hernach werden die Mandeln, Zitronschale und Zucker untereinander gethan, und mit dem Eyweiß einꝛ gerühret, die Bleche warm gemacht und mit weissem Wachs bestrichen, dann wird der Teig dünne aufgeschmiert und langsam gar gebacken, wenn es ein wenig vom Feuer gewesen; wird es gleich geschnitten und um einen dünnen Stock gewickelt, aber die krause Seite muß obenhin gebracht werden.

595. Anisgebacknes.

Schlage 8 frische Eyer in einen Topfe mit einer Ruthe klein, oder quirle sie, thu dann 1 Pf. geriebenen Zucker und nach Gutdünken etꝛ was Anis dazu; schlag es wieder ein wenig und mach es mit feinem Mehle so steif, daß man den Teig mangeln kann. Hiervon mache kleine Stückchen und backe sie beym Bäcker oder in der Tortenpfanne.

596. Zimmtröhren.

Nimm 1/2 Nössel Rehm, 3 Quent. Zimmt, ein kleines Spitzglas voll Franzbrantwein, 1/2 Viertelpf. Zucker, und so viel Mehl, wie zu einem dünnen Eyerkuchen nöthig ist. Das Mehl wird nach und nach dazu gethan nebst der abgeriebenen Schale von 1 Zitrone. Das Eiꝛ sen wird mit Speck geschmiert und wenn es recht heiß ist, wird 1 Löffel voll von dem Teig darein gethan, das Eisen vest zugemacht und auf beiꝛ den Seiten gebacken. Wenn sie bräunlicht sind, wird jeder Kuchen auf ein rundes Hölzchen geꝛ

wickelt

wickelt und hurtig wieder abgezogen. Bey jedem Kuchen wird das Eisen wieder mit Speck beschmiert.

597. Zimmtröhren auf andre Art.

Nimm 1/2 Maaß Sahne, 3 ganze Eyer, 1 1/2 Viertelpf. gestossnen Zucker, 1 Loth gestossenen Zimmt, und von einer Zitrone die gelbe Schale, welche auf der Reibe abgerieben wird, und endlich feines Weitzenmehl. Alles wird etwas dünner, wie zum Eyerkuchen eingerührt; dann wird das Zimmtröhreneisen mit Speck bestrichen, und die Zimmtröhren werden auf Kohlen oder geschwinden Feuer gebacken. Wenn sie aus dem Eisen kommen, so werden sie über ein rundes Holz gewickelt, und wenn sie kalt sind, sachte davon wieder abgezogen und mit Zucker und Zimmt bestreut.

598. Mandelnstrauben.

Nimm 1/2 Pf. Mandeln, worunter 2 Loth bittre sind, 1/2 Pf. Zucker, das weisse von 3 Eyern, welches wohl gequirlt werden muß; rühre alles unter einander, thue von dieser Masse kleine Häufchen auf ein mit Butter bestrichenes Blech, mache sie ein wenig breit und backe sie. Wenn sie noch heiß sind, drücke sie auf ein Mangelholz.

599. Mandelnröllchen.

Nimm 2 ganze Eyer und noch 2 Eydotter, 1 Nössel süsse Sahne, 1 Viertelpf. abgebrühete und

und fein gestossne Mandeln, 1 Viertelpf. geriebenen Zucker, 1 Viertelpf. Mehl, rühre alles wohl durch einander und backe diese Masse in einem Zimmtröhreneisen, wie die Zimmtröhren und rolle sie auf dieselbe Art auf.

600. Weinröllchen.

Nimm das Gelbe von 4 Eyern, gestossenen Zimmt, abgeriebene Zitronschale, 2 Weingläser voll Rheinwein und eben so viel Wasser, rühre alles wohl untereinander und so viel feines Weitzenmehl dazu, daß der Teig so dicke wird wie zum Zimmtröhren. Kurz vorher, ehe du sie backen willst, thu so viel Zucker dazu, als dir beliebt. Sie werden wie die Zimmtröhren gebacken; das Eisen schmiere mit einem Läppchen worin Butter gebunden ist; beym Aufrollen verfahre geschwind, daß sie nicht an dem Eisen ankleben.

601. Mandelnschnitte.

Nimm 1 Pf. gestossene süsse Mandeln, 1 Pf. ausgewaschene frische Butter, 4 Eyer, 1 Pf. geriebenen Zucker, und 1 Pf. feines Weitzenmehl; mache davon einen Teig, rolle ihn, wie ein Finger dicke aus, und schneide daraus Stückchen, wie ein Zwieback groß, und backe sie auf einem mit Mehl bestreueten Papier in der Tortenpfanne oder im Backofen.

602. Mandelnschnitte auf andre Art.

Schlage das Weisse von 12 Eyern zu einen steifen Schaum, dann thu die 12 Eydotter nebst

1 Pf.

1 Pf. geriebenen Zucker dazu und schlage es wohl durcheinander. Rühre ferner dazu 1 Pf. Weitzenmehl, ein Pf. abgebrühete und länglicht geschnittene süsse Mandeln, etwas Butter, und von 1 Zitrone die kleingeschnittene mit Franzbrantwein begossene Schale. Rühre es wohl durcheinander und backe es auf einem Papier in der Tortenpfanne gar, alsdann nimm es heraus und schneide es in gleiche Stückchen und laß sie noch einmal backen, daß sie gelbbraun werden.

603. Mailändische Kuchen.

Nimm 1 Pf. Mehl, 1 Pf. geriebenen Zucker, 1/2 Pf. frische Butter, 3 ganze Eyer und noch 3 Eydotter, 2 Löffel voll Orangenwasser, von 1 Zitrone die gelbe Schale in sehr feine Würfel geschnitten; schütte das Mehl auf ein Kuchenbrett, mache in der Mitte des Mehls eine Vertiefung, schlage die Eyer da hinein, rühre sie mit einem hölzernen Löffel klein, alsdenn das Orangenwasser und die in kleine Stückchen zertheilte Butter und den Zucker dazu; rühre alles recht durcheinander und knete davon einen Teig, rolle ihn oder mache ihn mit den Händen breit, eines Fingers dick; stich ihn aus mit einer blechernen Forme, welche die Gestalt einer Rose und die Grösse eines Weinglases hat. Lege diese Kuchen auf ein mit Mehl bestreutes Papier, so, daß zwischen einem jeden ein 2 Finger breiter Raum bleibt, und laß sie in der Tortentenpfanne oder im Backofen bey gelinder Hitze nur stark gelb, aber nicht braun backen, weil sie sonst sehr leicht verbrennen können. Bey dem Einrühren muß man geschwind seyn, weil der Teig sonst weich wird. Im Sommer muß man ihn an einem kühlen Orte zubereiten. Diese Kuchen halten sich sehr lange.

604. Nürnberger Kommisbrodt.

Nimm 15 Eydotter, quirle solche in einem Topfe, bis sie klar sind, denn thu dazu 12 Loth fein gestossenen Zucker, und eben so viel Mandeln, von 2 Zitronen die Schale abgerieben, 1 Loth Zimmt und 3 Quentchen Nelken, beydes gröblich gestossen, alles dieses muß ohne Aufhören eine ganze Stunde gequirlt werden, wenn es dann danz dicke und wie ein Schaum geworden, so quirlet man noch 6 Loth Hausbackenbrodt, welche zuvor in dünne Scheiben geschnitten und in der Tortenpfanne gelblich geröstet und hart geworden, nachdem klein gestossen und durch ein floren Läppchen gesiebet, darunter, aber nicht länger als bis solches in der vorigen Masse sich recht verrühret hat. Dann schütte solches in ein mit Butter bestrichenes Tortenblech und backe es im Backofen oder schütte es in eine Tortenpfanne und backe es in derselben.

605. Weisse Nürnbergerkuchen.

Rühre 13 Loth gestossenen Zucker, in 4 Eydottern so lange bis es schneeweiß und ganz zu Schaum wird, dann rühre 1 Loth Zimmt,

1/2 Loth

1/2 Loth Nelken und so viel Kardamome, alles grob gestossen, darein, auch für 2 Gr. Zitronat und von einer Zitrone die klein geschnittene Schale; wenn dieses geschehen, so rühre auch 13 Loth des besten Mehls darein, und 1/2 Pf. grob geschnittene Mandeln, welche zuvor in der Tortenpfanne abgehärtet worden, dann streichet man von dieser Masse, so lang und breit man es haben will, auf Oblaten und backt es bey nicht zu starken Feuer in der Tortenpfanne. Diese Masse giebt ein Dutzend solcher Kuchen, sie halten sich sehr lange.

606. Baumkuchen.

Nimm 30 frische Eyer, 1 1/2 Pf. Zucker, 2 Pf. gute Butter, 1 Loth Zimmt, 1 1/2 Quentchen Kardamome, 1 1/2 Quentchen Muskatenblumen, von 3 Zitronen die Schale auf einem Reibeisen abgerieben, 1 Maaß süsse Sahne, 2 1/2 Pf. feines Weitzenmehl; das Weisse der Eyer thu in einen grossen Topf und das Gelbe in einen tiefen grossen Napf; das Gelbe reibe etwas mit einer hölzernen Keule, schütte den feingeriebenen Zucker nebst der abgeriebnen Zitronschale und dem gestossenen Gewürz dazu und reibe es eine halbe Stunde immer nach einer Seite, dann gieß allmählig die geschmolzene Butter, (welche du auf gelindem Kohlenfeuer kochen lässest, daß sie sich von dem Salz scheidet, aber nicht braun wird) wenn sie etwas abgekühlet und von allen Salze völlig gereiniget ist, dazu, rühre es wieder eine halbe Stunde, dann schütte nach und nach das Mehl dazu, und rühre es so lange, bis alles Mehl in den Teig gerührt ist, dann gieß nach und nach die kalte Sahne dazu und rühre es wohl durcheinander. Wenn man die Sahne bald zugiessen will, muß man anfangen, das Eyweiß zu Schaum zu schlagen, bis es steif ist, unter der Zeit muß aber der Teig beständig gerührt werden. Wenn das Eyweiß steif geschlagen, rühre es zu dem Teig, bis es mit demselben ganz vermengt ist. Du kannst auch die Butter, auf schon gedachte Weise, den Tag vorher schmelzen und in den grossen Napf abgeklärt giessen; alsdenn aber must du sie, wenn der Kuchen eingerührt werden soll, mit einer Keule zu Sahne reiben, das Gelbe von den Eyern dazu thun und im übrigen eben so, als schon gesagt ist, verfahren; auf diese Art wird der Kuchen sehr schön und mürbe. Eine Weile vorher, ehe der Kuchen völlig eingerühret ist, lege den mit Bindfaden umwundenen Baum an das Feuer, daß er recht durchhitzet, er muß aber beständig gewendet werden, als wenn der Kuchen schon dran wäre; das Schäumen des Baums ist nicht schädlich und rührt blos von der Butter her, die im Holze sitzt; wische sie mit einem Tuche behutsam ab, daß der Bindfaden sich nicht verschiebe. Alsdenn fülle etwas von dem Teige in eine irdene Bratpfanne, setze sie unter den Baum, und begieß denselben mit dem Teige; im Begiessen drehe den Baum

lang-

langsam, hernach aber geschwinder, daß er Zacken bekomme; so bald von dem Kuchen nicht mehr Teig abtriefet, muß die Bratpfanne, bis zum folgenden Begiessen, vom Feuer weggesetzt werden, daß der Teig in derselben nicht backe. Wenn nun der eine Guß braun genug ist, so begieß ihn wieder, wie das erstemal, und fahre so fort mit dem Begiessen, wenn jeder Guß braun genug ist, bis der Teig alle ist. Ist der letzte Guß braun genug, so nimm eine Streudose mit recht feinem Zucker und bestreue ihn, wenn vorher eine Schüssel untergesetzt worden, in währenden Wenden mit Zucker. Wenn er fertig ist, ziehe an jedem Ende den Nagel, der auf der Ründung des Baums geschlagen ist aus, weil er sonst an dem Herausziehen des Bindfadens hinderlich ist; dann schneide den Kuchen an beyden Enden grade, den Bindfaden must du aber ja nicht durchschneiden. Alsdenn mache den Bindfaden da, wo er vest gemacht ist, los, halte ihn dichte an den Baum und ziehe ihn so behutsam als möglich, so wie er gewickelt ist, immer dichte an den Baum gehalten heraus, bis ohngefähr auf die Hälfte, und dann von dem andern Ende eben so. Sollte der Kuchen noch nicht ganz los seyn, so fasse an jedem Ende einer den Bindfaden an und ziehe ihn hin und her, immer dichte an dem Baum, bis man um den Baum herum ist, alsdenn ist er los und man kann ihn an dem dünnen Ende des Baums abnehmen. Der Baum wird mit Bindfaden

 von

von mittler Dicke umwickelt, schlage an jedem Ende des Baums, wo der Kuchen nicht hinkommt, einen kleinen Nagel, den Bindfaden anzubinden; schlage gleichfals an jedem Ende auf der Ründung des Baums gegen der scharfen Kante desselben einen kleinen Nagel, an den ersten binde den Bindfaden an und gegen den zweyten lege ihn, daß der Bindfaden nicht herunterglei≈en kann. Winde den Bindfaden ohngefähr einen Finger breit von einander und mache ihn an dem andern Ende wieder eben so veste. Bey dem Backen setze in der Fignr eines halben Mondes Mauersteine vor den Kuchen, und mache darin das Kohlenfeuer, sonst wird er in der Mitte eher braun als an den Enden. Hat man einen neuen Baum, so muß man ihn etliche Tage vorher, ehe man ihn brauchen will, einige Stunden ordentlich am Feuer wenden und immer mit Butter begiessen, sonst schmeckt der Kuchen nach dem Holze; ist er aber einmal so präparirt, so ist er für immer gut.

607. Baumkuchen mit Mandeln.

Reibe 1 Pfund ausgewaschene Butter in einem tiefen Napf mit einer hölzernen Keule zu Sahne, thu dazu 1 Pf. geriebenen Zucker, 1/2 Pf. abgebrühete und fein gestossene oder geriebene süsse und einige bittere Mandeln, von 20 Eyern das Gelbe, reibe es wohl, immer nach einer Seite, und rühre dazu ein nur knapp gewogenes Pf. Mehl. Das Weisse von den Eyern schlage

schlage zu einen steifen Schaum, thu es dazu, nebst gestossenem Zimmt, Kardamome, Muskatenblumen und einigen Gewürznelken, ingleichen die abgeriebene Schale von einer Zitrone, rühre es untereinander und backe ihn so wie beym vorigen gesagt ist. Diese Porzion wird nur ein kleiner Kuchen und muß sehr wohl mit der Keule untereinander gerieben werden, bis der Teig Blasen bekömmt; jemehr es gerieben wird, desto besser wird der Kuchen.

608. Baumkuchen auf andre Art.

Nimm 24 Eyer, schlage das Gelbe von denselben in einen neuen Topf, quirle es wohl untereinander, hiernächst nimm 1 Pf. fein geriebenen Zucker, dazu 1 Maaß süsse Sahne, von 2 Zitronen die Schale, 1 1/2 Loth Muskatenblumen, Zimmt, 1 1/2 Pf. oder 52 Loth Mehl, ferner 1 Pf. zerlassene Butter; dieses alles schlage wohl untereinander, dann schlage 12 Eyweiß zu Schnee und rühre es darunter; bewickle einen Spieß mit Bindfaden, und laß ihn am Feuer recht heiß werden, sodann giesse die Masse drauf und drehe während dem Giessen den Spieß. NB. Der Spieß muß auch noch mit einem mit Butter beschmierten Papier bewickelt werden.

609. Ulmer Brodt.

Man rührt ohngefähr 4 Hände voll des besten Weitzenmehls in ein Nössel gute Sahne oder süsse Milch; wenn es gut gerührt ist, setzt man es auf einen Ofen, daß es etwas aufgehe.

Alsdann thu hinzu 2 Eyer und noch 4 Eydotter, 1/2 Pf. fein geriebenen Zucker, 1/2 Loth Kardamome, 1/2 Loth geriebene Muskatennuß oder Blumen und knete so viel Mehl dazu, daß es ein derber Teig werde. Von diesem Teige mache runde Brodte, setze sie auf ein Blech, laß sie bey dem Ofen etwas trocknen, dann backe sie geschwind. Wenn sie kalt sind, schneide sie in dünne Scheiben und dürre sie bey der Wärme völlig ab; man kann dies Brodt warm, auch kalt essen, und die getrockneten Scheiben halten sich sehr lange und schmecken besonders zum Wein vortreflich.

610. Karlsbader Zwieback.

Nimm 4 Loth feingeriebenen Zucker, 2 Eyer, 3 Loth gestossene Mandeln, einige Gewürznelken gestossen, feingeschnittene Zitronschale, und 4 Loth feines Mehl; die Eyer quirle, rühre den Zucker, die Mandeln, die Nelken, Zitronschale und Mehl hinzu und alles recht untereinander; dann lege den Teig in Formen, welche einer Hand breit und so lang als das Blech seyn müssen; die Formen müssen auch nur halb voll Teig und mit Papier bedeckt seyn; setze sie auf das Blech und laß sie backen. Wenn der Teig über das Papier gestiegen und braun genug geworden ist, nimm ihn aus den Formen, schneide ihn in Scheiben, lege sie dichte neben einander auf das Blech und laß sie in dem Ofen hart werden; dann nimm sie heraus und verwahre sie zum Gebrauch.

611. Zitrongebacknes in Butter ausgebacken.

Man stosse 4 Loth Mandeln, oder reibe sie so fein, wie Mehl, und arbeite sie mit dem Weissen von 6 Eyern, je länger desto besser, wohl untereinander. Hierzu kommt noch eine geriebene Zitronschale und 1 Pf. Zucker, welches alles zusammen über dem Feuer abgerührt wird, bis es recht steif geworden; worauf es in vorher abgeklärter Butter ausgebacken wird.

Dieses beschriebene Angerührte kann entweder durch eine Spritze in die Butter getrieben oder in Modelle ausgestochen und ausgebacken werden.

612. Gebacknes Wurzelgewächse.

Gebackne Artischocken. Diese muß man erstlich sauber putzen, wie sie zum Kochen seyn müssen. Man schneidet sie in der Mitte und jede Hälfte noch einmal durch, nachdem sie groß sind; hierauf wird von jedem Stücke das Rauhe nebst den kleinsten Blättern von dem Stiel abgeschnitten, die Artischocken werden ein paar Stunden in kaltes Wasser gelegt, und dann in Wasser und Salz nur ein wenig gekocht, daß sie kaum halb gar werden. Man nimmt sie heraus, läßt sie rein abtriefen, tunkt sie in beliebige Glaire, und läßt sie in heisser Butter ausbacken.

Gebackner Spargel. Wenn er rein abgeputzt und in kochendem Wasser nur einmal

ganz

ganz gelinde aufgesotten worden, nimmt man ihn heraus, daß er trockne und abkühle. Der Spargel wird hierauf, so weit als das Mürbe geht, in eine Glaire oder in einen Teig getunkt, und in abgeklärter heisser Butter ausgebacken.

Gebackne **Zuckerwurzeln.** Man muß sie sauber abschrapen, nur einmal, wie den Spargel aufkochen, in Glaire tunken und in Butter ausbacken lassen. Mit **Carotten, Cichorien** und **Scorzonerwurzeln** verfährt man eben so. Auch werden manche **Kräuter** und **Blumen** so gebacken, als Salbeyblätter, Sauerampferblätter, Hollunderblumen u. s. w.

Man kann sich unter den mancherley zuvor beschriebenen Glairen eine aussuchen, die am meisten gefällt, um darin Wurzeln, Kräuter und Blumen abzubacken.

Gebackne Artischocken und Spargel gehören unter die Gast-Speisen vom ersten Range, die übrigen Wurzeln und Blumen sind aber nur vom zweyten Range.

Man kann die gebacknen Wurzeln, Kräuter und Blumen entweder als besondere Gerichte aufsetzen, oder andere Schüsseln damit garniren.

613. Die Butter abzuklären, worin man Kuchen backen will.

Man nimmt so viel Butter, als man zum Backen nöthig hat, thut dieselbe in einen Tiegel oder in ein Kastroll und setzt es auf Kohlenfeuer, daß die Butter langsam schmelzet, und läßt sie eine Weile langsam kochen, sie darf aber nicht braun werden, sonst verliert sie ihre Kraft im Backen; auch muß sie im währenden langsamen Kochen nicht geschäumt werden, denn das Salz und Unreine setzt sich von selbst unten hin, und der Schaum wird oben zu einer Haut. Wenn nun die Butter klar und wie Oehl aussiehet, setzt man sie ab und läßt sie eine kleine Weile stehen, daß sich das Salz niedersetzt, alsdenn kann man mit einem kleinen Schaumlöffel, das oberste Unreine ganz sachte abnehmen und die reine klare Butter durch ein kleines Sieb in einen Tiegel oder Kastroll, so inwendig aber ja nicht naß seyn muß, abgiessen, daß alles Salz zurück bleibt, so ist die Butter zum Backen sehr gut. Wenn man backen will, thut man von dieser Butter, so viel man braucht in einen Tiegel, läßt sie heiß werden, legt ein Stückchen von dem Teig, dem man backen will, hinein, bleibt es auf dem Grund liegen, so ist die Butter nicht heiß genug, wird es aber gleich von der Butter in die Höhe geworfen, so ist sie heiß genug, dann kann man die Kuchen darin backen, doch muß man nicht zuviel auf einmal einlegen, damit die Butter den Teig auch bezwingen kann. Während den Backen begießt man mit einem Löffel die Kuchen mit Butter, wonach sie gut aufgehen, auch müssen sie gehörig umgewendet werden. Wenn die Butter während dem Backen anfängt zu schäumen, so ist sie entweder

weder nicht recht abgeklärt, oder sie ist nicht heiß genug, oder wohl zu heiß, wird braun und verliert ihre Kraft, oder es liegt zu viel Teig in der Butter, daher sie nothwendig in Schaum gerathen muß. In Gänse- oder Schweinschmalz kann man kleine Kuchen auch gut backen; man läßt es in einem Tiegel oder Kastroll recht heiß werden, legt ein Stückchen Teig hinein, wird es von dem Schmalz in die Höhe geworfen, so kann man anfangen zu backen. Bäckt man Muskuchen und es kommt ein wenig Mus in die Butter oder Schmalz, so fängt es an zu schäumen und ist zum Backen nicht mehr tauglich, kann aber noch zu Vorkosten gebraucht werden.

Vierzehnte Abtheilung.

Von der Zubereitung der Torten, des Marzipans und übrigen Zuckerwerks.

614. Baumtorte.

Nimm 1 Pf. frische Butter, 1 Pf. fein geriebenen Zucker, 16 Eyer, 1 Pf. feines Weitzenmehl, von einer Zitrone die abgeriebene Schale und ein wenig gestossne Muskatenblumen. Die Butter schmelzet man, wie beym ersten Baumkuchen gesagt worden, und giesset sie in eine tiefe

Schüssel ab, daß alles Salz zurück bleibt; wenn sie kalt ist, wird sie mit der hölzernen Keule zu Sahne gerieben, dann thu zuerst den Zucker dazu und rühre es gut durcheinander, hernach von den 16 Eyern nach und nach das Gelbe, dann die Zitronschale und Muskateublumen dazu. Das Weisse von den Eyern wird zu einem steifen Schaum geschlagen, alsdenn nebst dem Mehl allmählig dazu gerührt und so lange gerieben, bis der Teig Blasen bekömmt. Alsdenn beschmiere die Tortenpfanne ein wenig mit Butter, lege einen mit Butter bestrichnen Bogen Papier darein, und schmiere den Teig, wie ein guter Messerrücken dicke drauf, mache unten und oben gelindes Feuer, bis der erste Guß braun genug ist, dann wieder Teig in voriger Dicke drauf, und fahre so fort, bis der Teig alle ist. Wenn der erste Guß braun genug ist, muß unten kein Feuer mehr, sondern nur immer oben auf dem Deckel ein gelindes Kohlenfeuer unterhalten werden. Man kann auch, wenn etliche Gusse gebacken sind, Konfituren darauf streichen und wieder etliche Gusse darauf backen. Hat man so viel Teig, kann man noch einmal Konfituren drauf streichen, und wieder einige Gusse drauf backen. Man muß bey dieser und bey allen Torten dahin sehen, daß unter der Tortenpfanne in der Mitte kein Kohlenfeuer sey, sonst verbrennen sie unten sehr leicht.

615. Baumtorte auf andre Art.

Nimm 1 Pf. Butter, reibe sie zu Sahne, 1 Pf. geriebenen Zucker, von 1 Zitrone die abgeriebene Schale, 20 Eyer, (davon hernach das Weisse zu Schaum geschlagen wird) und 1 Pf. Kraftmehl. Wenn die Butter zu Sahne gemacht ist, so schlag und reibe immer 2 Eydotter und 2 Löffel voll Zucker hinzu, bis die Eyer und der Zucker alle ist, rühre solches alles eine Stunde lang immer nach einer Seite zu, alsdann rühre das Mehl, dann die geriebene Zitrone, und zuletzt den Schaum dazu. Von dieser Masse schmiert man, wie ein Messerrücken dick auf ein Blech, welches in eine mit Butter ausgeschmierte Tortenpfanne gelegt wird; damit fährt man fort, bis die Masse alle ist. Von dieser Masse wird es 3 Finger hoch auf einer mittelmäßigen Schüssel. Will man es höher haben, so muß man mehr nehmen. Oben auf kann man einen Guß von weissen Zucker machen, da man das Weisse von den Eyern zu Schnee schlägt, feinen wie Puder geriebenen Zucker drunter quirlt, und dieses drüber gießt.

616. Blättertorte.

Nimm schönes Weitzenmehl, so viel du zu brauchen denkst, trockne es vorhero, mache alsdann in der Mitte eine Abtheilung, schlage ein Ey hinein, thu einen Löffel voll Bräntwein, ein klein Stückchen Butter, und gieß ein wenig Wasser hinzu. Dies alles wird untereinander gerührt gerühret und dreymal gemangelt, alsdann die andre Butter recht rein ausgewaschen, daß sie fein trocken wird, auch mit einer Serviette abgetrocknet und in den Teig geschlagen. Der Teig wird zehnmal gemangelt, und jederzeit nach einer Seite übergeklappt. Auf diese Art kann man Torten und Pasteten backen. Kannst du aber hiermit nicht gut fertig werden, so theile den Teig in 5 bis 6 Stücke, und die Butter auch in 6 Stücke, diese Butter muß aber recht hart seyn. Alsdann mangle ein Stück Teig, und lege dünne Scheibchen Butter drauf; dann Teig, dann wieder Butter, dann wieder Teig u. s. f., das Letzte muß Teig seyn. Hernach wird die Kante rund herum umgeschlagen, und auseinander gemangelt, dann wieder zusammen geschlagen, und wieder auseinander gemangelt. Wenn nun dieses 3 bis 4 mal geschehen ist, so wird der Teig seine rechte Güte haben. Zu einer Torte von der Grösse einer kleinen Schüssel gehört 1/2 Pf. weisse ausgewaschne Stückenbutter, und 1/4 Nössel Wasser, 1 Glas Brantwein und 1 Ey. Wenn man nun die Torte machen will, und den Teig gemangelt hat, so nimmt man eine Schüssel; so groß als man die Torte machen will, und legt sie auf den Teig und schneidet mit dem Messer ein Blatt Teig so groß wie die Schüssel; alsdann legt man in der Mitte die Füllung drauf, und auf die Füllung gegitterte Streifen Teig, damit die Füllung durchscheint; oder man legt ein Blatt Teig über die Füllung und schneidet es in der Mitte zierlich mit Blumen aus. Dann legt man um die Torte auf den Seiten rings herum einen Rand Teig, schneidet solchen mit dem Messer, welches recht scharf seyn muß, zackigt aus, und bestreicht die Torte mit Eydotter. Wenn du eine Blättertorte ansiehest, so kannst du dich mit dem Ausschneiden darnach richten. Alsdann bestreichst du einen Bogen Papier mit Butter, und bestreuest ihn mit Semmelkrumen, und legst die Torte mit dem Papier auf das Tortenblech. Wenn du sie in der Tortenpfanne backen willst, so müssen unten nur wenig, oben aber etwas mehr Kohlen seyn. Backst du sie aber im Bratofen, so muß derselbe nicht zu heiß seyn. Du kannst dieses mit einem Stücke Papier probiren, wenn du solches in den Bratofen legst, und es wird nur gelb, so ist es gut. Alsdann setzest du einen niedrigen Dreyfuß in den Ofen, und die Torte mit dem Kuchenbleche drauf; schickst du aber die Torte zum Bäcker, so kannst du sie auch auf dem Kuchenbleche hinschicken, und nur veranstalten, daß sie nicht in die Hitze geschoben werde.

617. Zitrontorte.

Schäle die Zitronen des Tags vorher ab und schneide sie in Scheiben, streue Zucker dazwischen und laß sie die Nacht liegen. Am folgenden Morgen giessest du den Saft ab, setzest ihn auf Kohlen, und lässest ihn so lange kochen, bis er zuckricht wird; dann nimmst du denselben

vom

vom Feuer, und lässest ihn kalt werden. Die Zitronschale wird klein geschnitten, wenn sie vorher abgekocht ist. Wenn man nun den Boden von gutem Blätterteig, wie Nr. 616, gemangelt hat, so legt man abgezogne gestossne Mandeln auf dem Boden, hernach etwas von dem abgekochten Zitronzucker, dann geschnittne Zitronschale, ferner Zitronscheiben, dann wieder Mandeln; Schale, Zucker und Zitronscheiben, bis es alle ist. Alsdenn wird der Deckel vom Teige gemacht, mit Eydottern bestrichen und die Torte gebacken, zuletzt wird Zucker auf die Torte gestreuet, sobald sie aus dem Ofen kommt. Wenn die Zitrontorte gut gemacht und gut gebacken ist, so ist es ein vortrefliches Backwerk; sie muß aber sehr in Acht genommen werden, damit sie nicht glitschig werde. Zu einer Mitteltorte nimmst du ohngefähr 3 bis 4 Stück Zitronen, je nachdem sie groß sind.

618. Kirschentorten von Butterteig mit Sahne.

Nimm anderthalb Pf. Butter, zertheile sie in kleine Stücke, nimm 2 Pf. Mehl dazu, thue es auf ein Brett, behalte aber ein wenig davon zum Auswirken; brich und knete die Butter fein geschwind in das Mehl, quirle 3 Eyer in ein halb Nössel Sahne, knete es untereinander, je geschwinder je besser, denn sonst schmelzt die Butter. Laß alsdann den Teig wenigstens eine Stunde so stehen, daß er erstarre, alsdann

 mangele

mangele ihn und mache Kirschtorten daraus. Aus dieser Masse werden zwo grosse Kirschtorten. Nimm Herzkirschen oder saure Kirschen, mache die Kerne heraus, und wenn es saure Kirschen sind, so bestreue sie eine Stunde vorher mit Zucker. Mangele die Hälfte des Teigs recht geschwind, mache einen umgerollten Rand; belege den Teig ganz dichte mit Kirschen; alsdann nimm ein halb Nössel Sahne, quirle 4 Eyer hinein nebst etwas Zucker und ein paar Körner Salz, gieß solches über die Kirschen bis an den Rand, es muß aber gleich in den Ofen kommen, sonst wird es klitschig. Man legt die Torten in eine Tortenpfanne oder in einen flachen Tiegel.

619. Kirschentorte von Blätterteig.

Man macht zuerst die Kernen aus den Kirschen, den Saft davon kocht man mit Zucker auf, dann thut man die Kirschen hinein, und etwas geriebne Zitronschale und läßt es zusammen kochen, bis es etwas dick wird. Wenn es kalt geworden, streicht man das Kirschenmus auf den Blätterteig und verfährt damit, wie mit allen Blättertorten.

620. Johannisbeerentorte.

Man pflückt die Johannisbeeren von den Stielen, setzt sie mit Zucker auf, und läßt es kochen bis es dick wird; denn läßt man es kalt werden und streicht es auf den Blätterteig. Man kann

kann auch den Blätterteig, wenn es eine sehr grosse Torte werden soll, auf folgende Art machen: Nimm 1 1/2 Pf. wohl ausgewaschne Butter auf einen Backtisch, mache sie rund in Form einer Schüssel und eines Fingers stark; nimm ferner 1 1/2 Maaß fein Mehl, 3 ganze Eyer, und etwas frisches Wasser; knete dieses mit etwas Butter zu einem Teig und arbeite solchen wohl durcheinander, als welches hierbey besonders wohl in Acht zu nehmen ist; treibe hernach den Teig mit dem Mangelholze auseinander. Dann trockne die Butter mit einer Serviette ab, und schlage sie hinein, treibe es nochmals, und zwar, wo möglich, recht viereckigt auf; schlage den Teig von beyden Seiten nach der Mitte zusammen, nimm dich aber in Acht, daß nicht zu viel Mehl dazwischen gestreut werde; alsdann schlag es nochmals zusammen, daß es also 4 Blätter werden. Wiederhole dieses 5 mal, und führe das Mangelholz ganz leicht auf den Teig hin; doch mangele ihn so dünne als es möglich ist. Wenn dieses geschehen ist, so schneide ein Stück zu dem Boden der Torte, lege es auf einen Bogen Papier, und bestreiche den Rand mit geschlagenen Eyern; alsdann thu von Obst die Füllung drauf. Schneide schmale Streifen vom Teige und mache davon einen geflochtenen Deckel, bestreiche ihn an der Seite rund herum mit Eyern und lege ihn auf das Gefüllte, hernach schneide einen 2 Finger breiten Rand, lege ihn darum und schneide ihn mit einem Messer

 in

in der Rundung ab. Man kann diesen Rand auch vorher gleich von den untersten Blatte abschneiden. Zuletzt wird das Geflochtene, wo es mit dem Rande verbunden ist, mit Eyern bestrichen, und die Torte gebacken; alsdann, wann sie bald gut ist, wird sie heraus genommen, stark mit Zucker bestreut, und vollends ausgebacken, damit sie, wenn der Zucker zergeht, eine Glace oder gleichsam eine Eisdecke bekommt.

621. Prunellentorte.

Die Prunellen werden mit Zucker, länglicht geschnittner Zitronschale und Wein steif gekocht, und wenn sie kalt sind auf den Blätterteig gelegt, alles übrige wird wie bey den Blättertorten gemacht.

622. Mustorte.

Man macht gutes und süsses Pflaumenmus mit etwas Wein dünne, rührt geschnittne Mandeln und fein geschnittne Zitronschale auch etwas Zucker dazu; streicht es auf den Blätterteig und verfährt übrigens, wie mit andern Blättertorten. Mit Kirschmus, Himbeerengelee, Quitten, Birnen, Stachelbeeren, kann man auf gleiche Art verfahren.

623. Aepfeltorte.

Die Aepfel werden geschält, und mit Zucker, Korinthen und klein geschnittner Zitronschale weich gekocht; ist dies kalt, so werden gestoss-

gestossne Mandeln auf den Blätterteig gestrichen und hernach das Aepfelmus und so fort; alles übrige wird wie bey der Zitrontorte gemacht. Will man aber die Torte mit geschnittnen Aepfeln machen, so legt man die Mandeln auf den Blätterteig, dann die Aepfelscheiben drauf und Zucker, Korinthen und Zitronschale dazwischen.

624. Aepfeltorte mit einer Brodtrinde.

Schäle ein gutes Theil Aepfel ab, schneide sie in dünne Scheiben bis an das Kernhaus, thu sie in einen Tiegel und dazu viel gestossenen Zimmt und Zucker, fein gehackte Zitronschale und ein wenig weissen Franzwein, decke es zu, koche es auf Kohlenfeuer unter öftern Umrühren zu einen dicken Aepfelmus und laß es kalt werden. Reibe ein gutes Theil altes Rockenbrodt, siebe es durch einen Durchschlag und vermenge es mit gestossenen Zimmt und Zucker. Alsdenn schmiere eine Tortenpfanne fett mit kalter Butter aus, streue von dem Brodte auf den Boden und an der Seite herauf ringsherum, ohngefähr eines kleinen Fingers dick, klopfe es mit der Hand recht vest, lege das Aepfelmus hinein, streiche es glatt, streue wieder von dem Brodte eben so dicke drüber, klopfe es mit der Hand an und drücke mit einem Löffel die Brodtkrumen am Rande rund herum vest an, dann lege kleine Stückchen Butter drauf und besonders an den Rand herum, daß die Butter beym

Backen unter die Torte laufen kann, dann laß sie gar backen.

625. Sahntorte.

Nimm einen guten vorher beschriebnen Blätterteig, mangele ihn ganz dünne auf, schmiere die Tortenpfannen mit Butter aus, lege den Teig ganz dünne hinein, quirle ein halbes Nössel Sahne, 4 Eyer, etwas Rosenwasser, rühre es mit etwas Zucker recht durch, gieß es in die Formen und laß es recht geschwinde backen.

626. Kreemtorte.

Nimm so viel mürben Teig, als zu einem Blatte nöthig ist, mangele solchen auf, und lege das Blatt in eine Tortenpfanne, schneide den Rand ringsherum ab, und laß ein Stück Butter in einem Kastroll gelb werden, thu eine Hand voll recht feines Kraftmehl hinein, und laß es ein wenig darin rösten; sodann rühre nach und nach 1 Kanne Sahne über dem Feuer dazu, laß es eine Weile kochen, und setze es bey Seite an einen kühlen Ort. Wenn es kalt ist, so rühre nach und nach 8 Eydotter hinein; reibe 1 Zitrone auf Zucker ab, rühre es nebst 1/4 Pf. gestossenen Zucker dazu. Zuletzt schlage das Weisse von den Eyern zu einen derben Schnee, und rühre es ganz gelinde unter die Masse; thu es in die Pfanne und laß es bey gelindem Feuer backen. Man kann es auch glaciren, das ist, einen Zuckerguß drüber machen.

627. Torte von Butter mit einem Ueberzuge von Zucker und Orangenblumen.

Man schneidet von einem Paar Zitronen die gelbe Schale etwas dünne ab, stosse sie in einem grossen Mörsel nebst Zimmt klein; dann nehme man 2 bis 3 gute Zwieback, ein gut Stück frische ausgewaschene Butter, 4 Eydotter, Zucker und Zitronsaft; alles dieses wird wie ein Teig zusammen gestossen, in einem feinem Blätterteige eine Torte davon gemacht, hierauf aber ein gutes Theil fein gestossenen Zuckers, mit ein wenig Zitronsaft oder Orangenwasser angenetzt und wohl gerührt, daß es wie Sirup werde; sodann Orangenblumen drunter gemenget, die Torte damit überzogen; und diese muß man hierauf unter einem Tortendeckel mit gelindem Feuer trocknen lassen. Eben diese Torte kann man auch wie folgt, machen; man nehme ein gut Stück ausgewaschene Butter, Zucker, Orangenblumen, 2 gestossene Zwieback, 2 Eydotter und etwas Zitronsaft, rühre es ein wenig auf gelindem Feuer ab, lasse es kalt werden und mache sodann damit im Blätterteig oder in einem vesten Teig eine Torte, die wie vorgedacht, überzogen werden muß.

628. Marktorte.

Stosse 8 Loth Mandeln mit etwas Eyweiß in einem Mörsel recht fein, thu sie in eine Schüssel; schlage 8 bis 9 Eyer eins nach dem andern hinein, und rühre 6 Loth recht fein gestossenen Zucker

Zucker dazu; nimm ferner 1/2 Pf. Rindermark, thu das Rothe, und wenn etwas von Knochen dran ist, davon, schneide es vor der Hand zu dem Angerührten, und rühre es nebst der abgeriebenen Schale von einer Zitrone drunter. Alsdann mache von mürbem Butterteige eine Platte auf eine Tortenpfanne, thu das Angerührte hinein, schneide einige Figuren drauf, und laß sie bey gelindem Feuer backen. Sie kann auch glacirt werden. Diese Torte schmeckt gut, wenn sie warm ist. Man kann auch auf diese Art kleine Markpasteten machen.

629. Reistorte.

Koche 1/2 Pf. Reis in 2 Maaß Milch recht stark, laß ihn kalt werden, thu ihn in einen breiten Topf, laß ihn stark rühren; stosse eine Hand voll abgezogene Mandeln in etwas Rosenwasser klein, thu sie zu dem Reis, reibe 6 bis 8 ganze Eyer eins nach dem andern, auch etwas Zucker und Zimmt drunter und rühre alles so eine Stunde recht untereinander. Alsdenn schmiere eine Tortenpfanne mit Butter aus, bestreue sie mit Semmelkrumen, schütte den geriebenen Reis hinein. Wenn die Torte gar gebacken ist, bestreue sie mit Zucker und Zimmt.

630. Kleine Reistorten.

Man kocht 1/2 Pf. Reis in Milch; wenn er kalt geworden, kommt 1/2 Pf. Butter, welche zu Sahne gerieben ist, dazu; desgleichen 6 Eyer, davon das Weisse zu Schnee geschlagen ist, auch etwas abgeriebene Zitronschale und etwas Zucker, alles wird recht untereinander gerührt. Alsdenn schmiert man kleine Tortenpfannen mit Butter aus, füllet sie halb voll mit dem Reis und läßt sie in der grossen Tortenpfanne gelbbraun backen. Man kann eine Weinbrühe drüber machen.

631. Griestorte.

Koche ein gutes Theil Gries in Milch ganz dicke; rühre ein gutes Stück Butter zu Schaum; zu einer grossen Torte nimm 8 Eyer, schlage sie nebst der Butter immer nach einer Seite, thu den Gries, wenn er kalt geworden, dazu und laß alles, nebst Zimmtwasser oder Pfirsichblätterwasser, Zucker, Salz und klein geriebener Zitronschale, zum wenigsten eine halbe Stunde, nach einer Seite zu, rühren; beschmiere einen blechernen Teller, worauf ein Reif vestgeklebt, mit Butter, thu das Eingerührte drauf und laß es gar backen; es muß im Anfang starkes Feuer haben, so geht es desto besser auf.

632. Kartoffelntorte.

Hiezu gehören 3 Pf. Kartoffeln, 2 Pf. Zucker, 24 Eyer und von 3 Zitronen die abgeriebene Schale. Die Kartoffeln werden gekocht, doch nicht zu weich; wenn sie kalt und geschält sind werden sie auf dem Reibeisen gerieben. Das Gelbe von den Eyern wird in einen grossen Topf gethan und nebst dem geriebenen Zucker und der

Zitron-

Zitronschale stark untereinander gerührt; dann werden die Kartoffeln, unter beständigen Umrühren, dazu gethan; das Weisse von den Eyern wird zu Schaum geschlagen und kommt zuletzt dazu, wenn die Form bald in den Ofen gesetzt werden soll. Die Form wird mit Butter ausgeschmiert, das Eingerührte hineingethan und im Ofen oder in der Tortenpfanne gebacken, doch muß die Tortenpfanne nicht eher aufgemacht werden als bis die Torte gut ist, sonst fällt die Torte; sie muß bey gelindem Feuer eine gute Stunde backen.

633. Eine mürbe Torte.

Reibe 3/4 Pf. Butter zu Sahne und rühre nach und nach 8 Eydotter, geriebne Zitronschale und 3/4 Pf. feines Mehl hinzu. Zuletzt thu das, von den 8 Eyern zurückgelassene und zu Schaum geschlagene Weisse dazu; und laß es in einer mit Butter ausgeschmierten Tortenpfanne langsam gar backen.

634. Bisquittorte.

Bey allen Torten wird eine grosse Behutsamkeit erfodert, wenn sie gut gerathen sollen; und was ich bey dieser Torte sage, gilt bey allen Torten. Willst du sie in der Tortenpfanne backen, so legst du unten das Tortenblech hinein, welches mit dünnem und mit Butter beschmiertem Papier belegt wird; das Papier wird mit etwas Semmelkrumen bestreut, sonst backt es nicht gut ab. Alsdann wird der Reif, worin die Torte gebacken wird, in die Tortenpfanne gesetzt, und mit Butter bestrichen; man kann den Reif weit oder enge machen, nachdem man die Torte groß haben will; alsdann gießt man die zubereitete Masse hinein, und legt unten nur wenig Kohlen drunter, oben aber, wenn der Deckel der Tortenpfanne drauf ist, etwas stärkere Kohlen. Die Torte braucht ohngefähr 3 Viertelstunden zu backen, und man kann mit einer Gabel versuchen, ob sie gar ist, wenn man nemlich dieselbe hinein steckt, und sie bleibt trocken, wenn man sie wieder heraus zieht, so ist die Torte gar. Will man sie in dem Bratofen backen, nachdem der Braten heraus ist, so schüttet man drey Finger hoch trocknen grauen Sand in den Ofen, alsdann setzt man einen Dreyfuß drauf, und auf denselben die Torte, welche im Reif auf dem Bleche ist. Setzt man den Reif in der Tortenpfanne in den Ofen, so braucht man keinen Dreyfuß, allein, dann legt man den Deckel der Tortenpfanne nicht drauf. Bey dem Bäcker läßt man dergleichen Torten nicht gern backen, denn da werden sie nicht gehörig in Acht genommen. Die Köche haben allerley Formen. Als Schwäne, welche sie mit weissem Zucker begiessen, Löwen, mit gelben Zucker, Artischocken, mit Pistazien bestreut, nnd dergleichen mehr, so wie man die Formen haben will; allein dergleichen Formen werden selten so gut ausgebacken, als die gewöhnlichen Formen, die

rund

tünd gebogen oder länglicht zackigt sind, auf welchen man Aufsätze von Makronenteig oder Pyramiden von Blätterteig setzen kann. Man kann sie auch mit einem Gusse von weissem Zucker übergiessen, oder buntgestreuten Zucker wie Blumen drüber machen, auch in der Mitte einen kleinen Aufsatz von Porzelän oder Traganth drauf setzen. Ist man aber nur unter sich mit guten Freunden, so pflegt man nur die Torten mit feinem Zucker zu bestreuen. Zu allen süssen Torten wird das feinste Kraftmehl genommen, welches recht trocken seyn muß; auch müssen jederzeit recht frische Eyer dazu genommen werden, weil ein angelegnes Ey oft das ganze Gebäckne verderben kann. Zu einer Bisquittorte nimmt man 16 Eyer und 3/4 Pf. geriebenen Zucker. Dieses wird eine halbe Stunde nach einer Seite geschlagen, alsdann in einem meßingenen Kessel auf Kohlen gesetzt, daß es nur lauwarm wird, dann wieder kalt geschlagen und 1/2 Pf. trocknes Kraftmehl und eine abgeriebene Zitronschale dazu gethan, auch noch etwas geschlagen, und aus dem Kessel eingegossen, daß die Form nur halb voll Teig ist, und also gebacken. Man kann auch erst die Eydotter mit dem Zucker eine halbe Stunde schlagen; alsdann, wann es lauwarm gemacht, und wieder kalt gequirlt worden ist, das Weisse von den 16 Eyern zu einen steifen Schnee quirlen, und dazu rühren, hierauf wird es noch etwas geschlagen, alsdann

dann das Mehl dazu gerührt, und eingegossen und gebacken.

635. Zimmttorte.

Sie wird auf gleiche Art, wie die Bisquittorte gemacht, nur das 1 Loth Zimmtblumen drunter gerührt wird. Will man eine marmorirte Torte haben, so nimmt man Bisquittortenteig, und Zimmt- oder Brodtortenteig und gießt ihn untereinander.

636. Mandeltorte.

Nimm 3/4 Pf. süsse und 4 Loth bittere Mandeln, giesse kochendes Wasser drauf, ziehe die Haut ab, lege sie ein paar Stunden in kaltes Wasser, dann giesse es wieder ab, stosse sie recht klein; wenn sie gut sind, stosse auch 20 Loth Zucker, reibe ihn unter die Mandeln; Zitronschale reibe so viel drunter, als du willst; dann werden 4 Eydotter drunter geschlagen, und mit der Kelle untereinander gerührt; das Weisse von den 4 Eyern wird allein geschlagen, die Mandeln werden mit dem Dotter gerieben, dann wird wieder 1 Eydotter dazu gethan, und das immer so fort, bis 13 Eyer verbraucht sind, und ohngefähr die Hälfte von dem Eyweiß drunter ist. Hat man es nun so lange mit der Kelle gerieben, bis es aussieht, als wenn es gähren wollte, so wird alsdann das übrige Eyweiß gequirlt, bis es lauter Gisch wird, und dis wird nach und nach drunter gethan, so ist es gut. Die

Form, worin man die Torte backen will, wird ganz dünne mit Butter bestrichen, mit ein wenig Semmelkrumen bestreut, und dann der Teig hinein gethan. Im Backen muß sie wohl in Acht genommen werden. Anfangs legt man nur sachte Kohlen drunter; zuletzt aber können oberwärts stärkere Kohlen drauf gelegt werden, damit die Torte gelbbraun werde.

637. Schokoladentorte.

Nimm 1/4 Pf. Schokolade, reibe sie recht fein, 20 Eyer, (10 ganz und 10 Dotter) thue sie in einem Topf, 7/8 Pf. fein gesiebten Zucker dazu, schlage selbiges 1 Stunde, dann thu 3/4 Pf. Stärkenmehl noch gerade dazu. Es wird auch von 1 Zitrone die Schale dazu genommen. Schmiere die Forme mit Butter aus, und backe sie langsam.

638. Brodttorte.

Nimm ein Viertelpf. Mandeln, ziehe sie ab, stosse sie recht klein, thu sie in einen tiefen Napf, menge 3 Achtelpf, feingesiebten Zucker drunter, und thu von einer Zitrone die geriebene Schale, gestossne Nelken, Zimmt und Kardamomen dazu. Schlage noch gerade 8 Eyer und 5 Dotter dazu, rühre es eine halbe Stunde, alsdann nimm 1 Viertelpfund schwarzes Brodt, welches vorher geröstet, klein gestossen und durch schwarzen Flor gesiebet worden, rühre es dazu, thue von 5 Eyweiß den Schnee dazu. Schmiere die

die Form mit Butter, bestreue sie mit geriebenem Brodt und backe sie bey langsamen Feuer.

639. Brodttorte auf andre Art.

Nimm 1 1/4 Pf. Zucker, 1 1/4 Pf. süsse Mandeln, 18 Eyer; das Gelbe von diesen Eyern reibe mit einer Keule recht gut; den Zucker und die Mandeln stosse recht fein, und thu dieses nach und nach unter beständigem Reiben nach einer Seite zu, unter die Eyer, das Weisse schlage zu Schnee und thu es auch dazu, ferner 1/2 Loth Nelken, 1/4 Loth Kardamomen, jedes recht fein gestossen; rühre alles zusammen 3 Viertelstunden, und thu noch hinzu 1/4 Pf. recht fein geschnittnen Zitronat. Stosse grobes Brodt, welches du zuvor in Scheiben schneiden und bey dem Bäcker hart, aber ja nicht schwarz trocknen lassen must, recht fein, wenn nun die Masse recht durchgerührt ist, so thu das fein gestossne Brodt dazu und rühre es wieder recht untereinander; die Form schmiere mit Butter aus, thu die Masse hinein und laß sie bey dem Bäcker, wenn die Semmel aus dem Backofen ist, gar backen.

640. Kleine Brodttorten.

Stosse 1 Pf. süsse abgebrühete Mandeln gröblich mit ein wenig Rosenwasser, reibe 1 Pf. Zucker, schlage 16 Eyer in eine tiefe irdene Schüssel und reibe die Mandeln und Eyer darin eine Stunde lang nach einer Seite zu, thu alsdenn den Zucker und 2 Loth Zimmt dazu; reibe von etwas hartem groben Brodt die Krume, siebe sie durch einen Durchschlag, rühre hiervon so viel unter die Eyer, bis der Teig so dicke ist, daß er noch vom Löffel ablaufe, wenn man etwas davon heraus nimmt. Wenn das Brodt drin ist, so rühr es nicht lange damit, laß es 1 Stunde stehen, dann schmiere kleine Pastetenformen mit Butter aus, mache sie mit dem Teige meist voll, setze sie auf ein Blech und backe sie im Backofen. Willst du sie in der Tortenpfanne backen, so muß nicht zu starkes Kohlenfeuer seyn, damit sie gelblich backen.

641. Weißbrodttorte.

Ein halb Pf. süsse und 1 Loth abgeschälte bittere Mandeln werden zuerst in einem Mörsel gestossen, hierauf aber mit 3 Eyern in einer Reibesatte oder Reibeasch gerieben, bis sie ein feiner Brey geworden sind. Nun werden, nebst 1 Löffel voll Rosenwasser, geriebner Zitronschale und 1 Loth Zimmt, noch 7 Eyer eins nach dem andern stark hinzugerieben. Dieses Reiben wird unter Hinzufügung eines halben Pfundes Zucker fortgesetzt, und höret auf, wenn ein halb Pfund geriebnes weisses Bäckerbrodt hineingerührt wird. Das geriebene Bäckerbrodt muß auch durch einen Durchschlag gesiebt werden, damit keine Klümpchen entstehen.

642. Krafttorte.

Es wird 1 Pf. Zucker gestossen, durchgesiebt und in einen Topf gethan, 16 Eydotter dazu geschlagen, 1 Zitrone auf Zucker abgerieben dazu gethan und eine halbe Stunde geschlagen, ferner 1/2 Loth Zimmt, etwas Muskatenblumen, Nelken und Kardamomen gestossen, und durch ein Haarsieb gerieben; hernach das Eyweiß, welches vorher zu Schnee geschlagen wird, nebst 1 Pf. Kraftmehl drunter gerührt, und wie gewöhnlich, in einer Forme gebacken.

643. Englische Milchtorte.

Man muß erstlich einen fein gebrannten Teig machen von feinem Mehl und ein wenig Butter, und davon eine Form verfertigen, (etwa als eine blechene Mandeltortenform, oder was man sonst für ein Modell beliebt.) Nemlich man rollt erstlich das Unterblatt so breit, und so dünne aus, als es nöthig ist, und macht sodann einem saubern Rand herum, als wenn man sonst einen Rand um eine Schüssel macht, und zwar so fein und zierlich, als man kann. Man muß es auf einem Bogen Papier verfertigen, und wenn es in den Ofen soll, auf ein Blech, sonst aber in eine Tortenpfanne setzen. Man nimmt ferner, nach Gutdünken oder Grösse der Torte, ein paar Löffel voll Mehl, Eyer, Milch und Sahne, Zucker, Zimmt, und geriebene Zitronschalen, rührt alles wohl zusammen, gießt es in den Teig, und läßt es backen. Wenn man die englische Milchtorte grün haben will; so wird nach Gutdünken gekochter, ganz fein gehackter und geslossener Spinat, mit ein wenig Sahne durch einen feinen Durchschlag gestrichen, und mit angerührter Milch vermenget.

644. Sandtorte.

Man rührt 2 Pf. wohl ausgewaschne Butter schneeweiß ab, schlägt nach und nach 20 Eyerdotter hinein; von 10 Eyern aber schlägt man das Weisse zu Schnee. Man nimmt 2 Pf. wohl ausgetrocknetes Mehl, 1 Pf. recht guten Zucker, von 2 Zitronen die Schale, welche auf Zucker gerieben wird. Man arbeitet alles dieses wohl untereinander, bestreicht alsdann eine Form mit Butter, thut die angerührte Masse hinein und läßt es in einen Ofen bey gelindem Feuer recht gut ausbacken. Man kann auch, wenn die Masse beysammen ist, und ehe sie noch in die Form kömmt, 1 Glas Spiritus vini dazu thun, welcher die Masse flüchtig und trocken macht; welches leztere hauptsächlich bey dieser Torte in Betrachtung genommen werden muß.

645. Sandtorte auf andre Art.

Reibe 3/4 Pf. Schmelzbutter zu Schaum, rühre nach und nach 15 Eydotter, 1 Pf. geriebenen Zucker, 2 Pf. feines Mehl und von einer Zitrone die abgeriebene Schale dazu, und alles wohl untereinander. Quirle das Weisse von 8 Eyern zu einen steifen Schnee, rühre es zulezt unter die Masse und laß sie in einer mit

Butter

Butter ausgeschmierten Tortenpfanne oder Forme backen.

646. Pistazientorte.

Hierauf nimm statt der Mandeln, 1/2 Pf. Pistazien, geriebene Semmel und 14 Eyer. Sie geht übrigens von der ersten Sandtorte in kleinem Stücke ab; es wird auch eben so viel Masse davon, als von 1 Pf. Mandeln, weil man eine gute Quantität Semmel dazu nehmen kann.

647. Makronentorte.

Thu 1 Pf. abgezogene fein gestossene Mandeln und 1/4 Pf. Zucker in ein Kastroll und rühre beydes auf dem Feuer ein wenig ab, daß es nicht mehr anklebt, doch muß es nicht zu trocken werden. Wenn es abgekühlet ist, so schlage von 6 Eyern das Weisse zu Schnee und rühre es nebst klein geschnittenem Zitronat und geriebener Zitronschale dazu. Alsdenn mache von Blätterteig einen Boden (wie bey der Blättertorte gesagt ist) lege ihn auf ein mit Butter bestrichenes und mit Semmelkrumen bestreutes Papier, rolle den Rand um, streiche den Makronenteig eines halben Fingers dick auf dem Boden, streiche ihn mit einem Messer glatt, bestreiche es mit in Rosenwasser und Zucker geschlagenen Eyweiß, und laß es in der Tortenpfanne backen.

648. Makronen.

Nimm 8 Loth süsse Mandeln und 2 Loth bittere, ziehe sie ab, lege sie etliche Stunden ins Wasser, dann stosse sie klein mit 2 Löffel voll Rosenwasser und thu dis in eine Schüssel; rühre von 2 Eyern das Weisse, 6 Loth Zucker, und von einer kleinen Zitrone die geriebene Schale auch den Saft derselben untereinander. Ferner schneide länglichte Stückchen Oblaten, und streiche von der obigen Masse drauf, in der Mitte etwas hoch. Nimm ein Kuchenblech, lege einen Bogen Papier drauf, streue auf den Bogen etwas Semmelkrumen, lege die Makronen drauf, schiebe sie in den Bratofen, wenn der Braten heraus ist und laß sie auf gelinden Kohlen gelbbraun werden. Du kannst sie auch in der Tortenpfanne backen.

649. Makronenkuchen.

Nimm 2 Pf. abgebrühete süsse Mandeln, stosse sie in Rosenwasser klein, thu 3 Viertelpf. gestossnen Zucker dazu und rühre es mit einander auf Kohlenfeuer, daß es etwas dicke wird. Alsdenn schlage das Weisse von 3 Eyern zu einen dicken Schaum, thu fein gehackte Zitronschale dazu und rühre dieses mit den Mandeln und dem Zucker zusammen; dann leg es auf Oblaten in die Makronenform und laß es in der Tortenpfanne backen.

650. Mandelnkränzchen.

Brühe 1/2 Pf. Mandeln ab, schneide sie mit einem Messer recht fein, setze ein wenig Tournesol oder Rosentuch mit etwas Wein in einen Kastroll übers Feuer; wenn es recht heiß ist, so nimm den Tournesol und drücke ihn aus, lege ihn bey Seite, wirf die Mandeln ins Kastroll, laß sie einkochen, daß sie fast trocken werden; sodann brühe eine Hand voll Pistazien ab, und schneide sie klein, stosse 8 Loth feinen Zucker, reibe ihn durch ein Haarsieb, daß er recht klar werde, und thu alles unter einander; rühre auch von 1 Ey das Weisse dazu. Stich nunmehr mit einem Ausstecher Oblaten aus, und formire davon Fingers hohe Kränzchen; setze sie mit Papier auf ein Blech und laß sie in einen Ofen, der mäßig angeheitzt ist, backen.

651. Mandelnhaufen.

Nimm 1 Pf. süsse und 1/2 Pf. bittre Mandeln, brühe sie ab und schneide sie länglicht, thu dazu 1 Loth gestossnen Zimmt, von 1 Zitrone die abgeriebne Schale, geriebnen Zucker, so viel dir beliebt, und so viel Eyweiß, daß die Mandeln davon naß werden; dann rühre alles gut durcheinander. Lege davon Häufschen auf ein mit geriebner Semmel bestreutes Papier und backe sie in der Tortenpfanne bey gelinder Hitze.

652. Blasenkonfekt.

Rühre 1/2. Pf. geriebnen Zucker, das Weisse von 1 Ey und 1/2 Viertelpf. abgezogne und fein

 gestossne

gestossne bittre Mandeln recht durch einander, mache davon kleine Kuchen, lege sie auf weisses Löschpapier und laß sie in der Tortenpfanne gar backen.

653. Mandelnoblaten.

Nimm 10 Loth Zucker, 10 Loth süsse Mandeln, 1 Quentchen Zimmt, 1 Quentchen Kardamomen; stosse jedes alleine recht fein und rühre es mit 10 Eydottern recht durch einander. Schneide Oblate in beliebige Stücke, streiche von dem Eingerührten drauf, und setze es geschwinde, sobald eins bestrichen ist, mit dem Kuchenspaden in die schon warme Tortenpfanne und gieb ihnen oben stärkere Hitze, als unten. Wenn sie gebacken sind lege sie gleich auf ein Kuchenrollholz, daß sie krumm werden.

654. Mandelnoblaten auf andre Art.

Nimm von 2 Eyern das Weisse, 1/4 Pf. gestossne süsse Mandeln, 1/2 Pf. geriebnen Zucker und von einer Zitrone die abgeriebene Schale, schlage es durcheinander. Schneide Oblaten, streiche den Teig drauf, und backe sie in der Tortenpfanne und verfahre wie mit den vorigen.

655. Zitronenoblaten.

Reibe von einer oder mehrern Zitronen die gelbe Schale ab, drücke den Saft in ein porzellänenes Geschirr, rühre so viel geriebenen und gesiebten Zucker drein, daß es rech dicke wird; rühre die abgeriebne Schale darunter; schneide Oblaten, streiche das Eingerührte drauf,

lege

lege sie auf ein rundes Holz und laß sie am Ofen oder am Feuer trocknen. Auf eben diese Art kann man auch Pomeranzenoblaten machen.

656. Gewürzoblaten.

Nimm 1/2 Pf. feines Weitzenmehl, 13 Loth süsse und 3 Loth bittre Mandeln, 1/2 Pf. Zucker, Kardamomen, Zimmt, Gewürznelken nach Gutdünken, und das Gelbe von 4 Eyern. Die Mandeln werden abgebrühet und jedes alleine klein gestossen, von einer Zitrone die Schale fein würflicht geschnitten; alsdann rühre alles wohl durcheinander und streiche es auf viereckigte Stücke Oblaten, welche umher mit abgebrüheten und länglicht geschnittnen Mandeln belegt werden; backe sie in der Tortenpfanne.

657. Zuckerteig.

Vermenge 1/2 Pf. feines Weitzenmehl mit 1/4 Pf. geriebenen Zucker und schütte es auf ein Kuchenbrett in einen Kreis. In die Mitte der Vertiefung schlage 2 Eyer, rühre sie mit einem Löffel durcheinander, auch ein wenig geschmolzne Butter. Alsdann rühre den Zucker und das Mehl allmälig dazu und arbeite es mit den Händen gut durch; laß den Teig einige Stunden ruhen. Alsdann streiche etwas Mehl auf das Kuchenbrett und arbeite den Teig wieder mit Mehl gut durch, bis es ein ziemlich steifer Teig wird, rolle ihn dünne aus, lege davon auf ein mit Mehl bestreutes rundes Blech in Form einer

ner Torte und backe es bey gelindem Feuer. Von dem übrigen Teig stich mit einer blechernen Forme Blumen aus und backe sie auch. Dann streiche Konfituren auf den gebackenen Teig, lege die Blumen drauf und auf die Blumen eingemachte Früchte und geschnittnen Zitronat. Man kann auch diesen Teig zu dem Boden der Makronentorte nehmen. Auch kann man kleine blecherne Formen, wie kleine Pastetenformen, aber nur mit einem ganz flachen Rande nehmen, selbige mit geschmolzener und abgeklärter Butter bestreichen und von dem ausgerollten Teig drein legen. Dann nimm eine blecherne Form, in Figur einer Rose oder andern Blume, welche nur so groß seyn muß, daß sie in der untersten Forme liegen kann, und stich damit aus dem Teig so viel Blumen, als du kleine Formen hast. Backe sowohl die kleinen Formen als die Blumen; wenn sie hart und gelblich sind, so sind sie gut. Nimm den Teig aus den Formen, thu darein, aber nicht eher, als bis sie sollen gebraucht werden, eingemachte Früchte, und lege auf jedes eine Blume anstatt des Deckels.

658. Marzipan.

Diese Art des Zuckergebacknen kann von süssen und bittern Mandeln, Haselnüssen, Pistazien, Pinien und dergleichen gemacht, und auf mancherley Weise zubereitet werden. Nimm von diesen Früchten welche du willst, z. E. süsse Mandeln, wirf sie in kaltes Wasser, und laß sie so lange liegen, bis die Schale herunter geht. Stoß sie alsdann mit Rosenwasser ganz klein, mische hierunter so viel klein gestossnen Zucker, als die Mandeln wiegen, menge es gut untereinander und thu den Teig in die Pfanne über ein gelindes Kohlenfeuer, rühre denselben stets um, daß er nicht anbrenne; laß ihn so lange in der Pfanne, bis er sich von derselben ablöset, thu ihn alsdann auf einen mit Zucker bestreuten Tisch, daß er drauf kalt werde. Arbeite ihn sodann mit dem Mangel- oder Rollholze, wie einen andern Teig, in die Breite, und bilde daraus nach deinem Gefallen allerley Figuren. Diese werden hernach in dem Ofen gebacken; wenn sie wieder heraus genommen, und ein Eis drüber gestrichen worden, werden sie abermals in den Ofen geschoben, damit auch dieses gar werde. Wenn es grosser Marzipan ist, pflegt man ihn zugleich mit dem Eise- oder Zuckerspiegel, Pistazien, Striemeln von Zitronen oder Pomeranzenschalen, Zitronat und dergleichen zu bestecken. Unter mehrern andern Bereitungsarten des Marzipans hat man folgende zu merken.

1. Nimm 1/2 Pf. Mandeln, ziehe sie ab, und stosse sie mit ein wenig Rosenwasser ganz klein. Nimm ferner 1/2 Viertel Pinien, laß sie in heissem Rosenwasser weichen und wieder kalt werden; reibe 1 Pf. Zucker drunter, und verfahre damit wie mit dem vorigen.

2. Noch köstlicher wird der Marzipan, wenn 1 Pf. abgezogene mit Rosenwasser klein gestossene Man-

Mandeln, mit 1 Pf. klein gestossnen Zucker vermengt, 1 1/2 Loth guter Zimmt, 3 Quent. Muskatenblumen, 2 Quent. Nelken, 1 Quent. Kardamomen, alles klein gestossen, dazu gerieben werden. Dieser Teig wird in einer Pfanne, über gelindem Kohlenfeuer, stets umgerührt, bis er sich ablößt, und wenn er kalt ist, formiret man draus, was man will, und läßt es backen.

3. Zu einem andern, gleichfalls köstlichen Marzipan, nimm 8 Loth Mandeln, 4 Loth Pistazien, weiche sie in Rosenwasser, daß die Schale abgeht. Sie werden hierauf mit Rosenwasser ganz klein gestossen und ferner hinzugethan: klein geschnittene eingemachte Pomeranzen- und Zitronschale, jedes 1 Loth, Zimmt 1 Quent., Galgant 1/2 Quent. Muskatenblumen 1 Scrupel, klar gestossner Zucker 12 Loth. Man reibt dieses alles zusammen, und verfährt damit wie mit dem vorigen.

4. Man nimmt so viel frische Mandeln, als man beliebt, thut sie in reines Brunnenwasser, und läßt sie darin weichen, bis die Schale abgeht. Wenn sie abgeschält sind, werden sie wieder ins Wasser geworfen, ein paarmal gewaschen, und auf ein sauberes Tuch gelegt, daß sie ganz trocken werden. Nun werden sie zwischen zweyen reinen Tüchern wohl abgerieben, die kleinen Körner, welche sich abreiben lassen, mittelst eines Durchschlags abgesiebt, und die Mandeln sodann mit ein wenig Rosenwasser ganz klein gestossen. Hiernächst wird halb so viel fein geriebener Zucker, als man Mandeln genommen hat, dem

melmeisten Theil nach, mit den Mandeln in einem grossen Mörsel zu einem Teige gestossen. Den übrigen Theil des Zuckers aber wirkt oder arbeitet man hinein, wenn der Teig aus dem Mörsel auf den Backtisch gethan wird. Dieser Teig kann sofort gebraucht werden, oder man kann ihn, wie die vorhergehenden, auf gelindem Feuer ein wenig abtrocknen, und mit einer hölzernen Kelle vom Boden der Pfanne, oder wenn es ein Kessel oder Kastroll ist, mit einer hölzernen Kelle abstossen, daß er ja nicht anbrenne, weswegen auch nur gelindes Feuer dazu gebraucht werden muß. Ist dieser abgetrocknete Teig abgekühlt, so wird er wohl durchgewälgert.

5. Wenn man getrocknete Hasel- oder Lampertsnüsse, ingleichen welsche Nüsse, statt der Mandeln nehmen will, so muß man die aus den Schalen genommenen Kernen im frischen Wasser einweichen, bis sich die Haut abgelöset hat. Hierauf verfährt man in Reinigung der Kerne, wie bey den Mandeln in der vierten Anmerkung gesagt worden. Diese zum Marzipan gebrauchte Nußkernen schmecken so gut, als die Mandeln, und man kann ihnen gar keinen Unterschied abmerken.

6. So wohl die Nüsse, welche getrocknet und nicht frisch seyn müssen, als Mandeln, Pistazien und Pinien müssen nicht ranzicht seyn, weil dem Marzipan davon ein übler Geschmack beygebracht würde. Der häßlichste Geschmack aber

einentsteht unter allen aus Pinien, wenn sie zu alt oder ranzicht gewesen sind.

7. Man muß niemals Mandeln, Pistazien, Pinien oder Nüsse trocken stossen, sondern sie immer mit ein wenig Rosenwasser anfeuchten. Denn wenn diese Befeuchtung mit Rosenwasser unterbliebe, so würde das trockne Stossen aus den Kernen ein Oel heraus bringen, wovon der Marzipan sehr übel schmecken würde. Einige, die es besser machen wollen, nehmen statt des Rosenwassers, Orangenwasser, welches aber nicht sonderlich den Geschmack des Marzipans verbessert, wenn nicht mancherley Gewürze drunter genommen worden ist.

8. Es ist oben gesagt worden, daß man Marzipan von allerhand Figuren machen könne. Man rollt den Teig bis zur Dicke eines kleinen halben Fingers aus, und macht alsdann davon kleine Herzchen, Sterne, Kleeblätter, Rosen, oder nur ganz runde kleine Figuren, wie es einem jeden beliebt. Sie werden in einer Tortenpfanne, oder auf einem dünnen eichenen Brette (denn ein kienichtes würde einen üblen Geschmack hervor bringen) in einem wohl verschlagenen Backofen, nur ein wenig gebacken. Auf denjenigen Marzipan aber, worauf man einen Guß oder Ueberzug machen will, muß man einen kleinen Rand setzen. Nemlich man nimmt ein wenig von dem Marzipanteig, und mangelt ihn rund und dünne, als zu einer feinen dünnen Bretzel aus, setzt daran einen saubern Rand rund herum an die

Kante

Kante des Marzipans, und zwar in eben dem Modell, wie sie formiret ist. Hierauf wird die Kante mit einer kleinen spitzen Scheere rund herum kraus und bunt eingeschnitten, und ganz gelinde gebacken.

9. Auf dem Backtische, auf welchem der Marzipan ausgeschüttet und bearbeitet wird, soll, besage obiger Vorschriften, klein gestossner Zucker untergestreuet, und hiemit das Anhaken des Teiges verhindert werden. Man kann aber eine Ersparniß des Zuckers hiebey anbringen, wenn man feines Mehl zur Hälfte unter den Zucker mengt, welches dem Marzipan gar nicht schadet.

10. Gefüllter Marzipan ist, wenn man aus einem oder dem andern vorhin beschriebenen Teige grosse oder kleine Teigboden oder Unterblätter zu Torten macht, und solche mit weichen Konfituren füllt.

11. Gesponnener Marzipan ist, wenn man mit einem glatten Brettchen den Marzipanteig rund, lang und schmal, wie man es will, mangelt. Zu dem Ende muß das Brettchen sowol als der Teig mit Zucker fleißig bestreuet werden, damit er sich nicht anhänge, und das Auswälgern oder Mangeln verhindre. Man formirt aber aus dem nach Belieben gemangelten Teige allerley Figuren, als Buchstaben, verzogne Namen, Wapen, Blumen u. s. w. bäckt solches in dem Ofen ganz gelinde ab, und putzt die Schüssel oder andre Konfituren damit aus. Es ge

 schieh

schieht dieses vornehmlich an Geburts- Namens- und Hochzeittagen, daß man, den Hauptpersonen zu Ehren, ihre verzogene Namen oder Wapen in diesem gesponnenen Marzipane vorsetzt, und die Hauptkuchen oder Konfituren damit auspußt.

12. Einen Spiegel auf Marzipan macht man also: Es wird Eyweiß zu Schaum geschlagen; ferner weisser Zucker drunter gerührt, bis es dick wird, alsdann streicht man es auf den Marzipan, und läßt es in gelinder Wärme trocken werden, weil es in der Hitze Blasen bekömmt. Nach einer andern Art wird dieser Guß auf den Marzipan gemacht, wenn von 2 Eyern das Weisse genommen, klein geklopft und feiner durchgesiebter Kanarienzucker bey Löffeln voll dazu gethan und bis zu einem recht weissen Brey gerührt wird. Hierauf wird ein wenig Zitronsaft drein gedrückt, auch der Marzipan auf dem Boden mit ein wenig Zitronsaft bestrichen, sodann der Guß auch drein gethan, mit geschnittnem Zitronat, eingemachten Zitron und Pomeranzenschalen und buntem Strenzucker ausgeziert, und endlich in gelinder Wärme abgetrocknet. Will man aber Eis von allerhand Farben auf dem Marzipan haben, so läßt man Zucker mit ein wenig Wasser sieden, thut ihn vom Feuer, läßt ihn ein wenig abkühlen, mischt darunter was für Farben man will, als Safran, Saftgrün oder sonst unschädliche Farben, streicht es geschwinde, ehe es kalt wird, auf

auf dem Marzipan, setzt ihn in den Ofen, und bäckt ihn in gelinder Wärme.

659. Zimmtmandeln.

Zerschlage das Weisse von einem Ey, mit ein wenig Rosenwasser, lege abgezogne Mandeln hinein, laß sie wieder in einem Durchschlag ablaufen; schütte klar gestossnen Zucker in eine Schachtel, thu die Mandel nach und nach drein, schüttle sie hin und her, damit sich der Zucker an die Mandeln setzt; alsdann wirf sie in eine andre mit klar gestossnem Zimmt angefüllte Schachtel, schüttle sie wie zuvor, daß der Zimmt an die Mandeln klebt; dann lege sie auf eine breite Schüssel und verwahre sie an einem trocknen Orte. — Man kann auch die abgezogenen Mandeln, wenn sie in Rosenwasser, worin ein wenig geriebener Zucker ist, eine Weile geweicht sind, herausnehmen und in heissem Schmalz gelblich backen und sobald sie aus der Pfanne kommen, auf einem, mit klein gestossnen Zucker und Zimmt überstreuten Papier, geschwind herumwälzen; denn wenn sie nicht noch warm sind, nehmen sie auch den Zucker und Zimmt nicht leicht mehr an. — Man kann auch die Mandeln so backen, daß sie wie kandirt aussehen; wenn die abgezogenen Mandeln in Rosenwasser eine Weile geweicht sind, nimmt man sie wieder heraus, daß das Wasser ablaufe; dann läßt man Schmalz oder frische ungesalzene Butter in einer Pfanne recht heiß werden, schwinget die Mandeln in gröblich zerstossenem Zucker, legt sie geschwind in das heisse Schmalz und läßt sie gut backen.

660. Gebrannte Mandeln.

Nimm 1 Pf. Zucker und 1 Pf. Mandeln, wische die Mandeln rein ab; wenn der Zucker gesotten, so thu die Mandeln hinein und laß es zusammen sieden, bis der Zucker ganz eingesotten ist; man muß es bey gelindem Feuer erhalten und immer rühren, daß es nicht anbrenne; wenn sie nun eingekocht sind, so nimm sie vom Feuer und rühre sie, daß sie kalt werden, und alsdenn setze sie wieder aufs Feuer, daß sie heiß werden, dann schütte sie auf ein Blech oder Brett, so sind sie fertig. Man kann auch, wenn sie noch warm sind, gestossenen Zimmt drunter rühren.

Funfzehnte Abtheilung.

Vom Einmachen des Obsts und andrer Früchte.

---

661. Schönes Pflaumenmus zu kochen.

Man nimmt Pflaumen, die nicht roth sind und gut von den Kernen gehen, auch recht süsse sind. Dann bricht man die Kernen aus und thut

thut sie nach und nach in den Kessel. Alsdann müssen sie mit einer Muskelle beständig gerührt werden und immer im Kochen bleiben; unterdessen muß man das Mus öfters mit einem Löffel von der Seite des Kessels losmachen, sonst geht viel Mus verlohren; es muß auch beständig auf dem Grunde gerührt werden, damit es nicht anbrenne. Wenn es 3 Stunden gekocht hat, so nimmt man zu 3 Körben oder Kiepen Pflaumen einen Handkorb voll reifen Flieder oder Hollunderbeeren. Der Flieder wird von den Stielen gepflückt und in einem meßingnen Kessel scharf heiß gemacht, bis die Beeren aufspringen; dann wird der Saft durch einen leinenen Beutel gedrückt, der nichr zu dichte ist, und dieser Saft wird zu den Pflaumen hinzu gegossen. Alsdann thut man 2 Loth gestossne Nelken dazu, 1/2 Pf. getrocknete und in Stückchen geschnittene Zitronschale, und 3 Schock welsche Nüsse nebst der grünen Schale. Die grüne Schale wird von den Nüssen abgemacht und mitgekocht. Es muß 10 Stunden kochen; doch muß man sich nach den Pflaumen richten, damit es gehörig steif, doch nicht allzusteif wird, sonst verliert es seine Annehmlichkeit. In Steintöpfen hält es sich am besten; hat man aber dergleichen nicht, so nimmt man neue irdene Töpfe, die vorher ausgekocht werden müssen. Diese Töpfe kann man immer zum Muse aufbehalten. Wenn das Mus aus dem Kessel gehoben wird, so muß man das Feuer zurück ziehen, und das

Mus sehr geschwind in die Töpfe thun, auch während des Einthuns das übrige immer fort rühren, sonst brennt es gleich an. Die Töpfe muß man gehäuft voll thun, und daher auch etwas rütteln, daß es vest werde. Will man haben, daß es sich gut erhalten soll, so macht man die Töpfe oben recht gerade und gießt einen Boden von Talg oder von Pech drauf. Will man aber nicht viel Mühe haben, so legt man einen eisernen Deckel auf die Töpfe, und thut glühende Kohlen drauf, daß das Mus oben eine Rinde bekomme. Es hält sich auf diese Art zwar auch gut, allein auf die beiden ersten Arten noch besser und länger. Wenn man die Pflaumen, ehe sie in den Kessel kommen, zuvor in einem Fasse mit einer scharfen Stampfe klein stampft und nach und nach in den Kessel schüttet, so erspart man sich hierdurch viele Mühe und Holz, das Mus wird eher steif und feiner. — Man kann auch in das Mus, wenn es kalt ist, schön sauber abgewischte Pflaumen mit den Stielen dazwischen schichten, dann wieder Mus drüber thun und wieder Pflaumen u. s. f. bis der Topf voll ist. Die Pflaumen schmecken recht schön, wenn sie eine Weile mit den Mus gestanden haben; so lange aber hält sich das Mus nicht, als das, wo keine ganzen Pflaumen drin sind, daher muß ein solcher Topf, worin Pflaumen geschichtet, bald verbraucht werden.

662.

662. Durchgeschlagenes Pflaumenmus.

Wenn die Pflaumen einige Stunden gekocht haben, so schlägt man etwas von denselben durch den Durchschlag, daß die Schalen zurück bleiben, in einen meßingenen Kessel, und thut geschnittne Zitronschale und gestossne Nelken dazu. Man kocht es dann so steif wie das andre Mus, und thut es in Einmachegläser.

663. Hollunder- oder Fliedermus.

Pflücke den schwarzen Flieder oder Hollunder von den Stielen, und setze ihn in einen Kessel aufs Feuer, daß er recht heiß werde; alsdann wringe ihn durch eine Serviette und setze den Saft in den Kessel wieder auf, und laß ihn so lange kochen, bis er ganz dick wird; alsdenn fülle ihn in Steintöpfe, und hebe ihn zum Gebrauch auf.

664. Kirschen süß einzumachen.

Nimm Kirschen von der doppelten Natte, stich die Kerne aus, und nimm zu 16 Schock Kirschen 2 Pf. Zucker, 1 Quentchen Zimmt, 1 Quentchen Nelken und von 1 Zitrone die Schale länglicht geschnitten. Den Zucker schlägt man in kleine Stücke, feuchtet jedes Stück mit Wasser an und setzt ihn in Einmachekessel aufs Feuer, schäumt ihn rein ab und thut die Kirschen hinein. Die Kirschen werden noch besser, wenn die Kernen darin bleiben. Man läßt sie denn sachte auf einem Kohlenbecken kochen, schäumet sie unterm Kochen rein ab und alsdenn thut man die Zitronschale, den Zimmt und die Nelken dazu. Zucker und Kirschen müssen überhaupt drittehalb Stunden kochen, doch muß man sich darnach richten, ob die Kirschen viel Saft haben. So gekocht thut man sie in Zuckergläser und bindet diese mit blauem Zuckerpapier zu. Zum Kochen muß man ein flaches Kastroll nehmen, sonst brennen sie leicht an, auch muß nicht viel darin gerührt werden, sondern man schwenkt das Kastroll nur um, sonst werden die Kirschen zu Mus.

665. Kirschen sauer einzumachen.

Hiezu nimm Leopoldskirschen oder kleine saure Korbkirschen, welche hübsche grüne Stiele haben; schneide die Stiele halb ab, koche Weinessig und laß ihn kalt werden; dann nimm ein Zuckerglas, streue unten geriebnen Zucker, gestossnen Zimmt, in Stücke zerschnittne Nelken, dann lege Kirschen hinein, dann streue wieder Zucker drauf und immer so fort, bis das Glas voll ist; dann wird der Essig, wenn er kalt ist, drauf gegossen und das Glas zugebunden, so halten sie sich. Man kann auch den Essig mit dem Zucker kochen, da man auf das Maaß Essig 1/2 Pf. Zucker rechnet.

666. Kirschen süß als Mus einzumachen.

Hiezu nimm kleine saure Kirschen, mache die Kernen aus, laß sie aufkochen, dann schlage

sie

sie auf. Nimm die Kirschen, helle den Saft ab, nimm zu jedem Pfund Kirschen 1/4 Pf. Zucker, thu ihn nebst den Saft in einen Kessel, setze ihn auf Kohlen, laß es sachte kochen, bis es semig wird, dann thu die Kirschen dazu, und laß es zusammen kochen, bis du es mit einem Löffel ziehen kannst, dann thu die aufgeschlagenen Kernen und geschnittene Zitronschale hinein, worauf es denn so lange kocht, bis es dick genug ist; dann werden die Kirschen in Zuckergläser gethan, und wenn sie kalt geworden sind, wird oben blaues Zuckerpapier drüber gebunden, worunter zuerst weiß Papier gelegt wird. Die Kernen muß man ja erst hinzu thun, wenn das Mus fast gut ist, sonst werden sie hart.

Glaskirschen einzumachen.

Man nimmt Glaskirschen, die nicht überreif sind, von der ersten Sorte, und macht sauber die Kerne heraus. Alsdann nimmt man auf das Pf. Kirschen 1/2 Pf. ordinären Kochzucker. Auf 1 Pf. Zucker gießt man ein Weinglas voll Wasser. Dann läßt man den Zucker kochen, bis er anfängt steif zu werden; dann nimmt man ihn vom Feuer, thut die Kirschen drein und läßt es zusammen kochen, bis die Brühe anfängt dick zu werden; dann sind sie gut. Es muß aber nur von kleinem Holze ein Feuer drunter gemacht werden, damit sie hurtig kochen, doch muß man es sehr vor dem Anbrennen in Acht nehmen. Wenn sie zu langsam kochen, so verlieren sie ihre

 Röthe.

Röthe. Von 4 Schock Kirschen bekömmt man ein Mittelglas voll.

668. Rothe Johannisbeeren einzumachen.

Man pflückt die Beeren vom Stiele, und nimmt halb so viel Zucker, als Beeren. Den Zucker kocht man, wie gewöhnlich, und wenn er sich ziehen läßt, so lege man die Beeren hinein, und läßt es kochen, bis es dick ist; man muß es aber nicht rühren, sonst gehen die Beeren entzwey.

669. Maulbeeren einzumachen.

Zwey Theile Beeren, und ein Theil Zucker nach dem Gewichte. Der Zucker wird gekocht, bis er sich ziehen läßt; alsdann werden die Maulbeeren hinein gethan und gekocht, bis es dick ist, sollte der Zucker noch nicht dick seyn und die Maulbeeren wollen entzwey kochen; so thut man dieselben in Einmachegläser und läßt den Zucker noch kochen, bis er dick genug ist, wird er nach etlichen Tagen wieder dünne; so kocht man solchen noch einmal auf, und thut ein frisches Stück Zucker dazu. Dieses muß man bey allen Eingemachten beobachten; auch muß man die Zuckergläser erst über dem Brodem oder Dampf halten daß sie warm werden, sonst zerspringen sie.

670. Maulbeeren sauer einzumachen.

Nimm auf 1 Maaß Weineßig 3/4 Pf. Zucker koche dies mit 1 Quent. Zimmt und 1 Quent. Nelken auf. Schichte die Maulbeeren in ein

Zu-

Zuckerglas, und wenn der Eßig kalt ist, so gieß ihn drüber, und binde das Gefäß zu.

671. Stachelbeeren einzumachen.

Wiege 3 Theile Stachelbeeren, und 2 Theile Zucker ab, koche den Zucker mit etlichen Stücken Zimmt, bis er sich ziehen läßt; alsdann wirf die Stachelbeeren hinein, haben sie etliche mal aufgekocht, so thu sie in Zuckergläser, und koche den Zucker noch, bis er dick genug ist. Alsdann gieß ihn über die Stachelbeeren und binde, wenn sie kalt sind, das Gefäß zu. Mit Himbeeren wird es eben so gemacht.

672. Unreife Stachelbeeren einzumachen.

Schneide die Stiele und alles Unreine von den Stachelbeeren ab. Nimm eine schwarze Burgunderbouteille, thu die Beeren hinein, und stampfe sie darin so vest als möglich ist. Dieses geschieht am besten, wenn man ein Handtuch drum wickelt, und sie auf einem Tische recht vest einstampft. Alsdann stopfe die Bouteille zu und lege sie verpicht und umgestürzt in den Keller. Eine angebrochne Bouteille muß sogleich verbraucht werden.

673. Preisselbeeren einzumachen.

Wenn die Beeren abgepflückt sind, so werden sie mit Zucker und weissem Franzwein dick eingekocht und in Einmachegläsern aufgehoben.

674. Pflaumen süß einzumachen.

Nimm 8 Pf. Pflaumen, 4 Pf. Zucker, 1½ Maaß Weineßig, 1/2 Loth Nelken und 1/2 Loth

Zimmt.

Zimmt. Die Pflaumen müssen mit Fingerhandschuhen vom Baume abgepflückt, mit einem weissen Tuche abgewischt und mit einem hölzernen Speil durchgestochen werden, so, daß in jede Pflaume etwa 4 Löcher kommen; die Stiele müssen dran bleiben und nur etwas weniges davon abgeschnitten werden. Der Eßig wird 3 mal mit dem Zucker aufgekocht, das 1stemal muß er auf die Pflaumen kochend gegossen werden. Ist er drauf kalt geworden, so wird er abgegossen und wieder aufgekocht und zum 2ten male auf die Pflaumen gegossen. Das 3te mal aber werden die Pflaumen in den Eßig, wenn er kocht, gethan und so lange gekocht, bis sie mürbe sind, alsdenn kommt das Gewürz dazu. Wenn die Pflaumen mürbe sind, so werden sie herausgenommen und in Zuckergläser gethan, der Eßig aber muß so lange kochen bis er ein dicker Sirup ist; man muß ihn beym jedesmalichen kochen gut schäumen und besonders zuletzt gut durchrühren, daß er nicht anbrenne. Alsdenn wird der kochende Sirup über die Pflaumen gegossen; wird er nach etlichen Tagen dünne, so muß er nochmals mit einem Stück Zucker aufgekocht werden.

Man kann auf 8 Pf. Pflaumen auch nur 1 Maaß Weineßig, 3 Pf. Zucker und grob gestossenen Zimmt und Nelken nach Gutdünken nehmen. Die Pflaumen werden durchgestochen und in einen Steintopf gelegt. Den Eßig koche mit dem Zucker und Gewürz zu einen dicken Sirup,

gieß

gieß ihn durch einen Durchschlag, daß das Gewürz zurücke bleibe; wenn er kalt ist gieß ihn über die Pflaumen und laß sie zugedeckt 10 Tage stehen; dann koche den Zucker wieder zu einen dicken Sirup, zuletzt thu die Pflaumen dazu und laß sie ein wenig mitkochen; thu sie wieder in den Topf, streue das Gewürz dazwischen, gieß den Sirup drüber und wenn er kalt ist, binde den Topf zu.

675. Pflaumen sauer einzumachen.

Nimm schöne Pflaumen, die mit Handschuhen abgepflückt sind, durchstich sie mit einem Speil und schichte sie mit Zimmt und Nelken in Zuckergläser; dann koche Weineßig mit Zucker ab. Auf 1 Maaß Eßig wird 1/2 Pf. Zucker gerechnet, laß es kalt werden und gieß es über die Pflaumen.

676. Pflaumen in Brantwein.

Nimm reife Pflaumen, die aber noch nicht weich sind, lege sie in kochendes Wasser, dann ziehe ihnen die Haut behutsam ab. Koche Zucker mit etwas Wasser zu einen dicken Sirup, schäume ihn, lege die Pflaumen hinein und laß sie langsam kochen; dann nimm sie behutsam heraus und lege sie in ein porzellänenes Geschirr, gieß den Sirup drauf und läß sie 10 Tage stehen; schüttle sie jeden Tag um; alsdenn gieß den Sirup ab und koche ihn wieder, ist er zu dünne, so laß noch ein Stück Zucker mitkochen, schäume ihn und gieß ihn wieder auf die Pflaumen

men und laß sie noch 10 Tage stehen; dann gieß den Sirup wieder ab, koche und schäume ihn gut und gieß ihn in ein porzellänenes Geschirr; wenn die mehreste Hitze abgerauchet ist, so gieß eben so viel Franzbrantwein dazu, decke es sogleich zu, und laß es stehen, bis es kalt ist; die Pflaumen lege in ein Einmacheglas und gieß den kalten Sirup drüber, binde das Glas zu und schüttle es in der ersten Zeit, des Tags etwa einmal um. Auf die Art kann man auch andere Früchte mit Brantwein einmachen.

677. Muskatellerbirnen einzumachen.

Schäle die Muskatellerbirnen sauber ab und thu sie mit den Stielen in einen Einmachekessel, darin sie geräumig liegen können, gieß Wasser dazu und laß sie etwas weich kochen; dann nimm sie mit einer Schaumkelle heraus und lege sie auf eine Serviette, so, daß keine an die andre stosse, decke sie mit einer Serviette zu und laß sie so kalt werden. Alsdenn wäge sie und nimm zu 1 Pf. Birnen, 1 Pf. Zucker und zu jeden Pf. Zucker 1 Maaß Wasser. Thu den Zucker und das Wasser in den wieder rein und trocken gemachten Kessel und laß es kochen; unterdessen muß es fleißig abgeschäumt werden; wenn es etwas dicke wird, nimm es von Feuer und laß es ein wenig abkühlen. In jede Birne stecke da, wo die Blüthe ausgestochen worden, eine Gewürznelke, lege die Birnen in Einmachegläser gieß den abgekühlten Zucker drüber und laß es eine

Nacht

Nacht stehen; den folgenden Tag thu alles zusammen in den Kessel und laß es auf Kohlenfeuer langsam kochen, wenn es wohl geschäumet worden, so nimm die Birnen mit der Schaumkelle behutsam wieder heraus, lege sie auf eine zinnerne Schüssel, daß sie abkühlen. Den Saft koche vollends dicke, alsdenn drücke Zitronsaft dazu, (auf 1 Pf. Zucker den Saft von 1 oder 2 kleinen Zitronen) daß aber keine Kernen hinein kommen, laß es zusammen kochen, bis es so dick ist daß ein Tropfen davon, auf einen zinnenen Teller gethan, steht, nimm es ab und laß es abkühlen. Die Birnen thu wieder in die Gläser, den abgekühlten Saft gieß drüber, und wenn es kalt ist, decke sie mit einem Papier zu. Nach einigen Tagen siehe zu, ob der Saft wässerig oder beschlagen ist, in diesen Fall must du ihn wieder abgiessen, ihn dicke kochen, und wieder abgekühlt drauf giessen und die Gläser zudecken.

678. Aprikosen einzumachen.

Reife Aprikosen werden geschält, die Kernen heraus genommen, aufgeschlagen und abgeschält wieder hinein gesteckt. Dann nimmt man so viel Zucker als Aprikosen. Wenn der Zucker etwas gekocht hat, so werden die Aprikosen hinein gethan und ein paarmal aufgekocht; alsdann legt man solche in Gläser und gießt den Zucker, wenn er dick genug ist, drüber. Wenn er etwa wieder wäßrig wird, so wird er nochmals aufgekocht. Mit Pfirsichen wird es, wie mit den Aprikosen, gemacht.

679. Aprikosenmarmelade.

Man schäle die Aprikosen, schneidet sie halb durch und schlägt die Kerne auf, und schälet auch diese ab. Dann werden so viel Aprikosen, als Zucker abgewogen. Der Zucker wird dick gekocht, die Aprikosen werden hinein gethan und dies wird so lange gekocht, bis es mit einander dick ist. Zuletzt werden die Kernen, Zimmt und Nelken hinzu gethan; hiermit wird es noch etliche mal aufgekocht und dann in Zuckergläser gethan. Sollte der Zucker wieder ganz dünne werden, so muß er nochmals aufgekocht werden.

680. Aepfel einzumachen.

Schäle Borsdorferäpfel ab, schneide sie halb durch und nimm die Kernhäuser heraus; alsdann nimm zu 1 Mantel Aepfel etwa 1 Maaß Flußwasser, koche solches mit einem Stück ganzen Zimmt, wirf alsdann die Aepfel hinein, daß sie ein paarmal aufkochen. Dann nimm die Aepfel heraus und laß sie in einem Durchschlage rein ablaufen. Setze hierauf 1 Pf. Zucker, in Stücke zerschnitten, und in Brunnenwasser getunkt, in den Einmachekessel aufs Feuer. Wenn dieser so dick gekocht ist, daß er zu kleben anfängt, so thu von 2 Zitronen den Saft und die Schale recht fein zerschnitten, dazu, und laß mit den Aepfeln dies alles zusammen kochen, bis die Aepfel klar und ziemlich weich geworden sind. Sodann werden solche in Einmachegläser gethan, und der fast erkaltete Zucker wird drüber gegossen;

sollte

sollte aber der Zucker noch nicht dick genug seyn, so wird er noch so lange gekocht, bis er sich mit dem Löffel ziehen läßt. Dieses Eingemachte ist ein rechtes Labsal für kranke Personen.

681. Quitten einzumachen.

Die Quitten werden vom Baum gebrochen, ehe sie welk werden, alsdann abgeschält, das Kernhaus und das Steinigte wird heraus geschnitten; hiernächst werden sie 1 Stunde in reines Wasser gelegt, dann mit anderm reinen Wasser aufs Feuer gesetzt und meist weich gekocht. Alsdann nimmt man sie heraus, läßt sie in einem Durchschlage rein abtriefen und kalt werden; dann werden die Quitten gewogen, und so viel Pf. Quitten da sind, so viel Pf. Zucker werden abgewogen. Hierauf nimmt man den Zucker und tunket ihn in Wasser, thut solchen in einen Kessel und läßt ihn auf Kohlen sieden. Das Schäumigte wird hübsch rein abgenommen; alsdann werden mit dem Löffel die Quitten in den Zucker hinein gethan und auf Kohlen ½ Stunde damit gekocht. Endlich legt man sie in ein Glas und gießt den Zucker drauf; dis muß aber erst geschehen, wenn die gröste Hitze sich verloren hat.

682. Quittenmarmelade.

Schneide die Quitten in Viertel, koche sie in Wasser weich, und presse den Saft rein aus. Dann koche noch andere Quitten gar, und schabe das Mark klein. Dieses klein geschabte Mark wird in einem Reibeasch mäßig gerieben und durch ein Haartuch gedrückt, daß alles Grobe davon kommt und zurück bleibt. In den ersten Saft muß $1\frac{1}{2}$ Pf. Zucker zergehen und unter beständigem Abschäumen kochen, daß nichts vom Schaume zurücke bleibe. Von dem durchgedrückten Mark werden 2 Pf. hinzu gethan, mit dem Zucker beständig gerührt und so lange gekocht, bis es sich von dem Gefässe löset; alsdann schüttet man etwas fein geschnittene Zitronschale, ein wenig gröblich zerstossne Nelken und etwas Zimmt dazu, rührt alles untereinander, füllt es in Formen oder Schachteln, und verwahrt es an einem trocknen Orte. Will man es zum Essen zurichten, so schneidet man die Marmelade in Stücke.

683. Quittenbrodt.

Wenn die Quitten in Wasser weich gekocht sind, so schäle sie und schabe das Mark bis auf das Kernhaus ab; alsdenn nimm zu 1 Pf. Mark 1 Pf. Zucker; läutere den Zucker wie Nr. 681. gesagt ist, thu das Mark hinein, etwas klein geschnittne Zitronschale, auch klein gestossenen Zimmt dazu und laß solches mit einander kochen, es muß fleißig gerührt werden, damit es recht klar werde und nicht anbrenne; dann thu es in Formen oder Schachteln oder in von Papier verfertigte Kästchen und laß es bey der Wärme trocknen bis er sich schneiden läßt; die papierne Kästchen darf man nur an den Seiten naß machen so geht es leicht heraus.

Wenn

Wenn das Quittenbrodt zum Stopfen des Durchlaufs gebraucht werden soll, so verfährt man mit dem Quitten, wie schon gesagt ist, nur wird alsdenn auf 1 Pf. Quittenmark ¼ Pf. Zucker genommen, und Zimmt, Nelken, Kardamome alles gestossen, geriebene Muskatennuß und fein geschnittene Zitronschale dazu gethan, miteinander gekocht, gut durchgerührt, in Formen, Schachteln oder papierne Kapseln gethan und beym Ofen getrocknet, daß es wie Brodt wird. Man kann im ersten Fall auch nur ½ Pf. Zucker nehmen auch Mark von Borsdorferäpfeln drunter rühren und mitkochen lassen.

684. Melonen einzumachen.

Man nimmt Melonen, die recht reif sind, schälet und schneidet sie in längliche Streifen, und legt sie in eine porzellänene Schüssel. Alsdann kocht man Weineßig und Zucker, (auf 1 Maaß Eßig ½ Pf. Zucker) schäumt ihn, und läßt ihn kochen, bis der Weineßig semig wird, sodann gießt man den Eßig über die Melonen, schwenkt sie um und gießt ihn wieder ab, kocht ihn noch etwas, und schichtet unterdeß die Melonen in ein Zuckerglas mit Zimmt und Nelken ein, gießt den Eßig drüber, und bindet es zu, so halten sie sich sehr gut.

685. Rosenäpfel einzumachen.

Mache die Kernen aus den Rosenäpfeln, wiege dieselben und nimm so viel Zucker, als die Rossenäpfel wiegen. Koche den Zucker wie gewöhnlich, und wenn er anfängt dick zu werden, so schütte die Rosenäpfel hinein und laß sie eine Weile kochen, alsdenn thu sie in Einmachegläser, und wenn der Zucker sich ziehen läßt, so wird er drüber gegossen. Man muß aber ja darnach sehen, daß er nicht anbrenne oder braun werde, sonst ist er verdorben.

686. Gelbe Pomeranzen einzumachen.

Die Pomeranzen werden halb oder in Viertel geschnitten; das kernichte wird herausgenommen, und sie werden in Wasser weich gekocht; alsdann müssen sie rein ablaufen; hierauf wieget man so viel Zucker ab, als Pomeranzen da sind, kocht den Zucker dick, läßt die Pomeranzen in den Zucker aufkochen, und thut sie in Zuckergläser, wenn denn der Zucker dick genug ist, so wird er drüber gegossen.

687. Grüne Pomeranzen einzumachen.

Die Pomeranzen werden in Wasser weich gekocht; alsdann müssen sie rein ablaufen, und es wird so viel Zucker als Pomeranzen gewogen; der Zucker wird gekocht, die grünen Pomeranzen werden hineingethan und etwas aufgekocht, alsdann in Zuckergläser gethan, und der Zucker drüber gegossen.

688. Gelbe Mohrrüben einzumachen.

Nimm Mohrrüben, die so blaß als Zitronschale aussehen, schäle und schneide sie länglicht

wie

wie Zitronschale; koche sie in Wasser weich, gieß sie durch und schütte sie auf eine Serviette. Hiernächst wird von 2 Zitronen die Schale länglicht geschnitten und in Wasser weich gekocht, alsdenn wieget man 15 Loth Zucker und 15 Loth Mohrrüben zusammen ab, läutert den Zucker, bis er sich mit dem Löffel ziehen läßt; ferner thut man die Mohrrüben, die Zitronschale und den Saft von den Zitronen in den Zucker und läßt es kochen, bis die Rüben klar aussehen. Hierauf legt man sie in ein Zuckerglas, drückt sie mit dem Löffel vest, gießt den Zucker drüber und bindet das Glas zu.

689. Mohrrübensaft.

Schrape das Unreine von den Mohrrüben ab, wenn sie ganz groß und gelb sind. Alsdann reibe sie auf der Reibe, und presse den Saft aus; diesen setze auf Kohlen und koche ihn so lange, bis er ganz dick ist, so daß er sich ziehen läßt. Thue solchen hierauf in kleine steinerne Krüge oder Töpfe, und hebe ihn zum Gebrauch auf.

690. Kirschengelee.

Nimm Herzkirschen oder Kirschen von der doppelten Natte, mache die Kernen aus und setze die Kirschen in einen Kessel auf. Wenn sie zu kochen anfangen, so kläre den Saft rein ab, drücke aber die Kirschen ja nicht aus, sonst wird der Saft trübe. Alsdann wiege den Saft und nimm zu jedem Pfund Saft 1 Pf. Zucker. Tunke den Zucker in Wasser und koche ihn, bis er ganz erhärtet, doch so, daß er ja weiß bleibt. Wenn er an einem silbernen Löffel erhärtet, so gießt man den Kirschensaft dazu und läßt es eine Viertelstunde kochen; alsdann gießt man es in Einmachegläser, und legt weisses Papier in Franzbrantwein ausgedrückt, drauf, so hält es sich gut.

691. Johannisbeerengelee.

Man nimmt schöne reife Johannisbeeren, pflückt sie vom Stiele und thut sie in einen neuen ausgekochten Topf, bedeckt sie mit dem Deckel, setzt sie in kochendes Wasser in einen Kessel und läßt das Wasser immer scharf kochen. Wenn nun Saft drauf ist, so kläret man ihn jedesmal sachte ab, doch ja nicht gedrückt, sonst wird es trübe. Dann nimmt man zu jedem Pf. Saft $\frac{3}{4}$ Pf. ordinären Kochzucker, und auf jedes Pf. Zucker ein Weinglas voll Wasser. Hierauf muß der Zucker kochen bis er Perlen wirft, und ganz steif ist. Alsdann wird der Saft dazu gegossen und muß eine halbe Stunde kochen. Wenn man alsdann etwas von dem Gelee in einen silbernen Löffel thut, und es wird steif, so ist es gut. Während dem Kochen muß es fleißig abgeschäumt werden. Es wird in kleine Geleegläser gegossen. Am andern Tage nimmt man fein Schreibpapier, drückt es in recht guten Franzbrantwein aus und legt es inwendig auf die Gläser. Das Papier muß man nach der Grösse der

Gläser schneiden, so hält sich das Gelee recht gut. Man kann auch das Papier in reinen frischen Brunnenwasser ausdrücken.

692. Himbeerengelee.

Man pflückt die Himbeeren von den Stielen, thut dieselben in einen neuen ausgekochten Topf, setzt solchen in einen siedenden Kessel mit Wasser, und läßt es eine Weile kochen, so springen die Beeren auf und man kann den Saft nach und nach abgiessen, daß er schön helle bleibt. Der Topf muß aber wohl zugedeckt werden, daß kein Wasser hineinkommt. Zu 1 Nössel Saft kömmt 1 Pf. feiner Zucker, wohl geläutert und so stark gesotten, daß er in einen silbernen Löffel wieder zu Zucker erhärtet; dann wird der Saft hinein gethan, und so lange gerührt, bis der Zucker zergangen; ehe beydes ganz kalt wird, thut man es in nicht gar zu grosse Gläser, den dritten Tag wird es erst Gelee, welches mit einem feinen naßgemachten und abgetrockneten Papier, nach Form des Glases, bedeckt wird. Wenn man zwey Theile Himbeersaft und einen Theil rothen Johannisbeersaft nimmt, so wird das Gelee recht schön.

693. Gelee von Borsdorferäpfeln, oder grauen Ränetten.

Die Aepfel werden geschält und in Viertel geschnitten, die Kernen werden aber nicht davon genommen, weil sie dem Saft einen schönen Geschmack geben; dann werden die Aepfel in einen meßingnen Kessel mit so viel Wasser aufgesetzt, daß sie sich leicht darin bewegen können. Sind sie weich zum Zerreiben, so wird der Saft durch eine Serviette gedruckt, auf jedes Pfund Saft ½ Pf. Zucker, welcher mit dem Safte in den Kessel, worin vorher die Aepfel gekocht worden, aufgesetzt wird, hernach läßt man es langsam kochen, und schäumt es während dem Kochen fleißig ab; sieht man, daß es bald zur gehörigen Dicke gekommen ist, so wirft man länglicht geschnittne Zitronschale in den Saft, läßt es mit derselben noch so lange kochen, bis das Gelee, wenn man selbiges mit einem Löffel auf einen zinnenen Teller tröpfelt, Perlen wirft; geschieht solches, so ist der Saft gut, und wird in Konfiturgläser gegossen, und wenn er erkaltet ist, mit Papier zugebunden. Man kann auf das Pf. Apfelmus 3/4 Pf. Zucker nehmen, so wird es nicht so süß.

694. Kirschensaft.

Pflücke saure Kirschen vom Stiel ab, thu sie, so wie sie sind, in den Einmachekessel, rühre sie und laß sie auf Kohlenfeuer zu Suppe kochen; dann wringe den Saft durch ein Tuch in ein porzellänenes Geschirr und wiege ihn, rechne davon ab, was das ledige Geschirr vorher gewogen hat, und nimm auf 1 Pf. Saft 1/2 Pf. Zucker, thu beydes in den recht reinen und trocknen Einmachekessel, rühre es und laß es kochen, bis

bis der Saft recht dicke ist, dann thu ihn in Einmachegläser.

695. Violensaft.

Pflücke die Violen ab, daß kein grünes drunter komme, thue sie in ein porzellänes oder irdenes Geschirr, gieß kochendes Wasser drauf, und laß es 4 bis 5 Tage an einem kühlen Orte stehen; dann wringe die Violen durch ein reines leinenes Tuch in ein Einmacheglas, wiege den Saft, rechne das vorher gewogne Glas ab, nimm Zucker, an Gewicht so viel als Saft, koche beydes zusammen in einen wohl verzinnten Kessel bis der Saft dick genug ist, dann thu ihn in ein reines trocknes Einmacheglas; er dauert viele Jahre.

696. Maulbeerensaft.

Presse die Maulbeeren, so wie sie sind, durch ein Tuch, damit der Saft herauskommt, koche Zucker, nachdem du es süß haben willst, mit ein wenig Wasser in einen irdenen mit Wasser wohl ausgekochten Tiegel und schäume ihn wohl ab, wenn er ein Weilchen gekocht hat, so thue den Maulbeerensaft hinzu und laß es zusammen kochen bis der Saft dicke genug ist, dann thu ihn in Einmachegläser.

697. Nelkensaft.

Von den Nelken werden die Blätter abgepflückt und in ein silbernes, vergoldetes oder zinnenes Geschirr gethan, bis es voll ist, dann wird kochendes Wasser drauf gegossen, bis solches anfängt überzustehen; nach 24 Stunden giesset man dieses durch ein Flortuch, wieget diese Essenz und reibt eben so viel feinen Zucker an Gewichte als Saft, setzet Saft und Zucker zugleich aufs Feuer, schäumt es fleißig ab und läßt es kochen; dann probirt man ihn auf einen zinnenen Teller, wenn der Saft drauf kalt wird und als ein Sirup aneinander klebt, so ist er gut.

698. Gefrornes zur Abkühlung.

Im Winter bedient man sich dazu der Obstsäfte, denen man durch das Kochen in Zucker eine dauerhafte Annehmlichkeit mittheilt, die der Zitronsaft schärfen muß. Im Sommer, auch im Winter, gießt man den Obstsaft in ein zinnenes hohes und cilindrisches Gefäß, welches einen Deckel hat und Eisbüchse genennt wird. Diese setzt man in einen Kessel, worinnen Eis mit Salpeter vermengt ist. Wenn nun die Obstsäfte gefroren sind, so schüttet man sie in Gestalt der Schneeflocken in Gläser oder in kupferne Obstformen.

699. Weintrauben einzumachen.

Hiezu nimm grosse, völlig ausgewachsene, aber noch nicht reif gewordene weisse Weintrauben; pflücke die Beeren ab, wiege sie, dann schneide sie der Länge nach auf, mache alle Kernen heraus, und lege die Beeren in klares Wasser. Laß sie mit ein wenig Wasser aufkochen und thu ein wenig Salz dazu, welches die Beeren

ren bey ihrer grünen Farbe erhalten muß. Wenn sie etwas gekocht, nimm sie ab, bedecke sie mit einem leinenen Tuche und laß sie in ihrem Wasser kalt werden; dann nimm sie mit einer Schaumkelle aus dem Wasser und lege sie in fein zerstossenen Zucker (auf 1 Pf. Beeren 1 Pf. Zucker) thu so viel Weinbeerensaft hinzu, daß der Zucker davon schmelzen kann, und laß es zusammen in einen Kessel auf Kohlenfeuer kochen; ist der Zucker dicke genug, so nimm die Beeren mit der Schaumkelle heraus und thu sie in ein Einmacheglas; sollte der Zucker nicht dick genug seyn, so muß er noch alleine nachkochen, doch ists besser, wenn er seine gehörige Dicke gleich hat. Man kann auch auf folgende Art Weinbeeren einmachen: Wenn die Beeren abgepflückt und gewogen sind, nimmt man auf jedes Pf. Beeren 1¼ Pf. Zucker, thut ihn nebst den Beeren in eine Schüssel, drückt Weinbeerensaft hinzu und läßt es auf Kohlenfeuer kochen; wenn die Beeren bald aufspringen wollen, thut man sie mit einer Schaumkelle in Einmachegläser, und läßt den Zucker noch einkochen bis er dicke genug ist, dann gießt man ihn abgekühlt über die Beeren. Will man reife Weintrauben einmachen, nimmt man Muskatellerwein, pflückt die Beeren ab, legt sie, nachdem man die Kernen sauber herausgemacht, in gläserne Schalen, zu 1 Pf. Beeren gehört 1¼ Pf. Zucker, welchen man mit Weinbeerensaft dicke kocht und erst den andern Tag auf die Beeren gießt; diese werden

in

in den Schalen, worin sie eingemacht sind, auf den Tisch gegeben.

700. Mispeln einzumachen.

Nimm frische Mispeln von der grösten Art, schäle sie so dünne als möglich ab, zerstich sie mit einem Messer, und laß sie in Wasser mittelmäßig mürbe kochen; dann nimm sie heraus, laß sie etwas abkühlen, und trockene sie mit einem Tuche ab. Laß in einer Pfanne so viel Zucker schmelzen, daß die Mispeln wohl damit bedeckt werden können; so bald der Zucker zergangen ist, thu die Mispeln hinein und laß sie darin recht langsam kochen, daß die Mispeln den Zucker recht annehmen. Alsdenn thu sie nebst dem Zucker in ein irdenes Geschirr und laß sie einem Tag darin stehen; dann setze sie über gelindes Kohlenfeuer, daß sie etwa ½ Stunde noch durchkochen; hierauf nimm sie mit einer Schaumkelle so, daß sie wohl ablaufen, heraus. Zu dem Zucker thu Saft von Borsdorferäpfeln oder Ränetten, so viel, daß der Aepfelgeschmack der herrschende sey; auch kannst du noch frischen Zucker, etwa halb so schwer als der Aepfelsaft ist, hinzu thun; dieses alles muß so lange zusammen kochen, bis der Sirup die Probe hält, und wird, wenn er meist erkaltet, über die, in Einmachegläser gelegte Mispeln, gegossen. Solche eingemachte Mispeln sind eine heilsame Arzeney, besonders für diejenigen, welche zu Durchfällen geneigt sind.

701. Grosse oder welsche Nüsse einzumachen.

Nimm Nüsse, wenn sie noch weich sind und die harte Schale leicht durchzustechen ist; stich ih jede Nuß 4 Löcher, lege sie 9 Tage in Wasser, und gib ihnen alle Tage frisches Wasser; alsdann siede sie, laß sie 3 mal aufwällen, dann probire sie, damit sie nicht zu weich werden, thu sie in ein Sieb, daß sie trocken werden, spicke sie mit Zimmt, Nelken und Zitronschale; siede Zucker und schäume ihn wohl ab, daß er fein klar werde, hernach thu die Nüsse in ein Einmacheglas und gieß den Zucker drauf. Den andern Tag wird der Zucker abgegossen und wieder aufgekocht, und das etliche mal, bis er dick wird. So oft nun der Zucker also gesotten wird, muß ein frisches Stück dazu gethan werden. Auf diese Art bleiben die Nüsse gut.

702. Rothe Rüben einzumachen.

Die Rüben werden weich gekocht; alsdann in einen grossen Durchschlag gelegt, daß sie ablaufen; dann werden sie geschält und in runde Scheiben geschnitten; hierauf wird würflicht geschnittener Meerrettig und wohl verlesener Kümmel in einem Steintopf gestreut, eine Schicht Rüben drüber gelegt, drauf wieder Kümmel und Meerrettig, immer eine Schicht um die andere, bis der Topf voll ist. Alsdann wird Bieressig abgekocht und kalt drüber gegossen. Die

Rüben

Rüben werden mit einem Deckel zugedeckt, so halten sie sich recht gut.

703. Deutsche Kapern.

Die Blütenknospen vom Pfriemenkraut, (Genster) von der Indianischen Kresse, und von der Butterblume werden hierzu genommen, wenn sie noch ganz klein sind; denn wenn sie etwas grösser geworden sind, so springen sie beym Einmachen auf. Erstlich werden solche in Weineßig mit ein wenig Salz gelinde aufgekocht, und um die grüne Farbe gut zu erhalten, werden sie gleich, nachdem sie aufgekocht sind, abgekühlt, und wenn sie völlig kalt geworden, frischer Weineßig drüber gegossen, so kann man sie recht gut erhalten; braucht man sie aber zu gekochten Speisen, so thut man wohl, wenn man sie erst beym Anrichten dran thut.

704. Unreife Kornelkirschen einzumachen.

Wenn die Kornelkirschen an den Bäumen eben beginnen roth zu werden, so läßt man die allergrösten und rundesten abpflücken, und erst im Hause etwas welk werden, ehe man sie einmacht. Das Gefäß, welches auch ein kleines Faß seyn kann, wird voll Wasser gegossen, und so viel Salz hinein geschüttet, bis man merket, daß es nicht mehr zerschmelzen will, sondern zu Boden fällt. Die Kirschen werden in dieses Salzwasser hineingelegt. Will man sie nicht zu hart haben, so muß man sie aufkochen;

es ist aber besser, wenn sie hart sind, weil man damit den Oliven nachahmen will. Zwischen die Kirschen wird grüner Fenchel, nebst grünen Lorbeerblättern gestreut. Diese Kirschen kommen den ausländischen Oliven an Geschmack und Farbe gleich.

705. Kleine Gurken mit Gewürz und Weineßig einzumachen.

Nimm ungewaschene kleine Gurken, putze sie ab, dann streue Salz drauf, setze sie einen halben Tag in den Keller reibe sie mit dem Salz recht rein ab, dann reibe sie mit einer Serviette ganz trocken, thu sie in einen Topf und gieß kochendheissen Brenhanseßig drauf, laß sie 3 bis 4 Tage stehen. Koche alsdann Weineßig auf, laß ihn kalt werden; setze alsdann die Gurken in einen Kessel mit dem Eßig, worin sie gestanden haben, aufs Feuer. Wenn sie anfangen zu kochen, so rühre sie um, nimm sie vom Feuer und gieß sie durch einen Durchschlag, daß das Saure abläuft, und laß sie kalt werden, dann nimm ein Zuckerglas und streue Pfeffer, Kardamomen, Muskatenblumen, ein Stückchen Meerrettig, Lorbeerblätter und grünen Fenchel unten hinein; dann lege eine Schicht Gurken hinein und streue wieder von obigem Gewürz drauf, verfahre so fort, bis das Glas voll ist, dann giesse recht guten aufgekochten Weineßig kalt drauf, und binde das Glas zu, so können sie sich halten. Wenn man das saure Eingemachte

machte mit einer Blase zubindet, so hält es sich am besten; man muß nur nachsehen, daß es an einem trocknen Orte und nicht zu warm steht und wenn man etwas davon brauchen will, so muß man dasselbe mit einem recht trocknen silbernen Löffel herausnehmen, und sich sehr hüten, daß nichts, mit dem Fingern angefaßtes, wieder in das Glas kommt.

706. Gurken mit Breyhanseßig einzumachen.

Streue über Mittelgurken Salz, laß sie einen Tag damit stehen, dann reibe sie ab und setze sie mit Breyhanseßig auf, laß sie damit kochen und darin kalt werden, dann giesse den Eßig ab, und schichte sie mit grünen Lorbeerblättern, Fenchel, Dill und Nelken in ein Einmacheglas. Koche Weineßig ab und gieß ihn drüber; doch kannst du auch scharfen Breyhanseßig hierzu nehmen. Diese Art Gurken schmecken auch gut, allein sie halten sich nicht so lange, als die Gewürzgurken.

707. Gurken einzumachen auf andre Art.

Nimm gute Mittelgurken ohne Flecke, wässere sie 24 Stunden ein, wasche sie ab; mache eine Salzsole, die so stark ist, daß sie 1 Ey trägt, gieß diese über die Gurken und laß sie damit 6 bis 8 Tage stehen, dann gieß die Sole ab, schichte die Gurken mit grünen oder in Ermangelung dersel-

derselben, trocknen Lorbeerblättern, Dill und englischem Gewürze ein, koche guten Eßig ab und giesse solchen drüber. In Steintöpfen halten sie sich gut, es muß aber ein Deckel, der wohl paßt, drüber gelegt und womit beschweret werden.

708. Salzgurken.

Man wässert die Gurken 24 Stunden in Brunnenwasser ein, thut sie hernach in ein hölzernes Gefäß mit Weinblättern und Dill; alsdann macht man eine Sole von Salzwasser, kocht solche auf und gießt sie kochend drauf; wenn sie kalt ist, so gießt man sie wieder ab und kocht sie zum 2ten male auf und gießt sie wieder drauf; dann gießt man sie nochmals ab und kocht sie zum 3ten male auf; alsdann wird das Faß zugespundet, so halten sie sich 2 bis 3 Jahr.

709. Salzgurken auf andre Art.

Man wässert die Gurken 24 Stunden lang in Brunnenwasser ein, nimmt ein wohl ausgebrühtes hölzernes Gefäß oder einen Steintopf, schlägt Salz in Wasser zu einer Sole, daß sie ohngefähr so scharf schmecke, als scharf gesalzene Rindfleischbrühe, schichtet die Gurken mit Wein- auch Kirschblättern und Dill ins Gefäß, gießt die Sole kalt drauf, setzt es in die Sonne oder an einen warmen Ort, bis die Gurken in Gährung kommen, und wenn sie gegohren haben, nimmt man das Obere davon ab, legt einen Deckel drauf und beschwert solchen mit einem Stein.

710. Gurkensalat einzumachen.

Nimm Gurken, die nicht gar zu groß sind und keine Kerne haben; sie müssen aber noch nicht welk seyn; schäle sie recht rein ab, damit nichts Grünes dran bleibt, und schneide sie wie zu gewöhnlichem Gurkensalat. Sie müssen allemal zum Einmachen geschnitten werden; alsdann mengst du sie mit Salz, lässest sie damit 1 Stunde stehen, drücke sie aber ja nicht; alsdann nimm eine irdene Schüssel mit Löchern, lege in die Schüssel eine dünne Serviette, schütte die Gurken drauf und laß sie eine Nacht in einer tiefen Schüssel so stehen, daß sie reine ablaufen. Gedrückt müssen sie durchaus nicht werden; alsdann thu sie in Einmachegläser, doch jedes nur halb voll, sonst halten sie sich nicht. Ferner koche guten Weineßig auf, gieß solchen, wenn er kalt ist, drauf, so daß er über die Gurken tritt. Alsdann gieß 2 Finger hoch Baumöl drauf, binde die Gläser mit Papier zu, und setze sie an einen kühlen trocknen Ort, so halten sich die Gurken sehr gut. Wenn man nun den Gurkensalat essen will, so nimmt man so viel als nöthig heraus und macht ihn ordentlich mit Weineßig und Baumöl zurecht, wie man ihn gern ißt. Der Weineßig muß immer in den Gläsern über den Gurken stehen, sonst verderben sie. Von 1 Schock kleinen Mittelgurken 3 Nössel Weineßig und $\frac{1}{4}$ Pf. Baumöl bekommt man 2 grosse Gläser halb voll Gurken. Die Gurken müssen von der kleinsten Sorte seyn, damit sie ja keine Kerne haben; das Baumöl muß gleichfalls recht rein und der Eßig der beste seyn, den man nur irgend bekommen kann.

711. Sauerkohl zu machen.

Nimm schönen dichten weissen Kohl, laß ihn lang und recht fein hobeln, daß die kurzen Stücke zurücke bleiben; alsdann menge solchen in einem Waschfasse mit Salz und trocknen Dillkörnern. Nimm, wenn du es stellen kannst, ein Faß, worin weisser Franzwein gewesen, und stampfe den Kohl in das Faß. Wenn der Kohl etliche Tage gestanden hat, so wird eine Serviette in Brunnenwasser ausgedrückt, und drauf gelegt, mit einen hölzernen Deckel zugedeckt, und mit Steinen beschwert. Alle 8 Tage muß die Serviette ausgewaschen werden, und wenn man den Kohl essen will, so nimmt man oben etwas ab, und kocht ihn wie gewöhnlich. Wenn man Weinranken zwischen dem Sauerkohl legt, so geben diese ihm einen guten Geschmack.

712. Sauerkohl auf andre Art.

Schneide den weissen Kohl in 4 Viertel, koche solchen in Wasser ab, lege ihn in ein Faß, daß die Stücken gerade gegen einander zu liegen kommen. Schichte ihn mit Dill ein, und gieß eine Sole drüber, die von Brunnenwasser und Salz aufgekocht ist; decke oben etliche Kohlblätter drüber, und beschwere das Faß mit Steinen. Wenn man den Kohl essen will, so wird er eine halbe Stunde vorher eingewässert.

713. Schminkbohnen einzumachen.

Du nimmst junge Schmalzbohnen, schneidest dieselben recht fein, und wällest sie in einen Kessel auf; dann thust du sie in eine Kiepe, daß das Wasser rein abläuft; alsdann mengst du dieselben mit Salz und drückest sie in Steintöpfe; am andern Tage legst du ein leinen Tuch, in Brunnenwasser ausgewrungen, drauf und beschwerest die Bohnen mit Steinen, so halten sie sich vortreflich.

714. Grüne Erbsen einzumachen.

Nimm Schoten oder grüne Erbsen, beere sie aus und menge sie mit Salz, thu sie in eine oder etliche Bouteillen, stampfe sie recht vest aber nicht entzwey, setze sie in einen Kessel aufs Feuer und lege Stroh dazwischen; alsdann gieß Brunnenwasser drauf. Wenn nun die Flaschen zu klappern anfangen; so nimmt man den Kessel vom Feuer ab und setzt sie wenn sie kalt geworden, in den Keller, nachdem man solche mit neuen Pfröpfen zugestopft und mit einer Blase zugebunden und verpicht hat. Wenn du diese Erbsen hernach kochen willst, so mußt du sie den Abend vorher einwässern. Man kann sie auch ungekocht so hinlegen. Will man sie aber kochen, so bindet man sie mit einem Läpchen locker zu, sonst gehen die Erbsen alle heraus, wenn sie anfangen zu kochen.

715. Schlehen einzumachen.

Nimm Schlehen, die recht reif sind, suche alle Blätter aus und schichte die Schlehen mit Senf in einen Steintopf, streue etliche grüne Lorbeerblätter dazwischen. Koche Biereßig oder Breyhanseßig ab und gieß ihn drüber.

716. Champignons einzumachen.

Wenn du die Champignons reine gemacht und die Stiele davon abgeschnitten hast, schneide die grossen in Stücke, die kleinen, die noch zu sind, laß ganz; wasche sie in kaltem Wasser. Laß Wasser mit etwas Salz kochen, thu die Champignons hinein und laß sie ein wenig kochen, alsdann nimm sie heraus; drücke das Wasser in einen Durchschlag davon ab, und laß sie kalt werden. Unterdessen koche Weineßig auf mit etwas ganzen Muskatenblumen, Gewürznelken, Pfeffer und Lorbeerblätter; wenn der Eßig kocht, thu die Champignons hinein und laß sie nur einmal aufkochen und wieder kalt werden, thu sie alsdenn mit dem Eßig und Gewürz in Einmachegläser. Den dritten Tag gieß geschmolznes frisches Hammeltalg drauf und setze die Gläser an einen kühlen Ort. Wenn du davon gebrauchen willst, nimmst du den Talg davon ab. Du kannst auch die Champignons, wenn sie ausgekocht und ausgedrückt sind, mit dem Gewürz vermischt in ein Einmacheglas legen, nemlich zuerst eine Lage grüner Lorbeerblätter, etwas gequetschten Pfeffer, ganze Muskatenblumen, dann eine Lage Champignons, dann wieder grüne Lorbeerblätter, und so fort; laß den Weineßig aufkochen und wieder kalt werden, dann gieß ihn drauf und hernach begieß es mit Hammeltalg.

717. Grüne Petersilie einzumachen.

Wenn im Herbst die Petersilie noch gut und kräftig ist, so muß man so viel, als man ohngefähr den Winter durch nöthig hat, sauber abflücken, reine waschen und ganz klein hacken. Dann nimmt man ein gutes Theil Butter, läßt selbige heiß werden, thut die gehackte Petersilie hinein und läßt sie ein wenig durchbraten, und alsdenn einige Tage stehen. Darnach wird sie mit einem Löffel ausgestochen, man muß aber ja den Saft, der sich unten gesetzt hat, rein ablaufen lassen, sonst verdirbt sie; alsdenn thut man sie in ein andres Geschirr, läßt sie wieder schmelzen, läßt sie kalt werden und bewahrt sie auf. Auf diese Art hält sie sich lange und kann sehr gut gebraucht werden.

718. Wachspapier zu machen.

Nimm reines weisses Papier, halt es über ein mit glühenden Kohlen angefülltes Feuerbecken, und bestreich es auf beyden Seiten mit einem Stück Wachs über und über, auf folgende Art: zwey Personen halten das Papier, jedoch nicht zu nahe über das Kohlenfeuer, damit es nicht verbrenne, und die dritte Person überstreicht es mit Wachs. Dieses Papier braucht man,

um

nun es auf die mit Zucker eingemachten Früchte zu legen, und schneidet es alsdann in gleicher Weite wie das Glas, so, daß es auf dem Eingemachten liegen kann; aber ehe es niedergelegt wird, schneidet man in der Mitte des Papiers einen kleinen Zipfel, woran man es halten kann, wenn es niedergelegt wird, und, wenn man davon brauchen will, auch daran herausgenommen werden kann.

Sechszehnte Abtheilung.

Vom trocknen Aufbewahren des Obsts und anderer Früchte.

719. Kirschen zu erhalten.

Wenn die schwarzen sauern Kirschen recht reif sind; so pflücke sie bey klarem Sonnenschein, und wenn es nicht kurz vorher geregnet hat, mit Fingerhandschuhen vom Baume ab, schneide mit einer Scheere, die Stiele fast dichte an den Kirschen ab, thu sie behutsam in sehr gut ausgetrocknete Bouteillen, die grosse Oefnungen haben; pfropfe sie wohl zu, verpiche sie gut, daß keine Luft dazu kommen kann und setze sie in einen Keller, so können sie bis nach Weyhnachten frisch erhalten werden; besonders, wenn man

man sie spät einlegt. Hiebey muß man aber genau beobachten, daß man sie nicht mit blossen Fingern anfasse, und sie auch gleich, so bald sie vom Baume kommen, einlege. Man kann sie auch, wenn sie in die Bouteille gelegt, und dieselbe mit einem Deckel, der gut drauf paßt, zugedeckt und mit einer Blase vest zugebunden worden, in den Brunnen hängen, so halten sie sich auch gut.

720. Pflaumen auf den Winter zu verwahren.

Brich mit Handschuhen die Pflaumen an dem Stiele ab, lege in einen Steintopf unten Weinblätter, alsdann die Pflaumen dichte neben einander, oben wieder Weinblätter drauf, und dann einen Deckel drauf, der recht vest drauf paßt, daß keine Luft dazu kann; grabe den Topf alsdann im Garten in die Erde. Auf diese Art halten sie sich lange; wenn der Topf aber einmal angebrochen wird, so muß er gleich hintereinander verbraucht werden.

Man kann sie auch auf folgende Art gut erhalten: man schmelzet gelbes oder weisses Wachs in einen Tiegel und nimmt alsdenn die reifen Pflaumen mit den Stielen, taucht die Pflaumen in das Wachs, daß sie mit dem Wachs dünne überzogen werden; an jeden Stiel muß vorher ein Faden gebunden seyn, daß die Pflaumen aufgehängt werden können; auch muß das Wachs nicht zu heiß seyn. Wenn man sie zu

Tische

Tische geben will, macht man das Wachs davon und wischt die Pflaumen ab.

Es giebt noch eine Art die Pflaumen aufzuheben: man schneidet nämlich einen Zweig mit reifen Pflaumen ab; versiegelt ihn da, wo der Abschnitt ist, hängt ihn an einem trocknen Orte auf, und siehet zuweilen darnach. Sie halten sich so zwar auch, doch auf die erste Art länger.

721. Prunellen zu machen.

Schäle recht schöne Pflaumen. Man schälet sie auf die beste Weise, wenn man sie in einen Eymer thut und recht kochendes Wasser drauf gießt, so lassen sie sich ganz leichte abschälen; alsdann werden sie auf Horden gebacken: wenn sie zu braten aufangen, so werden die Kernen heraus gedrückt und die Pflaumen vollends gebacken. Hierauf werden sie in eine Schachtel mit dazwischen gestreutem Zucker gepackt, und zwar immer so ringsherum, wie die ausländischen Prunellen gepackt werden, so sind sie eben so schön. Hat man keine Anstalt dazu, so muß man sie in den Bratofen backen, doch thut man besser, wenn man sie auf Horden, die bey den Korbmachern zu haben sind, auf den Ofen stellt, so, daß immer eine neben der andern steht. Will man ungeschälte Pflaumen ohne Kernen haben, so stellt man sie auch auf die geflochtnen Horden neben einander, und wenn sie anfangen zu braten, so drückt man die Kernen heraus, wendet die Pflaumen fleißig um und siehet zu, daß sie nicht verbrennen. Wenn man sie in den Bratofen bäckt, so müssen nur Kohlen drunter seyn, sonst backen sie zu schnell. Man kann auch Obst auf einem Menageofen backen, wenn man es auf geflochtene Horden legt. Hat man aber diese nicht, und will sich doch des Vortheils mit dem Menageofen bedienen, so thut man 3 Finger hoch grauen Sand auf dem Ofen, legt doppelt Papier drauf und auf dieses die Pflaumen, so bald sie braten, drückt man die Kernen aus, und siehet beständig nach, daß der Ofen nur mittelmäßig warm sey. Mit Aepfeln kann man es auch so machen, daß man sie auf Horden, oder im Bratofen, oder auf dem Menageofen bäckt. Man schält sie und höhlt auf eine geschickte Art in der Mitte das Kernhaus heraus, und stellt sie neben einander, daß sie so backen. Auch Birnen kann man schälen und in der Mitte einkerben, als wolle man sie in Viertel schneiden; allein man läßt die Viertel an dem Stiele hängen. Man kann auch Aepfel eben so, in Viertel geschnitten, backen. Kirschen kann man auch so backen. Will man frische Hagebutten trocknen, so macht man die Kernen heraus und trocknet sie an der Luft, so bleiben sie schön roth.

722. Weintrauben zu erhalten.

Schneide die Weintrauben, wenn sie reif sind, bey trocknem Wetter vor Sonnenaufgang ab, so, daß 2 Stängel dran bleiben. Den einen

nen Stängel verklebe da, wo er abgeschnitten ist, mit Wachs, und den andern stecke in einen Apfel; dann hänge sie an einen Stock und laß sie in einen Gewölbe, daß weder zu kalt, noch zu warm, noch feuchte ist, frey hängen. Sollte der Apfel nicht gut bleiben, so stecke einen andern drauf. So bleiben die Weintrauben recht frisch und gut vom Geschmack. Man kann sie auch so abschneiden, daß nur ein Stiel dran bleibt, diesen steckt man alsdenn in warmes Wachs und hänget die Trauben so auf; die faulen Beeren müssen aber fleißig heraus gesucht werden.

723. Johannisbeeren abzutrocknen.

Suche die grösten Träubchen der Johannisbeeren aus. Nimm alsdenn 1 Eyweiß und Rosenwasser, zerschlage es wohl, tunke die Träubchen in das Eyweiß, daß sie recht naß werden, und wälze sie sehr wohl in Zucker herum; binde etliche Trauben in ein Bund, hänge sie in eine warme Stube, daß sie trocken werden, und lege sie alsdenn in eine Schachtel.

724. Grüne Erbsen zu trocknen.

Nimm grüne Erbsen, die noch recht jung sind, von dem ersten oder zweyten Schnitt; sie müssen aber noch dünne und grün seyn; mache sie aus den Schalen und wälle sie auf. So bald sie aufkochen werden sie vom Feuer genommen und in einen Durchschlag gethan, daß das Wasser

ser rein abläuft; alsdann werden papierne Kästchen gemacht, die Erbsen ganz dünne drein gelegt und getrocknet. Wenn man früh gekocht hat, und der Heerd ist noch etwas warm, so werden die Kästchen drauf gesetzt, und die Erbsen so ganz langsam getrocknet. Diese Erbsen halten sich im Winter vortreflich, wenn man sie in Zuckergläsern aufhebt. Will man sie nun kochen, so wässert man sie den Abend vorher ein, giebt ihnen des Morgens drauf nochmals frisches Wasser, und 1 Stunde hernach lauwarmes Wasser; dann setzt man sie mit warmen Wasser an, und gießt das Wasser wieder ab; alsdann thut man sie zu den Mohrrüben, oder kocht sie mit einer Sahnbrühe ab, so schmecken selbige vortreflich.

725. Ganze Schminkbohnen zu trocknen.

Nimm junge Schmalzbohnen, ziehe sie auf Fäden und walle sie in Wasser auf, alsdann hänge sie an einem trocknen Orte auf, daß sie langsam trocknen. Wenn du sie kochen willst, so laß sie schneiden und verfahre damit, wie mit den getrockneten Erbsen.

726. Geschnittne Schminkbohnen zu trocknen.

Schneide die Schminkbohnen, koche sie auf, laß sie rein ablaufen, und streu sie in eine rein ausgekehrte Stube. Wenn sie trocken sind, so hebe sie in einen leinenen Beutel auf. Man kann

sie

sie auch roh einmachen, alsdann kosten sie aber mehr Feuer und bleiben doch etwas hart, man kann sie aber auch aufkochen und bey dem Bäcker trocknen lassen. Vor dem Kochen zur Speise müssen sie etliche mal mit kalten dann mit warmen Wasser abgewaschen werden, auch muß 2 mal das warme Wasser, wenn sie eine Weile gekocht, abgegossen werden.

727. Getrocknete Schminkbohnen auf andre Art.

Schneide recht junge Schmalzbohnen fein, streue sie auf rein gescheuerte und unangestrichene Tische, setze sie in die Sonne, kehre die Bohnen um und laß sie recht trocken werden, dann hebe sie in leinenen Beuteln auf, sie halten sich so recht gut und ist auch bequem, zumal wenn man einen Garten hat, in welchem man nicht viel auf einmal einärndten kann.

728. Artischocken zu erhalten.

Streue auf dem Boden eines reinen Fasses Salz und setze die abgeschnittnen Stängel von den Artischocken auf dem Boden desselben, die darauf folgenden kehre um und setze sie mit den Spitzen zwischen die Spitzen der untersten und so fahre fort, bis das Faß voll ist, dann laß es von dem Böttcher zuschlagen, wenn du zuvor in den obersten Boden ein Loch gebohret hast. Dann nimm ein gutes Theil fliessendes Wasser und Salz, laß es ziemlich lang kochen und wieder kalt werden, alsdann gieß es durch das Loch auf die Artischocken. Wenn das Faß voll ist, mache das Loch mit einem Pfropf recht vest zu, leg es in den Keller und rüttle es zuweilen hin und her, so dauern sie sehr lange. Wenn du sie kochen willst, must du sie vorher recht wässern und ihnen zum öftern frisches fliessendes Wasser geben. Du kannst sie auch vorher, ehe du sie in das Faß legst, auf die Art, wie den Spargel kochen, sie müssen aber 2 Stunden in dem warmen Wasser liegen, und nachhero umgekehrt trocknen, ehe du sie in das Faß legst.

729. Geschnittnen Spargel zu erhalten.

Schneide den Spargel, soweit er mürbe ist, in kleine Stücke, wasche ihn und laß ihn in kochendem Flußwasser einmal aufkochen, laß alsdann das Wasser davon rein ablaufen und ihn kalt werden, thu ihn in Bouteillen, so eine grosse Oefnung haben, gieß die vorige Sole kalt drauf, pfropfe die Bouteillen vest zu, lege sie in dem Keller in Sand, bedecke sie auch mit Sand, damit keine Luft dazu kommen kann, und wenn du ihn brauchen willst, so wässere selbigen zuvor.

730. Grosse Nüsse auf den Winter frisch zu erhalten.

Man nimmt welsche oder grosse Nüsse mit den grünen Schalen, und trocknet Salz; dieses

Salz

Salz thut man in einen Steintopf und die Nüsse dazwischen, daß sie recht eingepackt sind. Oben auf legt man einen Deckel, bindet den Topf zu, und gräbt ihn in die Erde, jedoch so tief, daß der Frost die Nüsse nicht trift, so halten sie sich frisch.

731. Zitronen zu erhalten.

Trockne Salz, thu es in einen Steintopf, wickle jede Zitrone in Papier, lege unten eine Schicht Salz, dann Zitronen, dann wieder Salz u. s. f. bis der Topf voll ist. Hernach decke einen Deckel drauf, der veste schließt, und binde den Topf vest zu, daß keine Luft dazu kommt, so halten sie sich vortreflich.

732. Kleine Rüben zu erhalten.

Die Märkschen Rüben erhalten sich bey mir auf folgende Art am besten; wenn ich von denselben sogleich, als ich sie gekauft habe, die Köpfe abschneide und sie übrigens unabgeputzt in ein trocknes Faß thue, oben auf das Faß einen Deckel und auf diesen Steine lege, auch die Lücken des Fasses mit einem leinenen Tuch vest zustopfe, oder statt allem diesen gleich zuspunden lasse, und das Faß an einem trocknen Ort setze. Es kommt aber dabey viel auf trockne Jahre an; ist der Sommer trocken gewesen, so faulen die Vorkosten überhaupt nicht so leicht. Man thut auch sehr wohl, wenn man alle 14 Tage nach den Rüben sieht, daher es auch bequemer ist, wenn das Faß nur mit Steinen

be-

beschwert und nicht zugespundet wird. Ganz kleine Deltauer Rüben kann man abschaben und auf Faden gezogen ganz langsam trocknen. Dieses ist ein sehr schönes Winteressen. Blumenkohl und Sellerie kann man gut im Keller erhalten, wenn man sie in Sand einlegt, und den Sand vest darum herschüttet: so macht man es auch mit Petersilienwurzeln. Die Erdtoffeln oder Kartoffeln darf man nur auf einen Berg schütten; den weissen Kohl legt man auf Bretter, und reißt nur zuweilen die faulen Blätter ab; doch muß der Keller sehr trocken seyn; man thut aber doch besser, wenn man den Kohl bis zum Frostwetter oberwärts im Hause aufhebt. So ist es auch mit Aepfeln und Birnen, so lange man sie oberwärts im Hause vor dem Froste bewahren kann, muß man es thun, denn sie nehmen oft in den besten Keller einen dumpfigen Geschmack an.

733. Eyer aufzubewahren.

Ich habe mit frischen Eyern von meinen Hühnern viele Mittel versucht, sie gut durch den Winter zu erhalten, und ich habe keins derselben besser gefunden, als wenn ich sie in Asche lege. Dis mache ich auf folgende Art: Ich trockne die Asche unter dem Ofen, alsdann thu ich sie in einen Kasten, unten eine Schicht Asche, dann eine Schicht Eyer, alle gerade nebeneinander, daß die Spitze unten hin kommt, dann wieder Asche, und so fort, bis der Kasten voll ist. Alle 14

Tage nehme ich die Eyer heraus, und kehre jedes Ey um; finde ich, daß die Asche feucht geworden, so habe ich schon in einem andern Kasten trockne Asche in Vorrath, worin ich die Eyer, so wie ich sie umkehre, hineinstelle. Ich halte jedes Ey gegen das Licht, und finde ich ein Ey, das anfängt trübe zu werden, so verbrauche ich es sogleich. Dergestalt erhalte ich meine Eyer frisch, ohne daß ich ein Ey wegschmeissen darf. Sie müssen aber an einem trocknen Orte stehen. In Häckerling gelegt, halten sich die Eyer auch sehr gut, doch muß solcher von recht frischem Stroh, welches nicht dumpfig riecht, geschnitten seyn. Man nimmt zum Aufbewahren gern die Eyer, die im August oder noch später gelegt sind. Wenn Eyer gefroren sind, legt man sie in kaltes Wasser und läßt sie darin aufthauen.

734. Kartoffelmehl zu machen.

Wasche grosse weisse Kartoffeln wohl ab, reibe sie mit der Schale in Wasser auf der Kartoffelreibe, alsdann reibe sie durch ein enges Sieb, gieß alle 12 Stunden frisches Wasser drauf, bis das Wasser ganz klar abläuft. Dann wird es langsam getrocknet, fein gemangelt und durch ein Pudersieb gerieben, so ist es gut.

735. Rosenbrödtchen zu machen und aufzubewahren.

Man nimmt recht schöne Rosen, die nicht so hochroth sind, pflückt die Blätter ab, sieht sie durch, damit nichts unreines und kein Wurm drin bleibe, hackt sie recht klein, knetet sie mit feinem Mehl dicht, macht länglichte oder runde Küchelchen davon, läßt sie beym Bäcker oder in der Hitze recht trocken werden. Sie müssen aber recht trocken seyn, und je geschwinder sie trocknen, desto besser ist es. Alsdenn hebt man sie an einem trocknen Orte auf, und wenn man sie brauchen will, stößt man sie in einem Mörsel klein und braucht sie zur Suppe, wie Nr. 36. gesagt ist.

736. Rosen aufzubewahren.

Brich schöne Rosenknospen mit Handschuhen ab, und zwar wenn es recht trocknes Wetter ist. Nimm allemal 6 Rosenknospen, die nicht zu klein sind, binde um dieselben mit Zwirn 2 Weinblätter, so, daß die Stiele nicht bebunden sind. Nimm ein steinern Gefäß, leg unten 2 Weinblätter hinein, dann die Rosenknospen, so daß die Stiele oberwärts stehen, bis das Gefässe voll ist, alsdenn lege oben wieder 2 Weinblätter drüber. Mache ferner von Salz eine Sole, in welcher ein Ey nicht sinken kann, gieß die Sole darüber, lege einen hölzernen Deckel drauf, beschwere es, wenn es 2 Tage gestanden, mit einem Steine, und setze es an einen kühlen Ort. Wenn nun der Winter kommt, und du willst frische Rosenknospen haben, so nimm ein Bund heraus, mache die obersten Blätter mit einem Federmesser ab und bestreich

die

die Rose mit ein wenig Scheidewasser, so ist dieselbe so schön, wie mitten im Sommer. Du must sie aber einmachen, wenn sie in der besten Blühe sind: man kann auch auf folgende Art verfahren: Lege die mit Handschuhen abgebrochnen Rosenknospen in einen steinenen Krug, der einen vesten Deckel hat, und worinnen getrocknetes Salz gethan worden, und setze ihn in den Keller.

737. Einen Potpourri zu machen.

Man nimmt Salz, trocknet es und macht sich solches vorräthig, damit man es zwischen die Blumen streuen kann. Von diesem Salze streut man etliche Hände voll auf dem Boden des Gefässes. Alle Blumen müssen von den Stielen abgepflückt werden, auch alles Grüne wird rein abgemacht. Zuerst kommt ein gutes Theil Violenblumen in das Gefäß; hierauf ein Theil schöne Rosenblätter; von Pomeranzenblüthen können 4 Hände voll seyn; denn je mehr Pomeranzenblüthen dazu kommen, desto besser wird es; dann nimmt man 4 Hände voll dunkelrothe einfache Nelken, eben so viel jungen Majoran, Lavendelblüthe oder Spiker und Isopblätter, auch Rosmarienblüthe und Blätter, Quendel, Saturey, Stabwurz, kleine Myrrthenblätter, von jedem 2 Hände voll; Basilikum, Krausemünze, Melisse, Salbey, von jedem eine Hand voll und etwas Poley, Kalaminth, 1 Loth Zimmt und etwas Storax, wie auch gestossene Gewürznelken. So wie man nun diese Sachen haben

 kann,

kann, thut man sie alle in den Topf, und allemal etwas Salz dazwischen. Anfänglich muß der Topf etliche Monat gut umgerührt werden. Im Monat August wird er zu Zeiten 1 Stunde in die Sonne gesetzt, damit die Sonne die überflüßige Feuchtigkeit verzehre. Im September darf man ihn nur alle 8 Tage einmal umrühren, und zuletzt nicht weiter, als wenn man einen guten Geruch damit in Zimmer machen will. Ausserdem aber muß er gut zugedeckt gehalten werden. Ein solcher Topf hält sich viele Jahre lang gut; doch kann man von den Sachen, deren Geruch man am meisten liebt, alle Jahre etwas frisches hinzuthun.

Siebenzehnte Abtheilung.

Von der Anordnung der Tafeln.

Da eine gute Wirthin auch ein grosses Traktament anzugeben wissen muß; so habe ich hier ohngefähr die Speisen angeben wollen, welche man dazu wählen kann; auch habe ich einige Zeichnungen hinzugefügt, welche den Nummern nach zeigen, wie die Schüsseln aufgesetzt werden müssen.

738.

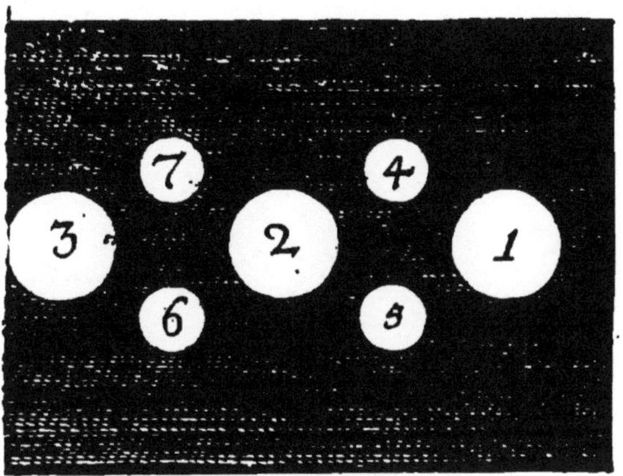
7
4
3
2
1
6
5

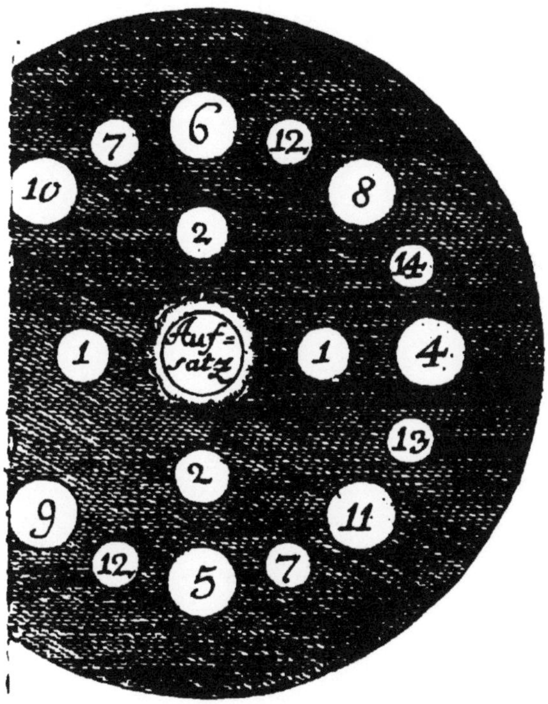
6
7
12
10
8
2
14
1
Auf=satz
1
4
13
2
9
11
12
5
7

738. Eine lange Tafel zu Mittag für 24 Personen. s Fig. I.

Wenn man 4 Gänge machen und jedesmal 6 Schüsseln aussetzen will; so enthält der erste Gang:

Fig. I. Nr. 1. Zwey Terrinen, eine mit Weinsuppe mit gefüllten Zitronen, eine mit brauner Suppe.

Nr. 2. Zwey Schüsseln, eine mit Spinat, eine mit Blumenkohl.

Nr. 3. Zwey dreßirte Pasteten mit ausgeschnittenem Rindermürbbraten.

Hierzu 8 Aßietten, als

Nr 4. Zwey mit Ochsenzunge.

Nr. 5. Zwey mit Sosischen.

Nr. 6. Zwey mit geräucherten Lachs.

Nr. 7. Zwey mit Schlackwurst, und noch

Nr 8. Zwey kleine Pasteten.

Nr. 9. Zwey kleine Schüsseln mit ausgebackenen Reis.

Der zweyte Gang, nachdem die Schüsseln des ersten Gangs bis auf die Aßietten, welche stehen bleiben müssen, abgenommen worden.

Nr. 1. Zwey Schüsseln mit angeschlagenen Kälberkeulen.

Nr. 2. Zwey Schüsseln mit jungen Hühnern mit Krebsen.

Nr. 3. Zwey Schüsseln mit grossen Spargel.

Der dritte Gang, nachdem diese Schüsseln und nun auch die Aßietten abgenommen worden.

Nr. 1. Zwey Schüsseln, eine mit Zander, eine mit Aal.

Nr. 2. Zwey Schüsseln mit Wildbraten.

Nr. 3. Zwey Schüsseln, eine mit Butterbraten, eine mit 4 gebratenen Fasanen.

Hierzu 8 Aßietten, als

Nr. 4. Zwey mit Sardellensalat.

Nr. 5. Zwey mit Gurkensalat.

Nr. 6. Zwey mit Prunellen.

Nr. 7. Zwey mit Kompot von Aepfeln.

Man kann zum Braten auch nur 4 Aßietten nehmen, und statt der übrigen 4 zwey mit ausgebackenen Gründlingen und zwey mit ausgebackenen Kaulbarschen aufsetzen, welche bey den Fischen mit herum gegeben werden.

Der vierte Gang, nachdem alle Schüsseln abgenommen und die Tafel von neuem servirt worden.

Nr. 1. Zwey Schüsseln; eine mit Schokoladenkreem mit gesponnenen Zucker, eine mit Weinkreem.

Nr. 2. Zwey Schüsseln; eine mit Baumkuchen mit Mandelspänen, eine Bisquittorte mit Makronenaufsatze.

Nr. 3. Zwey Schüsseln; eine Zitrontorte mit Pyramide, eine Mustorte mit Pyramide.

Nr. 4.

Nr. 4. u. 5. Vier Teller mit Konfekt.

Nr. 6. u. 7. Vier Teller mit Obst, als Aepfel, Birn, Pflaumen und Weintrauben.

Nr. 8. Zwey Teller, einer mit gebrannten Mandeln, einer mit Knackmandeln und Rosinen.

Nr. 9. Zwey Teller, einer mit Bonsbons, einer mit überzognen Anis in Tuten,

und an beyden Enden der Tafel wird Butter und Käse aufgesetzt.

739. Eben dieselbe Tafel zu Abend.

Wenn man auch 4 Gänge machen und jedesmal 6 Schüsseln aufsetzen will, so enthält der erste Gang:

Nr. 1. Zwey Terrinen, eine mit Sagosuppe mit rothem Wein, eine mit Erdbeerenkaltschale.

Nr. 2. Zwey Schüsseln, eine mit Schminkbohnen mit Karbonade, eine mit grünen Erbsen und Mohrrüben mit Sosischen.

Nr. 3. Zwey Pasteten, eine von Rebhühnern, braun, eine von Kalbfleischfrikandon.

Hierzu 8 Aßietten, als
zwey mit Schlacken,
zwey mit Ochsenzunge,
zwey mit geräucherten Lachs,
zwey mit kleinen Pasteten.

Der zweyte Gang:

Nr. 1. Zwey Schüsseln mit Kapaunen mit Austern.

Nr. 2. Zwey Schüsseln, eine mit Lachs in Wasser und Salz gekocht, eine mit Zander.

Nr. 3. Zwey Schüsseln Spargel mit geschmolzener Butter.

Der dritte Gang:

Nr. 1. Zwey Schüsseln mit schönen Krebsen.

Nr. 2. Zwey Schüsseln, eine mit gebratenen Schnepfen, eine mit Fasanen.

Nr. 3. Zwey Schüsseln, eine mit Wildbraten, eine mit Puterbraten.

Hierzu 8 Aßieten, als

zwey mit Sardellensalat,
zwey mit grünen Salat,
zwey mit Kompot von Aepfeln,
zwey mit Katharinenpflaumen.

Der vierte Gang:

Nr. 1. Zwey Schüsseln, eine mit Gelee mit Zitronen, eine mit Milchkreem.

Nr. 2. Zwey Schüsseln, eine mit einem Baumkuchen; eine Brodttorte mit Makronenaufsatz.

Nr. 3. Zwey Torten, eine Torte royal mit einer Pyramide, eine Zitrontorte mit einer Pyramide.

vier Teller mit Konfekt,
vier Teller mit Obst,
vier Teller mit Rosinen, Mandeln, gebrannten Mandeln und Bonsbons,

an beyden Enden der Tafel wird Butter und Käse aufgesetzt.

Da

Da es jezt auch sehr Mode ist, an einer runden Tafel, worauf alle Speisen mit einmal aufgesezt werden, zu speisen; so habe ich hier auch einen Aufsaz davon gemacht, und die Zeichnung beygefügt.

740. Eine runde Tafel zu Mittag für 16 bis 18 Personen. s. Fig. 2.

In die Mitte derselben wird ein Aufsatz gesetzt.

Fig. 2. Nr. 1. Eine Terrine mit Suppe mit Krebskoli.

Nr. 2. Eine Schüssel mit Braunkohl mit Kastanien.

Nr. 3. Vier Aßietten; eine mit Schlackwurst, eine mit Ochsenzunge, eine mit Frikandellen, eine mit geräucherten Rindfleisch kalt und in Scheiben.

Nr. 4. Eine Wildpastete mit Champignons, braun.

Nr. 5. Ein Pudding mit Weinbrühe, weiß.

Nr. 6. Eine Schüssel mit Lachs in Wasser und Salz gekocht.

Nr. 7. Ein Puterbraten.

Nr 8. Vier Aßietten hierzu: eine mit sauren Kirschen, eine mit Selleriesalat, eine mit geschmorten Birnen, eine mit Prunellen.

Nr. 9. Eine Schüssel mit Milchkreem.

Nr. 10. Eine Brodtorte als Melone.

Nr. 11. Vier Obstteller; einer mit Weintrauben, einer mit Pflaumen, einer mit Melonen, einer mit Pfirsichen.

Nr. 12. Zwey Teller mit Konfekt.

Nr. 13. Zwey Teller mit Bonsbons und überzognen Anis in Tuten.

Zuletzt wird auf zwey Seiten Butter und Käse aufgetragen.

Alle diese Speisen werden in Steingut angerichtet, und wie oben gesagt, mit einmal aufgesetzt; die Schüsseln werden mit Klokken von Steingut zugedeckt, damit die Speisen warm bleiben, auch wird bey jedem Gericht kochende Brühe dazu herumgegeben. Wer von Zinn speissen will, muß die Schüsseln auch mit zinnernen Klokken zudecken.

741. Dieselbe runde Tafel zu Abend. s. Fig. 3.

In die Mitte wird ein Aufsatz gesetzt:

Fig. 3. Nr 1. Zwey Terrinen; eine mit Kirschkaltschale mit Makronen, eine mit Pfirsichmilch.

Nr. 2. Zwey Schüsseln mit Spargel.

Nr. 3. Eine Schüssel mit Taubenfrikassee.

Nr. 4. Eine Schüssel mit Krebsfrikandellen.

Nr. 5. Eine Schüssel mit Karpen in Wasser und Salz gekocht.

Nr. 6. Ein Wildbraten.

Nr. 7. Zwey Aßietten; eine mit grünen Kräutersalat, eine mit geschmorten Stachelbeeren.

Nr. 8. Ein Schüsselessen.

Nr. 9. Eine Schüssel mit Weinkreem.

Nr. 10. Eine Makrontorte.

Nr. 11. Sahnkuchen.

Nr. 12. Zwey Teller mit Konfekt.

Nr. 13. Zwey Teller mit Knackmandeln und Rosinen und gebrannten Mandeln.

Nr. 14. Zwey Obstteller; als Aprikosen und Kirschen.

Zuletzt wird noch Butter und Käse aufgesetzt.

Anmerkungen.

So gut es ist, wenn man eine grosse Tafel mit Speisen zu besetzen weiß, so nothwendig ist es auch, daß eine gute Wirthin ihren gewöhnlichen Tisch täglich mit gehörigen Abwechslungen anzurichten weiß; denn man ißt sich die besten Speisen zuwider, wenn man sie oft erhält, oder wenn sie nicht so gewählt worden, wie sie zusammen passen. Es dürfen eben nicht allemal sehr theure Speisen seyn; sondern es kommt mehr drauf an, daß sie gut gewählt und wohlschmeckend zugerichtet werden. Man muß sich dabey freylich nach der Jahrszeit richten; der Sommer und Herbst verschaft uns die meisten Abwechslungen, jedoch hat jede andere Jahrszeit auch ihre Veränderungen, wenn man nur drauf denkt und sich zur rechten Zeit mit gehörigem Vorrath von jeder Sache versorgt. Ueber die Schicklichkeit in der Wahl der Speisen muß man allemal nachdenken. So würde, wenn man gute Freunde bey sich hat, es sich nicht schicken, wenn man, zum Beyspiel, eine Suppe, worin man

Geflü-

Geflügel, als Hüner oder Tauben hat, und hinterher als Braten einen Puter oder Kapaun auftragen wollte; sondern man muß es so einrichten, daß, wenn man in der Suppe Geflügel hat, man einen andern Braten wählt; hat man aber zum Braten ein Geflügel, so wählt man eine andere Suppe. Zum Mittag ist eine Fleischbrühsuppe mehrentheils schicklicher; zum Abend aber nimmt man lieber eine süsse Suppe oder mehrentheils keine Suppe, sondern ein Voressen. Fleisch und Vorkosten muß man auch so wählen, wie es sich zusammenpaßt. Frisches Rindfleisch und brauner Kohl ist keine schickliche Speise, aber Savoyerkohl und frisches Rindfleisch, auch brauner Kohl und geräuchertes Rindfleisch paßt sich sehr wohl zusammen. Eben so unschicklich würde Hammelfleisch und brauner Kohl seyn, da sich im Gegentheil kleine Rüben zum Hammelfleisch wohl passen. Es läßt sich nun wohl hierbey etwas durchgehends gewisses nicht bestimmen, und es wird beynahe keine Haushaltung seyn, die nicht ihre besondern Gebräuche hat; erfahrne Hausmütter werden dieses alles von selbst wissen und junge Anfängerinnen im Wirthschaften thun wohl, daß sie mit dem grösten Fleiß und Aufmerksamkeit ihre Wirthschaft einrichten, und bey allem auf eine genaue Ordnung, auf Abwechselung und gehörige Einrichtung sehen; denn einem Frauenzimmer wird es allemal verdacht, wenn es in Kenntnissen der Wirthschaft unerfahren ist, da

es

es im Gegentheil jedem Frauenzimmer Ehre bringt, wenn es recht viele Kenntnisse in der Wirthschaft hat und auf alles achtet, was dieselben vermehrt. Wenn eine Hauswirthin Freunde bewirthet und sie bringt zum Beyspiel eine grüne Kräutersuppe, nach dieser Spinat, oder braunen Kohl, dann Taubenfrikassee, hernach Fisch und alsdann gebratene Hüner zu Tische; oder sie setzt ihren Gästen Reis mit Milch und nachhero Salat vor; so wird man ihr dieses als einen Mangel an Kenntnissen anrechnen und sie darüber beurtheilen, da es doch oft blos Unachtsamkeit auf das, was schicklich ist, anzeigt. Denn so schön alle diese Speisen, jede für sich allein, sind, so sind sie doch zusammen nicht schicklich. — Es ist auch eine nothwendige Pflicht einer Wirthin, daß sie selbst Aufsicht auf den Vorrath ihrer Speisen hat, und an guten Oertern verwahrt, damit sie keinen dumpfigen Geschmack annehmen können. — Beym Kochen der Speisen muß man ja dafür sorgen, daß dieselben nicht räuchricht werden, welches leicht geschehen kann, wenn die Töpfe nicht mit gehörig passendem Deckeln versehen sind, oder wenn man nasses Holz brennt, oder wenn man während dem Kochen mit einem Löffel, welcher vor dem Rauche nicht in Acht genommen worden, drinn rührt, wie auch, wenn die Flamme in die Töpfe schlägt. — Daß das gute Anrichten der Speisen eine Zierde sey, habe ich schon anderwärts erwehnt. — Bey Fleischspeisen mag man sich

alle

alle Mühe geben, sie gut zu kochen, wenn es nicht ein gutes Stück Fleisch ist, so wird alle Mühe umsonst seyn, dahero man allemal dafür sorgen und ein gutes Stück Fleisch wählen muß, auch thut man nicht wohl, wenn man, um etwas zu ersparen, schlechtes Fleisch einkauft. — Die Vorkosten müssen reif und frisch seyn, denn, zum Beyspiel, grüne Erbsen, die an dem Tage, da man sie kochen will, gepflückt worden sind, schmecken weit besser und süsser, als wenn sie etliche Tage zuvor gepflückt worden sind. — Gute Ordnung und gute Zubereitung der Speisen ist eine Hauptsache für eine Wirthschafterin; auch halte ich immer für die Pflicht einer guten Hausmutter, daß sie, so viel es ihr möglich ist, auch ihren Hausgenossen gut gewählte und gut gekochte Speisen giebt. Ihre Leute werden ihr allemal gern dienen, wenn sie ihre Haushaltung mit Fleiß besorgt und auf eine gehörige Ordnung und Zubereitung der Speisen achtet. Es ist immer höchst unrecht, wenn durch Unachtsamkeit Speisen verderben oder schlecht schmecken.

Achtzehnte Abtheilung.

Vom Einschlachten, Einpökeln und Räuchern des Fleisches.

742. Vom Einschlachten des Rindviehs.

In Städten ist kein grosser Vortheil dabey, und man thut besser, wenn man sich zuweilen ein gutes Stück Rindfleisch 14 Tage in Salz mit etwas Salpeter legt, im Fall man gern gepöckeltes Rindfleisch essen will. Da man jederzeit weiß, wie viel Pf. das Stück gewogen, so kann man sich mit dem Eintheilen besser darnach richten, man rechnet auf die Person ½ Pf. frisches Fleisch, dies kann man aber nicht so genau wissen, wenn man selbst eingeschlachtet hat. Auch kann man sich mit leichter Mühe ein gutes Stück geräuchert Rindfleisch machen, welches dem Hamburger Rindfleische nichts nachgiebt, wenn man eine schöne Rinderbrust 8 Tage mit etwas Salpeter gerieben in Salz legt, und sie alsdann 5 bis 6 Tage in Rauch hängt. Desgleichen kann man auf eine sehr geschwinde Art geräuchertes Fleisch machen. Man nimmt nemlich ein gutes Stück Rindfleisch, thut es in einen Topf mit kochendem Wasser, welches mit Salz und Salpeter eine Weile gekocht hat, hierin läßt man das Fleisch an einem Bande hängen, bis das Wasser

ser scharf zu kochen anfängt, alsdann zieht man es heraus und hängt es 24 Stunden in ziemlich scharfen Rauch. Man kann es dann kochen. Ob es nun freylich nicht so gut schmeckt, als ordentlich geräuchertes Fleisch, so ist es aber doch eher fertig, als jenes, und ziemlich schmackhaft. Man kann es auch so machen: Wenn das Wasser kocht, wird das Fleisch in das kochende Wasser gelegt, so wie es wieder zu kochen anfängt, wird es herausgenommen, mit Salpeter und Salz eingerieben, in Winter bey dem Ofen gesetzt, 24 Stunden so stehen gelassen, dann in den Rauch gehangen und recht gut geräuchert. Wenn es gutes Fleisch ist, wird es wie Hamburger Rindfleisch. — Oder auch auf folgende Art: man setzt ein gutes Stück Rindfleisch mit kaltem Wasser in einen Kessel aufs Feuer und läßt es eine gute Viertelstunde kochen; dann nimmt man es heraus und bereibet es, so heiß man die Hand dran leiden kann, mit Salz und etwas Salpeter, und legt es, wenn es kalt geworden, in ein Faß, streuet Salz und Salpeter auf dem Boden und über das Fleisch, legt einen Boden drauf und beschwert es gut mit Steinen; wenn man es fleißig begießt, so ist es in etlichen Tagen gut. Will man es räuchern, so läßt man es nur 24 Stunden auf diese Art im Salz liegen, dann umwickelt man es mit Papier und hängt es in den Rauch, so wird es ebenfalls so schön, wie Hamburger Rindfleisch.

742.

742. Von dem Einschlachten der Schweine.

Wenn auch der Vortheil des Einschlachtens der Schweine nicht sehr groß ist, so ist es doch der Abwechslung wegen nöthig. Bey den Schweinen kommt sehr viel auf gute Mast an; Schrot von Korn, Kartoffeln, Bohnen, Erbsen, geben gute Mast, viele halten Erbsen für die beste Mast. Wenn das Schwein gebracht wird, so läßt man es den Tag ruhig im Stalle und schlachtet es erst am andern Tage, gibt aber demselben noch fleißig Wasser und Kleye zu trinken. Am Morgen, wenn es gestochen wird, fängt man das Blut unter beständigem Rühren in einer Mulde auf Alsdann wird das Schwein gebrühet, aufgehangen und aufgeschnitten. Das Wellfleisch wird etwas eingewässert und rein abgewaschen. Die Därme werden, indessen das Wellfleisch kocht, rein gemacht. Viele Leute wässern das Fleisch eine Nacht ein, und machen erst den andern Tag Wurst, welcher Gebrauch nicht zu verwerfen ist; sieht man aber nur darnach, daß die Därme mit einem neuen Besem und Salz recht rein gemacht werden, und oft und genug frisches Wasser bekommen, so ist es eben so gut. Wenn das Bauchfleisch, die Leber, der Magen und der Kopf, in so fern man Sülze vom leztern machen will, genug gekocht haben, so wird das Bauchfleisch kleinwürflicht geschnitten, die Leber klein gehackt, da dann zuerst et-

 liche

liche Leberschlacken gemacht werden. Zu den Leberschlacken kömmt die gehackte Leber, Fett, Wurstkraut, Kümmel, Gewürz und Salz. Diese Leberschlacken werden zuerst gemacht, und wenn sie gekocht sind, in eine Mulde gelegt; alsdann werden die andern Leberwürste gemacht. Zu den dünnen Leberwürsten kömmt Fett, etwas geriebne Semmel, Kümmel, geschnittne Zitronschale, gestossne Muskatenblumen, Gewürz und Salz. Diese Würste werden auch gleich gekocht und sind bald gar. Alsdann werden die Blut- oder Rothwürste gemacht: man gießt das Blut durch einen Durchschlag, thüt das würflicht geschnittne Fleisch, auch etwas von dem Lebergute, Gewürz, Wurstkraut und Salz dazu. Die Blutwürste müssen beym Kochen sehr in Acht genommen werden. Wenn man sie in den Kessel thun will, so gießt man etwas kaltes Wasser dazu, alsdann läßt man sie sachte kochen und probirt sie mit der Gabel, wenn kein Blut mehr heraus kommt, so sind sie gar und werden in einer Mulde auf Stroh gelegt. Die Zunge kann man mit Nelken gespickt, in die gröste Blutwurst stecken. Alsdann kommen die Rosinenwürste. Diese werden, wie folgt, gemacht: Man behält noch etwas Blut und Fett von den Rothwürsten übrig, dazu thut man geschnittne Zitronschale, Wurstkraut, grosse Rosinen, die mit Fett und etwas geschnittnen Zwiebeln und kleinen Rosinen gekocht sind, und das Gehirn oder den Brägen,

auch

auch etwas Semmel. Dieses Gut wird in dünne Därme gefüllt und gekocht. Man macht noch vielerley Arten von frischer Wurst, zum Exempel, Grützwurst, welche wie folgt, gemacht wird: Man nimmt gute Hamburger Grütze, kocht dieselbe in Wasser weich, thut dazu geschnittne Zitronschale, Gewürz und etwas Wurstkraut, und füllt die Därme ganz dünne damit an, und kocht sie dann in Wurstbrühe gar. Auf 1 Schwein rechnet man 1 Mantel Wurstkraut, halb Thymian, halb Majoran, 1 Viertel Salz, für 1 Gr. Salpeter. Von diesem Salze wird am folgenden Tage das Fleisch eingesalzen. Ferner rechnet man für 2 Gr. Semmel; man thut besser man reibt die Semmel, ist aber die Zeit zu kurz, so kann man sie auch einweichen und rein ausdrücken; ½ Loth Pfeffer, ½ Loth Nelken, ¼ Pf. Kümmel, 2 Loth englisch Gewürz, ½ Loth Muskatenblumen, welches in die Leber- und Grüzwürste kommt. Wenn man nun am zweyten Tage das Schwein einhacken läßt, so schneidet man die Schinken und das lange Bein ab, löset den Schlußknochen heraus und reibt die Schinken an den Knochen mit Salz, Pfeffer und Salpeter ein. Ist das Schwein stark, so schneidet man die Schulterblätter von den Speckseiten ab, und reibt die Schulterblätter an den Knochen auch mit etwas Pfeffer und Salpeter ein. Die Speckseiten, die Schulterblätter und Schinken, werden alsdann in einem breiten Fasse eingesalzen; das Fleisch zu den Schlacken und Bratwürsten wird von dem magern Fleische geschnitten. Die Mürbebraten oder Mährbraten kann man mit zur Wurst nehmen, man kann sie aber auch besonders in Salz drey Tage liegen lassen, sie alsdenn drey Tage in Eßig legen, welche, wenn sie gebraten worden, ein schönes Essen sind. Mit den Schellribben kann man es eben so machen, wenn man von der einen Seite die Scheilribben abschneiden läßt, dieselben 3 Tage in Salz und 3 Tage in Eßig legt, so sind sie ein wohlschmeckender Braten. Das Fleisch zur Wurst wird recht fein gehackt, nachdem man alle Sehnen vorher heraus gesucht hat. Zu den Schlacken wird nichts als grob, gestossner Pfeffer, Salz und Salpeter genommen, welches mit in die Schlackdärme gefüllt wird. Die Därme müssen brav abgeschleimt, auch recht vest gestopft werden. Die Bratwürste in Rauch werden von demselben Gute in Rinterdärme oder in weite Schweindärme gefüllt. Diese geräucherte Bratwürste (Knackwürste) können alsdenn entweder roh gegessen werden, oder man setzt sie auf den Ofen zugedeckt, damit sie in ihren Safte mürbe werden; hat man aber eine Ofenröhre, so kann man sie, erst mit weissem dann mit blauem Zuckerpapier überwickelt, in diese Röhre stecken, da sie dann nach und nach warm werden; mit geräucherten Leberwürsten pflegt man es eben so zu machen. Auf dem Rost muß man sie ja nicht legen, weil sie sonst vertrocknen. Die frischen

schen Bratwürste werden von demselben Gute genommen, nur daß man noch Kümmel, gewürfelte Zitronschale und ein Glas Wein dazu nimmt; das übrige Fleisch vom Schweine wird in kleine Stücke gehackt, mit Salz und Salpeter in ein Faß gepackt, zugespundet und alle Abend herumgerollt. Ist aber das Faß nicht ganz voll, so beschwert man es mit Steinen und begießt es alle Abend. Die Blutwürste, Schlacken, Bratwürste und Leberschlacken werden in den Rauch gehängt; sie müssen aber keinen starken Rauch haben. Die grösten Rothwürste werden wenn sie noch warm sind, ehe sie in den Rauch kommen, zwischen zwey Bretter gelegt und etwa 6 Stunden gelinde gepreßt. In 3 Tagen können die Leberschlacken gut seyn, so wie die Blutwürste in 8 Tagen; die Schlacken aber müssen länger hängen und keinen starken Rauch haben, daß sie recht langsam räuchern. Geschieht es zu einer Zeit, da es stark friert, so macht man des Abends etwas Rauch von kleinen Sägespänen. Viele Leute hängen die Würste gleich auf die Rauchkammer. Jeder muß sich darin nach seinem Schorsteine und seiner Rauchkammer richten. Wenn die Speckseiten 14 Tage bis 3 Wochen im Salze gelegen haben, so werden solche nebst den Schinken in den Rauch gehängt, und wenn sie gelb geräuchert sind, auf die Rauchkammer gebracht. Man kann auch das Fleisch mit heißgemachten Salz, oder mit kaltem Salz

 und

und Salpeter und an den Knochen mit Pfeffer und Salpeter bere.ben und dann sogleich in den Rauch hängen. Der Magen des Schweins wird, wenn er weich gekocht worden, entweder gebraten, oder man füllt ihn voll Wurstgut und läßt ihn alsdann, wie die andern Blutwürste, räuchern. Den Kopf kann man zum Einpö=ckeln hacken; oder man salzt ihn ein und räu=chert ihn hernach; oder man macht Sülze dar=aus, welches auf vier Arten geschehen kann.

1) Man bricht die Knochen aus dem Ko=pfe, wenn er weich gekocht ist, streut in die Mitte Salz, Gewürz und Zitronschale, legt ihn alsdann wieder zusammen und preßt ihn; wenn er gepreßt worden, so macht man eine Sole darüber.

2) Man macht Preßsülze, da man denn alles Fleisch von dem Kopf klein pflückt, es mit etwas Salpeter, Salz, Pfeffer, Nelken und Zitronschale mengt, dann in eine Serviette vest zubindet, das Eingebundene in kochende Wurst=brühe hält, es alsdenn 24 Stunden preßt und hernach eine Sole drüber macht.

3) Man macht die Sülze auf die nemliche Art, legt aber unten in die Serviette runde Scheiben von geräucherter Schlackwurst, Zi=tronscheiben und länglichte Zitronschale, die Sül=ze alsdann drauf, bindet sie eben so ein, und verfährt damit, wie mit der vorigen Sülze.

Die

Die Sole wird folgender Gestalt gemacht: Wenn sie sich gut halten soll, so wird anderthalb Maaß Brunnenwasser (auf einen Sülzekopf) genommen und eine Hand voll Salz; davon wird eine Sole gemacht, dann wird ½ Maaß Weinessig dazu gegossen, die Sole damit aufgekocht und wenn sie kalt ist, über den Sülzekopf gegossen. Die Sole muß überstehen, sonst verdirbt die Sülze, und da sich dieselbe oft einzieht, so muß etwas Sole nachgegossen werden.

4. Macht man Preßkopf auf folgende Art; wenn das Schwein ausgeschlachtet wird, muß man keine Kehlbraten ausschneiden lassen, sondern den Kopf in der Mitten aufschneiden und so die Zunge herausnehmen lassen; hinten in Genick muß der Kopf nicht aufgehauen werden, damit die Haut ganz bleibt. Wenn das Schwein kalt ist, schneidet man den ganzen Kopf dichte an den Schultern ab, und läßt ihn in Genick auch lang abhauen, damit so viel als möglich Fleisch dran bleibe; die Zunge läßt man weg. Die Augen sticht man behutsam aus und wäscht alles Blut reine aus dem Kopf, thut ihn dann in einen grossen irdenen Topf, darin er geräumig kochen kann, und setzt ihn mit Wasser auf; man muß oft darnach sehen, daß er nicht anbrenne; man legt ein klein Bündchen Thymian dabey, salzt und schäumt ihn und läßt ihn gar kochen, aber nicht so weich, daß er auseinander fällt; dann gießt man die Brühe ab und verwahret sie, lässet den Kopf sachte aus dem Topf

in eine breite irdene Schüssel glitschen, und kalt werden. Alsdenn löset man die Ohren rund heraus, macht die Haut vom Kopf herunter, daß sie so viel möglich, ganz bleibe, dann schneidet man das Fett und Fleisch in grosse Würfel, das übrige Fleisch was zerbröckelt und was an dem Knochen sitzt und keine Würfel giebt, hackt man ganz klein; die ganzen Ohren schneidet man, wenn sie geputzt sind, mit dem Knorpelichten fein und länglicht, ohngefähr wie ein Glied lang. Dies alles thut man in eine grosse irdene Schüssel, legt dazu fein gehackte Zwiebeln, von einer ganzen Zitrone die Schale fein und länglicht geschnitten, gestossene Nelken und Pfeffer, ganze Muskatenblumen, Salz, getrocknetes zerriebenes und gesiebtes Basilikumkraut, dieses alles wird mit den Händen gut untereinander gemenget; dann legt man auf einen Tisch oder Fischbrett eine grobe Serviette, darauf die Haut, die Schwartenseite auf die Serviette; alsdenn nimmt man ein anderes Stück gekochte Schwarte und stopft es in das Augen- und Ohrenloch; dann leget man auf diese Hälfte das gemengte Fleisch, drückt es mit den Händen vest zusammen, legt es hoch, nicht breit, dann schlägt man die andre Hälfte der Haut drüber, bedeckt es damit und stopft das Augen und Ohrenloch ebenfalls mit Schwarte zu; hat man noch gekochte Schwarte, so legt man hinten und unten, wo es nicht bedeckt ist, noch etwas gegen, sonst ist es auch nicht nothwendig; dann legt man die andere Hälfte von der Serviette auch drüber und nähet es mit doppelten Zwirn recht vest zu, daß es die Gestalt eines Kopfs bekomme; man kann es wohl dreymal nähen und immer näher an dem Kopf, weil er sich noch immer mit der Serviette, wo man nähet, zusammen drücken läßt; zuletzt nähet man dieses Genähete noch überwindlich über, daß es recht veste wird und nicht nachgiebt. Dann nimmt man das Fett von der Brühe ab, setzt solche in demselben Topfe, darin der Kopf gekocht worden, ans Feuer, deckt sie zu, daß sie nicht räuchrich wird, weil der Topf nicht voll ist; wenn die Brühe kocht, legt man den Kopf hinein, läßt ihn etwa eine halbe oder ganze Stunde, welches man nach seiner vorherigen Weiche beurtheilen muß, kochen, man muß genau darnach sehen, daß er sich nicht ansetzt. Alsdenn zieht man ihn heraus, legt ihn auf einen Tisch oder Fischbrett und wenn er etwas abgerauchet, aber noch heiß ist, wird ein Brettchen drauf gelegt und beschweret, daß er sich dichte presse, doch aber nicht zu platt werde; man kann es an den Seiten fühlen, ob er veste ist. Hierunter muß er liegen, bis er ganz kalt ist. Wenn man ihn zu Tische geben will, nimmt man ihn aus der Serviette und giebt ihn ganz auf den Tisch, schneidet Scheiben ab und giebt dazu Weineßig, gestossenen Pfeffer, fein gehackte Petersilie, wer will, auch Provenzeröl.

Man kann ihn in vorher beschriebene Salzsole legen; am besten ist es aber, wenn er bald aufgegessen wird; man legt ihn auf eine porzellänene Schüssel und schlägt ihn in ein mit Wein oder Weineßig naß gemachtes Tuch, daß er nicht trocknet, dann dauert er doch eine Weile an einem kühlen Orte, aber nicht im Keller, da beschlägt er.

Der Schmeer (Flaumen oder Flomen) wird in Würfel geschnitten und mit einer Zwiebel und etlichen Borsdorferäpfeln ausgebraten; die Aepfel kann man, wenn man den Nelkengeschmack liebt, mit einigen Gewürznelken bestecken. Das Fett wird abgeschöpft und in Steintöpfe gegossen, in welchen es sich am besten hält; wann man unten etwas Salz eingestreut hat und oben auf, wenn das Fett kalt ist auch Salz thut und den Topf recht vest zudeckt. — Von dem Schlachten behält man nun noch die Schwarten und kleinen Knochen übrig, welche man Steg nennt. Dies kann man mit grossen Klump und gebackenem Obst essen; auch schmeckt es gut, wenn man, nachdem man das Blut zu den Rothwürsten genommen, die Adern welche im Durchschlag zurück geblieben, nimmt, Eßig drauf gießt und ihn drauf stehen läßt, bis man es essen will, den Steg alsdenn aufkocht, den Eßig von den Adern abgießt, zu dem Steg gießt, etwas geriebenes Brod und Kümmel dran thut und dies zusammen durchkochen läßt. Will man Pökelfleisch kochen, so wässert man

es

es zuvor ein, kocht es gar, putzt es rein ab und richtet es so an. Die Schulterblätter muß man nicht zu sehr ausschneiden lassen, denn es ist sehr gut, wenn man ein Stück Schulterblatt und einige Ribben zusammen kocht, und schmeckt, besonders kalt, sehr gut.

Schinken kann man einwässern, oder auch nur mit warmen Wasser rein abwaschen und dann kochen lassen; wenn er gar ist, nimmt man ihn heraus, läßt die erste Hitze verrauchen, löset die Schwarte von der Spitze an bis an den Knochen behutsam ab, rollt sie auf, sticht sie mit 2 hölzernen Speilen vest an, streut gestossenen Pfeffer über den Schinken und putzt ihn mit Petersilie aus. Man kann den Schinken auch bey den Bäcker schicken und ihn ganz in Brodteig einschlagen und kochen lassen, so schmeckt er sehr schön, besonders Westphälischer Schinken; auf diese Art aber geht das Fett verloren, weil es sich in den Teig zieht und den Teig zu essen ist nicht anzurathen, weil man sich damit leicht den Magen verderben kann.

744. Einschlachten der Hammel.

Ob dies Vortheil habe, kann ich nicht entscheiden. Es kommt drauf an, wie man einkauft. Der Talg der Hammel wird zum Lichtgiessen gebraucht. Ist solcher frisch, so kann man vom Nierentalge etwas an die Vorkosten nehmen. Die Hammelkeulen kann man räuchern auch den Kopf, das kurze Fleisch wird eingesalzen.

Die Kaldaunen werden frisch gekocht und mit Braunkohl gegessen.

745. Geräucherte Gänse.

Bey Gänsen ist kein Schade. Man kann sie auf vielerley Art zubereiten. Wenn man zu Ende des Julius gute Gänse kauft und sie in einem Gänsestalle füttert, so können sie in 6 Wochen fett seyn. Sie verzehren unter der Zeit nur einen halben Scheffel Hafer. Eine Preßgans wird auf folgende Art gemacht: wenn die Gans Tags vorher abgeschlachtet, ausgenommen und das Gekröse davon abgehauen ist; wird die Gans völlig von den Knochen gelöst, daß das Gerippe ganz allein bleibt. Dann wird die Gans in der Mitte mit Salz gerieben, mit Salpeter bestreut, Nelken und Pfeffer dazwischen gestreut; dann werden die beyden Hälften der Gans zusammen geschlagen, mit Salz bestreut, und zwischen zwey Bretter gelegt. Diese Bretter werden sodann schräge aufgestellt, damit die ablaufende Sole in eine Schüssel laufen kann, und hiermit wird die Gans täglich begossen. Einen Tag um den andern muß die Gans umgekehrt werden. Wenn sie nun so 10 Tage in der Sole gelegen hat, so wird sie in einen Bogen Papier eingeschlagen und in den Rauch gehängt; doch muß der Rauch nur mäßig seyn. Man kann hernach ordentliche Scheiben, wie von dem geräucherten Lachs, davon schneiden; und es ist ein sehr schönes Essen.

746. Spickgänse.

Man schlachtet recht fette Gänse, die gute Mast gehabt haben und rupft sie behutsam, daß die Haut nicht aufreisse; wenn sie gehörig gestoppelt, über brennendem Stroh gesengt und mit Wasser und Kley rein abgewaschen worden, so werden die Flügel und der Hals kurz am Leibe abgeschnitten, die Gänse ausgenommen und gespalten, stark mit Salz berieben, in ein reines Faß sehr dichte aufeinander geschichtet und zugedeckt, so müssen sie nur 3 Tage liegen bleiben; in dieser Zeit wird das meiste Salz geschmolzen und in jede Gans, so viel als nöthig, eingezogen seyn. Alsdenn werden die Gänse, so naß und voll Salz hängend, heraus genommen, mit Weitzenkley bestreut und in derselben so lange herumgewälzet, daß man von dem Fleisch gar nichts mehr sehen kann; dann bindet man an die Keulen Bindsaden, damit man sie auf einem Stocke in den Rauch hängen kann; sie müssen so hängen, daß sie keine Hitze, sondern nur blosser Rauch treffen kann; hat man eine Rauchkammer, können sie darin aufgehangen werden; sie müssen nicht länger als 8 Tage im Rauch hängen; alsdenn werden sie in einer Kammer aufgehängt, wo die Luft sie treffen kann, aber keine Sonnenhitze, sonst werden sie gelb. Wenn sie so in der Luft 8 Tage gehangen, reibt man mit Leinewandt die Kley sauber ab und hebt die Gänse wie anderes geräuchertes Fleisch auf, so halten sie sich Jahr und Tag. Man kann sie roh, auch gekocht essen; auch kann man sie wie den geräucherten Lachs in dünne Scheiben geschnitten, über Kohlen in einem Geschirr mit Wasser, zerlassener Butter und Zitronsaft aufschmoren lassen; man muß aber ja darnach sehen, daß das Fleisch nicht hart oder zähe werde.

747. Eingesalzene Gänse.

Man salzt die Gänse entweder ganz oder in Stücken zerschnitten mit Salz und Salpeter ein, beschweret das Gefäß und verspeiset sie bald.

748. In Sauer eingekochte Gänse.

Man schneidet die Gänse in Stücken und wässert sie etwas aus, alsdann läßt man solche in kochendem Wasser nur einmal aufkochen. Hierauf wird das Fleisch rein ausgedrückt, abgepuzt und mit gutem Weineßig aufs Feuer gesetzt, und wenn es zu kochen anfängt, recht abgeschäumt; gleich im Anfange wird etwas gewaschnes, geraspeltes Hirschhorn in ein Tuch gebunden und mit hinein gehängt. Das Fleisch muß aber nicht zu weich gekocht werden. Wenn es recht rein abgeschäumt worden, so werden ganze Nelken und Pfeffer dran gethan. Wenn das Fleisch gar ist, so werden weite Zuckergläser in einen breiten Kessel mit kaltem Wasser gesetzt, und unten wird etwas Heu eingelegt. Wenn das Wasser heiß ist, wird das Gänsefleisch hinein gelegt und die Brühe durch ein Tuch drüber gegossen. Man sezt alsdann die Gläser weg, damit alles kalt werde. Man kann auch Steintöpfe dazu brauchen. Alsdann nimmt man das Fett rein ab, gießt ein wenig weisses Wachs über die Brühe, daß es ganz damit verschlossen ist, damit keine Luft dazu kann. Alsdann setzt man es an einen Kühlen Ort, wo es sich von Martini bis mitten im Sommer hält. Man macht es mit einer sauern Brühe oder ißt es kalt mit dem Gelee. Man kann die Gänse auch klein hacken, wenn solche gehörig rein gemacht, mit Eßig, Salz und wenn der Eßig zu scharf ist, nebst etwas Wasser aufsetzen; wenn es geschäumt ist, thut man englisch Gewürz Lorbeerblätter und gestoßne Nelken dran, das aufgefangene Blut quirlt man nun dazu, deckt den Topf zu, und läßt es so gar kochen. Doch muß man nur so viel Brühe drauf nehmen, daß es bedeckt ist, auch das Fett abfüllen, und wenn es gar ist, kalt werden lassen; dieses schmeckt auch gut.

749. Eingekochte Gänsekeulen.

Schneide die Keulen von den Gänsen ab, koche sie mit Wasser, Salz, Zwiebeln, Thimian und Gewürz; wenn sie gar sind, lege sie in eine Schüssel; dann nimm Gänse, und Schweineflaumen, brate selbige aus, lege die Keulen in einen Steintopf dichte an einander, gieß das ausgebratene Schmalz drüber und laß sie dann stehen. So viel als du jedesmal brauchen willst, laß alsdann auf dem Feuer warm werden, lege sie auf dem Rost, brate sie braun,

richte

richte sie an, hacke Zwiebeln ganz fein, gieß dazu Provenzeröl, Weineßig und gestossenen Pfeffer, rühre es untereinander und gieb dies dazu herum.

750. Gänse zu nudeln.

Man macht von groben Mehl, Kley und Wasser einen vesten Teig und macht daraus Nudeln eines kleinen Fingers lang und eines Fingers dick, aber nicht zu spitz, und läßt solche auf einem nicht zu heissen Ofen langsam trocknen, oder man macht gleich so viel, als man zu brauchen gedenkt, und läßt sie beym Bäcker trocknen.

Martini ist die beste Zeit, Gänse zu nudeln; man setzt alsdenn gute ausgewachsene Gänse in einen Gänsestall, daß sie enge sitzen, giebt jeder Gans des Tags viermal, nemlich des Morgens ganz früh, des Mittags, Nachmittags um 5 Uhr und Abends um 10 Uhr, jedesmal 5 Nudeln; dies wiederholt man einige Tage, dann nimmt man jedesmal 7 Nudeln, thut dies wieder einige Tage, dann 9, dann 11 und mit 11 Nudeln hält man so lange an, bis die Gans fett ist, welches man unter den Flügeln fühlen kann. Dabey muß man aber genau besorgen, daß die Gänse immer viel zu saufen haben, so, daß sie den ganzen Kopf ins Wasser stecken können; auch muß man ihnen öfters frisches Wasser geben; es ist sehr gut, wenn man ihnen etwas grauen Sand in das Wasser thut. Jede

Nudel

Nudel kann man, wenn man sie der Gans giebt, vorher ins Wasser tauchen. Im Anfang muß man ihnen ja nicht mehr Nudeln geben, als gesagt ist, und immer nach und nach damit verfahren, weil sonst die Gänse leicht sterben.

Neunzehnte Abtheilung.

Von Geträncken.

751. Wein abzuziehen.

Wenn man Rheinwein, Franzwein oder rothen Wein erhält, so legt man denselben in den Keller und läßt ihn so 8 Tage liegen; wenn man siehet, daß das Faß nicht voll ist, so füllt man es mit Wein von derselben Güte voll. Alsdenn ziehet man den Wein auf Bouteillen, welche Tags vorher recht reine gespült und alle verkehrt in eine Kiepe gesetzt, und also recht trocken sind. Zum Pfropfen nimmt man neue Körke, die gut ausgekocht aber wieder ganz trocken sind. Das Faß muß, indem man den Wein abzieht, nicht gerührt werden; die Bouteillen füllt man nicht ganz voll, etwas weniges muß immer daran fehlen; alsdenn steckt man die Pfröpfe vest drauf, so, daß wenn man die Bouteille umkehrt, kein Wein herauslaufen kann; dann legt man sie der Länge nach in den Sand. Ungarischen, wie auch

Champagnerwein muß man im Keller nicht so umlegen, sonst zerspringen die Bouteillen. Wenn die Weintrauben blühen, pflegt man nicht gern Wein abzuziehen, weil er sonst leicht verdirbt.

752. Punsch zu machen.

Zu 3 Maas recht schönen Punsch muß man haben ¼ Pf. fein gestossnen Zucker, von 8 Zitronen den Saft, von 4 Zitronen die gelbe Schale, auf Zucker abgerieben, ein gutes Maas voll gekochtes Theewasser, und ½ Bouteille Rack. Die Zitronen werden mit einer Presse ausgepreßt und durch ein Sieb in den Punschnapf gegossen; der Zucker wird auf Zitrone abgerieben, welcher nebst dem übrigen Zucker dazu kömmt; dann wird der Thee und Rack zugegossen, endlich auch kochendes Wasser. Man rührt dies alles wohl durcheinander und läßt es eine Weile stehen. Man kann auch das Wasser weglassen und lauter Thee zugiessen.

753. Bischof.

Man nimmt gelbe Pomeranzen, kerbet sie ein und brät sie auf dem Roste braun; alsdann gießt man 2 Maas Medok oder Pontak in eine Terrine, reibt Zucker auf Zitrone ab und thut ihn in den Wein; sodann stößt man ½ Loth Zimmt und eben so viel Nelken; dieses läßt man mit einander stehen; alsdann wirft man die gebratnen Pomeranzen, so wie sie von dem Roste kommen, hinein, und läßt alles zugedeckt eine Nacht stehen; dann gießt man es durch ein

fei-

feines Tuch, oder filtrirt es durch Löschpapier und füllt es auf Bouteillen. Zucker nimmt man nach Gutdünken. Wenn man den Bischof trinken will, so kann man zu jeder Bouteille etwas Wasser giessen, nachdem man ihn stark oder schwach haben will; allein man thut wohl, wenn man den selbst verfertigten Bischof nicht zu alt werden läßt. Er muß wohl zugestopft im Keller liegen.

754. Bischof auf andere Art.

Schäle die Pomeranze mit einem scharfen Messer recht sauber ab, daß nichts Weisses dran bleibt, alsdann stosse dieselbe nebst Zucker in einem Mörsel recht fein, schneide ja alles Weisse ab. Auf den Saft von einer Pomeranze gieß 1½ Maaß Pontak und thu ⅛ Pf. Zucker hinzu, laß es 24 Stunden in einen irdenen Topfe stehen, alsdann gieß es durch ein Tuch. Es behält auf diese Weise mehr Angenehmes, als wenn man die Pomeranze bratet. Man kann auch weissen Franzwein dazu nehmen.

755. Wein von Johannisbeeren.

Es werden die weissen oder rothen Beeren reinlich abgepflückt, und in Ermanglung einer Presse durch einen feinen haartuchenen Beutel kalt durchgewrungen. So viel Maas Saft man hat, so viel Maas kaltes Brunnenwasser gießt man drunter, und auf jede Maas Saft und Wasser ¾ Pf. ordinären Zucker, in Stücken geschlagen, und so zugleich mit in das Faß ge-

 than

than. Dann bringt man das Faß in den Keller und läßt es 6 Monath ungerührt liegen. Alsdann ist der Wein gut, und kann auf Bouteillen gezogen werden. Man muß im Anfange von der Masse etliche Maaß mehr machen, um den Wein damit aufzufüllen, wenn er einzehrt. Man kann auch das Faß mit einem Boden von Haartuch zurecht machen lassen, wie man dieses beym Kirschwein zu thun pflegt, aber es ist eben nicht nothwendig.

756. Schlehenwein zu machen.

Zu ½ Oxhoft gehören 1 ½ Scheffel Schlehen; sie werden rein ausgesucht und mit dem Kernen gestossen; alsdenn werden ¾ Pf. bittere Mandeln gestossen, auch 1 ½ Loth Zimmt und 1 ¼ Loth Nelken, und zusammen in ein Faß gethan, dann wird ein Haarsieb drauf und noch ein klein Sieb unter den obersten Boden genagelt und das Faß zugespundet, der Wein drauf gegossen, zum öftern wieder abgezapft und wieder drauf gegossen, bis er recht klar ist, wenn er 8 bis 14 Tage gelegen; so ist er gut und kann auf Bouteillen abgezogen werden.

757. Kirschextrakt.

Stosse Nattkirschen samt den Kernen in einem Mörsel recht klein, setze dieses Gestoßne eine Nacht in den Keller; den andern Tag wringe den Kirschsaft alle durch ein Tuch, miß ihn in Biergläsern ab, und nimm zu jedem Bierglase voll Saft ein halbes Bierglas voll fein gestossenen

nen Zucker, gieß den Kirschsaft mit dem Zucker so lange aus einem Gefässe in das andere, bis der Saft ganz klar ist; alsdann fülle den Saft auf Bouteillen, binde oben einen Beutel mit Zimmt und Nelken in die Bouteillen; setze den Saft in die Sonne, und laß ihn etliche Tage drin stehen; alsdann verstopfe die Bouteillen wohl und lege sie in den Keller, so hält sich der Kirschextrakt viele Jahre. Wenn man hiernächst **Kirschwein** haben will, so gießt man unter weissen Franzwein so viel von dem Extrakt, als man will,

758. Kirschbrantwein.

Man nimmt zu einer grossen Bouteille 20 Schock kleine Korbkirschen, 1 Loth Nelken, 1 Loth ganzen Zimmt, 1 Pf. Zucker und 2 Maaß Brantwein. Die Kirschen werden von den Stielen gepflückt, der Zimmt wird klein gepflückt und die Nelken werden gröblich gestossen. Der Zucker wird auch gestossen, und von einer Zitrone die gelbe Schale; dieses alles wird in die Bouteille gethan, diese wird zugestopft und über den Stöpsel ein leinener Lappen gebunden, und alsdann in die Sonne gesetzt, worin der Brantwein so lange distilliren muß, bis er recht klar und die Kraft insgesammt aus den Kirschen herausgezogen ist; alsdann wird er auf kleine Bouteillen gezogen. Wenn solcher abgegossen worden, kann man auf die Kirschen noch einmal Brantwein aufgiessen; so kraftvoll wird er freylich nicht als der erste, aber er wird doch noch gut.

759. Pomeranzenbrantwein.

Schneide grüne Pomeranzen in Stücke und wirf sie in eine Maaßbouteille; gieß Kornbrantwein drauf und setze es hinter den Ofen auf grauen Sand. Wenn es eine Weile gestanden hat, daß der Brantwein klar ist, so gieß das Klare in eine Bouteille und verstopfe sie. Willst du nun die Pomeranzentropfen brauchen, so gieß unter ein Glas Brantwein etwa 20 Tropfen davon, das ist genug.

760. Breyhan aufzufüllen.

Wenn man ein Achtel Breyhan oder Weißbier erhält, ist es am besten, wenn man ihn gleich auf eine halbe Tonne bringen läßt, dazu so viel Brunnenwasser, daß die Tonne voll wird, gießt, und ihn in den Keller 24 Stunden recht aufstossen läßt. Alsdenn wird er in steinerne Bouteillen gefüllt und wenn er etliche Stunden gestanden, pfropft man die Bouteillen zu, aber nicht gleich zu veste, den andern Tag muß man die Korke recht vest drauf stopfen, so hält sich der Breyhan gut. Man muß auch fleißig darnach sehen, ob alle Pfröpfe veste sind, sonst verdirbt das Getränke. Das Wasser, welches man dazu nimmt, muß gut, und die Eymer worin es geholt wird, recht rein seyn. Im Winter muß man entweder die Tonne bey den warmen Ofen legen, oder in dem Keller Kohlenfeuer unter das Faß setzen, sonst pflegt der Breyhan nicht gut aufzustossen. Auch muß man dahin sehen, daß

die

die Bouteillen recht reine seyn; sie müssen den Tag vorher recht gut ausgespült, und verkehrt in eine Kiepe gesetzt werden, damit sie recht austrocknen; die Korke müssen in heissen Wasser rein gewaschen, dann in kaltem Wasser abgespült und wieder ganz trocken werden. Damit die Bouteillen keinen dumpfigen Geruch bekommen, läßt man die Breyhansneigen drin und die Bouteillen ohne Korke offen stehen, bis man sie ausspülen will, und alsdenn gießt man die Neigen in eine Bouteille und macht Eßig davon. Man kann auch die Bouteillen mit Schrot oder mit einer eisernen Kette, welche man dazu hat, in die Bouteille steckt, Wasser darin gießt und sie hin und her schwankt, oder auch mit einer Bouteillenbürste reine machen; auch ist es gut, wenn man zuweilen die Bouteillen in einen reinen ausgescheuerten kupfernen Waschkessel auskocht, sie dann mit kaltem Wasser ausspült und austrocknen läßt. Bey dem hiesigen Breyhan ist zu bemerken, daß er die Hälfte Wasser, und, wenn er recht gut ist, auch etliche Maaß Wasser mehr vertragen kann.

761. Duchstein aufzufüllen.

Wenn man eine halbe Tonne Duchstein erhält, füllt man ihn auf eine ganze Tonne, gießt die Hälfte Wasser dazu und läßt ihn aufgähren; alsdenn füllt man ihn auf reine gläserne Bouteillen, pfropft sie zu und setzt sie in den Keller; den andern Tag pfropft man sie recht vest. Wer den Duchstein recht gut haben will, giesst gar kein Wasser dazu, läßt ihn in der Tonne aufstossen, zieht ihn auf Bouteillen und pfropft sie gut. So kann man es mit Halberstädter Breyhan, Garley und andern Getränken machen.

762. Mannheimerbier aufzufüllen.

Wenn es im Keller gut aufgestossen hat und man will es auf Bouteillen füllen, so nimmt man zu 12 Maaß Bier nur 6 Maaß Wasser und läßt es auf Bouteillen gefüllt im Keller stehn, daß es noch 12 Stunden aufstossen muß; dann pfropft man es zu; hat es eher gegohren, kann man es eher zustopfen. Viele pfropfen es gleich zu, sobald es aufgefüllt ist, allein das Bier wird so nicht recht klar. Im Winter hält sich dieses Bier sehr gut; im Sommer aber verdirbt es leicht. So viel Wasser, als der Breyhan, kann es nicht vertragen.

763. Borsstorferäpfeltrank.

Schäle 3 gute Borstorferäpfel und schneide sie in Viertel, thu die Schale von einer halben Zitrone, und eine Hand voll verlesene gewaschne Korinthen dazu, gieß dann ein knappes Maaß Wasser dran und laß es 1 Stunde kochen; gieß es hernach durch ein leinenes Tuch. Wenn es kalt ist, kann man es statt Getränke trinken.

764. Breyhanseßig zu machen.

Man nimmt eine reine Bouteille, die etliche Maaß hält, thut in dieselbe ein Stück Sauerteig

teig und etliche Rosinenstängel, gießt die Breyhansneigen hinein und setzt die Bouteille bey dem Feuerheerd, daß es recht sauer werde. Wenn der Eßig kahnig wird, füllt man ihn durch ein Tuch in ein reines Gefäß, spült die Bouteille aus, thut frischen Sauerteig und Rosinenstängel hinein, und gießt den Eßig wieder drauf. Auf diese Art kann man den besten Eßig selbst machen.

765. Ein Eßig von unreifen Weintrauben.

Man pflückt die Weintrauben ab, preßt sie aus und setzt den Saft in einen Kastroll auf, läßt ihn eine halbe Stunde kochen und schäumt ihn fleißig; alsdenn füllt man ihn auf Bouteillen, setzt ihn etliche Tage an die Sonne, daß er in Gährung komme; dann füllt man ihn auf reine Bouteillen, pfropft sie zu und legt sie in den Keller. Dieser Eßig ist an Ragouts u. d. gl. zu gebrauchen.

766. Schokolade zu kochen.

Auf 1 Maaß Milch nimmt man $\frac{1}{4}$ Pf. Schokolade und von 6 Eyern das Gelbe. Die Schokolade wird gerieben und wenn die Milch kocht, hinein gethan, alsdenn, wenn sie etwas durchgekocht hat, mit dem Eydottern abgequirlt; man muß aber ja dahin sehen, daß der Hahnentritt von den Eyern nicht mit in die Schokolade komme, welches ein grosser Fehler wäre.

767. Kaffee zu kochen.

Der gebrannte und gemahlne Kaffee wird in die Kaffeekanne nebst ein wenig Hirschhorn gethan, kochendes Wasser drauf gegossen und auf Kohlenfeuer gesetzt; man läßt ihn etlichemal aufkochen; dann läßt man ihn sich setzen und klärt ihn ab, in eine andre mit kochendem Wasser ausgespülte Kanne, welche über Kohlen gesetzt wird, damit der Kaffee kochend bleibt. Wenn man den Kaffee filtriren will, setzt man die Kanne auf Kohlen, den Filtrirtrichter drein, in denselben legt man eine Tute von Löschpapier und legt in dieselbe den gemahlenen Kaffee, dann gießt man kochendes Wasser langsam drauf, bis die Kanne voll ist. Auf 1 Loth guten Kaffee, rechnet man 3 Tassen Wasser; wenn man Cichorien dazu nimmt, so rechnet man auf 3 Quent. Kaffee 1 Quent. Cichorien, und wird der Kaffe eben so gut, als von 1 $\frac{1}{2}$ puren Kaffee. Nimmt man statt des Löschpapiers leinene Beutels, so müssen sie ja allezeit recht rein aber ohne Seife ausgewaschen und getrocknet werden. Wenn man die Kaffeekannen wegsetzt, so muß man sie allemal mit Kaffee, niemals mit Wasser ausspühlen, sonst nehmen sie einen übeln Geschmack an.

768. Cichorien zuzubereiten.

Man wäscht die Wurzeln und schneidet sie in Würfel, dann trocknet man sie an der Luft auf Tische gelegt, aber nicht in der Sonne, dann brennt man sie in der Kaffeetrommel ganz gelbbraun,

braun, allein wenn sie zu braun oder schwarz gebrannt sind, so haben sie keine Kraft mehr. Der Cichorien muß auch gleich warm gemahlen werden, sonst läßt er sich nicht mahlen.

769. Trübes Wasser klar zu machen.

Wenn das Flußwasser dicke und trübe ist, setzt man einen Kessel voll auf, wenn es in vollem Kochen ist, thut man so viel geraspeltes Hirschhorn hinein, als man zwischen 4 Fingern fassen kann, läßt es damit noch etwas kochen, alsdann setzt man den Kessel hin, daß es still stehn und sich setzen kann, dann klärt man es ganz sachte ab, läßt es wieder ins Kochen kommen, und braucht es zu Thee und Kaffee.

770. Mandelnmilch.

Nimm 2 Loth abgezogene süsse Mandeln, stosse sie in einem Mörsel nebst einen Stück feinen Zucker, dann rühre sie mit etwas Wasser so lange, bis du siehst, daß sie keine Milch mehr von sich geben; alsdann gieß es durch ein Haarsieb in ein Bierglas. Ein halbes Bierglas Mandelnmilch und eben so viel Wasser; es muß alle Tag frisch gemacht werden.

771. Molken recht klar zu kochen.

Zu 1 Nössel Milch von Kühen, die in Grase gegangen, nimmt man einen Theelöffel voll Cremortartari. Wenn die Milch im vollen Kochen ist, wird der Cremortartari hineingeschüttet, alsdann durch ein Haarsieb gegossen, so ist es gut. Will man sie recht klar haben, so quirlt man

von

von 2 Eyern das Weisse zu Schnee und rührt es dazu, läßt es damit noch einmal aufkochen und gießt es durch das Haarsieb.

772. Kirschwasser für Kranke.

Stosse ½ Viertelpf. gebackene Kirschen nebst den Kernen, gieß ein knappes Maaß Wasser drauf, thu von einer Zitrone die Schale und ein Stück ganzen Zimmt dazu, laß es eine Stunde kochen und gieß es hernach durch. Es ist ein sehr guter Trank für Kranke.

773. Mummentrank für Kranke.

Ein halb Nössel doppelte Mumme gekocht und mit einem Eydotter abgequirlt, alle Morgen anstatt anderer Getränke getrunken, ist sehr gut für die Brust.

774. Gerstenwasser.

Es wird eine Hand voll gute Gerste verlesen und recht rein gewaschen, dazu ein Stück ganzen Zimmt, von einer Zitrone die Schale und etliche Stücke Zucker gethan, 1 Maaß Brunnenwasser drauf gegossen und eine Stunde gekocht, alsdenn durchgegossen, und kalt getrunken.

775. Graupenschleim.

Es wird eine Hand voll Gerstengraupen verlesen, und gleich in den Topf gethan, nebst einen Stück ganzen Zimmt, einer Zitronschale und etlichen Stücken Zucker. Man läßt dieses mit 1 Maaß Brunnenwasser eine Stunde kochen,

chen, gießt es hernach durch und setzt es in den Keller, bis es kalt ist, alsdenn gießt man allemal soviel davon durch, als man trinken will.

776. Melissenthee.

Alle Morgen so viel grüne Melisse, als man zwischen 4 Fingern fassen kann, rein abgewaschen, in eine Theekanne gethan und kochendes Wasser drauf gegossen, den Thee auf Kohlen gesetzt, ein wenig ziehen lassen und ihn mit Zucker, auch wenn man will, mit ein wenig Ziegenmilch getrunken, ist für die Brust sehr gut.

777. Isländisches Moos.

Von diesem Moose, welches man in den Apotheken bekommt, läßt man alle Morgen 1 Loth in 1 Nössel Wasser nebst etlichen gestossenen Zimmtblumen so lange kochen, bis es zu 3 Tassen eingekocht ist. Es muß 3 Stunden kochen und man trinkt es mit Zucker statt Thee; es ist ein vortrefliches Mittel für Brustkranke. Will man des Morgens darum nicht so früh aufstehen, so kann man es des Abends kochen und am Morgen blos warm machen; auch kann man statt des Wassers, Milch von Kühen, die in Grase gegangen, nehmen.

778. Salbeytrank.

Man nimmt ein gutes Theil grüne Salbey, wäscht sie recht rein, kocht sie in einen Kessel mit Wasser, bis sie recht braun ist; dann gießt man es durch ein Haarsieb, und füllt es, wenn

es

es kalt ist, auf eine Bouteille. Wenn man davon brauchen will, thut man in eine Tasse einen Theelöffel voll Syrup Decapitulere, und gießt von diesem Trank die Tasse voll, rührt es wohl untereinander und nimmt es alle 4 Stunden ein. Es ist dieses ein gutes Mittel für Schwindsüchtige.

779. China recht klar zu kochen.

Man nimmt 4 Loth recht gutes Chinapulver, thut dasselbe in eine weisse Selzerbouteille, dazu ein Stückchen ganzen Zimmt und von einer Zitrone die Schale, auf etlichen Stücken feinen Zucker abgerieben; alsdenn gießt man die Bouteille voll kochendes Wasser, setzt sie in einen Kessel, worin kochendes Wasser ist, und läßt sie darin eine Stunde kochen; dann setzt man eine Tute von Löschpapier in einen Filtrirtrichter, schüttelt die China in der Bouteille recht um und gießt sie nach und nach in den Filtrirtrichter, daß sie recht langsam durchlaufen kann, so wird sie so klar, wie Wein. Es ist aber ein kostbares Mittel; will man daher gute Wirkung davon haben, und es soll nicht so viel kosten, so nimmt man nur 2 Loth China und kocht sie eben so, filtrirt sie aber alsdenn nicht.

780. Ein Kräutersaft für Brustkranke.

Ein halb Pfund mageres Kalbfleisch in Stücke geschnitten, dazu 6 lebendige Krebse gestossen, eine Hand voll Kerbel, eine Hand voll Ehrenpreiß, eben so viel Huflattig, 1 Loth süsses

Holz,

Holz, alles mit einem knappen Maas Flußwasser in einem Topfe, den man gut zudeckt und zuklebt, aufgesetzt, auf Kohlenfeuer so lange kochen lassen, bis es auf 3 Tassen eingekocht ist, alsdenn durch ein Läppchen gewrungen und des Morgens nüchtern getrunken. Dieser Kräutersaft muß alle Morgen frisch gekocht werden, und da der Kranke ihn schon um 8 Uhr des Morgens trinken muß, so muß man allemal das Kalbfleisch und die Krebse den Tag vorher kaufen, und am andern Morgen schon um 4 Uhr alles aufsetzen. Das Kalbfleisch muß recht frisch seyn, weil dieser Saft dem Kranken leicht zuwider werden könnte. Alle Morgen muß er nüchtern getrunken werden, und er thut ausserordentliche gute Dienste.

Zwanzigste Abtheilung.

781. Vom Seifekochen.

Nimm zu sechstehalb Scheffel Asche einen halben Scheffel Kalk. Die Asche muß mit 4 Eymer Wasser feucht gemacht werden, alsdenn wird in der Mitte ein Loch gemacht, der Kalk hineingethan, anderthalb Eymer Flußwasser drauf gegossen, dann mit der Asche zugeschippt und so lange zugelassen, bis der Kalk sich gelöscht hat; hernach wird es ohngefähr eine halbe

Stunde

Stunde untereinander geschaufelt, und auf das Faß gebracht, welches aber vorher mit einem löchrichten Boden und mit Stroh verwahrt ist; es muß auch nicht zu dicht gestossen, und dann Wasser drauf gegossen werden, bis es voll stehet. So wie sich das Wasser einzieht, muß man fleißig Wasser nachgiessen. Man muß aber wohl nachsehen, daß keine Lauge umkömmt. Nach zwey oder drey Tagen, wenn man kochen will, läßt man den Tag vorher die Lauge ablaufen, und gießt wieder nach, bis man genug hat, denn werden 32 bis 34 Pf. Fett rein zusammen geschmolzen, auch Knochen und Speckschwarten, 1 oder 2 Eymer voll in einen Kessel gethan, und 4 bis 5 Eymer Lauge drauf gegossen, und damit läßt man es die Nacht stehen. Den folgenden Tag früh um 5 Uhr wird Feuer unter gemacht, und wenn es zu kochen anfängt, nur sachtes Feuer darunter gelassen, sonst läuft es über; wenn es ja in die Höhe kömmt, so werden ein bis zwey Maaß Lauge zugegossen. Wenn die Seife etliche Stunden gekocht hat, so läuft sie nicht bald über, und es wird immer Lauge nachgegossen bis 8 oder 9 Eymer; in der Zeit von 3 Uhr Nachmittag muß man aufhören, um 4 Uhr einen halben Scheffel Salz nach und nach hinein thun und eine halbe Stunde ganz sachte damit kochen lassen, gegen 5 Uhr kann sie aufgetragen werden und ist gut.

NB. Die Lauge muß ein Ey tragen, wenigstens die ersten 3 bis 4 Eymer, das heißt, wenn

wenn man ein Ey auf die Lauge wirft, so muß es oben auf schwimmen.

Man kann zur Seife alles alte Fett nehmen, jedes abgeschäumte vom Fleisch, auch die Gröben oder Grieben von ausgeschmolzenen Hammeltalgwürfeln, die man vom Lichtgiessen übrig behält. Wenn man die Asche, auch alles Fett sammlet, so ist die selbst gekochte Seife sehr wohlfeil und ein Pfund selbst gekochte Seife ist besser als zwey Pfund gekaufte; man muß aber dahin sehen, daß man immer im Vorrath ist, denn wenn die Seife weich ist, so wäscht sie sich sehr weg, ist sie aber hart, so kann man sehr rathsam damit haushalten. Wenn ich alle Unkosten gerechnet habe, so hat mich meine Seife niemals mehr als das Pf. 1 Gr. 3 Pf. bis 1 Gr. 6 Pf. gekostet. Die Lauge von den Aeschertubben kann man zum Zinnscheuern brauchen, man muß aber unter 1 Maas Lauge 4 Maas Wasser giessen, sonst ist sie zu scharf.

Wenn man die Seife austragen läßt, so gießt man sie in ein Waschfaß oder in einen viereckichten Kasten, der einen Zapfen hat. Wenn die Seife kalt ist, läßt man die Lauge ablaufen, alsdenn schneidet man die Seife in Tafeln und legt sie auf eine trockne Kammer, daß sie betrockne. Hat sie einige Wochen gelegen, so schneidet man sie in Stücke, wie man sie zur Wäsche gebraucht, und von jedem Stück die Ecken ab. Man kann auch in das Waschfaß, ehe man die Seife eingießt, ein Tuch legen.

Ein und zwanzigste Abtheilung.

782. Vom Lichtgiessen und Lichtziehen.

Ich habe das Giessen der Lichte auf vielerley Art versucht, und es ist allerdings Vortheil dabey. An meinen selbst gegossnen Lichten habe ich an jedem Pf. 1 Gr. erspart. Ausser dieser Ersparniß brennt ein selbst gegossnes Licht noch einmal so lange, als ein gekauftes von der nemlichen Länge und Stärke. Gläserne Formen schicken sich am besten dazu, in zinnenen Formen werden sie auch gut, man muß eine Bank mit Löchern haben, worein man die Formen stellt; auch ist eine hölzerne Form, worin man 24 Lichte auf einmal giessen kann, sehr gut, man muß aber mit derselben sorgfältig umgehen. Sie muß, so oft sie gebraucht wird, rein ausgerieben und ein wenig mit Baumöl bestrichen werden; alsdann wird der Talg eingegossen, wenn er nemlich anfängt zu erstarren. Zu den Tochten ist baumwollen Gärn am besten, wenn es fein ist, 10 Faden zu einem dicken und 8 Faden zu einem dünnen Licht. Man muß sich aber ja nach der Stärke des Garns richten. Die Tochte werden mit einem Stück Jungfernwachs bestrichen. Die beste Art das Talg zuzubereiten, ist diese: Man nimmt ¼ Zentner Hammeltalg und bratet solches aus; alsdann setzt man das ausgebratne Talg mit 2 Maaß Wasser auf, und thut dazu 1 Loth Glacis Mariä (Frauenglas), 2 Lth. Cremor Tartari (Weinstein) und Sal Armoniac. 1 Loth; dieses wird mit dem Talge eine Stunde gekocht. Alsdenn wird es, wenn es kalt ist, ganz klein zerschabt auf ein Brett gethan, und etliche Tage an die Luft gesetzt. Wenn man die Lichte gegossen hat, so hängt man sie etliche Monat auf einer trocknen Kammer auf eine Linie, daß sie austrocknen, alsdann kann man sie in Kasten legen. Diese Lichte brennen, wenn es gutes Talg ist, ganz vortreflich; sie laufen gar nicht ab, und sehen wie die schönsten Wachslichter aus. Man kann auch 2 Theile Hammeltalg und einen Theil Rindertalg nehmen.

Die gezogenen Lichte macht man auf folgende Art: Man füllet eine Tonne halb mit Wasser an und gießt oben das Talg drauf, unterdessen macht man die Tochte zurecht, welche man an eine Maschine mit Hacken, die sich drehen läßt, hängt. Dann nimmt man einen Tocht nach dem andern, hält solchen in reines Talg ohne Wasser, streicht ihn recht gerade, dann hängt man ihn auf, bis sie solchergestalt alle eingetunkt sind; alsdenn fängt man wieder bey dem ersten Tocht an, bis die Lichte dick genug sind. Zu diesen Lichten kann man auch nur weisses leinenes Garn von Werch oder Heede und auch nur ordinären Hammeltalg nehmen. Bey dem Talg, das mit obigen Species gekocht wird, ist noch zu erinnern, daß das Talg, wenn es gekocht wird, beständig ge-

 schäumt

schäumt werden muß, auch wenn es kalt ist, so muß alles Unreine sorgfältig abgepußt werden.

Da die Art das Talg zu kochen und zu schaben sehr umständlich ist, so mache ich es jetzt auf folgende Art: ich schneide das Hammeltalg in Würfel und brate es aus, dann lege ich in irdene Schüsseln Bindfaden und giesse das Talg hinein; wenn es kalt ist, nehme ich die Boden von Talg und hänge sie 14 Tage in die Luft, alsdann gieß ich davon die Lichte. Ich lasse es behutsam schmelzen und meist ersterben, ehe ich giesse. Wenn die Lichte kalt sind, so mach ich sie aus den Formen, binde 2 und 2 zusammen und hänge sie über eine Linie, und lasse sie wohl 6 Wochen hangen, auf diese Art werden sie recht weis und schön, laufen auch gar nicht. Die Tochte drehe ich erst zusammen, dann streich ich sie mit weissem Wachs.

Zwey-

Zwey und zwanzigste Abtheilung.

Vom
Waschen des leinenen Zeugs, des Kattuns, des Flohrs, der Kanten und Spitzen, des seidenen Zeugs u. s. w.

783. Das Wasser klar zu machen, wenn man es zur Wäsche gebrauchen will.

Setze in grossem Waschkessel Wasser auf, wirf etliche Stücke Alaun hinein und laß es damit aufkochen, und es eine Weile still stehen, dann kläre es ab durch ein Tuch.

784. Von der Wäsche.

Es giebt verschiedene Arten, die Wäsche zu waschen, als 1. die schwarze gebükte (gebäuchte) Wäsche, 2. die weisse Bükwäsche, 3. die Art, das Zeuch im Waschkessel zu kochen, und 4. die Bleichwäsche.

1) Wenn man eine schwarze Bükwäsche thut, so weicht man das Zeuch Tags vorher in Flußwasser ein; am andern Morgen reibt man es einmal vor der Hand mit Seife ab, bringt es auf den Bükeltubben, welcher in einem Fasse besteht, das unten etwas enger ist, als oben. Unten hinein legt man das beste Tischzeug, dann Bettzeug und Hemden. Die Küchenhandtücher und das Gesindezeuch bringt man gern in einen besondern Tubb'en, zumal wenn solche sehr schmu-

schmutzig sind. Oben wird ein grobes Laken oder Tuch drauf gelegt, und auf das Lacken reine Asche; man muß aber ja fleißig nachsehen, daß kein Ruß unter der Asche ist, weil sonst alles Zeuch verderben würde. Auf die Asche wird alsdann erst lauwarmes Wasser, hernach heisses, und zuletzt kochendes Wasser gegossen; unten in diesem Tubben oder Bükfasse ist ein Loch mit einem Zapfen, wodurch man das Wasser ablaufen läßt. Auf dem Bükeltubben läßt man die Wäsche 12 auch wohl 24 Stunden stehen; alsdann wäscht man das Zeuch von der Büke (Bäuche), und nimmt es etlichemal in das Waschfaß mit reinem Wasser und weisser Seife, bis es rein ist.

2) Die weisse Büke ist das, wenn man des Tags vorher das Zeuch mit Flußwasser einweicht, am andern Morgen rein wäscht, und wenn es gewaschen ist, auf dem Bükeltubben bringt. Hier macht man es auch so, daß man unten das beste Zeuch, in der Mitte das ordinäre, und oben das schlechte hinlegt. Oben auf legt man denn ein grobes Lacken, wodurch Asche, die in einem Kessel mit Wasser gekocht, dann durch ein Tuch gegossen worden, und nebst gekochter und gequirlter Seife auf das Faß gegossen wird, nemlich zuerst lauwarmes, dann mittelmäßig warmes, und zuletzt kochendes Wasser. Hiermit läßt man es 12 bis 24 Stunden stehen, worauf es alsdenn nochmals, wenn

es

es von der Bücke kommt, gewaschen und gespült wird.

3) Wenn aber das Zeuch im Kessel gekocht wird, so geschieht es auf folgende Art: Man weicht es am Abend vorher ein, am andern Tage wäscht man es mit Seife recht rein, und nimmt es 2 oder 3 mal in das Waschfaß. — Findet man Tintenflecke darin, so macht man dieselben mit Kleesalz auf folgende Art aus: Man macht den Fleck naß, reibt ein wenig solches Salz drauf, und wäscht es geschwind aus. Eisenflecke lassen sich auch mit Kleesalz ausmachen. Sind die Flecke vest, so hält man den Fleck in eine zinnene Kanne mit kochendem Wasser, macht das Kleesalz drauf, und wäscht ihn geschwind aus. — Obstflecke gehen mit Schwefel aus, und rothe Weinflecke mit Milch, wenn es sogleich geschieht. Von den Flecken ist in einer folgenden Abtheilung mehr gesagt worden. Ist nun alles Zeuch recht rein gewaschen, und sind alle Flecke ausgemacht, so bringt man es in den Kessel mit Wasser und gekochter Seife, und läßt es eine halbe Stunde kochen; alsdenn nimmt man es heraus. Sowohl auf der Bücke, als im Kessel zum Kochen bringt man nur immer weisses Zeuch auf, weil das bunte Zeuch die Hitze nicht so vertragen kann. Wenn es nun eine halbe Stunde gekocht hat, so wird es aus dem Kessel genommen, und gespült, es muß aber ja nicht zu viel Zeuch auf einmal in den Kessel gelegt werden, damit es

 keinen

keinen Schaden nimmt. Wenn es aus dem Kessel genommen worden, so spület man das Zeuch in Brunnenwasser recht rein, damit keine Streifen von der Seife drin bleiben.

4) Bey der Bleichwäsche wird das Zeuch erst ordentlich gewaschen, auf welche Art man will, alsdenn legt man es mit der Seife auf einen grünen Platz; begießt es zuweilen, wenn es nicht regnet und wendet es nach 3 Tagen um, damit es auf der andern Seite auch bleiche. Man muß aber wohl nachsehen, daß es nicht zu viel Regen bekomme, weil es sonst leicht stockt; in diesem Fall muß man es lieber aufwaschen. Wenn das Zeuch von der Bleiche aufgenommen wird, so muß jedes Stück nochmals sorgfältig ausgewaschen werden, und sieht man einen Grasfleck dran, so muß man solchen ausreiben, damit das Zeuch recht rein und von allen Flecken gesaubert werde. Ist dieses geschehen, so spült man das Zeuch in klaren Flußwasser, ist aber das Wasser dick und trübe, so muß man Brunnenwasser nehmen oder das Flußwasser klar machen, wie vorher gesagt worden.

Wer reine weisse Wäsche haben will, muß sehr sorgfältig damit umgehen, und eine kleine Arbeit nicht scheuen, sollte es auch etwas mehr Mühe verursachen. Ein gut gewaschnes Stück Zeuch bleibt weit länger weiß, als ein nur obenhin gewaschnes Stück; daher kann man durch sorgfältige Wäschen die Dauer seines Zeuchs auf viele Jahre verlängern.

Wo

Wo man kein fliessendes Wasser haben kann, welches besonders oft auf dem Lande zutrift, wo man fast zu allen Brunnenwasser nehmen muß, da muß man Lauge machen; man schüttet nemlich in ein Waschfaß etwa 2 Kiepen voll abgebrannte Grude von Stroh, darunter einen kleinen Eimer voll Asche, dann wird in das Waschfaß und vor das Ziehloch Stroh gelegt, ein Brett davor gestellt, Wasser drauf gegossen, daß die klare Lauge ablaufe; man muß aber immer Wasser nachgiessen, auch nachsehen, daß unter der Grude und Asche kein Ruß ist; hievon kann man wohl zu 6 Körben Zeuch Lauge machen, und wird solche zuletzt zu schwach, so schüttet man noch 1 Kiepe voll Grude nebst etwas rein gesiebter Asche drauf. Von dieser Lauge wird, welche scharf heiß gemacht, dann kalte drunter gegossen, damit solche lauwarm werde. Hiemit wird das Zeuch eingeweicht und auch damit gewaschen, auf welche Art man will. Die Lauge schadet den Händen und dem Zeuch nicht, weil sie nicht so scharf ist, wie von lauter Asche. Man erspart viel Seife und das Zeuch wird reiner. Wo man auch kein fliessendes Wasser zum spülen hat, thut man wohl, man legt das Zeuch, wenn es rein ist, auf den Bükeltubben, gießt erst warmes, hernach kochendes Wasser drauf, laßt es die Nacht hindurchstehen, daß es die Seife heraus zieht und spült es dann reine.

Das bunte Leinenzeuch wird nicht heiß gewaschen, und wenn es gewaschen ist, sogleich in kaltes Wasser gesteckt, alsdann gespült und getrocknet, ehe es gestärkt wird.

Wenn das Zeuch gespült ist, so wird es gestärkt; welches auf folgende Art geschieht: man weicht die weisse Stärke nebst der Blaue eine Stunde ein; man kann auch statt der blauen Farbe Eschen *) nehmen, welches Oberhemden und dergleichen Sachen ein schönes Ansehn giebt. Die Stärke kocht man in einem meßingenen Kessel mit Brunnenwasser nicht dicker, als man sie zu dem weissen Zeuche haben will; man rührt sie bey dem Kochen beständig, damit sie nicht anbrenne und nicht klümpricht werde; alsdann wringt man sie durch einen Stärkebeutel in ein Waschfaß und stärkt das Zeuch damit an. Man reibt es mit der Stärke recht durch, damit es nicht blauflecklicht werde. Man kann auch zur Ersparung Lackmus kochen, welches auf folgende Art geschieht: man klopft das Lackmus recht klein, und setzt es in einen Topfe mit Wasser auf, wenn es genug gekocht hat, so gießt man es durch den Lackmusbeutel, und zieht das Zeuch erst durch das Lackmus, ehe man es stärkt. Man muß sich aber wohl vorsehen, daß es gutes Lackmus ist, sonst wird das Zeuch roth. Bettlacken oder Bettücher und Ueberzüge pflegt man bloß zu bläuen, auch Handtücher, doch giebt es

in

*) Eschen ist eine trockne blaßblaue Farbe.

in diesem Falle verschiedene Manieren und Gebräuche.

Wenn das Zeuch gestärkt ist, so wird es auf die Linie gehängt und getrocknet. Hierbey muß jedes Stück recht gerade gezogen werden, damit es keine Zipfel bekommt. Hat man einen grünen Platz, so kann man auch das Zeuch auf die Erde hinspreiten und also trocknen; ist es aber windig Wetter, und man hat das Zeuch auf Linien gehängt, so muß man es mit hölzernen Klammern, die wie Gabeln gemacht sind, anklammern, damit es der Wind nicht wegwehe. Man hat auch den Gebrauch, daß man bey dem Anstärken das Tischzeuch schlichtet, welches wie folgt geschieht: Man läßt das Tischzeuch, wenn es gespült ist, erst trocken werden, alsdann zieht man es recht gerade und zieht jede Serviette durch die Stärke, dann legt man wohl zwölf Servietten aufeinander, klopft sie recht durch, läßt sie eine Stunde liegen und hängt sie alsdann auf. Diese Art zu stärken ist aber sehr mühsam und man muß sich dabey wohl in Acht nehmen, sonst wird das Zeuch blaufleckicht.

Wenn das Zeuch trocken ist, so wird es auf folgende Art zusammen gelegt: Man zieht jedes Stück Wäsche recht grade, wie es bey dem Rollen aufgewickelt werden soll, als etwa 6 Servietten recht grade aufeinander, (immer 2 Ecken auf einander, eine mit dem offenen Ende, und eine mit dem zusammen geschlagenen Ende, eins

eins um das andre.) Dis Legen des Zeuchs muß man ein oder zweymal selbst mit ansehen, um sich einen rechten Begriff davon zu machen. Alsdenn wird es auf Rollhölzer in Rolltücher gewickelt, und recht glatt gerollt. Ist es auf einer Seite glatt; so wird es abgewickelt und auf der andern Seite glatt gerollt. Dasjenige Zeuch, welches steif werden soll, als Oberhemden und dergleichen, wird nicht gerollt, sondern geplättet, zu welchem Ende es denn einen Tag vorher mit Brunnenwasser eingesprengt wird; hat man dis gethan, so wird es vest zusammen gewickelt und in Kiepen oder Tragkörbe, worin allemal ein Korbsack seyn muß, eingepackt und zugedeckt. So bleibt es bis zu den andern Morgen stehen, da man es dann mit einem heissen Plätteisen plättet. Auch alles gerollte Zeuch streicht man mit der Plätte nach, und legt es nach der Nummer in den Schrank. Auf dem Tisch, worauf man plättet, legt man zuerst ein wollenes Tuch von dickem Fries und auf dieses ein leinenes. Die Plätte setzt man auf die Plättroste, damit das Eisen nicht irgendwo einbrenne. Zum Plätten muß man ganz kurzes Holz oder Torf nehmen, welches recht glühende Plätteisen macht.

785. Sitz oder Zitz zu waschen.

Feinen Sitz oder Zitz wäscht man nicht mit Seife sondern mit Ochsengalle, aber nicht heiß, und spült ihn recht rein, hierzu kann man unter

ter die Stärke etwas weisses Wachs nehmen, und wenn man den Zitz plättet, so muß man solches auf der linken Seite thun; läßt man solchen glätten, so muß man ihn recht steif stärken. Man kann ihn auch selbst glätten, wenn man einen gläsernen Glättstein hat, dann sprenget man den Kattun am Tage vorher ein, doch nicht sehr naß, glättet ihn auf einem recht rein gescheuerten Tische, und wenn er trocken und blank ist, bestreicht man ihn noch fein mit Jungfernwachs, streicht noch einmal damit über, dann ist er gut.

786. Zitz zu waschen auf andre Art.

Man nimmt weisse Seife und schneidet sie klein, kocht sie und schlägt sie lauwarm in einen Tubben, thut eine Ochsengalle dazu und wäscht den Zitz damit, bis man sieht, daß er rein ist, dann spült man ihn in kaltem Wasser und läßt ihn trocken werden. Alsdenn nimmt man für 3 Pfennige Gummi Tragant, für 3 Pfennige Flohsamen, für 3 Pfennige Jungfernhonig, dieses läßt man zusammen kochen als eine dünne Stärke, seiget es durch ein Tuch, ziehet den Zitz dadurch und läßt ihn trocken werden, bis man ihn plätten kann, alsdann plättet man ihn auf der rechten Seite und schmiert die Platte, wenn sie erkalten will, mit ein wenig Jungfernwachs.

787. Seidenzeuch zu waschen.

Man weicht das Seidenzeuch am Abend zuvor in Flußwasser ein, am andern Tage wäscht man es mit Weitzenkley und venedischer Seife recht rein, alsdann kocht man Flohsamen und Gummi Tragant nebst etwas feinem Zucker, zieht das Zeuch durch und plättet es, wenn es etwas getrocknet ist.

788. Seidenzeuch wie neu zu waschen.

Man nimmt Eydotter und schmiert es auf das Zeuch wie Seife, wäscht dasselbe mit laulichtem Wasser so lange, bis man sieht, daß es rein ist, dann spült man es wieder in kaltem Wasser ab und läßt es trocken werden, alsdann nimmt man für 3 Pfen. Gummi Tragant und für 3 Pfen. Flohsamen und läßt es eine Nacht mit einem Glaß Wasser zusammen stehen, dann kocht man es wie eine dünne Stärke und seiget es durch ein Tuch, zieht das seidene Zeuch dadurch und mangelt es dann zwischen 2 Tüchern so lange, bis es trocken ist.

789. Seidenzeuch glänzend zu machen.

Nimm in einem Topfe 1 Nössel Wasser, thu in dasselbe 2 Loth Gummi Arabikum, und wenn es geschmolzen, 2 Löffel voll Ochsengalle, und ½ Loth Flohsamen; koche dieses eine Viertelstunde, und wenn es kalt ist, bestreiche damit das Zeuch mit einem Schwamm, oder mit einem wollenen Tuche, daß es feuchte davon wird, alsdann wird es auf einem leinenen Tuch geplättet.

tet. Man kann es auch auf folgende Art machen: auf 8 Pf. Zeuch nimm ¼ Pf Flohsamen, laß es eine halbe Stunde kochen, alsdann laß es stehen und gieß es durch ein Tuch, es wird, wenn es steht, wie eine dickliche Brühe, dann laß 3 Loth Gummi 24 Stunden lang in Wasser weichen, thu hernach diese zwey Brühen untereinander und drücke das Zeuch hinein wie in einen Leim, damit die Brühe sich durch und durch ziehe, dann laß das überflüßige davon abtriefen, hänge das Zeuch im Schatten auf und laß es hernach pressen, so wird es recht schön. Wenn man die Presse nicht mit einmal, sondern nach und nach zuschraubt, so bekommt es einen noch schönern Glanz.

790. Seidene Strümpfe zu waschen.

Man weicht sie am Tage zuvor ein, alsdann wäscht man sie mit gekochter venedischer, oder anderer guten Seife recht rein, dann hängt man sie, wenn sie zuvor recht rein gespült sind, in den Schwefelkasten und läßt sie etliche Stunden schwefeln, alsdann kocht man Flohsamen mit Berlinerblau, welches man dann durch ein Tuch gießt und dadurch die Strümpfe zieht; alsdann hängt man dieselben auf, läßt sie meist trocken werden, und rollt sie recht glatt. Man kann sie auch über Formen ziehen und halb trocken plätten. Sind die Strümpfe noch neu, so kann man sie auch mit einem Glättstein, dessen Stiel mit feinem Flanel überzogen ist, glätten, da sie dann wie ganz neue Strümpfe aussehen.

791. Flohr zu waschen.

Ich kann dir folgende Art, den Flohr zu waschen, als die allerbeste anpreisen, weil ich oft denselben so gewaschen habe, und er dadurch so vortreflich, als neuer Flohr geworden ist. Doch muß ich auch gestehen, daß, je öfter der Flohr gewaschen wird, desto gelber wird er bey aller meiner dabey gebrauchten Vorsicht. Ist der Flohr das erstemal gewaschen, so kannst du solchen vom neuen Flohr nicht unterscheiden. Ich koche gute weisse Seife, giesse von derselben etwas in einen Napf mit kalten Flußwasser; in diesen Napf lege ich hernach den Flohr in dichten Päckchen. Sind es schräge schmale Enden, oder Blonden, so schlage ich solche auf ein Kantenbrett und überziehe dis mit Leinwand. Dergestalt eingeweicht, laß ich den Flohr 2 Tage stehen; alsdann drücke ich ihn ganz sachte aus: denn wenn er gerieben oder vest angefaßt wird, so verschiebt er sich gleich; hierauf wird er noch 2 mal mit Wasser und Seife ausgedrückt, und dann mit der Seife in den Schwefelkasten gehängt. Indessen wird die Stärke dazu gekocht, und zwar wie folgt: es wird etwas weisse Stärke, nebst Eschen eingeweicht, in ein Töpfchen gethan, halb Wasser und halb Brantwein drauf gegossen und etliche Stück feiner Zucker dazu geworfen, dieses wird zu einer dünnen Stärke gekocht, und hierin wird der Flohr ausgedrückt. Ist er aber auf ein Brett geschlagen, so mußt du die Stärke recht einreiben, und das Brett klopfen, damit der Flohr nicht streifig werde: alsdann wird eine dicke Friesdecke mit einen leinenen Tuche bedeckt, auf den Tisch gelegt, jedes Stück Flohr recht grade auf dis Tuch ausgezogen und wieder ein leinenes Tuch drüber hergelegt, mit einem Mangelholze über das Tuch hergemangelt, und halb trocken geplättet. Wenn der Flohr gemangelt ist, so wird er noch einmal ausgezogen. Du mußt auch eine andere Plättdecke zum Plätten nehmen und dieselbe mit einem blauen oder grünen Tuche bedecken, worauf du recht sehen kannst, ob die Faden gerade sind. Die Blonden werden von dem Brette abgeschlagen, gleich ausgepflückt und geplättet. Man kann auch, statt weisser Stärke, Gummi Tragant nehmen, ihn den Tag vorher einweichen, den andern Tag warmes Wasser drauf giessen und wenn er sich aufgelöset, ihn durch ein reines Läppchen drucken und mit Eschen bläuen, und darin den Flohr ansteifen. Statt Eschen kann man auch ächtes Berlinerblau nehmen, welches aber nicht gekocht werden darf, sondern man bindet es in ein Läppchen und legt es den Tag vorher in kaltes Wasser, da denn das Blaue sich heraus in das Wasser zieht, davon gießt man hernach etwas unter die Stärke oder unter den Gummi, aber nicht zu viel, damit es nicht zu blau werde.

792. Flohr zu waschen auf andere Art.

Man legt den Flohr recht gerade zusammen in kleine Päckchens, kocht klein geschnittene französische

zösische Seife, weichet den Flohr des Abends vorher mit etwas Seife in reines fliessendes Wasser ein, drückt solchen den andern Tag, ohne ihn zu reiben, aus, legt ihn wieder mit etwas Seife in lauwarmes aber ja nicht heisses Wasser, drückt ihn dann wieder aus, und wiederholt dieses so lange, bis der Flohr rein ist. Alsdenn wird er angesteift; hiezu nimmt man Hausblase, legt sie den Abend vorher in Brantwein, worin sie sich auflöset; den andern Tag gießt man heisses Wasser dazu; und kocht es wie eine dünne Stärke, drückt es hernach durch ein reines Läppchen und rühret etwas Eschen, welche man vorher mit etwas kaltem Wasser in der Hand klein rühren muß, drunter, alsdann steift man den Flohr, ohne ihn erst zu spülen, darin an, und hängt ihn denn in den Schwefelkasten, und wenn er plätttrocken ist, wird er gleich geplättet. Man kann auch den Flohr zwischen zwey Tüchern und auf einen alten Rohrstuhl legen und ihn so schwefeln. Auch kann man ihn, wie im vorigen gesagt ist, erst mangeln und dann plätten.

793. Kanten oder Spitzen zu waschen.

Die Kanten werden auf ein rein ausgekochtes Brett, doch nicht von Eichenholz, aufgeschlagen, welches mit Leinwand überzogen ist, es werden die Augen unten und der Fuß drüber geschlagen, mit gekochter Seife, die kalt geworden, recht gerade aufgestrichen, immer um das Brett. Dann wird ein Ueberzug, von nicht zu dich-

dichter Leinwand, drüber genähet, in kaltes Wasser eingeweicht und am Morgen drauf heraus gewaschen, hernach mit lauwarmen Wasser und wenn sie meist reine sind, mit scharf heissem Wasser; in das Wasser muß jedesmal gekochte Seife geschlagen werden. Wenn sie sehr schwarz sind, müssen sie wohl 5 mal gewaschen werden, sonst ist es an 4 mal (das Einweichen mit gerechnet) genug. Alsdann brühet man solche 2 mal mit kochender Seife ein, spült sie in Wasser recht rein, kocht ganz dünne Stärke mit Eschen, reibt sie warm durch, nachdem man einige Stücke rohe Stärke drein gethan, legt man ein Platttuch auf den Tisch, hierauf alte Servietten oder Leinwand, klopfet sie damit durch, hänget solche auf, und wenn sie meist trocken sind, schlägt man sie ab, plättet sie auf einem blauen leinenen oder auch grünen wollenen Tuch, welches nicht abfärbt, und auf einer ordentlichen Plattdecke liegt; auf der linken Seite steckt man die Augen mit recht feinen Nadeln auf einem Knöppelpult auf. Wenn sie vom Anfang an mit dem Aufschlagen recht in Acht genommen werden, so bleiben die Augen von selbst offen. Bey dem Ausstecken muß man sich ja recht in Acht nehmen, daß man die Augen nicht entzwey sticht. Ist es Sommer, so bleicht man sie auf folgende Art: man hängt sie einige Tage in die Sonne, nachdem sie mit Wasser, worein geschlagene und gekochte Seife gethan worden, naß gemacht, so oft sie trocken sind; hernach, wenn man sie 3

 oder

oder 4 Tage gebleicht hat, darnach sie nun gelb sind, so wäscht man sie noch einmal rein aus, legt sie in warmes Flußwasser, daß die Seife heraus ziehe, spült sie rein und macht sie wie die ungebleichten zurechte. Die, wo man die Augen nicht aufsteckt, heissen: halb neugewaschne. Mancher plättet sie gar nicht, sondern zieht sie nur grade, wenn man solche aufsteckt, oder wenn es halb neue sind, legt man sie grade in ein grosses Buch und preßt sie. Wenn man sie aber plättet, müssen sie ja nicht auf der rechten Seite geplättet werden; sollten sie ganz trocken geworden seyn, so sprengt man sie nicht ein, sondern schlägt sie nur in eine alte, aus der Stärke gewaschne Serviette, welche man in reinem wasser ausgewrungen, so, daß die nasse Serviette immer zwischen das Brett kommt. Auf diese Art kann man verschiedene Bretter einpacken, damit sie ganz feuchte werden.

794. Zwirnfilet zu waschen.

Man wäscht es recht rein; alsdenn kocht man es eine halbe Stunde mit Seife und bleicht es. Hierauf wäscht man es noch einmal, spült es recht rein, und läßt es trocken werden. Wenn es trocken ist, so stärkt man es in steifer Stärke an, und plättet es so bald als möglich ist. Soll es recht steif werden, so muß man es 2 mal anstärken und es das erstemal mit der Stärke trocken werden lassen.

795. Englische Handschuh zu waschen.

Man nimmt Buttermilch und macht sie lauwlicht warm, schmiert das Gelbe vom Ey über die Handschuh und wäscht sie so lange in der Buttermilch, bis man sieht, daß sie rein sind, spielt sie wieder nach in Buttermilch und läßt sie allmählig trocknen, dann zieht man sie durch die Finger, so sind sie wieder ganz weiß und schön.

Man kann die weissen Handschuh auch auf folgende Art waschen: man legt die Handschuh auf ein Kantenbrett oder auf ein andres reines Brett; dann nimmt man ein reines wollenes Läppchen, taucht es in lauwarmes Wasser, drückt es wieder recht rein aus, und bestreicht es stark mit Seife; mit diesem Läppchen reibet man die Handschuh, wird es schmutzig, so wäscht man es in Wasser aus, taucht es wieder in lauwarmes Wasser, drückt es rein aus und bestreicht es mit Seife und bestreicht die Handschuh damit; so verfährt man so lange bis sie reine sind; alsdenn läßt man sie trocken werden; hat man eine Handschuhform, so kann man sie darauf ziehen, wo nicht, so kann man sie nur einigemal selbst anziehen und so trocknen lassen; sie werden sehr geschwind trocken, weil sie nicht sehr naß gemacht sind. Mit deutschen Handschuhen kann mans eben so machen und ehe man sie trocknet den Zitronsaft drauf drücken.

796. Deutsche Handschuh wie neu zu waschen.

Man wäscht sie in Seife und Wasser, spült sie dann wieder nach in kaltem Wasser und läßt sie trocken werden, dann drückt man sie wieder mit Zitronsaft durch und pudert sie dick ein, läßt sie hierauf in einem Tuche allmählig trocknen und reibt sie durch die Hand, dann sind sie gut. Man kann den Saft von faulen Zitronen dazu nehmen. Waschlederne Handschuh wäscht man ordentlich in der Hand mit Seife und lauwarmen Wasser, spült solche nicht, und wenn sie betrocknet, zieht man sie fleißig grade, so werden sie gut.

797. Silber zu waschen.

Du schlägst das Silber auf ein mit Leinwand überzognes Mangelholz, alsdann wäschest du das Silber so lange, bis es recht rein ist, hierauf wird es rein gespült, durch Zuckerwasser gezogen, und halb trocken geplättet.

798. Silber rein zu machen.

Man reibt trocknen Kalk von der Wand ab, bürstet es damit über, so ists wieder gut.

799. Gold zu waschen.

Es wird wie das Silber gewaschen; unter das Zuckerwasser aber nimmt man noch etwas Safran, wodurch es dann gezogen wird. Wenn es gewaschen wird, so muß man es immer in den

Wasser mangeln, und wenn es Brandtressen sind, so plättet man sie auf der linken Seite.

800. Gold reine zu machen.

Man nimmt für 6 Pf. Franzbrantwein, für 3 Pf. Weineßig, gestossne Kurkumee, so viel Alaun als eine welsche Nuß groß, läßt dieses zusammen eine Nacht stehen, legt dann das Gold hinein und läßt dasselbe darin eine Stunde stehen, nimmt es dann wieder heraus und rollet es unter der Rolle zwischen Tüchern trocken.

801. Aechte Perlen zu waschen.

Wenn die Perlen schmutzig sind, legt man sie, ohne sie von der Schnur loszumachen, in ein reines Läppchen von feiner Leinewand, streut Salz drauf, und bindet es oben zusammen; dann spült man es in lauwarmes Wasser so lange, bis man glaubt, daß alles Salz sich reine herausgezogen habe; man muß daher einigemal das Wasser abgiessen und wieder andres, auch lauwarmes Wasser drauf giessen und es darin spülen. Alsdenn nimmt man die Perlen heraus, trocknet sie in einem feinen weissen Tuche ab und hängt sie auf, daß sie trocken werden; dann zieht man sie auf eine neue, von bläulicher Seide verfertigte, feste Schnur. Wenn die Perlen gar zu schmuzig sind, muß man sie von der Schnur abziehen, und hernach, wenn man sie trocknen will, wieder aufziehen.

Drey und zwanzigste Abtheilung.

Vom Auskochen des leinenen Garns, Bleichen der Leinwand, und vom Färben des leinenen, wie auch des seidenen Zeuchs u. s. w.

802. Wie man leinenes Garn auskocht.

Man kann das leinene Garn auf dreyerley Art auskochen. Die erste Art ist: daß man das Garn eine Nacht in Wasser einweicht, alsdann jedes Stück Garn in Asche, die wohl durchgesiebt ist, umkehrt. Ferner macht man ein Bund Stroh, in der Mitte gedreht, zurechte, legt das Garn darum, gießt den Kessel voll kaltes Wasser, und läßt es eine halbe Stunde kochen; alsdenn wird es an dem Flusse gespült und getrocknet. Wenn nun die Asche recht ausgeschlagen worden, so wird es, immer zwey und zwey Stücken zusammen gelegt, mit der Fleischkeule geklopft, und zum Leinweber gebracht.

Die zweyte Art ist: wenn man das Garn eine Nacht einweicht, alsdann Lauge von Asche kocht, dieselbe durchgießt und sie kochend auf das Garn schüttet, dasselbe damit eine Weile stehen läßt und es alsdann recht rein spült und trocknet.

Die dritte Art ist folgende: man setzt das Garn in einen Fasse mit Weitzenkley und Wasser

hinter

hinter den Ofen, läßt es so 4 Tage stehen; alsdann spült man es, und läßt es trocken werden.

803. Wie man Leinwand bleicht.

Man setzt an jedes Ende des Stücks eine halbe Elle grobe Leinwand an; aller 4 Ellen auseinander nähet man ein Band, welches man über die Pflöcke, die man zum Bleichen in die Erde einschlägt, anhacken kann. Die Leinwand bäucht oder bükt man erst, alsdann legt man sie auf einen grünen Platz, und begießt sie zum öftern des Tags, wenn sie trocken wird. Im May ist der Anfang der besten Bleichzeit. Die Märzluft ist auch schon schön; weil aber alsdann noch wenig Sonnenschein ist, so erspart man lieber das Bleichen auf die schönsten Monate. Will man Kleinigkeiten bleichen, als baumwollen Garn und dergleichen, so hängt man es mit der Seife in die Sonne, und macht es so lange naß, bis es recht weiß ist. Selbst gesponnenes Garn von gutem starken Flachs hält vortreflich; die Zubereitung des Garns und die rechte Bearbeitung der Leinwand trägt viel dazu bey, daß die Leinwand lange dauert. Will man beym Leinweber blaues Garn in weiß gebleichtes Garn einschlagen lassen, so legt man das blaue Garn in einen Tubben, gießt kochendes Wasser drauf, und läßt es 24 Stunden stehen; dann spült man es in kaltem Wasser und läßt es trocken werden; so färbt es nicht ab. Wenn man dem Leinweber Garn giebt, so muß man das Garn vor-

vorher wiegen, und die Leinwand, welche man von dem Garn erhält, wieder nachwiegen.

Man kann manche leinene Zeuche auf eine leichte und wohlfeile Art machen lassen, wenn man das Garn selbst dazu färbt, als Blau, Braun, Gelb, Aschgrau u. s. w. Man kann grau und weisse Leinwand machen lassen, da die Elle nicht mehr als 5 Gr. zu stehen kommt, und die in der Entfernung wie seidenes Zeuch aussieht. Man läßt das Garn auf dem Lande spinnen, da man 16 Schock Mittelgarn für 1 Gr. gesponnen erhält; dann färbt man das bunte Garn selbst, wobey man viele Kosten spart. Läßt man weisses baumwollenes Garn einschlagen, so sieht es noch schöner aus, und hält auch länger; allein es kömmt auch etwas höher zu stehen.

804. Leinenes Garn und Zeuch zu färben.

Orangegelb: Man kocht Lauge von recht rein gesiebter Asche. In diese Lauge, welche durch ein Tuch gegossen wird, weicht man auf 1 Pf. leinenes Garn 2 Loth Orlean ein, und für 6 Pf. Alaun, beydes recht klein gestossen; am folgenden Tage setzt man die Farbe mit der Lauge in einem Kessel auf, und läßt dieselbe eine halbe Stunde kochen, da man sie denn zuweilen umrührt; alsdann thut man das graue Garn, welches vorher ausgekocht ist, in die Farbe, läßt es wieder eine halbe Stunde kochen, und zieht das Garn unterdessen immer mit einem Stocke auf,

auf, damit es sich nicht ansetze, dann hängt man es in ein Waschfaß über eine Leine, oder über einen Stock, und kocht schwarze Seife, (auf das Pf. Garn ½ Pf. Seife) dieses gießt man kochend auf das Garn, und läßt es damit kalt werden; dann spült man es recht rein und trocknet es. Nimmt man gebleichtes Garn, so wird es schöner gelb; will man es etwas dunkel haben, so nimmt man auf das Pf. Garn 3 Loth Orlean. Will man aber die Farbe recht dauerhaft haben, so kann man auf das Pf. Zeuch 2 Loth Potasche nehmen. Gelb gefärbtes Zeuch wäscht man nur lauwarm mit Ochsengalle, thut unter die Stärke etwas eingeweichten Orlean und stärkt es damit an. Hat man gelbes und weisses Zeuch, welches man waschen will; so nimmt man dazu Ochsengalle und Flußwasser, womit man es nur lauwarm wäscht und rein ausspült.

Aschgrau färbt man also: Man nimmt auf 1. Pf. Zeuch 1 Loth Galläpfel und 1 Loth Weinstein, womit man das Zeuch eine halbe Stunde kochen läßt; dann nimmt man es heraus, und thut noch 4 Loth gestossenen Vitriol dazu, und läßt es mit der andern Farbe noch eine Viertelstunde, nachdem es zu kochen angefangen, mit dem Zeuche kochen. Soll es dunkler werden, so kocht man es etwas länger. Man muß bey jedem Färben ja nicht vergessen, das Zeuch fleißig aufzuziehen; und wenn man die Farbe kocht, so muß man nicht mehr Flußwasser drauf giessen, als nöthig ist, das Zeuch gehörig naß darin zu machen,

machen, sonst wird die Farbe ohne Noth dünne. Das Zeuch oder Garn wird hierauf recht rein gespült und aufgehangen, damit es trocken werde.

Braun färbt man, wie folgt: Man nimmt zu 1 Pf. Garn 1 Loth gestoßne Galläpfel und 4 Loth Krapp; dieses setzt man mit Flußwasser in einen meßingenen Kessel auf, und wenn es kocht, thut man das Zeuch oder Garn hinein, und läßt es eine Stunde kochen; dann nimmt man das Zeuch heraus und thut 8 Loth Vitriol in die Farbe: wenn dis abermals kocht, so thut man das Zeuch wieder hinein und läßt es noch eine halbe Stunde darin kochen; soll es aber sehr dunkel werden, so kann es wohl noch eine ganze Stunde kochen. Will man es hellbraun haben, so nimmt man nur 4 Loth Vitriol zu 4 Pf. Zeuch; wollte man es noch heller haben, als es hiervon wird, so thut man etliche Messerspitzen voll Cremortartari oder Weinstein hinein, so wird es heller.

Hellblau färbt man auf folgende Art in Seide und Wolle. Man beizet das Zeuch erst aus, und nimmt zur Beitze 4 Loth Alaun und läßt das Zeuch, welches man färben will, eine Stunde damit kochen; wenn es kalt ist, wird es ausgespült und getrocknet. Zur Farbe nimmt man 1 Loth Indigo, stösset denselben ganz fein, thut solchen in ein tiefes Glas, gießt 2 Loth weisses Vitriolöl dazu, und rührt es wohl untereinander. Dieses läßt man 24 Stunden stehen.

hen. Hierauf setzt man einen Kessel mit Flußwasser auf; wenn es kocht, gießt man die Farbe hinein und wenn es wieder kocht, thut man das Zeuch hinein und läßt es eine halbe Stunde kochen, so wird es schön hellblau; alsdann spült man es. Von dieser Masse kann man 4 Pf. Zeuch färben. Man muß sich aber ja hüten, daß man bey dem Umrühren des Indigo und Vitriolöls nicht mit dem Gesicht zu nahe dran kommt, weil es leicht aufbraust und sprützt, auch bey dem Eingiessen in das kochende Wasser hat man sich davor zu hüten, ob gleich das Letzte nicht so gefährlich ist, als das Erste.

Hellgrün: Man nimmt anderthalb Loth Kurkumee, stoßt es zu Pulver, weicht es eine Nacht in fliessendes Wasser, thut es alsdann in das siedende Wasser, gießt von dem vorigen präparirten Indigo so viel dazu, als man es hell oder dunkel haben will, und läßt es eine Weile gut durchkochen.

Roth färbt man, wie folgt: Man nimmt auf 1 Pf. leinenes Zeuch oder Garn 12 Loth Fernambuk (Brasilienholz), weicht dieses eine Nacht in einen zugebundenen Beutel mit Wasser, am folgenden Tage kocht man die Farbe in den Beutel eine Stunde; alsdann thut man 4 Loth Alaun dazu, wenn dieselbe geschmolzen ist und die Farb recht stark kocht, so nimmt man sie von dem Feuer, und legt das Zeuch oder Garn hinein, zieht es etliche mal auf, und läßt es es mit der Farbe kalt werden; alsdann wird es rein gespült und getrocknet.

Will man eine violette Farbe haben, so nimmt man Blauspäne und macht es auf die vorige Art. Man kann zu jeder Farbe erst eine Probe einstecken, und die Farbe probiren.

Karmoisinroth färbt man also: Man nimmt zu 1 Pf. Garn oder Zeuch 4 Loth Alaun und 4 Loth Weinstein, und eine Hand voll Weitzenkley. Hiermit kocht man das Zeuch eine halbe Stunde, dann nimmt man es heraus, und thut reines Wasser in den Kessel, darein 1 Loth gestossene Koncheville, und 1 Loth weisse Stärke. Hiermit wird das Zeug eine Stunde gekocht, dann heraus genommen und gespült.

Celadon färbt man also: Man nimmt so viel Eßig nach Verhältniß des Zeuchs, daß es darein gesteckt werden kann, thut darein 4 Loth Alaun, thut den Eßig und die Alaun zusammen in einen kupfernen Kessel und läßt es zwey Nächte hindurch mit einander stehen, alsdann steckt man das Zeuch hinein und rührt es mit einem Holze um, damit das Zeuch durch und durch naß werde. Wenn dies geschehen, so nimmt man es heraus, wäscht es in kalten Wasser rein aus und läßt es trocken werden, dann ist es gut. Ist es seiden Zeuch, so zieht man es durch die bekannte Glätte.

805.

805. Wie man rohe Seide zubereitet.

Man nimmt auf 2 Pf. rohe Seide ½ Pf. getrocknete kleingeschabte Seife; die Seide bindet man in einen Sack von feiner Leinwand, damit sie sich nicht verwirret, und kocht sie mit der Seife 2 Stunden lang: alsdenn nimmt man sie heraus und spült sie in fliessendem Wasser so lange, bis sie ganz klar ist und läßt sie trocken werden. Man kann sie auch auf folgende Art zubereiten; man nimmt auf jedes Pf. Seide 1 Viertelpf. schwarze Seife, schmiert damit die Seide ein, thut sie in einen Sack von feiner Leinwand und läßt sie 6 bis 7 Stunden kochen; dann nimmt man sie heraus und spült sie in fliessenden Wasser recht rein und läßt sie trocken werden.

806. Wie man die gekochte Seide auf die beste Art mit der Alaun behandelt.

Wenn die Seide auf vorige Weise zubereitet worden, nimmt man auf jedes Pf. Seide 1 Viertelpf. Alaun, welche man in einen reinen Geschirr oder in einen meßingenen Kessel in Wasser zerfliessen läßt und hernach so viel Flußwasser dazu gießt, als nöthig ist, daß die Seide ganz vom Wasser bedeckt, darinn liegen kann; man läßt sie eine Nacht darin liegen.

807. Wie die Seide gepeitzt wird, wenn man sie karmoisinroth färben will.

Man nimmt auf jedes Pf. Seide 4 Hände voll schöne Weitzenkley, läßt dieselbe in 4 Eymer

mer voll Flußwasser überkochen, thut sie alsdenn in einen hölzernen Tubben und läßt sie eine Nacht stehen; dann klärt man das Wasser ab, nimmt die Hälfte davon, gießt sie in einen Kessel und thut dazu ½ Pf. Alaun, ¼ Pf. gestossenen Weinstein und 1 Loth schöne Kurkumee, und läßt es zusammen unter beständigem Umrühren eine Viertelstunde kochen; alsdenn setzt man den Kessel vom Feuer ab und legt die Seide hinein, deckt ihn aber nicht zu, daß es recht ausrauchen kann, so muß es 3 Stunden stehen; dann spült man die Seide in fliessendem Wasser recht reine, schlägt sie recht aus und läßt sie trocken werden. Ferner setzt man in einen Kessel 2 Eymer voll Regenwasser mit 1 Viertelpf. Galläpfel auf und läßt es eine Stunde kochen, dann setzt man den Kessel vom Feuer ab und wenn es nur so heiß ist, daß man die Hand darin leiden kann, thut man die Seide hinein, läßt sie eine Stunde darin liegen, alsdann nimmt man sie heraus, läßt sie abtriefen und trocken werden.

808. Seide karmoisinroth zu färben.

Wenn die Seide, wie vorher gesagt, zubereitet ist, so nimmt man auf jedes Pf. Seide eine Unze Konchenille, thut solchen in das Uebriggebliebene der Beitze, setzt es im Kessel auf und wenn es zu kochen anfängt, nimmt man den Kessel vom Feuer ab, deckt ihn zu, daß nichts Unreines dazu kommt, und läßt es so verschlagen. Dann setzt man den Kessel wie-

der

der auf, thut 3 Loth klein gestossenen weissen Arsenik und 5 Loth Weinstein drein, läßt es zusammen eine Viertelstunde kochen, nimmt den Kessel wieder ab, läßt es nur ein wenig verschlagen, dann steckt man die Seide drein und arbeitet sie mit einem kleinen rundgeschnittenen glatten Steck durcheinander, damit sie nicht fleckicht werde alsdenn drückt man sie aus. Ist sie nicht hochroth genug, so setzt man die Farbe noch einmal auf, läßt sie wieder kochen, setzt sie ab, daß sie ein wenig verschlage, und thut die Seide darein. Ist dies geschehen, so spült man die Seide in Wasser rein aus. Dann nimmt man auf jedes Pf. Seide 1 Loth der besten venedischen Seife, welche man, wenn sie, in Wasser am Feuer zergangen, zu Schaum schlägt und die Seide darin durchspült alsdenn spült man die Seide wieder in reinen fliessenden Wasser aus, hängt sie auf ein Holz und läßt sie trocken werden. Wenn man Karmoisin zum Grund auf Violet färben will, so muß man allezeit an dem Gewichte den dritten Theil ersparen, das ist, man muß auf 1 Pf. Seide nur 2 Loth Konchenille, 2 Loth weissen Arsenik und 4 Loth Weinstein nehmen. Bey aller Färberey ist eine Erfahrung und Behutsamkeit nöthig; wer gar keine Erfahrung davon hat, kann bey den besten Rezepten leicht etwas verderben, und es kommt da oft auf Geschwindigkeit und Behutsamkeit sehr vieles an. Man muß aber auch nicht gleich den Muth verlieren, wenn eine Sache nicht gleich gerathen will, wie man es wünscht, denn oft ist eine Farbe nicht so gut, wie die andre.

809. Seide schlecht roth zu färben.

Man nimmt auf jedes Pf. Seide 1 Pf. Firnambuck, läßt es mit Wasser aufkochen, gießt es durch ein Sieb in einen Tubben, und läßt das Holz mit kaltem Wasser noch einmal aufkochen; gießt es dann auch durch und in den Tubben, alsdenn kehrt man die Seide darin um, drückt sie aus, läßt sie trocknen, kehrt sie wieder um in der Farbe, bis es genug ist, alsdenn thut man ein wenig Potasche in kaltes Wasser, kehrt die Seide darin um, bis sie roth genug ist, dann spült man die Seide gut und trocknet dieselbe.

810. Seide blutroth zu färben.

Man macht die Beitze wie die vorige; dann nimmt man auf 1 Pf. Seide ½ Pf. Alaun, ¼ Pf. klein gestossenen Weinstein, läßt es mit einem Eimer voll Beitzwasser in einen Kessel eine Viertelstunde kochen, und wenn es vom Feuer wieder abgenommen, so steckt man die Seide hinein, läßt sie 2 Stunden lang drin, spüle sie hernach aus, hängt sie über ein Holz und läßt sie trocken werden. Alsdenn nimmt man einen Eimer voll Beitzwasser, setzt es nebst ¼ Pf. gestossenen Galläpfel auf, läßt es kochen und wieder verschlagen, bis man die Hände drin leiden kann,

kann, dann steckt man die Seide 2 Stunden lang hinein, und läßt sie dann trocken werden. Darauf nimmt man ½ Pf. guten Firnambuck, bindet ihn in einen leinenen Beutel, thut ihn in Weizenkleywasser, und läßt es aufkochen, dann setzt man den Kessel ab, deckt ihn dichte zu und läßt es eine Nacht stehen; hernach thut man ½ Loth Potasche darein, läßt es wieder 1 Stunde kochen und gießt so viel Flußwasser dazu, als davon eingekocht ist. Dann nimmt man den Beutel mit der Farbe heraus und steckt, wenn es ein wenig verschlagen, die Seide darein, deckt den Kessel dichte zu und läßt es eine halbe Stunde stehen, dann wringet man die Seide aus, hängt sie über ein Holz, dann spült man sie und läßt sie trocknen. Ist sie aber noch nicht roth genug, so kocht man die Farbe noch einmal auf, steckt die Seide hernach darein, spült sie in Seife, wie die Karmoisinfarbe, und dann in fliessenden Wasser und trocknet sie, so wird sie schön.

811. Seide inkarnat zu färben.

Man behandelt die Seide mit der vorigen Beitze; alsdenn nimmt man auf jedes Pf. Seide 1¼ Pf. Firnambuck; thut es durch ein Sieb in einen Tubben, gießt kaltes Wasser dazu, kehrt die Seide so lange darin um, bis die Kraft heraus ist, alsdenn spült und trocknet man sie.

812. Seide orange zu färben.

Man legt die weisse Seide in Alaunwasser, dann nimmt man ⅛ Pf. Orlean, legt es eine

Nacht in Wasser und läßt es weichen; hernach thut man 2 Loth Potasche dazu und kocht es auf; wenn es eine halbe Stunde gekocht, thut man 1 Loth gestossene Meckin dazu; wenn es verschlagen, steckt man die alaunirte Seide 2 bis 3 Stunden hinein, nachdem man nun die Farbe stark haben will. Dann spült man die Seide in gutem Seifenwasser und hernach in reinem Flußwasser und läßt sie trocken werden.

813. Seide gelb zu färben.

Man nimmt auf jedes Pf. Seide 6 Unzen Galläpfel und 6 Pf. Gelbholz; das Gelbholz läßt man eine Stunde kochen, dann thut man die Galläpfel hinein und läßt es noch eine halbe Stunde kochen. Wenn nun die Seide alaunirt und ausgespült, wird sie in den Kessel gekehrt und dann mit ein wenig Potasche gewrungen, dann noch einmal durchgewrungen; sie muß eine Nacht drin liegen bleiben; alsdenn spült und trocknet man sie.

814. Seide blau zu färben.

Man macht von $\frac{1}{2}$ Metze rein ausgesiebter büchenen Asche und 3 Eymern Flußwasser eine Lauge, gießt sie in einen vesten Tubben, thut darein 2 Hände voll Weitzenkley, $\frac{1}{8}$ Pf. Krapp, $\frac{1}{8}$ Pf. kleingestossenen Weinstein 1 Pf. Potasche, $\frac{1}{2}$ Pf kleingestossenen Indigo quadrimelio; dies alles rührt man mit einem glatten Stock recht durch, und wiederholt das Rühren allemal nach

12 Stunden, 14 Tage hintereinander, bis einem der Guß an den Fingern grün fällt, alsdenn kann man färben, wenn auch die Farbe fertig ist, muß man sie doch alle Morgen rühren. Wenn man nun die Seide färben will, macht man sie in warmer Lauge, welche von neuem durchgegossen, naß, und wringet sie aus; alsdenn stoßt man sie in die Farbe und hängt einen Drief darein, wie die Färber thun, dann nimmt man noch eine Kippe, wie die Blaukippe, macht dieselbe voll durchgeseigter Lauge und wenn man die Seide aus der Blaukippe wringet, so spült man sie in dieser durchgeseigten Lauge rein ab, wringet sie hernach rein aus, spült sie in fliessendem Wasser, schlägt, trocknet und refilliert sie. Will man aber ohne Lauge färben, so macht man die Seide in der Spülkippe erstlich naß, so bedarf man die erste Lauge nicht. Hieraus kann man dunkelblau und lichtblau färben, nachdem man die Seide lange in der Farbe liegen läßt. Wird die blaue Farbe matt, so thut man $\frac{1}{4}$ Pf. kleingestossenen Indigo quadrimolio, $\frac{1}{2}$ Pf. Potasche, 1 Loth Krapp, eine Hand voll Weitzenkley und $\frac{1}{2}$ Loth gestossenen Weinstein dazu; dieses muß 8 Tage lang stehen und allemal nach 12 Stunden gerührt werden, dann kann man wieder, wie zuvor, färben.

815. Seide grün zu färben.

Man nimmt auf 1 Pf. Seide $\frac{1}{4}$ Pf. englische Alaun, $\frac{1}{8}$ Pf. weissen Weinstein klein gestossen, thut es zusammen in heisses Wasser und läßt es zergehen, hernach steckt man die Seide hinein und läßt sie eine Nacht darin stehen; dann nimmt man sie heraus und läßt sie trocknen. Alsdann nimmt man 1 Pf. Scharte, kocht denselben, in 1½ Eimer Wasser eine gute Stunde lang, thut hernach das Kraut heraus und wirft es weg, thut dagegen 1 Loth Grünspan darein, rührt es mit einem Stock wohl um und steckt denn die Seide eine Viertelstunde lang darein, dann thut man sie heraus und läßt sie kalt werden; alsdenn thut man 2 Loth Potasche in die Farbe, rührt es mit dem Stock um und steckt die Seide wieder darein, bis man glaubt, daß es gelb genug ist; dann spült man sie recht rein aus; läßt sie abtriefen, und steckt sie in die Blaukippe, bis es grün genug ist, darauf spült man die Seide aus, so ist sie schön grün. Wenn man sie dünkelgrün haben will, läßt man sie länger in der Farbe liegen.

816. Seide violet zu färben.

Man kehrt die Seide in karmoisinroth Farbe, wie schon gemeldet, um; alsdenn nimmt man auf jedes Pf. Seide 1 Pf. Provinzienholz, kocht es auf und kehrt die Seide darin um, dann thut man in die letzte Farbe ein wenig gestoßne alte Galläpfel, spült die Seide darin und hernach wieder in reinen Wasser rein aus und läßt sie trocken werden.

817.

817. Seiden Zeuch schwarz zu färben.

Man nimmt auf 1 Pf. Zeuch 4 Loth Galläpfel, 4 Loth Schmack und 2 Hände voll Ellernbrocken *), hiermit koche man das Zeuch eine Stunde; dann nimmt man es heraus und thut noch in den Kessel 4 Loth braun Brasilienholz, 16 Loth Vitriol, und 4 Loth Fönum gräcum, (griechisch Heu oder Bockshorn), damit kocht man das Zeuch 2 Stunden langsam. Es muß alle Viertelstunde abgenommen und gekühlt werden, sonst verbrennt es; hierauf wird es recht rein gespült und getrocknet.

818. Schwarzer Seide einen Glanz zu geben.

Man nimmt auf jedes Pf. Seide 2 Loth Hausblasen, läßt sie in Wasser zergehen und ziehet alsdenn die Seide, wenn sie das letzte mal aus der Farbe kommt, dadurch, so hat sie einen schönen Glanz.

819. Englisch rothes Tuch zu färben.

Man nimmt 2 Pf. weissen Weinstein, 3 Pf. Alaun, 7 Loth venedisches Bleyweiß, eine halbe Metze Weitzenkley, läßt alles zusammen mit dem Tuche in einem Kessel anderthalb Stunden kochen und eine Nacht stehen; dann nimmt man auf jedes Stück Tuch, wenn es gespült ist, in die Flatte 6 Pf. guten Krapp, 4 Loth Orlean, 3 Loth Kurkumee; 4 Loth Scheidewasser,

*) Die Frucht von Eller- oder Erlerbäumen.

wasser, dazu läßt man das Tuch ¾ Stunden über den Haspel laufen, so bekommt man gut englisch Tuch, welches gespült, getrocknet und gepreßt werden muß.

820. Wollenem Zeuch Scharlachfarbe zu geben.

Man nimmt auf 1 Pf. Zeuch 1 Unze Konschenille, 1 Quent. weissen Weinstein, 1 Quent. Kraftmehl, und 2 Quent. gutes Scheidewasser. Das Kraftmehl läßt man erst in warmen Wasser ein wenig aufkochen, denn thut man alles zusammen, und wenn es wieder aufkocht, auch das Zeuch hinein und läßt es eine Stunde kochen; es muß wohl umgerührt und aufgezogen werden, bis die Farbe hoch genug fällt; dann nimmt man es heraus und wäscht es 2 bis 3 mal in Wasser, nachdem man es jedesmal gut ausgewrungen hat, alsdenn hängt man es auf und läßt es in Schatten trocknen.

821. Wollenes Zeuch schwarz zu färben.

Zu 1 Pf. des wollenen Zeuchs nimmt man 1 Loth Galläpfel gestossen, und eine Hand voll Ellernbrocken. Hiermit kocht man das Zeuch eine Stunde, dann nimmt man es heraus, und thut in den Kessel 1 Pf. braun Brasilienholz und 4 Loth Vitriol; hermit kocht man das Zeuch wieder eine Stunde, dann nimmt man es heraus und spült es.

822. Wie man einem Zeuche die Farbe giebt, wenn es verschossen ist.

In Roth: Man nimmt ½ Loth Zinnober, 4 Loth ächten Firnambuck, 4 Loth Alaun, 2 Maaß Eßig, 1 Maaß Wasser, läßt es acht Tage zusammen stehen, dann macht man es kochend heiß und benetzt die verschossenen Flecke damit, so ist es gut.

In Blau: man nimmt 1 Loth Indigo, 4 Loth Alaun, für 3 Pfennige Scheidewasser, 4 Maaß Wasser, läßt es acht Tage zusammen stehen, macht es dann kochend heiß und benetzt die verschossenen Flecke damit, so ist es gut.

In Gelb: man nimmt für 6 Pf. Eßig, für 6 Pf. geflossenen Kurkumee, 4 Loth Alaun, läßt es eine Nacht zusammen stehen und benetzt die Flecke damit.

In Grün: man nimmt eine Hand voll büchene Asche, kocht eine Lauge davon und benetzt die Flecke damit.

823. Alten Sammet seine erste Farbe wieder zu geben.

Man nimmt auf ½ Maaß Wasser 1 Loth Brasilien, kocht es; dann kocht man Waidasche in einen Topf besonders, rührt es recht durch und wenn es gekocht, so läßt man es stehen, und gießt es dann durch ein Tuch in ein Glas.

Ist der Sammet roth, und man will ihn lichtroth haben, so gießt man, wenn das Brasilienholz zu kochen anfängt, ein wenig Waidaschenwasser darein und wirft ein wenig Salz dazu; hat man keine Waidasche, so nimmt man ungelöschten Kalk.

Ist der Sammet braun, und man will ihn wieder braun haben, so muß man etwas mehr Waidaschenlauge dazu giessen.

Wenn aber rother Sammet braun werden soll, so bestreicht man ihn nur mit Waidaschenwasser, so wird er schön braun.

Ist er blau, so bestreicht man ihn ebenfalls mit diesem Wasser, so wird er schön himmelblau.

Den schwarzen Sammet wieder zu helfen, nimmt man 4 Unzen gute Schwärze, 6 Loth Galläpfel gestossen, 1 Loth Alaun, 2 Loth Vitriol, läßt es zusammen durchkochen und trägt es auf den Sammet.

Dies ganze Verfahren mit dem Sammet muß aber so behutsam als möglich geschehen, sonst dürft es nicht allemal gerathen.

824. Weichen Sammet wieder steif zu machen.

Man nimmt 4 Theile Gummi tragant und 1 Theil Gummi arabikum, stößt jedes besonders, dann vermischt man es untereinander, thut es in eine Schüssel, gießt Wasser drauf und läßt es 24 Stunden stehen; dann taucht man einen Schwamm darein und bestreicht den Sammet

met auf der linken Seite damit und läßt ihn trocken werden.

825. Hüte schwarz und glänzend zu machen.

Man nimmt 6 Loth braun Brasilien- oder Moderholz, 6 Loth Galläpfel, 2 Loth Flohsamen, 1 Loth Lorbeer, 1 Loth Gummi tragant, ½ Nössel Ochsengalle, 1½ Nössel Regenwasser, thut solches alles zusammen in einen Topf und läßt es einen halben Tag weichen; dann läßt man es bis zur Hälfte einkochen, wieder kalt werden und 3 bis 4 Tage stehen. Alsdenn nimmt man stumpfe Bürsten, wie ein Finger lang und in der Rundung wie ein Reichsthaler, tunkt sie in die Farbe, streicht den Hut unten zuerst, allezeit gegen die linke Hand, und oben gegen die rechte Hand an; wie man die Bürsten führt, so wird es, nachdem es trocken, schwarz und glänzend werden; es kann auch mit sammetnen Kissen nach den Haaren gestrichen werden; auch kann man, wenn die Schwärze um etwas verbraucht ist, wieder Regenwasser zugiessen, und wie vorher kochen, so wird sie wieder so gut wie vorher.

826. Einen ganz bleichen Hut wieder schwarz und glänzend zu machen.

Man nimmt einen neuen Topf, thut drein 3 Maaß Brunnenwasser, ⅛ Pf. blau Brasilienholz, 1 Loth Flohsamen, 1 Loth Gummi tragant,

gant, 1 Loth Leinsamen, und läßt alles zusammen bis zur Hälfte einkochen und wieder etwas verschlagen. Alsdenn nimmt man einen Schwamm, macht ihn in diesem Wasser ganz naß und bestreicht den Hut damit, hängt ihn an einem Ort, wo kein Staub drauf fallen kann, und läßt ihn trocken werden, dann bürstet man ihn nach dem Strich, so ist er wieder schwarz und glänzend.

****

Vier und zwanzigste Abtheilung.

Vom Ausmachen der Flecke von Wachs, Thee, Oehl, Wein u. s. w. aus allerley Zeuch.

Es ist sehr unangenehm, wenn durch Schmutzflecke ein Stück Zeuch verdorben wird und oft wär es ein grosser Schade, wenn man keine Mittel hätte, dieselben wieder herauszubringen. Ich will daher auch einige Regel über diesen Artikel ertheilen, und besonders die folgenden 4 erstern Arten von Fleckkugeln empfehlen, sich dieselbigen anzuschaffen, um selbige gleich benutzen zu können, sobald sich ein Fleck einfinden sollte, weil es weit leichter ist, einen frischen Fleck herauszubringen, als wenn man erst nach langer Zeit ihn herausmachen will. Diese Kugeln können nach eines jeden Belieben vergrössert oder ver-

verringert werden, doch muß man sich nach vorgeschriebener Porportion genau richten.

827. Die braune Fleckkugel.

Mit dieser kann man aus allen halbseidenen, zeuchenen und tuchenen Kleidern von allen Arten von Farben, Wein- Zitron- Kalk- Tinten auch alle gelbe verschossene Flecke, sie mögen herrühren wovon sie wollen, rein und sauber ausmachen; sie wird auf folgende Art gemacht:

Man nimmt 4 Loth venetianische Seife, schabt sie dünne, arbeitet sie in der Hand wohl durch wie ein Teig, wenn man sie zuvor mit frischen Wasser ein wenig angefeuchtet, dazu nimmt man eine gute Messerspitze voll feingeriebenen schlechten Vitriol oder Kupferwasser und eben so viel geriebenen rothen Bolus, auch einer kleinen Linse groß Kienruß, diese Species werden nebst 10 bis 15 Tropfen spiritus salis armoniaci, der vom Kalk abgezogen ist, unter die Seife gemischt und hiervon werden alsdenn Kugeln gemacht, welche man trocknen läßt, so sind sie zum Gebrauch fertig. Sie verderben niemals, daher kann man sie lange Zeit aufbewahren. Wenn man nun Flecke damit ausmachen will, die entweder kurze Zeit, oder aber ein Jahr oder drüber in den Kleidern gewesen sind, so befeuchtet man den Fleck mit frischem Wasser, dann nimmt man die Kugel, reibt ein wenig drauf, läßt es trocknen, wäscht es her-

nach

nach mit frischem Wasser davon ab, continuirt 2 oder 3 mal damit und wäscht es hernach mit einem weissen leinenem Tuch nach dem Strich ab, so ist es von dem Flecke gereinigt und bekommt seine ordentliche Farbe wieder.

828. Die grüne Fleckkugel.

Mit dieser kann man aus halbseidenen, zeugenen und tuchenen Kleidern von allerley Farben, alle Flecke von Pech, Wachs, Oel oder Oelfarben, Fett, Schmuß und Staub wegbringen.

Man nimmt 4 Loth venetianische Seife, schabt sie klein, arbeitet sie in der Hand, wie die erstere, hierzu thut man eine Messerspitze voll gestossenen Grünspan und eben so viel Cremortartari, 15 bis 20 Trofen faulen oder distillirten Zitronsaft, mengt die Species recht untereinander, macht davon, nach Belieben, eine oder mehrere Kugeln und läßt sie trocknen, so sind sie fertig und man kann sie aufheben. Die oben benannten Flecke macht man mit frischen Wasser naß und bereibt sie mit der Kugel, so weit der Fleck geht, thut noch etwas Wasser drauf und reibt sie sachte zwischen den Fingern, wäscht sie alsdann rein aus, wiederholt solches 1 oder 2 mal und wischt mit einem weissen leinenem Tuche nach, so gehn die Flecke heraus; sollte es aber ein alter oder harter Fleck seyn, der auf der andern Seite durchgeht, und wieder etwas zum Vorschein kommen möchte, so

braucht

braucht man es noch einmal, so geht er völlig hinweg.

829. Die weisse Fleckkugel.

Mit dieser kann man aus allen Sorten seidenem Zeuche, wie auch aus seidenen Strümpfen, alle Arten von Fettflecken, Oel-Wachs-Schmutz und Staubflecke trocken ausmachen.

Man nimmt 2 Loth terra sigillata, die mit Buchstaben bezeichnet ist, 2 Loth fein gestossenen weissen römischen Bolus, etwas starken Spiritus vini gießt man hierzu, und mischt es untereinander und macht einen Teig davon, hieraus macht man alsdenn Kugeln und läßt sie trocknen; von dieser Kugel reibt oder schabt man etwas auf den Fleck und fährt über denselben hin und her mit einem heissen Eisen oder Löffel, worin glühende Kohlen sind, läßt dieses Pulver ein wenig drauf liegen, bis es wieder kalt wird, reibt alsdenn den Ort, bürstet ihn mit einer Bürste rein aus, und wenn der Fleck nicht wieder heraus geht, wiederholt man es 2 bis 3 mal, so wird der Fleck ohne Schaden herausgehn.

830. Die schwarze Fleckkugel.

Mit dieser Kugel kann man aus allen seidenen, zeuchenen und tuchenen Kleidern, wie auch aus Hüten alle Arten Flecke ausmachen.

Man nimmt 4 Loth venedische Seife, schabt sie dünn, feuchtet sie mit frischen Wasser etwas an, dazu thut man einen guten Löffel voll Kien-

ruß

ruß und 10 bis 15 Tropfen weissen Spiritus tartari, mengt dieses alles mit der Hand durcheinander, macht Kugeln davon, läßt sie trocknen, so sind sie fertig. Sind nun in den Kleidern gelbgefressene oder verschossene Flecke, so verfährt man mit dieser Kugel wie mit der braunen; sind es aber Pech Wachs Oel Fett Schmuß, und Staubflecke, so verfährt man damit, wie bey der grünen Kugel gesagt worden, und können hiemit die Flecke rein und sauber ausgemacht werden.

831. Noch eine Art guter Fleckkugeln.

Nimm gute Seife, thu darunter Weinrebenasche, und eben so viel klein gestossene und wohl durchgesiebte Kreide, ingleichen gebrannte Alaun und Weinstein; dieses alles stosse in einen Mörsel zu einem Brey, oder reibe es in einen Reibemörsel und mache kleine Kugeln hieraus, trockne sie in Schatten und hebe sie zum Gebrauch auf. Wenn man Flecke damit ausmachen will, so reibt man die Fleckkugel auf das Zeuch, klopft es mit einer kleinen Bürste und reibt es recht durch, alsdann bürstet man es recht rein aus. Aus wollenem Zeuche gehen sie auf diese Art vortreflich aus. Seiden Zeuch aber muß man ja nicht reiben, weil es sich sonst einreibt und Falten behält. Die Weinrebenasche erhält man auf folgende Art, wenn man das besonders gesammelte Holz vom Weinstock verbrennt und die Asche zum Gebrauch aufhebt

hebt; diese Asche ist eben nicht eingreifender als andere.

832. Wachsflecke aus allerhand farbigem Sammet zu machen.

Man schmiert die Wachsflecke mit weisser Seife und legt oder hängt den Sammet mit dem Fleck in die Sonne, so lange, bis das Wachs von der Hitze weich wird, dann wäscht man es mit Wasser, so gehn die Flecke wieder heraus. — Auch kann man es auf folgende Art machen: man nimmt feines Roggenbrodt oder Semmel, welche recht hart ist, schneidet sie durch und legt sie auf den Rost, schabt alsdenn allen Unrath und Asche wieder davon ab, und reibt die Wachsflecke so warm und so lange, aber recht sachte, bis man von dem Flecke nichts mehr bemerkt; man kann aus allerley farbigem Sammet solche Flecke heraus bringen, ausgenommen karmoisinrothen Sammet, aus welchem die Flecke am schwersten herauszubringen sind. Man verfährt auf folgende Art hierbey: man legt den mit Wachs befleckten Sammet auf eine Tafel und verdeckt die Flecke mit einem feinen leinenen Tuche, welches zuvor in Flußwasser naß gemacht worden, hernach setzt man eine Platte, in welcher ein mittelmäßigheisses Platteisen ist, auf das naßgemachte Tuch, so gehn die Wachsflecke heraus und ziehen sich in das Tuch.

833. Fettflecke aus allerhand Sammet zu machen.

Man nimmt eine Hand voll reinen Sand, macht ihn heiß, thut ihn in ein Stückchen feines Nesseltuch und fährt damit über den Sammet, so geht der Fleck heraus.

834. Alle andere Schmutzflecken aus Sammet zn machen.

Man nimmt Terpentingeist, schüttet davon etwas auf ein weisses Tuch, und reibt den Fleck so lange damit nach dem Strich des Sammets, bis der Schmutzfleck heraus ist.

835. Fett- Theer- Thran- und Oelflecke aus Seiden- oder Wollen- Zeuch zu machen.

Man schmiert das Gelbe von einem Ey auf die Flecke, wie Seife, und wäscht es alsdenn mit lauwarmen Wasser aus.

836. Theer- und Schuwachsflecke aus seidenen Kleidern zu machen.

Man nimmt einige Tropfen Terpentinöl auf ein weisses Tuch und bestreicht den Ort, wo der Fleck ist, so lange damit, bis keine Unreinigkeit mehr davon geht; dann nimmt man weissen fein pulverisirten Bolus und streut davon wie ein Messerrücken dick auf den Fleck, legt hernach weisses Löschpapier drüber und fährt mit einer warmen Platte drauf hin und wieder; wenn dieses geschehen, so reibt man mit einem

geröste-

gerösteten Schnitt Brod, das Pulver sauber hinweg. Wenn der Fleck noch nicht vollkommen weg seyn sollte, so wiederholt man es noch einmal. Mit diesem Pulver kann man auf eben gesagte Art alle Fettflecken aus den seidenen Kleidern machen.

837. Weinflecken aus allerley seiden Zeuch zu machen.

Man nimmt das Kleid oder Zeuch und macht die Flecke mit fliessendem Wasser naß, und läßt es in der Luft, aber ja nicht von der Sonne, trocknen, so wird es wieder so rein und schön, wie zuvor.

838. Obstflecke aus Atlaß oder andern Zeuch zu machen.

Man nimmt Knochen von Hammelfüssen, brennt sie in Feuer gut aus, stoßt sie hierauf zu Pulver; dann legt man von diesem Pulver auf beyde Seiten des Zeuchs, wo der Fleck ist, läßt es eine Nacht so liegen, so wird dieses Pulver den ganzen Fleck an sich ziehen. Wenn der Fleck aber auf einmal nicht ganz weggeht, so muß man dieses zum andernmal wiederholen und wenns nöthig ist, zum drittenmal; allein der Fleck muß nicht zu alt seyn, auch muß man das Pulver nicht weiter legen, als der Fleck geht.

839. Stockflecke, Wein- oder Obstflecke aus Seiden- oder Leinen-Zeuche zu machen.

Zerschneide ein Stück Seife und koche sie. Dasjenige, was sich beym Kochen lang zieht, schmiere auf die Flecke, dann thu etwas kleingeriebene Potasche drauf, breite das Zeuch auf einen langen grünen Grasfleck und laß es so 24 Stunden liegen; wenn es trocken ist, besprenge es mit Wasser und wasche es, so gehn die Flecke heraus. In einer Bleichwäsche gehn auch die Obst- und Weinflecke heraus.

840. Stockflecke aus weisser Wäsche zu machen auf andere Art.

Man nimmt für 1 Gr. Sal armoniac, thut dazu 2 Hände voll gemeines Salz, und stößt es zu einem Pulver, thut es hernach in einen neuen Topf, und gießt bey 2 Maaß Flußwasser dazu, dann läßt man es eine halbe Stunde beym Feuer kochen. Man breitet alsdenn die Wäsche auf einen trocknen Grasboden aus, benetzt die Flecke mit diesem Wasser und läßt es in der Sonne trocknen, wiederholt solches noch einigemal, so werden die Flecke vollkommen herausgehen.

841. Tintenflecke aus seiden Zeuch zu machen.

Man nimmt starken Weineßig und warme Asche, thut dies auf den Fleck oder reibt ihn damit, hernach wäscht man ihn mit Seifenwasser

ser

ser aus, so geht der Fleck heraus und hiermit lassen sich auch andere Flecke wegbringen.

842. Tinten- und Eisenflecke aus weisser Wäsche zu machen.

Man macht den Fleck mit Wasser naß und hält ihn an eine heisse zinnene Theekanne, in welcher kochendes Wasser ist, nimmt für 1 Gr. Sauerkleesalz, tunkt mit dem Finger in dieses Salz und reibt den Fleck damit, so geht der Fleck heraus. Ist der Fleck noch frisch, so macht man denselben mit Wasser naß, reibt etwas vom Sauerkleesalz drauf, reibt den Fleck damit durch die Hand und wäscht es hurtig aus. Ist er aber schon lange in der Wäsche, so zerreibt das Kleesalz gleich das Zeuch.

843. Rothe Weinflecke aus Servietten und Tischzeuch zu machen.

Wenn Tischzeuch mit rothem Wein begossen worden, so nimmt man gleich reinen Kornbrantwein und wäscht die Flecke darin aus, alsdenn wäscht man es gleich mit Wasser und Seife nach und spült es in Wasser rein, so gehn die Flecke heraus. Man kann diese Flecke auch auf folgende Art herausbringen: man nimmt gute Milch, doch muß man versichert seyn, daß kein Wasser drunter ist, macht sie warm, aber nicht kochend und läßt den Fleck 1 oder 2 Nächte hindurch in der drauf gegossnen warmen Milch liegen, alsdenn zündet man Schwefel an und hält ihn unter den nassen Fleck, wäscht den Fleck und läßt ihn

ihn trocken werden; so ist derselbe auch heraus. Kann man dieses gleich bey einem frischen Fleck thun, so ist es desto leichter und besser; zuweilen aber, wenn derselbe nicht weichen will, muß man es mit der warmen Milch wiederholen, denn ein Weinfleck hält vester als ein andrer Fleck.

844. Regenflecke aus neuen Kleidern zu machen.

Nimm aus der Apotheke für 3 Pfenn. oleum tartari deliquium und ½ Nössel Regenwasser, thu solches zusammen in ein Glas und schüttle es wohl durcheinander, laß es hernach eine halbe Stunde stehen, so ist es fertig. Mit diesem Regenwasser bestreich die Regenflecke sauber, alsdann streich es mit einem weissen leinenen Tuche nach dem Glanz nieder und plätte es mit einer warmen Plätte nieder, so bekommen die Kleider ihren Glanz, wie zuvor.

845. Weinflecke aus allerhand farbigem Tuch zu machen.

Man nimmt für 4 Pfenn. weissen präparirten Weinstein, kocht ihn mit ein wenig Wasser, benetzt hiermit die Flecke, so gehn sie hinweg.

846. Schwarzblaue Flecke aus Tuch oder Scharlach zu bringen.

Man macht die Flecken naß mit kalten Wasser, nimmt 2 bis 3 Tropfen Weineßig, thut etwas Zitronsaft drunter, benetzt die Flecken damit, und reibt sie mit derselben Sorte von Zeuch wieder trocken, so gehn die Flecken hinweg. —

Spiritus armoniaci ist auch gut, blaue Flecke aus grünem Zeuche auszumachen, desgleichen auch aus Tuch.

847. Sauerkleesalz zu machen.

Nimm eine gute Schürze voll Sauerampfer, stosse selbigen recht klein, wie Kohl, thu ihn in ein reines Tuch und wringe es in einen meßingnen Kessel, thu dazu 2 gute Hände voll Salz, laß es eine Viertelstunde auf Kohlenfeuer langsam kochen, dann sieht man auf dem Boden einen grauen Sand. Man klärt das dünne davon ab, nimmt den Sand heraus und trocknet ihn auf Papier in der Sonne; so ist es fertig.

✱✱✱✱✱✱✱✱✱✱✱✱✱✱✱✱✱✱✱✱✱✱✱✱✱✱✱✱✱

Fünf und zwanzigste Abtheilung.

Von der Anfertigung der Betten.

848. Wie man Betteinlette zuschneidet, und wie viel Federn drein gehören.

Zu einem einschläfern Deckbette von Federleinwand, welche anderthalb Ellen breit ist, gehören $9\frac{1}{4}$ kurze oder sächsische Ellen; diese theilt man in 3 Theile; einen Theil schneidet man ab, die andern beyden Theile legt man gegen einander, daß es oben zubleibt; das eine Blatt schlägt man zusammen, macht oben eine Naht und nähet es an die Breite mit einer Steppnaht, die hernach noch übergekippt und genähet wird. Unten macht man auch eine Steppnaht, man läßt aber eine zwey Hände breite Oefnung, welche man umsäumt, und wenn die Federn hineingesteckt sind, zunäht, und mit rother Seide kreuzweis übersticht. Zu zwey Kopfkissen von demselben Zeuche gehören 6 Ellen; sie werden auf dieselbe Weise genähet. Zu einem Genickkissen gehört $1\frac{1}{2}$ Elle und wird zusammen geschlagen. Ferner gehören zu einem Einschläfern Bette zwey Pfühle und zwey Unterbetten. Zu einem Unterbette gehören 12 Ellen feiner, anderthalb Elle breiter Drell; man nähet es wie das Deckbette; der Drell muß aber ja so geschintten werden, daß die Streifen genau passen. Zu einem Kopfpfühl gehören 4 Ellen, und zu einem Fußpfühl 2 Ellen. Wenn die Betteinletten genähet und gerollt sind, so kehrt man dieselben um und streicht sie Strich vor Strich mit einem weissen Wachslichte, welches immer ein wenig gewärmt werden muß, alsdenn wendet man die Einlette wieder um, und steckt die Federn hinein. Zum Deckbette nimmt man 6 bis 7 Pf. Daunen, welche mit 1 Pf. recht gut gerissenen Federn vermengt werden müssen, damit die Daunen sich recht auflockern. Wer dünne Betten lieber hat, dem sind in einem Deckbette 6 Pf. Daunen genug. In ein Kopfkissen gehören 3 Pf. Daunen, welche

che ebenfalls mit einer Hand voll Federn aufgelockert werden. In ein Genickkissen nimmt man 1 Pf. Daunen; in ein Unterbette 10 bis 12 Pf. Federn und in einem Pfühl 4 bis 5 Pf. Federn. Wenn die Daunen eingesteckt und die Betten zugenähet sind, muß man sie wohl 4 Wochen hintereinander täglich in die Sonne legen und ausklopfen, weil sonst die neuen Federn einen sehr widrigen Geruch haben, und die Daunen sehr stäuben.

Zu einem zweyschläfern Deckbette von Parchent oder Federleinwand, welche anderthalb Ellen breit ist, gehören 12½ Ellen; zu 4 Kopfkissen 12 Ellen, nemlich zu jedem 3 Ellen; zum Brustkissen 1½ Elle; zu 2 Kopfpfühlen 10 Ellen, nemlich zu jedem 5 Ellen; zu 2 Unterbetten 32 Ellen, also zu jedem Unterbette 16 Ellen, so werden die Unterbetten vollkommen lang; man kann aber auch zu jedem Stück nur 14 bis 15 Ellen nehmen. Da zweyschläferne Betten zwey ganze Breiten werden, so schneidet man die 14 Ellen nur einmal durch, kippt die Blätter zusammen und nähet sie gegen einander. In das Deckbette gehören 9 bis 10 Pf. Daunen, man kann auch etwas Federn zum Auflockern drunter nehmen; in jedes Kopfkissen 3 Pf. Daunen; in das Brustkissen 1 Pf. Daunen; in jedem Kopfpfühl 6 Pf. Federn oder 4 Pf. Daunen und etwas Federn zum Auflockern; zu jedem Unterbette kann man 20 Pf. Federn nehmen, will man sie aber nicht so dick haben, so nimmt man zu jedem nur 16 Pf. Federn. In die Fußpfühle die von 4 Ellen gemacht werden, kommen in jedem 4 Pf. Federn. Wenn ein zweyschläfern Bette vollkommen seyn soll, so gehören dazu 1 Deckbette, 4 Kopfkissen, 2 Kopfpfühle, 2 Fußpfühle, 2 Unterbetten und 1 Madraße, welche letztere von 16 Ellen Leinwand gemacht und mit 10 Pf. gesottenen und gut ausgepflückten Pferdehaaren gestopft wird; zu einer einschläfern Madraße sind 12 Ellen Leinwand und 8 Pf. Pferdehaare hinreichend. Zu einer Madraße kann man graue Leinwand, aus welcher die Schlichte gewaschen, auch $\frac{6}{4}$ breiten Drell nehmen. Bey dem Stopfen der Betten pflegt man es so zu machen, daß man die Einletten halb voll und vest stopft, und sie hernach von einander schüttelt, welches die rechte Maasse der Federn oder Daunen zu seyn pflegt.

849. Wie man alte Betten, wie neu zurecht machen kann.

Alte Betten, worauf Kranke geschlafen, kann man auf folgende Art, wie neu, zurecht machen: man nimmt die Daunen und Federn aus den Betten und thut sie in leinene Beutel, die Daunen besonders und die Federn auch besonders. Die Einlette wäscht man mit Seife recht rein aus und legt sie auf die Bleiche, daß alle Flecke herausgehen. Dann läßt man in einem grossen Waschkessel geschabte Seife und

Was-

Wasser aufkochen, thut die Beutel mit den Daunen und Federn drein und läßt sie eine Stunde kochen, alsdenn nimmt man sie heraus, schüttet sie in Kiepen, wieder jede besonders, und gießt wohl dreymal frisches Brunnenwasser drauf. Wenn etliche Beutel mit Federn und Daunen im Kessel gewesen, so wird wieder reines Wasser und Seife hineingegossen. Wenn nun alle Federn und Daunen gekocht und gespült sind, so werden sie wieder besonders auf einen rein abgekehrten Boden hingelegt, und wenn sie anfangen trocken zu werden, täglich aufgeharkt. Wenn sie trocken sind, werden sie alle aufgepflückt und dann wieder in die Einlette gesteckt, täglich auf Tische in die Sonne gelegt, gut aufgeklopft, bis sie recht trocken sind; dann sind die Betten wieder wie neu. Wenn man Betten hat, worin die Federn klümprig geworden; so zieht man sie aus den Einletten heraus, setzt einen Waschkessel auf Kohlenfeuer, thut die Federn in den Kessel und rührt sie mit einem Stocke beständig um, bis sie recht heiß werden; alsdenn siebt man dieselben in einem dichten Siebe, damit die Unreinigkeiten durchfallen; die reinen Federn nimmt man alsdenn oben ab, und steckt sie wieder in die Einlette; man legt sie alsdenn in die heisse Sonne und klopft sie auf, so sind die Betten wieder gut. Auch kann man Madratzen, auf welchen Kranke gelegen oder welche stockig geworden, wieder zurecht machen, da man denn die Pferdehaare in einen Kessel mit

war-

warmen Wasser thut, sie mit einem Stocke fleißig umrührt, eine halbe Stunde kochen läßt, mit reinem heissem Wasser nachspült, sie auf Linien hängt oder auf Tischen trocknet, doch muß es recht heisses Wetter seyn; wenn sie trocken sind, werden sie aufgezupft, und wieder in die Leinwand oder Drell, welcher zu voll, rein ausgewaschen und gebleicht, hinein gestopft und mit Flocken durchgenähet oder niedergesteppt, so sind sie wieder recht gut.

Sechs und zwanzigste Abtheilung.

Vom Scheuern des Zinns, Meßings u. s. w.

850. Zinn.

Die beste Art das Zinn zu scheuern und vor Beulen zu bewahren, ist, wenn man es auf hölzernen Formen scheuert, die wie die zinnenen Teller gemacht sind. Zum Scheuern nimmt man blanke Lauge vom Aeschertubben, gießt unter 1 Maaß Lauge 4 Maaß Wasser, streut reinen grauen Kannensand auf die Teller, scheuert sie mit der Lauge, und wenn das Zinn hierauf wieder rein abgespült worden, stellt man es auf leinene Tücher auf einen Tisch, daß das Wasser davon ablaufe. Hat man keinen Aeschertubben, so so kocht man Lauge von Asche und Wasser. Ist nun das Zinn gut gescheuert, so kann es 8 auch 14 Tage blank bleiben, allein es muß alle Tage mit warmen Kleywasser und einem wollenen Lappen abgewaschen und in Flußwasser abgespült werden. Neues Zinn, das man noch nicht gern scheuern will, putzt man mit Wasser und Kreide, welche, wie folgt, vorhero zubereitet worden ist: man schabt die Kreide recht fein, gießt lauwarmes Wasser drauf, läßt es eine Weile drauf stehen, dann gießt man das Wasser ab und wieder anderes drauf, wiederholt dieses einigemal und läßt alsdann die Kreide wieder trocknen, reibt sie hierauf in einen Reibemörsel zu feinem Pulver und putzt damit. Man nennt dies geschlemmte Kreide und sie ist besser als die blos geschabte, welche leicht Schrammen verursacht.

851. Meßing und Kupfer.

Zum Scheuern des Meßings und Kupfers nimmt man weissen Sand und Brantweinewäsche, und wenn es rein gescheuert und drauf rein abgespült worden, läßt man es in der Sonne trocknen.

Hölzernes Geräthe scheuert man mit weissem Sande und Wasser, und spült es mit reinem Wasser ab.

Sie-

Sieben u zwanzigste Abtheilung.

Vom Putzen und Erhalten des Silberzeugs, der Spiegel u. s. w.

852. Silberzeug zu putzen.

Das Silberzeug putzt man mit Wasser und präparirter Kreide, wie Nr. 850. beym Zinn beschrieben worden; ist es aber Silberzeuch von getriebener Arbeit, so nimmt man Seife und Wasser und eine feine Bürste zum Abputzen, und reibt es mit einem wollenen Tuche nach. Hartes Silber kann man auch auf folgende Art putzen: man nimmt für 1 Gr. reines Kleesalz und stoßt solches in einen Mörsel zu Pulver; wenn nun Rost oder andre angelaufene Flecken, die durch das ordinäre Putzen nicht herausgehen, sich an den Silber befinden, so macht man es mit frischem Wasser naß, streut ein wenig von diesem Pulver drauf und läßt es eine Viertelstunde liegen, alsdann reibt man es mit weissem Handschuhleder ab, so ist es rein.

853. Silbergeschirr zu waschen.

Wenn man das Silbergeschirr waschen will, damit alle Unreinigkeiten davon gehen, so nimmt man einen Kessel darein ohngefähr 12 Maaß gehen, denselben gießt man voll Regenwasser oder Flußwasser, dazu wird genommen 4 Pf.

feine

feine Büchenasche, 4 Loth kleingeschabte venetianische Seife und 4 Pf. gemeines Salz, dies wird alles in den Kessel gethan, alsdenn läßt man es über Feuer eine halbe Stunde kochen, und rührt es während dem Kochen etlichemal um, so ist die Lauge zum Gebrauch fertig. Man nimmt sodann eine etwas harte Bürste und bürstet das Silberzeuch mit dieser Lauge ab, so wird das Unreine, ohne daß man viele Mühe anwenden darf, nicht allein davon gehen, sondern auch das Silber so aussehen, als wenn es neu wäre; sodann spült man es erst in warmen, hernach in kaltem Wasser und trocknet es mit leinenen Tüchern ab.

854. Spiegel zu putzen.

Die Spiegel putzt man mit blauer Stärke oder mit Zinnasche und Wasser, aber ja mit Flußwasser.

855. Porzelän zu reinigen.

Porzelän kann man mit fein präparirter oder geschlemmter Kreide (s. Nr. 850.) putzen, wenn sich Streifen in dasselbe gesetzt haben; übrigens aber wäscht man es nur mit reinem Wasser ab und reibt es mit einem Tuche trocken. Am reinsten wird es, wenn es mit Wasser, worein Salz geschmissen worden, abgewaschen wird, oder wenn es sehr schmutzig ist, mit dem feuchten Salz abgerieben wird. Man muß allezeit die porzelänenen, wie auch töpfernen Kannen rein austrocknen, damit sie keinen übeln Geschmack

schmack an sich nehmen. Alles neue Porzelân muß, ehe man es braucht, zuvor ausgekocht werden.

856. Möbeln von Nußbaum u. s. w. zu bohnen.

Schränke, Tische, Stühle u. s. w. bohnet man mit gelbem Wachs, welches man über Kohlen weich gemacht und auf ein wollenes Tuch gestrichen hat. Mit diesem Tuche reibt man die nußbaumenen Sachen und alsdenn mit einem reinen wollenen Tuche nach. Sieht man Flecke, so reibt man sie mit Schachtelhalm aus. Man muß aber ja nicht zu viel Wachs auf die Schränke bringen, denn, wenn man es hernach nicht rein ausreibt, so bekommen sie Streifen. Man bohnt auch die Möbeln mit einer Bohnbürste, welches eine harte Bürste ist; glatte Sachen bereibt man mit Wachs, bohnt sie dann mit dieser Bürste, bereibt sie hinterdrein mit einem reinen wollenen Lappen und alsdann noch mit einem leinenen Tuche. Von allen Sachen, die man bohnen will, muß man zuvor allen Staub abwischen.

Acht und zwanzigste Abtheilung.

Einige allgemeine Haus- und Wirthschaftsregeln, nebst einigen zur Gesundheit dienlichen Hausmitteln.

857. Hausregeln.

Zur guten Erhaltung eines Hauses gehöret, daß man sorgfältig nach allem selbst sieht und jeden Vortheil wahrnimmt, damit nicht durch kleine Unvorsichtigkeiten grosse Unkosten verursacht werden Dahin gehört z. E. daß man alle Frühjahre und Herbste die Dächer des Hauses mit dem grösten Fleisse nachsehen läßt, daß man sich, wenn es regnet, die Stellen zeichnet, durch welche etwa Feuchtigkeit durchgedrungen, und das Dach, so bald es wieder trocken ist, und wenn die Sonne scheint, an den Stellen, wo Splitte fehlen, wieder ausbessern und wo etwa ein abgebrochener Ziegel ist, einen ganzen dafür einstecken läßt. Hiedurch wird man das Dach lange gut erhalten und vielen Kosten vorbeugen, welche die Umlegung der Ziegel erfordert.

Zur Ersparung des Holzes gehört, daß man die Oefen alle Herbste umsetzen läßt, weil vieler Ruß verursacht, daß die Flamme nicht geschwind durchziehen kann; auch brennt Ruß leicht durch und beschädigt die Glasur der Oefen.

 Wenn

Wenn man die Zimmer reine machen läßt, muß man ja dahin sehen, daß der Staub von der Decke und Tapete oder Wand, wie auch von den Schränken und dem Ofen, zuvor recht reine abgefegt sey, ehe man die Stuben scheuern läßt; auch gehört es zur Reinlichkeit, daß ein glasirter Ofen mit einem reinen feuchten Tuche recht rein abgewaschen, und mit einem trocknen Tuche wieder abgetrocknet werde, damit er wieder ein gutes Ansehn bekomme. Ist der Lehm aus den Fugen der Ofenplatte etwa herausgefallen und man will die Ritzen selbst verschmieren, so darf man nur ein wenig Lehm, welcher mit Flachsschäben vermischt ist, hinein streichen, oder noch besser hält es, wenn man einen verfaulten Borsdorfer Apfel rühret und das Faule in die Ritzen streicht; dann schüttet man etwas Kienruß in ein Töpfchen, gießt etwas Brantwein drauf, rührt es um und überstreicht die zugeschmierten Fugen damit, allein der Ofen muß kalt seyn, wenn man ihn verschmiert, sonst blättert der Lehm gleich wieder ab; wenn man aber die Fugen mit der Schwärze überstreichen will, so macht man ein kleines Strohfeuer in den Ofen, damit der Kienruß hurtig trockne, zuletzt überbürstet man es mit einer stumpfen Bürste, so wird es mit dem andern gleich.

Es gehört auch ein Vortheil dazu, eine Stube gut zu scheuern, damit die Bretter weiß bleiben. Man kehrt die Stube mit einem Haarbesen und nassen grauen Sande vorher recht

rein

rein aus, und scheuert sie mit einem Scheuerwisch von Stroh, oder mit einen Schaubert, (welches eine scharfe, dichte Bürste mit einen langen Stiel ist) mit weissem Sand und warmen Flußwasser recht rein. Wenn eine Stelle fertig gescheuert ist, wäscht man dieselbe mit reinem Wasser nach, und trocknet sie mit einem andern leinenen Tuche ab. Findet man in den Brettern Fettflecken, so muß man sie mit Seife ausmachen; sollte dieses nicht helfen, so nimmt man Ton, schabt ihn in Wasser und schmiert ihn auf die Flecke und wiederholt dieses so lange, bis der Fleck völlig ausgezogen ist. Dies muß aber etliche Tage vorher geschehen, ehe man die Stube scheuert. Tintenflecken bringt man aus Brettern am zuverläßigsten und besten durch Zitronsaft, es muß aber geschehen, so bald die Tinte hingegossen worden. Man trocknet nemlich den Fleck gleich mit Löschpapier auf und träufelt so viel Zitronsaft drauf, daß der Fleck davon naß wird, dann reibt man mit der halb durchgeschnittenen Zitrone den Fleck recht scharf, und schrapt ihn mit einem scharfen Messer gleich nach, so vergeht er gleich ganz und man siehet die Stelle nicht, wo er gewesen. Dies Verfahren ist allemal besser, als wenn man die Bretter um eines Flecks willen abhobeln läßt, wodurch sie ungleich werden und man kann mit einer Zitrone viele Flecke ausmachen. Im Sommer wenn es hurtig trocknet, werden die gescheuerten Bretter viel reiner und weisser, als wenn sie bey feuchter Witterung langsam trocknen müssen.

Zum Waschen der Fenster bedienen sich viele Leute der Lauge vom Aescherlubben, und waschen sie damit mit einer Fensterbürste oder einem wollenen Lappen, und spülen sie alsdann mit reinem Wasser nach; allein, alles Glas kann die Lauge nicht vertragen, daher ist es besser, wennn man solche Fenster mit reinem Flußwasser und einer Fensterbürsten in einem Waschfasse recht rein wäscht, sie alsdann mit reinem Wasser wieder nachspült, sie an einen Ort setzt, wo sie erst recht ablaufen und trocken werden, ehe man sie wieder einhängt; doch muß man sorgfältig dahin sehen, daß man die gewaschenen Fenster nicht in die Sonne hängt, sonst verlieren sie alles Ansehen. Die Fenster werden auch helle erhalten, wenn man sie des Morgens, wenn sie geschwitzt, mit einem reinen trocknen Tuch abwischt. Gute Fensterscheiben pflegt man auch mit Kreide und Wasser zu putzen, oder, wenn sie sehr schmutzig sind, mit etwas Kreide und Brantwein, allein man muß alsdenn die Kreide recht fein schaben, daß keine Stückchen darin bleiben und lieber schlemmen, wie bey dem Zinnputzen gesagt worden. Auch bedient man sich zum Waschen derselben eines Rehfells, welches man naß macht, und um ein breites Holz mit einer Stange wickelt, womit man denn die Fenster auswendig und inwendig, ohne sie auszuhängen, wäscht; ist dasselbe voll

Schmutz

Schmutz, so wird es rein ausgewaschen, recht ausgetrocknet, und werden die Fenster damit nachgetrocknet.

Man hat sich auch sorgfältig zu hüten, in keiner frisch gescheuerten Stube zu schlafen, weil es der Gesundheit höchst nachtheilig ist. Sind die Zimmer geweisset worden, so ist die Sonne und die frische Luft wohl das beste Mittel die Zimmer wieder auszutrocknen, allein es hilft doch auch den Kalkgeruch sehr auszuziehen, wenn man in einem zinnenen Gefässe Weineßig auf Kohlen sezt, alle Fenster und Thüren vest zumacht und den Eßig rein ausdämpfen läßt; dieß muß man etliche mal wiederholen, bis man keinen Kalkgeruch mehr spürt.

Es ist auch nöthig, daß in allen Zimmern täglich frische Luft gemacht wird, besonders in Schlafkammern. Man macht daher täglich alle Fenster auf, damit die Luft recht durchstreichen kan.

Für eine Speisekammer ist es sehr vortheilhaft, wenn man im Sommer Gagefenster in derselben hat. Wenn aber die Sonne auf die Fenster scheint, so thut man wohl, wenn man die auswendigen Laden zumacht, damit die Kammer kühle bleibt, gegen Abend aber muß man die Laden wieder aufmachen, damit kühle Luft hinein komme.

Einen feuchten Keller verbessert man dadurch sehr, wenn man alle Luftlöcher zustopft, ein Bund Stroh in demselben ansteckt und es ausbrennen läßt, dann die Luftlöcher wieder auf-

 macht,

macht, damit reine Luft wieder herein kommen kann. Ueberhaupt ist es sehr gut, wenn Keller gute Luftlöcher haben. Man muß aber auch nie vergessen, dieselben im Winter mit Mist zu verstopfen, damit die Kälte nicht in den Keller eindringen kann, und sobald der Frost vorbey ist, den Mist wieder wegnehmen, damit der Keller nicht dumpfigt gemacht werde.

Hat man einen Brunnen, so muß man denselben ja mit Stroh bebinden, und recht in dasselbe einwickeln, ehe es friert, damit der Frost nicht in die Brunnenröhren dringen kann; hierdurch erspart man sich oft viele Kosten.

Wein und Getränke in einen Keller zu legen, verträgt sich nicht gut, sondern es ist besser, zum Wein einen besondern Keller zu haben, wie auch zu den Gartengewächsen, die man im Winter verwahren will.

Zum Obst, als Aepfel und Birnen, die man bey der strengen Kälte nicht anders als im Keller erhalten kann, wählt man einen Schrank mit Gagethüren und bretternen Rücken, worauf man die Aepfel nebeneinander stellt, man muß aber in jedes Rück nur eine Schicht stellen, auch fleißig nachsehen, ob etwa ein Apfel angefault ist, den man denn gleich herausnehmen muß; auf diese Art kann man die Aepfel bis nach Ostern erhalten, ist aber der Keller etwas feuchte, so nehmen die Aepfel leicht einen dumpfigen Geschmack an, daher es in diesem Fall besser ist, daß man sie nur bey der strengsten

Kälte

Kälte im Keller läßt, und sie, sobald das Wetter wieder gelinde wird, heraus nimmt, und an einen Ort, wo es nicht feucht ist und wo sie vor dem Frost sicher sind, hinlegt.

Für geräucherte Sachen, als Schinken, Würste u. dgl. ist es sehr gut, wenn man sie in der Rauchkammer verwahren kann, (welche Luftklappen haben muß, die man auf- und zumachen kann); sollte aber die Kälte gar zu streng seyn, so muß man sie dennoch so lange in den Keller, oder an einen andern Ort, da es nicht friert, bringen; allein man muß es auch gleich, sobald das Wetter gelinde wird, aus dem Keller wieder heraus nehmen.

Will man Brodt im Keller verwahren, so muß man es auf ein Brett, welches in der Schwebe hängt, legen. Will man es aber in ein Faß legen, so setzt man dasselbe auf Mauersteine und deckt es mit einem Deckel zu, dann setzt man das Faß auf die bloße Erde, so zieht sich die Feuchtigkeit des Kellers gleich hinein.

Die Reinlichkeit in Ansehung der Wäsche ist eine Hauptsache in einer Haushaltung, und man kann durch sorgfältige Aufbewahrung derselben sie weit länger erhalten, als wenn dieselbe an Oertern liegt, wo sie feuchte werden und stocken kann; daher ist eine gute Kammer für das schwarze Zeuch sehr nöthig, in welcher man die schwarz gewordene Wäsche, nachdem sie durchgesehen, und ausgebessert worden, in Körbe gelegt oder auf dazu verfertigte Rücke oder auf Linien aufgehangen wird. Der feinen Tischwäsche giebt man gern einen besondern Platz und hängt sie entfernt von dem groben Küchenzeuche, weil dasselbe gemeiniglich feucht ist. Wenn man wöchentlich einen gewissen Tag zum Ausbessern des Zeuchs vestsetzt, so erhält man dadurch seine Wäsche immer in einem guten Stande, und man macht sich dadurch auch nicht die grosse Beschwerlichkeit, die man alsdenn hat, wenn man die Wäsche ein halbes Jahr lang aufsammelt und sie dann vor einer grossen Wäsche alle mit einmal ausbessern will. Hat man keine Kammer für das schwarze Zeuch, so thut man wohl, daß man sich einen Kasten machen läßt, welcher inwendig durch Fächer abgesondert ist, worein man jede Art Wäsche besonders legen kann. Die feuchte schwarze Wäsche muß man ja allemal zuvor auf einer Linie auf dem Boden trocknen, ehe man sie weglegt, denn es ist nichts schwerer aus der Wäsche wieder heraus zu bringen, als Stockflecke, und bleiben sie lange in derselben, so gehen sie gar nicht heraus; blos Feuchtigkeit verursachet dieselben.

Was die Leinwand und das drellne Zeuch betrift, so kann man dasselbe freylich wohl öfters um einen billigen Preiß einkaufen; allein es ist doch in einer guten Haushaltung sehr nützlich, wenn man, wenn der Flachs nicht gar zu theuer ist, alle Jahr etwas Leinwand, Drell oder was man sonst gebraucht, machen läßt. Man bekommt dadurch gutes dauerhaftes Zeuch, giebt das Geld was es kostet, nicht auf einmal aus,

und

und wenn man nicht alles in seinem Hause spinnen lassen kann, so giebt man doch auch dadurch manchen Armen, der sich mit Spinnen ernährt, etwas zu verdienen. Hat man Steinflachs eingekauft, muß man denselben zweymal hecheln lassen, wenn es Mittelflachs seyn soll. Die feine Heede oder Werch kann man, wenn sie gesponnen, zu ordinären Tischzeuche verbrauchen lassen; die grob gesponnene Heede aber zu Küchenhandtüchern und Wischservietten. Beym Einkaufen des Steinflachs muß man aber ja vorsichtig seyn und sich denselben aufbinden lassen, ehe man ihn kauft, weil oft und viel Betrug damit gemacht wird, auch derselbe inwendig oft sehr verlegen ist. Pfundflachs darf nur noch einmal gehechelt werden. Ist es aber sehr guter starker Flachs, den man recht fein spinnen lassen will, so kann man ihn 2 mal hecheln. Auf 1 Stück Leinengarn pflegt man 15 Schock, und wenn es fein ist, auch 20 Schock zu haspeln. Wenn der Flachs gesponnen, werden die Stücken Garn mit einem Band zusammen gebunden und in einer trocknen Kammer aufgehangen, so lange bis man es auskochen kann. Hat man Leute, die im Winter fleißig spinnen, so erspart dieses schon viel und macht die Leinwand wohlfeiler.

Man sollte es nicht glauben, was jährlich durch Fleiß und Ordnung in einer Wirthschaft erspart werden kann. Ist Nähen, Stricken und Spinnen auch nur ein kleiner Gewinn, so bringt es doch immer etwas ein, und so manche Zeit auch dazu gehört, so ist es doch auch eine Freude, wenn man gut gemachte Arbeiten von sich, seiner Familie und seinen Hausgenossen aufweissen kann. Es ist ein wahres Vergnügen, eine Haushaltung zu sehen, in welcher Fleiß und Ordnung herrscht, und Ruhe und Gesundheit begleitet gewiß mehrentheils die Geschicklichkeit und den Fleiß.

858. Schneewasser aufzubewahren.

Man läßt Schnee; der im März fällt, schmelzen und füllt das Wasser in Bouteillen, setzt es an die Sonne und läßt es so lange distilliren, bis es recht klar ist; es kann beständig in den Bouteillen unzugestopft in der Luft stehen und hält sich etliche Jahre. Wenn man sich damit wäscht, so macht es eine weiche Haut.

859. Ein sehr gutes Waschwasser für das Gesicht.

Man nimmt eine Hand voll Hamburger Habergrütze und läßt sie in einen Topfe mit einem Nössel Wasser kochen. Wenn es kalt ist, gießt man es durch ein Tuch in einen porzellänenen Napf, thut alsdenn 24 recht klein gestossne bittre Mandeln dazu, ferner ein halb Nössel ungesalznes Rosenwasser und 12 Tropfen Pensove, rührt alles wohl untereinander, wringet es durch ein Tuch und füllt es auf eine Bouteille. Dieses Wasser erhält die Haut rein.

860. Ein Waschwasser sehr gut beym Buntwerden.

Man nimmt unter 1 Nössel ungesalznes Rosenwasser 12 Tropfen Pensove, schüttet es wohl untereinander, wäscht sich alle Abend damit.

861. Eine leichte Seife zum Händewaschen.

Man nimmt ½ Pf. ordinäre oder selbst gekochte Seife, schabt sie klein und läßt sie in frischen Wasser zwey Tage weichen; in dieser Zeit muß man das Wasser einige mal behutsam ab- und wieder frisches drauf giessen. Alsdenn stoßt man 4 Loth Mandeln in ½ Nössel Milch recht fein, und thut sie nebst ½ Nössel Rosenwasser und eben so viel Froschleichwasser, auch 1 Loth Weinstein zu der Seife in einen neuen Topf; setzt es auf Kohlenfeuer, rührt es immer untereinander, bis die Seife anfängt in die Höhe zu steigen; hierauf wird sie in viereckigte Kästchen gegossen, und wenn sie kalt ist, in Stücke geschnitten.

862. Ein Mittel für aufgesprungne Hände.

Man macht von Mandelöl und weissem Wachs eine Salbe; hiermit bestreicht man alle Abend die Hände und zieht Handschuh an; man wiederholt es so lange, bis sie wieder gesund sind.

863. Einige Mittel für den Frost in den Händen und Füssen.

Wenn man von gekochten rothen Rüben, die warme Brühe nimmt, die Füsse hineinsetzt, so so zieht dieselbe allen Frost aus: mit den Händen verfährt man eben so. — Fischthran ist auch ein gutes Mittel; man reibt damit des Abends die gefrornen Stellen und hält sie über Kohlenfeuer, worauf man Heusamen gestreuet hat; man wiederhohlt es täglich bis der Frost ausgezogen ist. — Auch ist Wintergrün ein gut Mittel, man bindet die frischen Blätter auf die gefrornen Stellen, und wiederholt es täglich. — Kampfer auf ein feines leinenes Läppchen gestrichen und auf die gefrornen Stellen gelegt, hilft auch. — Kampfer in Brantwein gelegt, ein Löschpapier damit angefeuchtet, auf die gefrornen Stellen gelegt und öfters wiederholt, ist auch ein gutes Mittel. — Hirschtalg auf die gefrornen Stellen gerieben, verschaft einige Linderung. Das allergewisseste Mittel, wodurch der Frost aus Händen und Füssen gezogen wird, ist, wenn man auf die gefrornen Stellen Schnee bindet und wenn er aufthauet, wieder frischen Schnee nimmt; man läßt ihn so lange drauf liegen, bis es nicht mehr schmerzt. Wenn man Schnee mit etwas Salz vermengt drauf legt, so zieht der Frost geschwinder heraus. Dieses Mittel verursachet einen Schmerz, welcher aber nicht lange anhält, und wenn dieser überstanden ist, wird man an den Stellen, wo man dieses Mittel gebraucht hat, von allen künftigen Schmerz befreyt seyn.

364. Ein Mittel wider das Durchliegen in langen Krankheiten.

Es ist recht traurig, wenn sich kranke Personen durchliegen, denn es verursacht ihnen erstaunende Schmerzen. Man hat einige leichte Mittel, die gegen das Durchliegen gut sind. Wenn man unter das Bette mit Gurten alle Abend und Morgen einen Tubben oder Faß mit frischem Brunnenwasser setzt, so bewahrt dieses Mittel vor dem Durchliegen. — Auch ist es gut, wenn man dem Kranken ein recht weiches drellnes Laken oder Tuch, aus welchem die Stärke heraus gewaschen, unterlegt. Sollten aber dennoch einige Stellen anfangen ihn zu schmerzen, so thut es gute Dienste, wenn man dieselben alle Abend und Morgen mit halb Brunnenwasser und halb Weineßig, welches lauwarm gemacht werden muß, wäscht. — Auch ist es gut, wenn der Kranke auf einen gar gemachten Rehfelle liegt, welches recht glatt in das Bette gebreitet worden und keine Falten schlägt; wenn es steif ist, kann es wieder gewaschen werden, wodurch das Durchliegen auch verhütet wird. Sollten aber schon Stellen wund seyn, so drückt man recht weiche Läppchen in Bleywasser, doch muß es etwas gewärmt seyn, daß es nicht kältet, legt solche auf die wunden Stellen, und sobald sie trocken sind, legt man frische auf. Man kann auch Bleysalbe auf gezupfte Leinwand streichen, welche auch sehr kühlt und

und heilt, doch muß man das Aufgelegte bevestigen können.

865. Ein vortreflich Mittel für Personen die mit dem Magenkrampf behaftet sind.

Man nimmt 4 Loth feine China, 1 ½ Loth Kassekarille, ½ Loth Kamomillenblumen, ½ Loth Kümmel; dieses alles wird recht klein gestossen und in eine Maaßbouteille gethan, hierauf gießt man Maderawein und läßt es in der Sonne oder auf dem Ofen destilliren; hiervon trinkt man nach Erfordern, wenn der Krampf antreten will, bis zu einer halben Theetasse voll.

866. Ein sehr gutes Mittel für Personen, die eine sehr schwache Brust haben.

Man nimmt 1 gereinigte Schildkröte, 12 Frösche, 12 Schnecken, 6 lebendige Krebse von mittlerer Grösse, 1. Pf. magres Kalbfleisch ohne Knochen, eine Handvoll Körbel, eben so viel Gänseblumen, eben so viel Queckenwurzel und ¼ Lth. rothes Sandelholz. Die lebendige Schildkröte wird in einem Topfe voll siedenden Wassers getödtet, und alsdenn gleich wieder heraus genommen, damit man den Kopf, die Beine und den Schwanz, welches alles weggeworfen wird, abschneiden könne. Die Schalen werden wie an einer Auster mit dem Messer von einander gebrochen und die übrige schwarze Haut völlig abgezogen und weggethan, wie auch die Galle, welche sich in einen gelblichen Beutel befindet. Das Fleisch, nebst dem sämtlichen Eingeweide,

und

und wenn sie einen Eyerstock hat, auch der Eyerstock, wie auch das Blut wird in einem Mörsel gethan. — Von den Fröschen werden nur die Hinterkeulen genommen. Alles dieses, und das vorbemeldete wird in einem Mörsel ganz klein gestossen. Hierauf thut man es in einen Topf, welcher $2\frac{1}{2}$ Maaß hält, und füllt denselben mit Wasser voll, alsdenn klebt man den Deckel auf dem Topf vest an, setzt den Topf an ein gelindes Feuer, bey welchen es 2 Stunden lang kochen muß, bis die eine Hälfte davon sich verzehrt hat. Wenn dieses geschehen, so wird das Uebriggebliebene warm durch eine Serviette gepreßt und die draus entstandene Bouillon oder Brühe in zwey Theile getheilt, davon der eine des Morgens und der andre des Abends zwo Stunden vorher, ehe man sich schlafen legt, getrunken wird. Die Bouillon wird 40 Tage hintereinander getrunken, und während dieser Kur muß man sich aller sehr unverdaulichen Speisen und aller spirituösen Getränke enthalten, und dagegen öfters Kalbsfüsse, junge Hühner und Gerstengraupen essen, auch von letzterm öfters den Schleim trinken, desgleichen auch Thee mit Milch oder statt dem ordinären Thee nimmt man Betonienkraut. Den Kaffee muß man hierbey gänzlich weglassen, und zum gewöhnlichen Getränke kann man sich des Gerstenwassers bedienen. Wenn man diese Bouillon 20 Tage gebraucht hat, so wird solche einen Tag ausgesetzt,

setzt, und an selbigen bedienet man sich eines Laxiertränkchens, welches auch nach geendigter Kur wiederholt werden muß.

867 Brustpulver beym Husten.

Man nimmt ein gutes Theil Huflattig und trocknet denselben, alsdann reibt man ihn zu einem recht feinem Pulver, stoßt recht feinen weissen Zuckerkandis, so fein als möglich, und vermengt ihn mit dem pulverisirten Huflattig. Man braucht zwey Theile Zuckerkandis und ein Theil Huflattig hierzu, man muß es aber ordentlich abwägen. Hiervon nimmt man alle Morgen einen Theelöffel voll trocken ein, und so lange, bis sich der Husten gelegt hat.

Anhang.

Von der Verfertigung der Butter und Käse, wie auch eines guten Kesselbiers.

868. Von der Verfertigung der Butter.

Die Butter ist eine der nothwendigsten Sachen in der Haushaltung; die Speisen gewinnen oder verlieren an ihrem Geschmack, je nachdem dieselbe beschaffen ist. Verschiedene Ursachen sind daran Schuld, wenn man bey dem Buttern selbst viele Zeit hinbringen muß, auch macht dieses der Butter ein schlechtes Ansehn, giebt ihr einen bittern Geschmack, ist öfters gar nicht zu geniessen, auch bekommt man hierdurch wenig und schlechte Butter. Viele Landleute haben gewöhnlich Aberglauben dabey, schreiben es Ursachen zu, durch die es doch nicht entsteht. Ob man nun gleich die natürlichen Ursachen, aus denen es eigentlich entsteht, nicht alle augenblicklich finden wird, so muß man sich denn doch die Mühe nicht verdriessen lassen, darnach zu forschen, weil man, wenn man sie entdeckt, dem Uebel eher abhelfen kann. Oft liegt es an dem Vieh selbst, an seinem Futter, an der nicht genugsamen Reinigung der Gefässe; oft ist der Ort, wo die Milch aufbewahrt wird, im Winter nicht gehörig warm oder im Sommer nicht kühle genug, woher es denn entsteht, daß die Milch nicht gut abrohmen oder Sahne setzen kann. Oft wird auch bey dem Buttern selbst nicht recht verfahren, u. d. m.

Die Gefässe, welche man dazu haben muß, sind in kleinen Wirthschaften folgende: ein **Milcheymer oder Füllbecher**, worein die Milch gemolken wird: ein **Seigetuch** von lockerer Leinwand, welches an beyden Ecken ein Band haben kann, um es nach jedesmaligem Gebrauch aufzuhängen und zu trocknen, (einige bedienen sich statt dieses Tuches eines Siebes, woran unten lockere Leinwand, oder Haartuch bevestigt ist;) — breite **Milchtubben** worein die Milch gegossen und zum Abrohmen hingestellt wird, (manche bedienen sich auch der Satten von Steingut, welche unten spitz und oben breit sind, diese sind wohl sehr bequem, zumal wenn man wenig Milch hat, auch setzt die Milch darin in Sommer eher Sahne, auch können sie leichter reine gemacht werden, als die hölzernen, allein es ist auch mancher Schaden dabey, weil sie zerbrechlich sind.) Ferner: **Stäbe**, wie 2 Finger breit, welche man auf die Tubben legt, um die andern Tubben drauf zu setzen, damit sie nicht so dicht aufeinander stehen. Auch wird dazu erfordert ein **Milchkeller**, oder eine Stube, welche im Winter warm, im Sommer aber kühle seyn und gehörige Luft haben muß. In kleinen Wirthschaften hat man mehrentheils einen Milchschrank, vor welchem Thüren, mit

lockrer

lockrer Leinwand oder Haartuch beschlagen, seyn müssen, damit die Luft, aber auch die Wärme durchdringen kann; im Winter muß dieser Schrank in einer reinlichen warmen Stube und im Sommer an einem kühlen Orte stehen. Ferner gehört dazu ein Rohmtopf, der blos dazu gebraucht wird, den Rohm drin aufzuheben, zumal, da es sich öfters trift, daß man nicht auf einmal genug hat. Man hat auch solche Töpfe, die unten ein Zapfloch haben, worin ein Pfropf steckt, welchen man vor dem Buttern auszieht, damit die Wadicke, welche sich unterwärts gesetzt hat, rein ablaufen kann; besser aber ist es, wenn keine Wadicke, sondern die reine Sahne da ist. Zum Abnehmen der Sahne, welches man abrohmen nennt, braucht man eine Kelle mit Löchern, wie eine Schaumkelle, welche aber breiter und flächer ist, auch einen kurzen Stiel hat, sie kann von verzinntem Blech oder Meßing seyn; ferner einen breiten hölzernen Löffel, zum Herausnehmen und Waschen der Butter, weil es nicht reinlich ist, solches mit den blossen Händen zu thun. Und weil man nicht allemal gleich vielen Rohm hat; so muß man in kleinen Wirthschaften mehr als ein Buttersaß haben.

Alle diese Gefässe und Geräthschaften müssen recht wohl gereinigt werden, besonders die hölzernen; dazu wird in einen grossen eingemauerten und ausgescheuerten Kessel Wasser kochend heiß gemacht, etwas herausgefüllt und die Tubben damit ausgewaschen und ausgebrühet, hernach mit feinem weissem Sand und einem Strohwisch ausgescheuert, und wenn sich in die Reifen der Gefässe etwas angesetzt, so wird es mit einem hölzernen Messer, das man bey der Hand haben muß, heraus gemacht; dann werden sie in kalten Wasser mit einem Tuche ausgewaschen und hierauf in das kochende Wasser gelegt, darin herumgedrehet und nochmals in kaltem Wasser nachgespült, sodann in die Luft gestellt, daß sie trocken werden, doch aber nicht in die Sonne, sonst würden sie Schaden leiden. Alsdann werden sie an einen reinlichen und nicht dumpfigen Ort in einen Rück übereinander gestülpt. Mit allen andern Gefässen muß man eben so verfahren. Der Milcheymer muß aber auserdem, nach jedesmaligem Gebrauch, weil dies Abscheuern nur so oft geschiehet, als gebuttert wird, recht rein ausgespült, (damit nichts von der Milch hängen bleibt, indem solches leicht sauer wird) und alsdann umgestülpt werden. Das Seigetuch oder Sieb muß nach jedesmaligem Gebrauch ausgewaschen und zum trocknen hingestellt oder hingehängt, und zuweilen das Seigetuch ordentlich ausgekocht werden. Das Butterfaß muß nicht zugedeckt, sondern offen hingesetzt werden, doch so, daß keine Unreinigkeit hinein fallen kann. Die Bretter in den Milchschrank müssen öfters rein abgewaschen und der Schrank aufgesperrt werden, damit sich kein dumpfiger oder saurer Geruch drin aufhalte, weil die

Milch

Milch jeden Geruch leicht annimmt und die Butter hierdurch leicht verdorben werden kann.

Reinlichkeit ist die Hauptsache und muß schon bey dem Melken beobachtet werden. Die Person, die solches verrichtet, muß sich jedesmal die Hände vorher reine abwaschen und auch reinlich in ihrem Anzuge seyn, auch darnach sehen, daß die Eiter der Kühe rein, oder wenn solche schmutzig sind, sie mit einem reinen Tuche abwaschen, damit nichts Unreines in die Milch kommt. Nach dem Melken, welches des Morgens früh, Mittags und Abends geschieht, wird die Milch durch das Seigetuch oder Sieb in die Tubben gegossen, die man schon in Bereitschaft gestellt haben muß, wenn sie zuvor nochmals ausgespült und umgestülpt worden; die Tubben werden aber nicht ganz voll Milch gegossen, sondern etwa 4 gute Finger hoch, und wenn sich die Milch abgekühlet, welches ja geschehen muß, setzt man die Tubben in den Schrank, legt 2 Stäbe drauf, setzt wieder einen Tubben drauf, etwa 3 bis 4 aufeinander, dann wieder welche daneben, bis der Rück voll ist, und so fährt man damit fort; man muß immer ein Rück erst voll setzen und in der Ordnung fortfahren, weil man sonst nicht weiß, welche Milch die älteste ist, denn es bleiben bey jedem Buttern einige Tubben übrig, die noch nicht Rohm gesetzt haben und die man noch nicht brauchen kann. Am besten ist es, die Tubben werden neben einander und etwa einer Hand breit von einander gestellt,

 und

und dann wieder einer auf die 2 von einander stehende Tubben gestellt und so fort bis der Rück voll ist, so braucht man die Stäbe nicht, es nimmt zwar etwas mehr Platz ein, aber die Milch hat mehr Luft und gehörige Wärme, weil die Tubben nicht so dicht auf einander stehen, also kann die Milch eher und besser Sahne setzen. Man kann auch einen Milchschrank machen lassen, worin, statt der Fächer von Brettern, nur starke Latten angebracht würden, worauf man die Tubben neben einander setzen könnte, jedes Fach aber müste in Absicht der Höhe so beschaffen seyn, daß nur eine Reihe von Milchtubben gemächlich drin stehen könnte. In Winter kann man den Schrank in der Stube zuweilen aufmachen, daß noch Wärme hineindringen kann.

Es geben einige zum Merkmal an, daß, wenn man mit der Fingerspitze über den Rohm fährt und der Finger trocken bleibt, alsdann der Rohm gut sey und sich rein abnehmen lasse, doch muß die Erfahrung die beste Lehrmeisterin seyn, man kann sich einigermassen nach der Zeit richten. Man könnte zwar 10 bis 12 Stunden, nachdem gemolken worden, abrohmen und Buttern, allein es würde nicht viel Butter geben, daher kann man die Milch im Sommer aller 3 und in Winter aller 5 Tage abrohmen, welches man so verrichtet, daß man an der Seite des Tubben, den Rohm losmacht und ihn mit der Kelle zusammen klappt, aber auch zuweilen abschöpft und zwar sehr behutsam, damit nichts verloren

geht,

geht, aber auch nichts von der sauern dicken Milch drunter komme. Den Rohm thut man in den Topf und wenn es zum Buttern gar zu wenig wäre, oder man müste solchen noch etwa einen oder ein Paar Tage aufheben, so setzt man den Topf in Sommer an einen kühlen, in Winter aber an einen Ort, wo es nicht friert, wenn man den Topf zuvor an einem reinen aber dünnen Tuche zugebunden hat, damit kein Staub oder Ungeziefer hineinfallen und der Topf dennoch etwas Luft habe. Kann man gleich buttern, so ist es desto besser. Um die Butter wohlschmeckender zu machen, kann man, wenn gebuttert werden soll, von der am Abend zuvor gewonnenen Milch, den frischen Rohm dazu nehmen.

Will man buttern, so thut man es des Morgens, weil man da den ganzen Tag vor sich hat, und alles wieder an Ort und Stelle bringen kann; besonders muß man im Sommer sehr früh buttern, weil die Wärme des Tags das Buttern erschwert, daher thut man am besten, daß man des Abends zuvor abrohmt, und wenn man von einigen frischen Tubben die Sahne dazu nehmen will, kann man es den Abend auch thun, doch ist es besser, wenn es des Morgens, wenn man buttern will, geschieht. Im Winter muß man den Rohmtopf, wenn man des andern Tags buttern will, die Nacht hindurch in der Stube haben, auch wohl, wenn es gar zu kalt ist, in der Stube oder an einem andern warmen Orte buttern; im Sommer aber muß man den Rohmtopf an einen sehr kühlen Ort oder in einen guten Keller setzen. Ehe man buttert, brühet man das Butterfaß mit recht kochendem Wasser aus und spült es mit kaltem Wasser nach; im Winter kann das Faß noch lauwarm seyn; im Sommer aber muß wenigstens eine Stunde vor dem Buttern kaltes Wasser drein gegossen werden, daß sich das Kühle recht in das Holz ziehet. Wollte man ja im Sommer des Morgens, wenn es sehr warm Wetter ist, erst abrohmen, so muß der Rohmtopf doch erst etwas in den Keller, oder in frisches recht kaltes Brunnenwasser gesetzt werden, daß alles recht kühl ist. Wenn nun das Butterfaß ganz rein ist, so schüttet man den Rohm hinein, man muß aber nicht zu viel hinein thun, etwa halb voll oder eine Hand hoch mehr, dis ist das beste Maaß. Zum Buttern muß man eine verständige treue Person nehmen, auf die man sich verlassen kann, und die nicht, bald geschwind, bald langsam, sondern in gehöriger Ordnung, fortbuttert, auch sich nicht aufhält, wenn etwas durchspritzt, weil während dessen, daß sie das Herausgespritzte wieder hinein bringen wollte, sie doch einhalten müste, wodurch die schon kommende Butter wieder auseinander fahren und das baldige Kommen der Butter unterbrochen werden würde; und wenn der Stiel des Butterfasses gehörig einpaßt, wird nicht viel heraus spritzen, und sollte sich der Stiel abgenutzt haben, so muß man zuvor einen neuen Stiel machen lassen und hierdurch das Durchspritzen ver-

verhindern; sollte aber dennoch etwas durchspritzen, so kann eine andere Person solches mit einem Löffel zurück bringen. Wenn die Butter bis auf das Zusammendrehen schon fertig ist, so schadet ein so kurzes Einhalten nicht, aber wenn sie sich noch nicht gescheidet hat, ist es nicht gut. Wenn nun die Butter sich in Klümpen zusammen giebt, wird der Deckel abgenommen, das, was etwa herum gespritzt, mit einer hölzernen Kelle zusammen gescharrt und in das Butterfaß gebracht, ferner fährt man mit dem Stiel in den Fasse so herum, daß man die Butter auf einem Haufen bringt, welches man Zusammendrehen nennt. Alsdann wird die Butter mit der hölzernen Kelle herausgenommen, und in den Milchtubben, worin man sie waschen will, gethan; die Kelle so wohl als der Milchtubben muß aber zuvor naß gemacht werden, weil sonst die Butter anklebt. Einige haben auch ein eigenes Waschfaß, so auf 3 Füssen steht und ein kleines Zapfloch hat, und welches zu nichts anders als zum Waschen der Butter gebraucht wird. Das Zurückbleibende, welches die Buttermilch ist, wird durch ein Sieb oder feinen Durchschlag gegossen, damit, wenn noch etwas Butter drin ist, solche nicht umkomme. Sodann drückt man mit einer hölzernen Kelle die Butter auf einen Haufen. Die etwa drin gebliebene Buttermilch läßt man, ehe man Wasser zum Waschen drauf gießt, rein ablaufen. Ist die Butter im Sommer sehr weich, daß sie nicht zusammen bleiben will, so muß man sie, ehe man sie wäscht, etwa eine Stunde zuvor in den Keller setzen, weil sie sich nicht gut waschen läßt, wenn sie so weich ist. Sollte aber aller dieser angewandten Mühe ohnerachtet die Butter nicht bald kommen wollen, so kann man sich sehr helfen, wenn man im Sommer das Butterfaß in ein Gefäß mit kaltem Wasser und im Winter in ein Gefäß mit warmen Wasser setzt und zwar, daß das Wasser so hoch stehe, als der Rohm im Butterfaß ist, wodurch man desto eher Butter bekommt. Ist das Vieh altmelkend, so hindert es auch sehr, daß man nicht so leicht Butter bekommt, da soll es sehr gut seyn, wenn man etwas Salz in die Sahne thut, ehe man buttert, dies soll die Butter helfen scheiden, hat man nun die Butter, so geht man ans Waschen derselben.

Zum Waschen der Butter nimmt man im Sommer recht kaltes im Winter aber in der Stube etwas verschlagenes Wasser; denn wenn das Wasser im Winter zu kalt ist, wird die Butter brockigt und läßt sich nicht zusammen bringen; hierauf breitet man mit der hölzernen Kelle die Butter von einander und kneter die Butter mit dem Wasser recht durch, so daß man solche nach der einen Seite zu hindrückt, hernach in einen Haufen zusammen, dann wieder nach der andern Seite zu, alsdenn gießt man das Wasser ab und wieder frisches zu, und wiederholt dieses so lange, bis das Wasser, welches man abgießt, so klar ist, als es aufgegossen worden. Ist die Butter

gut,

gut, wird das Wasser bald klar, und hat man in diesem Fall, wohl an 3 mal Wasser genug. Hierauf nimmt man ein Messer, schneidet die Butter hin und wieder durch, wenn dennoch bey aller Vorsicht ein Härchen oder Fäserchen hinein gekommen, so setzt sich solches an das Messer, und so etwa andre Unreinigkeiten drin sind, werden sie herausgenommen, auf dem Rand des Tubben gestrichen und die Butter noch einmal mit reinem Wasser gewaschen. Hierauf wird das Wasser rein abgegossen, die Butter von einander gebreitet, Salz drein gestreuet und mit der Butter recht durchgeknetet; wie viel Salz dazu gehört, läßt sich nicht genau bestimmen, weil eine Butter fetter ist als die andre und daher mehr oder weniger Salz erfordert, auch ein Salz besser salzt als das andre; man thut daher besser, daß man etwas weniger als zu viel nimmt und die Butter kostet und nach Bedürfniß lieber etwas nachthut. Um aber doch ohngefähr zu bestimmen, zumal für Anfängerinnen, wie viel man nimmt, so kann man auf 1 Pf. Butter, die man zum frischen Verspeisen haben will, 1 auch 1½ Loth Salz rechnen; ist es aber Butter, die man aufheben will, so rechnet man auf 3 Pf. Butter 7 Loth Salz. Man kann auch die Butter, nachdem sie gesalzen, noch einmal waschen, doch aber wenig, oder nur einmal mit dem Wasser durchkneten, damit man das Salz nicht wieder heraus wäscht; einige meynen, die Butter bekomme dadurch einen bessern Geschmack,

schmack, andere aber, sie halte sich nicht so gut. Wenn die Butter gesalzen, so macht man mit der Kelle lange oder runde Stücke nach Belieben. Will man aber die Butter genau nach dem Gewichte und nach einer Grösse haben, so hat man eigne Näpfe von Holz, welche gewöhnlich das Gewicht eines halben Pfundes in sich fassen; in diese gießt man kochend heisses Wasser, wenn man anfängt die Butter auszuwaschen; eine kurze Zeit vorher aber, ehe man sie brauchen will, gießt man das Wasser aus, legt sie in kaltes Wasser, bis man sie brauchen will. Man nimmt ein Stück Butter, so groß als es wohl in den Napf geht, drückt es recht vest und eben in einen solchen Butternapf, streicht es oben recht grade, kippt den Butternapf über einem Eymer mit kaltem Wasser, welches man bereit hält, um, und klopft mit der Hand an den Napf, so fällt die Butter leicht heraus. Hat man nun mit der Butter so verfahren, bis sie alle ist, so setzt man den Eymer mit der Butter in den Keller, deckt ihn zu und läßt ihn eine halbe oder ganze Stunde stehen, nimmt die Butter heraus, legt die Stücke in einen Milchtubben oder Steintopf, und setzt sie in einen Keller, der nicht dumpfig ist. Hat man nur wenig Butter, die bald verspeist wird, so hält sich solche gut, wenn man sie in den Keller in einen Fliegenschrank setzen kann, dessen Seitenwände und Thüren mit loser Leinwand bezogen sind, damit etwas Luft durchstreichen kann. Hat nun die Butter keine Farbe,

welches

welches im Winter öfters geschieht, wenn die Kühe trocknes Futter bekommen, so schrapt man recht dunkelgelbe Mohrrüben, rein ab, reibt sie auf dem Reibeisen klein, drückt den Saft durch ein reines Läppchen und gießt ihn in das Butterfaß, wenn man anfangen will zu buttern, so wird die Butter gelb; die Mohrrüben müssen aber nicht blaßgelb seyn, denn die helfen nichts. Dieses thut man aber nur bey der Butter, die bald weggegessen wird. Es ist auch eben nicht nothwendig, denn, wenn die Butter recht behandelt wird, bekommt sie doch ein gutes Ansehn, ob sie schon nicht so gelb wird. Zu der Butter, die man lange aufheben will, nimmt man einen Steintopf, welchen man gut ausbrühet, reine gemacht und mit kaltem Wasser noch einmal rein ausgespült hat, man läßt ihn rein auslaufen, streut auf dem Boden etwas Salz, drückt die Butter vest ein, so, daß sie eine Sole giebt, welche oben übersteht, deckt den Topf sorgfältig zu, daß keine Luft dazu kommen kann, so hält sich die Butter sehr gut.

Schafbutter macht man auf eben die Art, wie von der Kuhmilch, nur muß man, wenn man auch Schafkäse machen will, die Milch nicht lange stehen lassen, sondern von der, welche am Abend gemolken, muß man des andern Tags die Sahne abnehmen, damit die Milch nicht sauer werde, weil sie sonst nicht so gut ist zum Käse. Einige halten dafür, daß man auf diese Art nicht so viel Butter bekommt, weil die Milch nicht so viel

Sahne

Sahne setzen könne, deshalb giessen sie die Milch gleich in einen Kessel, machen sie warm, und setzen sie hin zum Abrohmen. Die Schafbutter ist zwar weicher, wird auch von vielen nicht gern gegessen, aber wenn sie gut gemacht ist, schmeckt sie doch auch gut, und man kann sie besonders vortheilhaft in Kuchen gebrauchen, weil man mit weniger auskommen kann, als mit Kuhbutter.

Die Buttermilch, welche im Butterfasse zurückgeblieben, kann man kalt mit eingebrockten Brodt essen, auch kann man eine Suppe mit etwas eingequirlten Mehl davon machen. Sie ist sehr gesund.

Man kann auch Schmelzbutter machen, welche sehr gut zu Backwerk und an die Vorkosten ist. Man hat verschiedene Verfahrungsarten, als: 1) Die Butter wird rein ausgewaschen, auf ein gelindes Feuer gesetzt, bis sie zergangen und hernach eine halbe Stunde gekocht, und wenn sie vom Feuer genommen, läßt man sie sich setzen und abkühlen, dann klärt man sie ab in einen Steintopf, deckt sie vest mit einem drauf passenden Deckel zu und hebt sie an einem trocknen und kühlen Orte auf, so hält sie sich recht gut. 2) Man kann auch ¼ Maaß Wasser zugiessen und die Butter über gelindem Kohlenfeuer wohl umrühren, und eben so, wie auf vorige Art, verfahren. — Dieses dient dazu, daß von der Butter nichts abgeht und dieselbe einen guten Geschmack behält; wenn sie etwas durchgekocht, so wird sie vom Feuer ge-

nom-

nommen, man läßt sie sich setzen, ein wenig abkühlen und gießt sie in Steintöpfe. Hierbey muß man sich sehr in Acht nehmen, daß von den Gesetzten nichts drein kommt. 3) Auf folgende Art bleibt sie auch dauerhaft: es wird frische Butter in einer guten Jahrszeit wohl ausgewaschen und in einen Topf von Steingut oder andern Gefäß gethan, doch so, daß an dem Topf oben etwa 4 Finger breit fehlen, diesen Topf setzt man in einen Kessel mit kaltem Wasser, in welchem das Wasser ausserhalb des Topfs etwas höher stehe, als die Butter, deckt den Topf zu, legt etwas schweres drauf, damit der Topf nicht schwimme, dann legt man gelindes Kohlenfeuer darunter, damit das Wasser lau und nach ohngefähr 3 Stunden erst milchwarm werde, bey dieser Wärme, aber nicht heisser, läßt man es 4 Stunden lang stehen. Die Butter schmelzt nach und nach, setzt alle Unreinigkeit ab und wird recht klar; man nimmt sie alsdenn aus dem Wasser, setzt sie ins Kühle, klopft in einer kurzen Zeit drauf sachte dran, gießt dann nur blos das Klare, — wobey man sich genau in Acht nimmt, daß von dem, was sich auf dem Boden gesetzt hat, nichts hinein kommt, — durch eine Leinwand in ein steinernes Gefäß, worin man sie verwahren will, und so kann man die Butter ohne Salz und ohne gekocht zu haben, lange erhalten; diese Butter kann auch als Oel zum Salat gebraucht werden, da man denn solche auf einem warm gemachten Teller zergehen läßt.

Man

Man kann auch statt der Kohlen nach und nach warmes Wasser in den Kessel zu dem kalten giessen und dies kann man in der Stube verrichten, es muß aber ja nicht zu heiß gemacht, sondern die gehörige Wärme in Acht genommen werden. Das steinerne Gefäß deckt man, wie gewöhnlich, vest zu, und s.tzt sie an einen trocknen und kühlen Ort. 4) Schmelzbutter kann man auch noch aus der eingeschlagenen Butter bereiten, welches sich auch diejenigen, die nicht selbst buttern, bedienen können. Man nimmt den steinernen Topf, worein die Butter eingeschlagen ist, sticht oben ein wenig Butter heraus, damit der Topf nicht zu voll bleibe; diesen Topf setzt man in ein Gefäß, worin schon warmes Wasser befindlich ist, dieses Gefäß setzt man über Kohlenfeuer ohne Flamme und läßt die Butter in den Steintopf nach und nach schmelzen und etwa ein baar Finger breit einsieden. Die Butter muß eine Weile sieden und man muß den Schaum abnehmen und in ein besonder Gefäß thun, welchen man hernach mit dem, was sich auf den Grund setzt, noch einmal von neuem schmelzen und zur Gesindespeise brauchen kann. Wenn sich die Butter so gereinigt, so hält man nur schwaches Kohlenfeuer darunter, daß sie anfange zu gerinnen, und sogleich, als das ist, gießt man sie in einen andern reinen Steintopf, läßt sie abkühlen, deckt den Topf vest zu, oder breitet ein Papier drüber und übergießt dasselbige mit Wachs. Diese Butter bleibt Jahr und

Tag

Tag frisch und wohlschmeckend. Wenn man nun aus dieser Schmelzbutter, oder aus jeder gesalzenen Topfbutter frische Tischbutter machen will, so darf man nur nach Proportion der Masse, die man haben will, ein wenig frische Sahne nehmen, die Butter damit durchkneten und sodann Stücken draus machen. Will man die Topfbutter als frische Butter zum Verkauf bringen, so schneidet man sie in Scheiben und legt sie ins Butterfaß, worin so eben frisch gebuttert wird, aber nicht eher, als bis die frische Butter anfängt zu kommen, sonst würde die ganze Arbeit umsonst seyn. Man kann ein gutes Theil Topfbutter dazu thun, nur muß man die eben gemeldete Zeit in Acht nehmen. Auch ist es nicht gut, wenn man ganz frische Butter gleich an Speisen gebraucht, ob sie schon auf Brodt gut schmeckt, so macht sie doch die Speisen nicht so gut fett, als wenn sie einige Tage gestanden, auch giebt sie alsdenn den Speisen ein besser Ansehen; deshalb muß man auf einigen Vorrath halten.

869. Von der Verfertigung der Käse.

Von der dicken Milch, von welcher der Rohm abgenommen, bereitet man den Käse, und hiebey muß man auch sorgfältig verfahren. Der Käse wird auf verschiedene Arten gemacht; die beyden gewöhnlichsten Arten in unsrer Gegend ihn zuzubereiten, sind:

1) Man hat einen eignen Kessel dazu; wenn solcher rein gescheuert, schüttet man die Milch

hinein, die man sorgfältig mit reingewaschnen Händen in den Milchtubben zusammen wischt, damit nichts umkommt; man setzt es auf gelindes Feuer, daß es langsam warm wird, denn durch zu geschwindes oder starkes Feuer wird der Käse krümlich und schlecht, auch muß man es kurz vorher einschütten und sich in Acht nehmen, daß oben nicht so viel herumspritzt, weil, wenn es etwas in den Kessel stehet, ohne warm zu seyn, das oben Angespritzte leicht grün wird, und dieses der Gesundheit höchst nachtheilig ist. Man rührt die Milch mit einer grossen hölzernen Kelle, die einen langen Stiel hat, um, damit die Wärme allerwärts durchdringe, doch muß man dieses nur im Anfange thun und nur wenig und sacht rühren, denn zu viel muß in dem Käse nicht gerührt werden; alsdann scheidet sich die Wadike von dem was Käse werden soll. Soll der Käse gut werden, so muß solcher in ein oder mehrere grosse Stücke zusammenfahren und spiegelglatt aussehen. Man hat ferner dazu eigne von Weiden geflochtene Körbe, die nach jedesmaligen Gebrauch mit einer Bürste und warmen Wasser recht reine gemacht und getrocknet worden; ehe sie aber gebraucht werden, schmeißt man sie in ein Gefäß mit reinem Wasser, damit sie naß werden, und der sich etwa dran gesetzte Staub abgespült werde. In diese Körbe wird nun die Käsemasse mit einem blechernen Durchschlag, durch welchen die meiste Wadicke ablauft, eingefüllet, die Körbe werden in ein Ge-

fäß

fäß gesetzt, daß die Wadicke ablaufen kann. Hat man nun eine Schicht von der Käsemasse in den Korb gethan, so streuet man wohl verlesenen und wohl gereinigten Kümmel drauf und wieder eine Schicht von der Käsemasse drüber, daß der Käsekorb voll werde und der Kümmel in der Mitte sey; wer den Kümmel durch den ganzen Käse haben will, macht mehrere Schichten, auswendig aber streut man keinen auf, weil der Käse abgeschabt wird, würde es nichts helfen. Alsdenn schüttelt man die Körbe etwas, daß sich die Masse vester setze und die Wadicke rein ablaufe. Hat man die Masse nun alle in die Körbe gethan, so setzt man diese in einen besonders dazu habenden Käsekasten mit einem Deckel, in den Boden des Kasten muß ein Zapfloch seyn, worunter man ein Gefäß setzt, in welches die Wadicke vollends rein ablaufen kann. Man streuet nun noch auf jeden Käse Salz, reibt es ein wenig ein, welches sich, wenn der Käse noch weich ist, einzieht. Am andern Tage schlägt man die Käse aus, auf die Käsehorde, welche man auf verschiedene Art hat; einige sind von Drat, einige von Reihen Latten. Diese hängen in der Schwebe im Sommer an einem dunkeln luftigen Ort, wo die Fliegen nicht hinkommen, denn sie müssen vor diesen, wie auch vor den Vögeln und vor andern Ungezieser wohl bewahret werden. Auf diese Horden breitet man reines Stroh aus, alsdenn legt man die Käse drauf um sie zu trocknen und streut nun auch gleich

 auf

auf die andre Seite Salz. Man muß fleißig darnach sehen, daß die Käse gut betrocknen, doch auch nicht zu hart werden, sie deshalb fleißig umwenden, auch wenn sich ja Fliegen oder ander Geschmeiß dran gesetzt hätte, solches fleißig abputzen, weil sonst Maden draus entstehen. Im Winter muß man diese Horden in der warmen Stube haben, sobald es friert, auch der Kasten muß an einem Orte stehen, wo es nicht frieret, sonst werden die Käse nicht gut. Wenn sie trocken sind, legt man sie in Fässer oder Töpfe, in welchen man auch wohl weisse Kohlblätter drum schlägt, auch Kleyen dazwischen streut, und die Töpfe vest zudeckt, damit die Käse bald mürbe werden; doch muß man sie auch zuweilen umpacken, damit sie nicht zu weich werden. Die Winterkäse sind zur Dauer am besten.

2. Die andre Art Käse zu machen ist ganz wie die erste, nur daß man, statt die dicke Milch in den Kessel zu thun, dieselbe in den Tubben läßt, zu jedem Tubben aber ohngefähr ein halb Maaß reines heisses Wasser gießt und damit durchrührt und es zudeckt, hiernach geht der Käse auch zusammen und wird öfters noch besser. Ist es jemanden zu langweilig, in jeden Tubben Wasser zu giessen, so kann man ein besonderes Gefäß haben, wo man die Milch zusammen hinein thut, und darnach man nun viel Milch hat, heisses Wasser zugiessen; doch muß das Wasser nicht zu heiß, sondern so seyn, daß man die Hand darin leiden kann; auch wird es nach

und

und nach zugegossen und unter einander gerührt, daß die Wärme allerwärts durchdringe, und zugedeckt, so wird es bald Käsemasse. Man kann auch den Käse ganz frisch, so wie die Wadicke abgelaufen, essen: man gießt etwas Milch oder Wasser zu einem Käse, nachdem durch den Korb die Wadicke rein abgelaufen, thut etwas Kümmel und Salz dazu, menget solches recht untereinander, man kann auch etwas ganz alten von Schmutz gereinigten holländischen Käse dazu thun, und, nachdem alles wohl untereinander gemengt, auf Brodt verspeissen; an vielen Orten bekommt dieses das Gesinde zur Abwechslung und Ersparung der Butter, und wird gemeiniglich von demselben sehr gern gegessen.

Schafkäse aber wird auf eine andre Art gemacht. Er wird gelabt. Das Lab muß man dazu in Bereitschaft halten; es wird solches auf verschiedene Art bereitet, eine Art ist folgende: man nimmt den Magen eines Schweins, wäscht ihn recht rein aus, brühet ihn aber nicht, und hackt ihn recht klein, röstet einige Scheiben schwarzes Brodt gelbbraun, nimmt etwas Salz, etwas englisch Gewürz und etwas Nelken, hackt und mengt dieses alles recht unter einander und füllt es in einen reinen Darm oder Blase, räuchert es dann langsam und hängt es an die Luft. Wenn man es brauchen will, so nimmt man von dem Lab ein Stückchen aus dem Darm heraus, bindet es in ein reines Läppchen und hängt es in die Milch. Die Milch wird an andern Tage, ehe

ehe sie sauer geworden, abgerohmt, etwas davon scharf warm gemacht und unter die andre drunter gerührt; man kann auch von der frisch gemolkenen welche nehmen, und scharf warm machen, wenn die Hitze groß ist, und man besorgt, daß die Abgerohmte durch das warm machen sauer wird, kann sie drunter rühren und das Lab in die Milch hangen, so wird es in einer Viertelstunde Käse. Andre machen eine Salzsole und legen das Lab drein, giessen hernach einige Löffel voll unter die Milch, so wird es auch Käse. Noch andre nehmen die Blase von einem Kalbe, waschen solche rein aus, räuchern es und hangen es an einen trocknen Ort, hernach nehmen sie ein Stückchen davon, und hängen es an einem Faden in die Milch, nachdem sie, wie die vorhergehende zubereitet worden, so wird es auch bald Käse. (Man könnte auch versuchen, den Kuhkäse zu laben, wenn der Rohm frisch abgenommen würde ehe die Milch dicke ist, und wenn man so wie oben damit verführe, zumal wenn die Kühe gute Weide hätten, und also die Milch sehr fett wäre.)

Der Schafkäse wird nun auch wie der Kuhkäse mit dem Durchschlag herausgenommen und in Käsekörbe gethan, die aber gewöhnlich etwas grösser sind, als die zum Kuhkäse; es wird verschiedenes Gewürz drein gestreut, das gewöhnlichste aber ist Kümmel. Einige legen in die Mitte frische Butter, streuen auch Muskatenblumen hinein, übrigens salzt und trocknet man

sie,

ste, wie die Kuhkäse, doch nicht so scharf getrocknet auch nicht so lange eingelegt, weil sie meistens frisch weggegessen werden. Die Wadicke giebt man den Schweinen zu saufen. Auch kann man sie zum Hände waschen gebrauchen, weil sie sehr reinigt und weiche Haut macht.

Uebrigens muß man alles aufs genaueste bey dem Butter- und Käsemachen beobachten, auch auf die kleinsten geringscheinenden Umstände aufmerksam seyn, weil solche oft grosse Fehler und Schaden nach sich ziehen können. Es muß ein jeder nach der Lage seines Orts und seiner Haushaltung immer mehr Kenntnisse sich zu sammeln suchen, weil man dadurch sich alles bequemer machen, manchen Schaden vermeiden, und manchen Vortheil und viel Vergnügen sich verschaffen kann.

708. Vom Brauen eines guten Kesselbiers.

Da es auf dem Lande öfters an Gelegenheit fehlt, gutes Getränke zu bekommen, zumal, wenn man von der Stadt entfernt wohnt, oder wenn man es ja bekommen kann, es im Sommer doch halb sauer ist, so ist es sehr nützlich, wenn man sich selbst mit dem Bierbrauen helfen kann. Man kann ein gutes braunes Bier selbst brauen, wenn man folgende Gefässe dazu in der Wirthschaft hat. 1. Einen eingemauerten Kessel. 2. Einen Braustånder von Eichenholz, der unten einen vestgemachten Boden, hernach noch einen, der mit Löchern ist und der dicht an die Stäbe anschliessen muß, aber auch beweglich ist und heraus genommen werden kann, welcher der Stellboden heißt. Zwischen diesen beyden Boden ist ein Zapfloch, worein man einen hölzernen Bierhan steckt, den man auf und zudrehen kann. Einige haben auch in den untersten Boden ein Loch und in diesem eine lange Stange stecken, welche oben über den Ständer hervorragt, die, wenn das Bier ablaufen soll, ausgezogen wird, dies ist aber nicht so gut, sie verquillt durch die Hitze sehr leicht und man kann sie nicht so sachte ausziehen, daß das Bier nicht sollte davon trübe werden. 3. Einen Bottich oder ovalrunden Tubben, worein das Bier zum Stellen kommt. 4. Einen Füllbecher, womit man das eingemöschte Malz auch das Bier aus und in den Kessel füllen kann. 5. Ein Rührholz, welches oben, wo es angefaßt wird, rund und unten breit und platt ist. 6. 3 glatte Feldsteine, mehr breit und platt, als spitzig. 7. Eine halbe und eine Vierteltonne, oder eine Tonne, welche drey Vierteltonnen oder 75 Maaß hält. Man thut wohl wenn man die erste Probe nicht im heissen Sommer oder im Winter, sondern im Frühjahr oder im Herbst macht. Zu dieser kleinen Brauerey, wodurch man ¾ Tonnen Bier bekommt, werden ¾ Scheffel gutes blaßgelb gedürrtes Gerstenmalz genommen. Das Malz nach dem Gewichte zu nehmen, soll noch besser seyn, und rechnen einige auf den Scheffel 60 Pf.

viele

viele dörren sich auch das Malz selbst; man kann auch dieses versuchen. Doch hiermit ist noch kein Versuch gemacht worden, sondern mit Malz, welches auf grossen Darren gedarrt worden und das man von aufrichtigen Leuten gekauft hatte, von denen man wuste, daß sie gutes Gerstenmalz hatten. Ehe das Malz nun zum Schroten, oder Voneinanderbrechen in die Mühle gebracht wird, muß es vom Staub und Keimen gereinigt werden; es muß daher durch ein Kornsieb laufen, kann auch 24 Stunden vorher eingesprengt werden; zu einem Scheffel nimmt man ½ Maaß Wasser, besprengt es nach und nach damit, schippt es wohl untereinander, dann bringt man es in die Mühle. An einigen Orten besorgen die Müller das Einsprengen. Das Malz muß nicht zu fein geschrotet werden, weil das Bier sonst dadurch trübe wird. Sollte dies aber versehen seyn, so kann man dem nicht besser abhelfen, als wenn man etwas fein geschnittenen Häckerling von reinem Roggenstroh drunter mengt; besser ists, wenn gleich recht geschrotet worden. Wie es beschaffen seyn muß, wenn es grob geschrotet, läßt sich nicht beschreiben, dies muß die Erfahrung lehren, man darf sich nur eine Probe von jemand, der gutes Kesselbier brauet, geben lassen und sich darnach richten. Wenn das Schrot von der Mühle kommt und nicht gleich verbraucht wird, (einige halten dafür, es sey besser, daß es erst 12 Stunden nach dem Schroten verbraucht werde,) so muß es besonders im

Sommer aus den Säcken gethan und umgeschippt werden, daß es nicht verdirbt. Ehe man nun brauet, ist es eine Hauptsache daß alles recht rein seyn muß, so wohl der Kessel als die übrigen Gefässe und zumal, wenn an einigen Orten nur ein Kessel da ist, und derselbe zum Auskochen der Milchtubben gebraucht wird, so muß solcher zuvor rein ausgescheuert, mit kochendem Wasser ausgespült und mit kaltem nachgespült, auch mit einem reinen Tuche ausgetrocknet werden, damit von der Fettigkeit der Milch nicht das geringste drin bleibt, sonst würde das Bier verderben. Ganz neue hölzerne Braugefässe muß man auslaugen, nemlich: man gießt solche voll kaltes Wasser, läßt sie 24 Stunden aber nicht länger damit stehen, gießt es wieder heraus und spült sie mit kaltem Wasser einigemal nach und läßt sie trocken werden. Nach jedesmaligen Brauen müssen die Gefässe wieder ausgebrühet, mit kaltem Wasser wieder nachgespült, auch mit Tüchern wieder ausgetrocknet und an einen Ort hingesetzt werden, daß die Luft durchstreichen kann, aber nicht in die Sonne, und wenn sie trocken sind, müssen sie so stehen, daß sie nicht leck werden, auch keinen dumpfigen Geruch bekommen. Will man sie nun gebrauchen, so gießt man in den Kessel erst einige Eymer Wasser, und wenn es kocht, brühet man die Gefässe damit tüchtig aus und spült sie mit kaltem Wasser wieder nach, auch die Steine und alles was dazu gehört, macht man so recht reine. —

Will man nun brauen, so legt man die 3 platten Steine auf den untersten Boden des Ständers in der Form eines Triangels, auf diese Steine kommt der oberste Boden oder der Stellboden zu liegen. Wenn der Stellboden nun eingesetzt wird, so wird recht reines Roggenstroh ziemlich dick, etwa anderthalb Spann hoch aufgelegt, wenn zuvor noch ein kleiner Kranz von Stroh, ringsherum, wo der Stellboden an die Stäbe schließt, angelegt worden, damit durch dies Stroh auch nicht eine einzige Hülse von dem Malze oder Träbern, hindurch kommen kann. Wenn nun alles so zubereitet worden, so werden in den Kessel 10 Eymer Wasser, jeden zu 12 gute Maaß gerechnet, gegossen. Man muß aber ja auf gutes klares Wasser sehen; hat man gutes fliessendes Wasser, ist es besser; ist es aber nicht da, so muß man das weichste klarste Brunnenwasser dazu nehmen. Dann wird Feuer unter den Kessel gemacht und das Malz, wovon man eine halbe Metze zurück nimmt, in den breiten Bottich geschüttelt und wenn das Wasser anfängt Blasen zu bekommen, werden nach und nach 3 Eymer Wasser aufgegossen, dieses nennt man einmöschen. Einige halten für besser, wenn man es mit gekochten und meist kalt gewordenen Wasser thut. Während daß das Wasser aufgegossen wird, muß ein anderer es mit dem Rührstabe recht untereinander mengen, und wenn solches so durcheinander gemenget, daß kein Klümpchen, auch nur wie eine kleine Nuß groß,

an

an einander bleibt, so wird es in den Braustän- der gethan. Unterdessen kocht das Wasser im Kessel, dann wird hievon ein Eymer voll in den Bottich nach und nach gegossen, damit das etwa zurückgebliebene Malz reine heraus komme, dies wird auch auf den Braustånder gegossen, und noch ohngefähr 2 Eymer kochendes Wasser. Der Stånder muß so weit voll seyn, daß eine gute Hand breit dran fehlt; dann wird die halbe Metze Schrot, so man zurückgelassen, die Hälfte davon oben über gestreut, damit durch das ko- chende Wasser die beste Kraft nicht verdampft; es kann solches auch noch mit einem dazu haben- den hölzernen Deckel zugedeckt werden. Wenn es eine halbe Stunde gestanden, wird es abge- zapft, und in den Bottich gegossen, dabey man sich aber in Acht nehmen muß, daß man es lang- sam heraus laufen lasse, damit es nicht trübe werde. Sollte das erste dennoch trübe seyn, so gießt man es wieder auf den Stånder, laßt es etwas stehen und zapft es sachte ab. Alsdenn werden wieder ohngefähr 3 Eymer Wasser auf- gegossen, daß der Stånder eben so voll, als das erstemal werde und schüttet das übrig gebliebene Schrot oben drüber und deckt es wieder zu. Das Feuer zieht man unter dem Kessel ganz weg, damit er nicht Schaden leide und füllt das im Kessel befindliche Wasser rein aus, und das Bier aus dem Bottich hinein; indeß man sich damit beschäftigt, wird wohl eine gute halbe Stunde verflossen seyn, als so lange das Wasser wieder

auf

auf den Ständer stehen muß, dann wird auch dieses abgezapft und in den Kessel gegossen. Es müssen zusammen 7 Eymer voll seyn, weil es etwas einkocht. Alsdann muß es eine Stunde kochen, nachdem man eine kleine Hand voll Salz, wenn es angefangen zu kochen, hineingeworfen. Während dem Kochen muß es mit einer recht reinen Schaumkelle fleißig abgeschäumt werden. Einige halten von dem Kochen nichts, sondern für besser, daß man, nachdem das Schrot mit kochendem Wasser eingemöscht, auf den Brauständer gebracht. und recht stark gekochtes Wasser drauf gegossen werde, auch etwas Schrot zurück behalten und übergeschüttet, wie auch zugedeckt werde, damit es nicht verdampfe, hiernächst im Winter 3 Stunden, im Sommer aber nur 2½ auch wohl nur 2 Stunden stehen lassen, wenn es abgezapft, gleich in den Bottich gefüllt, mit einem an einem Stiel bevestigten löcherichten Brett so lange gerührt, bis es die gehörige Wärme zum Stellen hat. Man kann beydes versuchen und sehen, welches vortheilhafter ist, und das stärkste dauerhafteste Bier giebt. Wenn es eine Stunde gekocht, gießt man alsdann den aus dem Hopfen gemachten Extrakt dazu, und läßt es noch eine Viertelstunde kochen. Den Hopfen aber bereitet man so zu: man nimmt recht guten reifen Hopfen, wenn solcher von allen grünen Blättern und Stängeln recht gereinigt, nimmt man 6 kleine Hände voll davon (einige rechnen auf ¾ Tonne 1 Metze oder 12

Loth

Loth Hopfen, man muß nach dem Gewicht versuchen, welche Maasse das Bier schmackhaft und dauerhaft macht.) Den Hopfen feuchtet man mit etwas Wasser an, und thut ihn in einen reinen meßinnenen Kessel, welcher ohngefähr 4 Maaß Wasser hält und worunter man ganz gelindes Kohlenfeuer macht, man gießt nach und nach das Wasser so lauwarm zu, und läßt es langsam ausziehen; auf die letzte macht man etwas Späne drunter, und läßt es eine Viertelstunde aber immer sachte kochen, rührt es auch zuweilen, besonders im Anfange um, daß sich der Hopfen ja nicht ansetzt, weil das Bier einen übeln Geschmack davon bekommen würde. Wenn der Hopfen eine Stunde auf gelindem Feuer gestanden, gießt man ihn durch einen feinen Durchschlag in den Kessel zu der Würze, daß kein Hopfenblatt mit durchkomme, läßt solches noch eine Viertelstunde zusammen kochen, alsdenn füllt man das Bier in dem Bottich und wenn sich solches abgekühlet, so daß es nur lauwarm ist, ohngefähr so warm, als die oben von der Kuh gekommne Milch, doch kann es im Winter etwas mehr warm seyn, als im Sommer, so wird aus dem Bottich ein Füllbecher voll Bier genommen und ein halbes Bierglas oder der dritte Theil von einem Nössel, Hefen (Bärm.) Diese Hefen werden mit der Würze im Füllbecher wohl geschlagen, daß es in Gährung komme. (Mancher nimmt auch nur den 4ten Theil eines Nössels Hefen auf eine ganze Tonne; es kommt hie-

bey

bey viel auf die Hefen an, ob sie gut und von recht guten braunen Bier sind; auch muß man darnach sehen, daß sie nicht sauer sind, sonst würde das ganze Brauen verdorben seyn.) Man kann es auch in einer gelinden Wärme schlagen, daß die Hefen und Würze recht durcheinander kommen, welches im Winter noch nöthiger als im Sommer ist, denn wenn das zugegossene kalt wäre, würde solches die Gährung verhindern; deshalb thut man wohl, daß man den Füllbecher vorher mit warmen Wasser ausspült, damit, wenn man die Würze hinein gießt, sie nicht gleich kalt werde. (Einige nehmen auch etwas Weitzenmehl und Zucker dazu und schlagen es damit durch; sind aber die Hefen gut, so ist es nicht nöthig, und immer besser, man nimmt die reinen Hefen.) Wenn man nun die Würze und die Hefen recht durchgeschlagen, gießt man es im ganzen Bottich herum, rührt es recht durcheinander, legt 2 Stäbe über den Bottich, deckt es mit einem Laken oder Tuche, welches man hiezu blos aufbehält und das rein aus der Stärke gewaschen ist, zu. Die beyden Stäbe lassen das Tuch nicht hinein sinken. So läßt man es stehen, bis es gegohren hat Dieses kann wohl 10 auch 20 Stunden dauern, und es ist gut, wenn es langsam gährt. Will man aber gern vorher wissen ob es gähren wird, so darf man nur ein Glas voll aus dem Bottich heraus nehmen und in die Sonne, oder an einen warmen Ort setzen, da wird es sich bald zeigen, ob es gähren will. Sollte te man aber keine guten Hefen bekommen können, so kann man sich auch im Nothfall der getrockneten Hefen bedienen, welche also verfertigt werden: recht gute Hefen werden auf ein reines Tuch geschüttet, daß alle Feuchtigkeit davon ablaufe, sie werden auf Horden an der Sonne oder auf einem nicht sehr heissen Ofen nach und nach getrocknet und in einem reinen leinenen Beutel an einem trocknen Orte sorgfältig aufgehoben. (Einige thun sie in eine Flasche und graben sie in die Erde, oder hängen sie in einen kühlen Brunnen.) Die Kennzeichen, daß die Hefen gut getrocknet, sind: sie müssen zerbrechlich seyn und sich, ohne Krümchen zu geben, zerbrechen lassen, wenn man sie drückt, müssen die Finger nicht durchdringen, sie müssen gelbbräunlich aussehen; die, welche schwarz von Farbe und bitter vom Geschmack sind, taugen nichts. Diese trockne Hefen probirt man auf folgende Art: man läßt etwas von derselben in heissem Wasser auflösen, und von diesem aufgelösten gießt man etwas in siedendes Wasser; wenn sie dann in die Höhe steigen und auf der Oberfläche des Wassers schwimmen, so ist es ein Zeichen, daß sie gut sind; fallen sie aber zu Boden, so taugen sie nichts. Will man sie nun gebrauchen, so vermischt man sie mit etwas warmer Würze, mit wie viel, muß das Augenmaaß zeigen, schlägt sie damit durch und gießt dies unter das ganze Brauen. Auch die frischen oder flüssigen Hefen kann man auf ähnliche Art probiren: man

man läßt ein Paar Tropfen in siedendes Wasser fallen, sind die Hefen gut, so bleiben sie oben und gerinnen wie Fett, sind sie aber untauglich, so gehen sie unter. Wenn nun über dem Bottich krauser und weisser Schaum geworden, so hält man die Gährung für gut. Fängt der Schaum an, sich an den Seiten los zu geben und zeigt sich oben auf dem weissen Schaum ein grauer, so wird es auf das Faß gebracht, nachdem man vorher oben den Schaum abgenommen, welchen man aufheben und hernach zu den Hefen, die aus der Tonne gähren, thun kann. Es ist auch gut, wenn in den Bottich ein Zapfloch ist, worin ein grosser hölzerner Bierhan befindlich, durch welchen das Bier abgezapft werden kann, damit die auf dem Boden sich gesetzte Unreinigkeit nicht mit in die Fässer komme. Man muß sich aber sorgfältig hüten, daß man es nicht gar zu früh auf das Faß bringe, wenn es noch nicht recht in Gährung ist, aber auch nicht zu späte, wenn die Gährung schon ganz vorüber ist, weil es sonst nicht noch einmal auf dem Fasse gähren kann und schal wird. Wenn es auf das Faß gebracht, muß ja darnach gesehen werden, daß das Faß ganz voll gegossen und wenn etwas heraus gegohren, es gleich wieder voll gefüllt werde, welches am besten mit gekochtem und wieder kalt gewordenem Wasser geschicht, weil sonst, wenn man es nicht wieder vollfüllt, die Hefen in dem Fasse zurücksinken, und das ist nicht gut.

Alsdenn legt man das Faß auf ein eigenes Gestell oder Lager, damit es von der Erde erhaben liegt, setzt drunter ein reines Gefäß, worein die Hefen laufen können. Wenn es auf dem Fasse genug gegohren, (wovon einige dies als ein Merkmaal angeben, wenn die aufsteigenden Hefen stille stehen, doch thut man am besten, sich durch seine Erfahrung leiten zu lassen, weil es nicht so genau bestimmt werden kann,) so wird das Bier auf recht rein ausgespülte, in einem Korbe umgestülpte und rein ausgelaufene Bouteillen aufgezogen, vest zugestopft und fleißig nachgepfropft, so hält sich das Bier gut. Sobald das Bier aus dem Kessel gegossen, gießt man noch 4 bis 5 Eymer Wasser in den Kessel; wenn solches kocht, gießt man es auf den Brauständer, daß derselbe so weit voll, wie bey dem Biere wird, deckt es zu, und läßt es damit stehen, bis es nur noch stark lauwarm ist, zapft es dann in ein Gefäß, stellt es mit Bierhefen, wie das Bier, dann ist es, wenn es gut gegohren hat, ein schmackhaftes Getränke für Gesinde und zum gewöhnlichen Getränke für dasselbe ein recht guter Kofent. Es kann auch auf dem Hopfen, nachdem das Wasser, mit welchem er langsam gesiedet, zum Bier gegossen worden, nochmals kochendes Wasser aufgegossen werden, und selbiger noch einmal aufgesotten und zum Kofent, ehe man ihn mit den Hefen vermischt, gegossen werden. Die übrigbleibende Träber von dem

Schrot

Schrot, bewahrt man in einem besondern Gefäß zur Futterung des Viehes auf, und die Gefässe werden sämtlich wieder gereinigt und wohl aufgehoben.

Noch einige Bemerkungen hierbey.

Man muß sorgfältig darauf bedacht seyn, gutes Malz von guten Korn zu haben, auch muß dasselbe nicht zu frisch und nicht zu alt, sondern wenigstens ein Vierteljahr alt und nicht zu fein geschroten seyn, sonst wird das Bier trübe. Die grünen Blätter von dem Hopfen müssen auch nicht drunter kommen, sonst bekommt das Bier einen schlechten Geschmack. Wer den Hopfen selbst ärndtet, muß solchen bey dem Einsammlen gut in acht nehmen und ihn an einem trocknen vesten Orte, der keine Zugluft hat, aufheben, nachdem er recht vest eingepackt worden. Man thut besser, daß man das Malz und auch den Hopfen nach dem Gewichte nimmt, und wenn man ein gewisses Maaß sich davon bestimmt und darnach gebrauchet hat, so weiß man das Gewichte; und ist das Bier gut gerathen, so bleibt man immer bey diesem Gewichte, so wird man immer einerley Bier bekommen.

Sollte man die Zeit versäumt haben, das Bier zu stellen, besonders bey der Nacht, so muß man einen Theil des Biers wieder warm machen und unter das ganze Brauen giessen, damit es gehörige Wärme zum stellen bekomme, und kann man es dann mit den Hefen stellen. Man muß sich auch hüten, daß, wenn es in Bottich gegohren und man es auf das Faß bringt, die Abwechselung der Kälte und Wärme, da es etwa gegohren und nun das Faß in einen sehr kalten Keller gebracht wird, nicht zu stark sey, weil dies die Gährung verhindern kann. Sollten die Hefen nicht gut gewesen seyn und das Bier nicht in Gährung kommen wollen, ob es gleich zur rechten Zeit gestellt worden, so kann man, wenn die gewöhnliche Zeit verstrichen, sich nicht anders helfen, als daß man der Würze wieder durch etwas Würze, so man gewärmet, die gehörige Wärme giebt, und zu solcher neue, bessere Hefen unverzüglich zusetzt und dadurch eine neue Gährung befördert.

Sollte das Bier nicht klar werden wollen, so läßt sich ein Mittel dazu gebrauchen, es aufs neue in Gährung zu bringen: auf eine Tonne Bier nimmt man eine Hand voll geraspeltes Hirschhorn, welches man in 2 Maaß Bier aufkocht, und nachdem das Bier in der Tonne gegohren, gießt man das gekochte Bier warm hinein.

ein. Hat es nun eine Nacht ruhig gelegen, so wird es auf Bouteillen gezogen, dann ist es klar. Oder, man nimmt eine Hand voll Salz, brennt es wohl auf einer eisernen Schaufel über Kohlen, vermengt es mit einem Maaß Wasser und gießt solches in die Tonne und läßt es damit ruhig liegen; sollte es, wenn es eine Nacht ruhig gelegen hat, noch nicht klar seyn, zieht man es auf ein andres Faß ab, und wiederholt dies noch einmal. Es ist aber nicht gut, wenn zu viel Salz zum Bier kommt. Man kann auch einiges Weisse von Eyern nehmen, es schlagen und mit dem Bier vermischen und auf dem Feuer wieder zusammen treten lassen, welches aber nur in kleinen Portionen angeht. Wenn bey einem nahen Gewitter das Bier noch im Bottich wäre, soll es sehr gut seyn, wenn man reine trockne silberne Löffel, etwa 2 Fuß von einander hinein wirst, auch über das drüber gedeckte Laken Brennnesseln von der grossen Art streuet. Das Laken muß man aber mit einem Sackband oder starken Bindfaden vestbinden, daß es nicht hineinsinke; sollte aber das Bier auf dem Fasse schon in der Gährung seyn, kann man einen Durchschlag drüber stülpen, so daß eine Hölung bleibt, und solches mit Brennnesseln dichte belegen, auch welche unten herum legen, damit keine Luft dazu kommen kann, wodurch die Hefen doch ablaufen können. Sollte das Bier einen dumpfigen Geschmack haben, welches einen Mangel der Reinlichkeit anzeigen

 würde,

würde, so muß man ein Gerstenbrodt, welches so eben aus dem Ofen gekommen, von einander brechen, über das Spundloch legen und solches 2 bis 3 mal wiederholen bis der üble Geschmack vergangen.

Um das Sauerwerden des Biers zu vermeiden, muß man besonders in Sommer mit dem Einmöschen sich nicht zu lange aufhalten, auch wenn es aus den Kessel kommt, fleisig umrühren, daß es bald die gehörige Wärme zum Stellen bekommt, desgleichen keine saure Hefen nehmen, wie auch, daß keine säuernde Luft im Keller sey. Man hat noch einige andre Mittel wider das Sauerwerden des Biers, worunter folgendes ein sehr gutes Vorbauungsmittel seyn soll: wenn man zu der Zeit, da der Hopfen anfängt zu sieden und die widrige Bitterkeit verliert, dagegen aber eine angenehme Bitterkeit erhält, kurz vor dem Zu- oder Vollfüllen der Pfanne eine Kugel von reinem weissem Fichtenharz, und zwar so groß, daß man die Kugel zwischen beyden Händen fassen kann, nimmt, solche zerstückt, in die Pfanne herum wirft, und es wohl umrührt; das Bier soll hierdurch vor jedem säuerlichen Geschmack bewahret werden, und von dem Harz bekommt es keinen Geschmack. Bey einem kleinen Brauen kann man es mit weniger Harz versuchen, kurz vorher ehe man den Hopfen sen zum Bier füllt. Sollte das Bier schal werden, ohne daß es verdorben ist, so muß man es, wo möglich, nicht gleich zum Trunk verbrauchen, weil die Länge der Zeit es gut macht; kann man aber hierauf nicht warten, so gebraucht man folgendes Mittel, es aufs neue in Gährung zu bringen; man darf auch das Faß nur herum wälzen oder von einem Boden auf den andern herumstürzen, so vermischen sich die zu Boden gefallene Hefen wieder mit dem Getränke und helfen die Bewegung befördern und dadurch den schlimmen Zufall wegschaffen. Dieses Mittel könnte man auch versuchen, wenn es im Bottich gegohren und auf dem Fasse nicht gähren wollte.

Man soll auch ein Bier ohne Malz brauen können, welches zu versuchen stünde. Man nehme 3 Eymer voll fliessendes Wasser und koche solches eine halbe Stunde. Alsdann wird das Feuer auf etliche Minuten weggenommen, und 1½ Pf. gelber Puderzucker hineingeworfen, und wieder Feuer angelegt, bis das Wasser wiederum anfangen will zu kochen, wozu man es jedoch nicht kommen lassen, sondern das Wasser so fort in ein reines hölzernes Gefäß giessen muß. Wenn es sich verkühlt hat und noch lauwarm ist, wird ein Teller voll gute Bierhefen dazu gethan und mit einer reinen Ruthe wohl umgerührt. Wenn es eine Nacht gestanden und wohl gegohren hat, wird

wird es von den Hefen gereinigt und auf Bouteillen gezogen, in welche man ein Paar kleine Stücke Zitronschale wirft und vest zupfropft. Es soll dieses ein gutes, wohlschmeckendes, besonders im Sommer sehr kühlendes Bier seyn.

Register.

Register.

Erste Abtheilung.

25. Pe-

60. Eine

Zweyte

Zweyte Abtheilung.

162. Käl-

Dritte

Dritte Abtheilung.

P p 226. Ha=

Vierte Abtheilung.

Fünfte Abtheilung.

Sechste Abtheilung.

Siebente Abtheilung.

313. Kar-

Achte

Achte Abtheilung.

446. Ler-

Neunte Abtheilung.

Zehnte Abtheilung.

Elfte Abtheilung.

506. Milch-

Zwölfte Abtheilung.

537. Ge-

Dreyzehnte Abtheilung.

568. Spritz-

603. Man=

Vierzehnte Abtheilung.

632. Kar-

Funfzehnte Abtheilung.

664. Kir-

699. Wein,

Sechszehnte Abtheilung.

Siebenzehnte Abtheilung.

Achtzehnte Abtheilung.

Neunzehnte Abtheilung.

Zwanzigste Abtheilung.

Ein u. zwanzigste Abtheilung.

Zwey u. zwanzigste Abtheilung.

Drey

Drey u. zwanzigste Abtheilung.

Vier und zwanzigste Abtheilung.

846. Schwarz,

Fünf und zwanzigste Abtheilung.

Sechs und zwanzigste Abtheilung.

Sieben und zwanzigste Abtheilung.

Acht und zwanzigste Abtheilung.

Anhang.

Nachricht für den Buchbinder.

Die Kupfertafel wird Seite 420. eingelegt.

Zweites Register
über die unbekannten sächsischen und andern Wörter.

A.

Abgrusen: das Gräsige, die dünne Haut oder Schale von gewissen Früchten abreiben, abziehen.
Abschrapen: abschaben, putzen.
Aeschertuppen: Aschenzuber zur Lauge beim Seifensieden.
Alande, Alant: ein Flußfisch in der Mark Brandenburg.
Ankrellen lassen: vom Feuer anziehen, warm werden lassen.
Asch: ein tiefes Gefäß oder Schüssel.
Assiette: Teller.
Aufharken: mit einem Rechen zusammenziehen.
Aufspielen: aufzwecken, mit hölzernen Zwecken befestigen, um etwas zusammen zu halten.

B.

Bäckmulde: Backtrog.
Bärme: Bierhefen.
Batsch: Börsing, Fisch.
Bastard, weißer: eine Art spanischen Weins, Petersimons-Wein genennt.
Betteinletten: die Theile oder Stücke eines Federbetts.
Blume: Pflaumfeder.
Bohnen: wichsen, mit Wachs tränken und abreiben.
Bonbons: Zuckerwerk.
Bouillon: Fleisch- oder andere Brühe.
Brägen: Hirn, Gehirn.
Brassem: ein großer breiter Fisch, welcher in der Oder und andern Flüssen gefangen wird.
Breyhan: eine Art weißen Biers, so aus Waizen gebraut wird.
Brodem: Dampf, Ausdünstung.
Bückeltuppe: Bäuchzuber.
Bückwäsche: Bäuchwäsche.

C.

Carotten: eine Art von Rüben, die ganz blutroth sind.

)(Dau-

D.

Daunen: Staubfedern, Pflaumfedern.

Dill: ein Kraut, so dem Fenchel verwandt und mit demselben einerlei Tugend hat.

Derb: dicht, fest.

Dorsch: eine Art von kleinem Kabliau.

Dragun: ein Salatkraut, Kaisersalat.

Drell: Trillich, Trilch, eine Art leinen Zeuchs.

Dressiren: aufsetzen.

Duchstein, Duckstein: ein gewisses Bier im Braunschweigischen.

E.

Einzäumen: einschränken.

Eis- oder Zuckerspiegel: wird der Guß vom Zucker genennt, welcher bei dem Zuckergebacknen oben als ein Deckel darauf gegossen wird.

Ellernbrocken: die Frucht von Eller- oder Erlebäumen.

Eschen, Eschel: ist eine trockne blaßblaue Farbe.

F.

Fadennudeln: spanische Nudeln.

Farsch: Fülle.

Farschiren: mit gehackter Speise füllen.

Flachsschaben: Flachsagen.

Flatte, in die Flatte spülen: rein ausfleihen, durch das Wasser reinigen.

Flaumen oder Flomen: Schmeer.

Fliederblüte: Holler-Hollunderblüte.

Franzwein: französischer Wein.

Fricassee: gewisses Gerichte von geschnittenem Fleische.

Frikandon, Frikandellen: gewisses Gerichte von dünne geschnittenem Kalbfleische.

G.

Gagefenster: Gitterfenster, Dratfenster.

Garley: eine Art Biers im Brandenburgischen.

Gänsekoben: Gänsestall.

Gefüllsel: Fülle.

Gelee: Sulze, Gallerte.

Glaire: Eyerweiß, das Weiße vom Ey, wenn es noch ungekocht ist.

Glaire machen: den Teig an einen warmen Ort setzen, daß er aufgehen kann.

Graupe: Gerste, so zum essen zugerichtet ist.

Grobs, Gribs: die Kernhülse im Apfel oder Birn.

Grude: ist die glühende und heisse Asche von verbranntem Stroh.

Grudetopf: ein Tiegel, worauf ein Deckel oder Stürze mit einem Rand gehört,

gehört, damit die Kohlen oder die glühende und heisse Asche darauf liegen bleiben kann.

Grusicht: was nach Gras schmeckt.*

Gut: Gehäcke.

H.

Haberwurzeln: Scorzoneriewurzeln.

Hagebutten: Hiefen, die Frucht von den wilden Feldrosen, so überall an Hecken und Zäunen und auf den Rainen wachsen.

Hahnentritt: die zähen Theilchen im Eyerweiß, welche am Dotter hangen bleiben.

Harke: Rechen, ein Werkzeug, das Heu, Stroh 2c. zusammen zu bringen.

Haschee, Haschis: gehacktes Fleisch.

Heede: Werg, das grobe vom Hanf oder Flachs.

Hobeln, Kraut hobeln: Kraut einschneiden.

Holländische Butter: eingesalzene Butter.

Honigkuchen: Lebkuchen, Pfefferkuchen.

Horde: geflochtene Zanne, Zännlein zum Obstdörren.

Hosenbutter: Butter in hölzernen Fäßlein.

Hummer: ein großer Seekrebs.

K.

Kaffetrommel: Kaffeeröster.

Kante: äusserste Ecke oder Dicke eines Dings.

Kanten: Spitzen.

Karauschen: Fische, welche an Größe und Gestalt den Karpfen gleichen.

Karbanade, Karbonnade: Rostbraten.

Kelle: großer Löffel mit einem langen Stiel.

Kerben, einkerben: einschneiden.

Kernhaus: der Butzen im Obst, als in Aepfeln und Birnen; Hülsen, darinn die Kerne liegen.

Kiepe: Korb.

Kippen, umkippen: umwenden oder eine Bewegung anzudeuten, da etwas mit einem Theil unter sich und mit dem andern in die Höhe gehet.

Kirschen von der doppelten Natte: große Kirschen, welche viel Fleisch haben, Herzkirschen.

Kirschmus: Kirschbrey.

Klapen, zusammenklapen: zusammenlegen.

Klippfische: darunter werden zuweilen gedörrte Kabliaue verstanden.

Klitschig: zähe, fest, spündig.

Klump: Mehlklos.

Klümpchenteig: Klöschenteig.

Knackmandeln: Mandeln, die noch in den Schalen sind.

Kneipfeisen: Zwickeisen, Zwickzange.

Kofent: dünnes, geringes Bier.

Kolben: Spitzen, Koppen, Köpfe.

Kompot: Taubenkompot, gewisse Art junge Tauben zuzubereiten, als gedämpfte.

Kornelkirschen: welsche Kirschen.

Kraftmehl: vom besten Dinkel oder Waizen.

Krapp: eine Wurzel zum rothfärben.

Krauthobel: Eisen, die Krautköpfe darauf zu hobeln.

Krebskoli: durchgeseihte oder durchgeschlagene Krebse.

Kreuschen: brasseln. kreuschende Butter wird von dem Laut gebraucht, den das Fett macht, wenn man es über dem Feuer zergehen läßt.

Krume: Brosam oder das Inwendige vom Brod ohne Rinde.

Kurkumee: Gilbwurz, eine Wurzel, dem Ingber nicht ungleich.

L.

Lab: das was die Milch gerinnen macht, daß sie wie Käse wird, sonderlich der Magen gewisser Thiere.

Lacken: Tücher.

Lackmus: blaue Turnis oder Tornisol; ist eine blaue Farbe, welche von den Tünchern unter den Kalch im Anstreichen der weißen Wände gemischt wird.

Lampertsnüsse: lange, rothe Haselnüsse.

Lebergut: Lebergehäcke.

Lehm: Leim, Leimen, fette Erde, meistens zum Bauen und verstreichen.

Luftklappe: etwas, das als ein dünner Deckel oder dünne Thür zu- und aufgemacht wird, damit die Luft durchstreichen kann.

M.

Mandel: ist eine gemeine Art zu zählen, und bedeutet so viel als 15. Stück. Vier Mandeln machen ein Schock.

Mangelholz: Rollholz, Nudelholz, Nudelwälger.

Mangeln: den Teig ausdrehen, wälgern, auseinander rollen, auswürken.

Mariniren: Speisen so zurichten, daß sie einen Seegeschmack haben.

Marme-

Marmelade: in Zucker und Gewürz gekochte Früchte, als Quittensaft.

Medock: siehe Pontack.

Milchfleisch: Drüsen am Halse der Thiere, die bei Kälbern Kalbsmilch heißen; eine zarte Speise.

Morrüben: gelbe Rüben.

Mostricht: Senf.

Mume: wird das braunschweigische dicke Bier genennt.

Mürbbraten, Mährbraten: Lendenbraten.

Murcheln: Morcheln, Pfiffer.

N.

Napf: tiefe Schaale, Schüssel.

Nattkirschen: große Herzkirschen.

Neunaugen: Bricken, Lampreten.

Nössel: ist ein Maß des Getränks, welches in Oberdeutschland ein Seidlein heißt.

O.

Oxhooft: ist ein Weinfaß, welches 3 Eimer und 12 Kannen leipziger Maß hält.

P.

Pastinack: eine bekannte Wurzel in den Kuchengärten.

Pensove, Penzoe: wohlriechender Asand; ist ein gelbes Harz, welches lieblich riecher.

Pflaumen: Zwetschgen.

Pflücken: rupfen, zupfen, zerblättern.

Pikasinen: Peccassinen, eine Art Schnepfen, die aber kleiner sind.

Plätteisen: Bögeleisen.

Plätten: bögeln.

Plättroste: Rost, worauf das Bögeleisen gestellt wird.

Plinzen: eine Gattung Küchlein, so aufgehen, Krapfen.

Pontack: französischer rother Wein.

Potage: Suppe.

Potpurri: ein Topf, worinn allerhand Blumen, Kräuter und Gewürze aufbehalten werden, um damit in den Zimmern einen angenehmen Geruch zu machen.

Poupeton, Poulpeton: Gerichte vom gehackten Fleisch.

Pudding: Servletteklos.

Puter, Puderhahn: kalekutischer oder Truthahn.

Q.

Quast: Büschel, Wedel.

R.

Rabintchen: Rapunzeln, Kraut.

Ranzicht, schimmlicht, garstig stinkend, faul.
Refilliren: wieder Faden gleich ziehen.
Reibasch, Reibesatte: Reibgefäß, Mörsel.
Rindsblumenfett: das Fett von den zartesten Theilen eines Rinds.
Rothfeder: ein Seefisch.
Rouletten: Rollen.
Rücken: Reihen, schmale bretterne Reihen, etwas darauf zu stellen.

S.

Sahne; Milchraam oder Kern; das Fette, so sich oben auf der Milch setzet.
Sauerkohl: Sauerkraut.
Scharben, schärben: klein schneiden.
Scharte: Färberscharte, ein Kraut.
Schaumkelle: Schaumlöffel.
Schellfisch: Kabliau.
Schippe: Schaufel.
Schippen: schaufeln.
Schlackdärme: Därme zu Würsten.
Schlackwurst: Knackwurst, Zervelatwurst.
Schmack; Sumach, Gerberbaum, Färberbaum, ein Strauch.
Schmerlen: Gründeln.
Schminkbohnen: buntfärbige Bohnen von unterschiedlichen Farben, als wenn sie angestrichen wären.
Schmoren: dämpfen; geschmortes Fleisch, gedämpftes Fleisch.
Schnäpel, Schnepel: darunter wird insgemein der Lachs oder Salm verstanden.
Scholle: Plattfisch.
Schrapen: schaben.
Schwaden: ein Saamen, der eine angenehme Speise giebt und im Kochen als Reiß quillt.
Schwebe, in der Schwebe hängen: in der Höhe hängen.
Seebarsch: ein Seefisch. siehe Barsch.
Seezungen: Fische.
Semig werden: dicklicht werden, gestehen, zusammenwallen.
Semmelkrume: Brosam oder das Inwendige der Semmel.
Sole: wird das Salzwasser genennt, wovon das Salz gesotten wird.
Spade, Kuchenspade: Kuchenschäuflein, Spatel.
Speil, Spil: Zweck, hölzerner Zweck.
Speilchen: hölzerne Spießlein, Zwecklein.
Spiele: kleine Stückchen Holz zum Unterlegen.
Spitz: eine Art Morcheln, Spitzmorcheln.
Splitte, Spletten: Ziegellatten beim Dachdecken.
Steg: werden die Schwarten und kleinen Knochen genennt,

genennt, welche von dem Einschlachten der Schweine übrig bleiben.

Steinbütt: Platteiß.

Stint: eine Art kleiner Fische, welche an den Mündungen der Flüsse in Menge gefunden werden.

Stör: Fisch, welcher aus dem Meer in die Ströme fließt, und nur in den grösten Flüssen gefangen wird.

Stoppeln: abkielen, die Stoppeln, Stupfeln von den Federn aus der Haut ziehen.

Striemeln: Schnittlein, Stücklein.

Strunk: Dorsche, der abgekürzte Stengel, so auf dem Felde bleibt, wenn das Kraut oder der Kohl abgeschnitten ist, oder das Dicke, so am abgeschnittenen ist.

Succade: ein dick eingesottener Saft in den Apothecken.

Syrupkapillaire: ein Syrup, welcher aus dem Kraut Frauenhaar verfertigt wird, und bei Husten und Brustkrankheiten sehr gut ist.

T.

Talg, Talk: Fett, Unschlitt.

Terrine: irdenes tiefes Gefäß, oder Schüssel.

Tournesol oder Rosentuch: gefärbter Kripp, womit man den Wein färbt.

Tuppen: ein hölzernes Gefäß, Zuber, Schaff.

V.

Verlesen: auslesen, aussuchen.

Vorkosten: voressen.

W.

Wadicke: Schotten, Molken, geronnene oder zusammengelaufene Milch, Käsewasser.

Weinranke: Weinrebe.

Wellfleisch: Lampen, Bauchfleisch.

Wels: Wallerfisch, wird in der Donau, Weichsel und andern großen Flüssen gefangen.

Wringen: ringen, drehen, winden.

Würze: ist junges Bier oder das erste Bier aus dem Bräuhause, wenn noch kein Wasser dazu gekommen.

Wurstkraut: gepülvertes Majoran- oder Maserankraut.

Z.

Zander: eine Art Fische in der Mark Brandenburg, welche mit den Hechten viel übereinkommen.

Ihr

Ihr Fleisch ist sehr fett und schneeweiß.

Zärten: eine Art Fische, welche in der Elbe und der Oder zu finden.